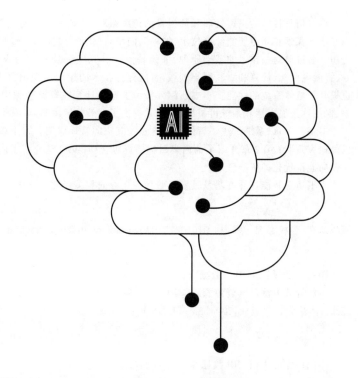

智能计算方法
及其资源管理应用

林兵　景翔　陈星　卢宇◎著

清华大学出版社

北京

内 容 简 介

随着信息技术的飞速发展和数据量的持续激增,传统的计算与资源管理方法日渐显得力不从心。本书专注于探索和介绍智能计算技术(如神经网络、进化计算、模糊逻辑和群体智能等)在资源管理中的创新应用。通过对这些技术的基础原理、关键特点及其在实际场景中的应用进行详细解读,尤其是在数据中心、智能电网、云计算和物联网等领域,智能计算技术的运用展现出巨大的潜力,它不仅优化了资源利用,也提升了整体系统的性能。本书还深入探讨了智能计算在资源管理中面临的挑战和问题,如提高计算效率、保证算法稳定性和系统可扩展性等,并提出了有效的解决策略。

本书共 4 章,系统论述了智能计算方法及其资源管理应用。第 1 章概述了本书的研究背景与意义、国内外研究现状;第 2 章介绍了面向多目标的资源管理;第 3 章介绍了面向混合云的资源管理;第 4 章介绍了面向能源优化的资源管理。

本书适合智能计算方法及其资源管理应用方向相关研究人员作为参考用书。

图书在版编目(CIP)数据

智能计算方法及其资源管理应用/林兵等著.

北京:清华大学出版社,2024.8. -- ISBN 978-7-302
-67118-3

Ⅰ. F205

中国国家版本馆 CIP 数据核字第 20247XQ949 号

责任编辑:曾 珊
封面设计:李召霞
责任校对:李建庄
责任印制:宋 林

出版发行:清华大学出版社
    网 址:https://www.tup.com.cn,https://www.wqxuetang.com
    地 址:北京清华大学学研大厦 A 座   邮 编:100084
    社 总 机:010-83470000   邮 购:010-62786544
    投稿与读者服务:010-62776969,c-service@tup.tsinghua.edu.cn
    质量反馈:010-62772015,zhiliang@tup.tsinghua.edu.cn
    课件下载:https://www.tup.com.cn,010-83470236
印 装 者:三河市铭诚印务有限公司
经 销:全国新华书店
开 本:185mm×260mm   印 张:16.75   字 数:409 千字
版 次:2024 年 8 月第 1 版   印 次:2024 年 8 月第 1 次印刷
印 数:1~1500
定 价:79.00 元

产品编号:106652-01

前　言

随着信息技术的迅猛发展,人们的日常生活与互联网紧密相连,每天都有海量的数据产生,这些数据来源多样,包括社交媒体的动态更新、在线交易的交易记录、智能设备使用的数据,以及各种网络平台的用户行为信息等,这些不断积累的数据已经形成了一个庞大的数字世界,它覆盖了我们生活的方方面面,从交流互动到消费习惯,无不在这个数字世界中留下痕迹。这意味着传统的计算模式已经难以满足不断增长的计算需求。因此,人们开始寻求更加智能、高效的计算方法和资源管理策略。随着这一需求的崛起,智能计算方法应运而生。作为一种创新的计算范式,它通过融合人工智能和机器学习技术,致力于提升计算系统的自适应性、灵活性和效率,以更好地适应各种计算任务的需求。在当前的计算环境中,我们面对的是多样化、复杂化和大规模化的计算挑战。传统的资源管理方式往往难以适应这些变化,无法高效利用计算资源,导致资源浪费和性能下降。因此,探索智能计算方法及其在资源管理中的应用变得格外关键。

在当前研究中,首要问题是解决多目标资源管理的挑战。随着计算任务的多样性和复杂性逐步上升,传统方法在不同目标之间的平衡变得困难。引入优化算法和多目标技术的智能计算方法创新地应对了多目标资源管理问题,实现了更为有效的资源配置和利用。与此同时,移动设备的广泛普及和移动应用的蓬勃发展推动移动边缘计算崭露头角,提高了计算效率并降低了时延。然而,在这个高度动态的环境中,智能地管理计算资源以满足实时业务和应用智能需求,仍然是迫切需要解决的问题。此外,智能计算方法在面向混合云的资源管理中发挥着关键作用。混合云环境巧妙地整合了公有云和私有云的优势,提供了规模更大、计算资源更为灵活的解决方案。利用智能计算方法,能够在混合云环境下实现计算资源的动态调度和优化,从而提升系统的可靠性和稳定性。在智能交通领域,专注于车载边缘计算的资源管理显得尤为重要。在车载边缘计算环境中,智能计算方法的应用不仅能增加车辆之间的信息交互和协同计算,而且能够提高交通系统的智能化水平和整体效率。此外,面向能源优化的资源管理成为研究的另一关键方向。在能源问题日益突显的当下,在计算过程中实现能源的高效利用是提高能源利用率的一种有效方法。利用智能计算方法,采用优化算法和智能调度,可以实现计算资源的能源优化,有效减少对环境的不良影响。这一研究方向在当前科技发展中具有重要的实际意义。

在上述背景下,智能计算方法及其资源管理应用问题在工业界和学术界都引起了广泛的关注。为满足广大研究人员的参考需求,作者编写了此书。本书是一部系统论述智能计算方法及其资源管理应用的图书,主要介绍了智能计算方法、资源管理的相关理论和研究,帮助读者了解资源管理问题和解决方法。全书分为4章。第1章介绍了智能计算方法及其资源管理应用的相关背景、研究意义、国内外研究动态,以及存在的问题和资源管理方法相关研究工作的进展情况。第2章探讨了解决多目标资源管理问题的方法,主要集中在研究基于分解策略的多目标进化算法。第3章介绍了4种面向混合云的资源管理方法。具体而言,讨论了在多个方面的科学工作流数据布局策略,包括面向安全性、多目标优化、时延优化和基于模糊理论的方法。第4章介绍了几种旨在实现能源优化的资源管理方法,提出了一系列能量调度和电池健康状态估计策略。这些策略旨在提高能源利用效率、用户满意度和运营商效益,为电动汽车的可持续发展提供支持。

在本书编写过程中,作者参考了国内外专家学者的相关文献资料、书籍和大量研究成果,在此表示感谢。

由于编者水平有限,书中难免有疏漏和不足之处,恳请读者批评指正!

编　者

2024 年 1 月

目　　录

第1章 概 述

1.1 研究背景与意义

随着信息技术的飞速发展,人们对计算资源的需求呈现出日益增长的趋势,从社交媒体到在线购物,以至于智能家居,都依赖于计算的支持。从2000年至今,全球互联网用户数量已经翻了一番,超过了40亿。面对这一巨大的数字化浪潮,各行各业对计算能力的需求也不断攀升。根据国际数据公司(IDC)的最新研究,全球数据量每两年翻一番,到2025年,全球数据总量将达到175ZB,相当于每秒钟产生2.5PB的数据。这表明传统的计算模式已经无法满足日益增长的计算需求,因此,人们开始寻求更加智能、高效的计算方法和资源管理策略。随之而来的是智能计算方法的崛起,作为一种新兴的计算范式,它通过引入人工智能和机器学习的技术,旨在提高计算系统的自适应性、灵活性和效率,以更好地满足各种计算任务的需求。在当前的计算环境中,我们面临着多样化、复杂化和大规模化的计算需求。传统的资源管理方法往往无法适应这种变化,无法有效地利用计算资源,导致资源浪费和性能下降。因此,研究智能计算方法及其资源管理应用显得尤为重要。

在当前研究中,首要问题是解决多目标资源管理的挑战。随着计算任务多样性和复杂性的增加,传统方法难以在不同目标之间找到平衡。

智能计算方法通过引入优化算法和多目标优化技术,创新性地应对多目标资源管理问题,实现了更有效的资源配置和利用。同时,随着移动设备的广泛普及和移动应用的蓬勃发展,移动边缘计算成为新兴计算范式,提高了计算效率并降低了时延。然而,在这高度动态的环境中智能地管理计算资源,以满足实时业务和应用智能的需求,仍是亟待解决的问题。

此外,智能计算方法在面向混合云的资源管理中发挥着关键作用。混合云环境融合了公有云和私有云的优势,具有更大规模和更灵活的计算资源。通过智能计算方法,实现混合云环境下计算资源的动态调度和优化,提升了系统的可靠性和稳定性。在这个计算时代,我们迫切需要发挥智能计算在混合云环境中的潜力。另外,面向云边协同计算的资源管理也备受关注。在这一框架下,云中心和边缘计算节点协同工作,实现计算任务的分布式处理。智能计算方法的引入为协同计算提供了更灵活、高效的调度和优化策略,以更好地适应不同计算需求和网络状况。在迅速发展的计算环境中,智能计算为云边协同计算带来了新的可能性。

在智能交通领域,专注于车载边缘计算的资源管理显得尤为重要。在车载边缘计算环境中,智能计算方法的应用不仅促进了车辆之间的信息交互和协同计算,还提升了交通系统的智能化水平和整体效率。此外,面向能源优化的资源管理成为研究的另一关键方向。随着能源问题日益凸显,当务之急是在计算过程中实现能源的有效利用。通过智能计算方法,运用优化算法和智能调度,成功实现计算资源的能源优化,有效降低对环境的不良影响。这一研究方向在当前科技发展中具有重要的实际意义。

本研究主要涉及以下问题。首先,在多目标资源管理方面,通过智能计算方法解决多目标优化问题;其次,在移动边缘计算环境中,研究智能计算方法在资源管理中的应用,以提高实时性和效率;再者,在混合云环境中,通过智能计算方法实现计算资源的动态调度;然后,在云边协同计算中,探索智能计算方法在任务调度和资源协同优化中的应用;最后,在车载边缘计算和能源优化方面,通过智能计算方法提升交通系统的智能性和计算资源的能源效率。综上所述,本书将从面向多目标资源管理问题的求解、面向移动边缘计算的资源管理、面向混合云的资源管理、面向云边协同计算的资源管理、面向车载边缘计算的资源管理、面向能源优化的资源管理六个方面展开研究,旨在通过智能计算方法及其资源管理应用,更好地解决当前计算环境中面临的多样化、复杂化和大规模化的计算需求,推动计算科学的发展和应用。

1.2 国内外研究现状

1.2.1 确定式方法

确定式方法主要指按照一种确定的方式来进行选择或推理的一类算法,这类算法的计算结果不受随机因素的影响,可以精确地求解优化问题和函数计算。确定式方法可以分为几个不同的类型:第一类为基于数学模型的算法,如线性规划和非线性规划等;第二类为基于动态规划的算法,如最短路径算法和背包问题算法等;第三类为基于贪心策略的算法,如最小生成树算法和哈夫曼编码算法等。

基于数学模型的确定式方法是指根据数学模型的结构和性质,设计出能够有效求解该模型的计算方法。Zhang 等基于双层混合整数规划(BiMIP)模型,提出了使系统容量规划和运行成本最小化,以及基站运行成本最小化的双层联合优化问题,提出了一种具有 ESS 规划需求的大型 PV 集成 5G 基站 SES 系统双层联合优化问题。Yann 等结合用户的 PV 和 ESS,提出了一个非线性的优化问题,目标是优化用户的用电成本,并使用动态规划进行求解。针对能量调度管理,Aluisio 等对 EV 日常运行和 PV 产量预测的运营成本进行了研究,提出了一种包含 EV 的直流微电网运行优化规划的方法。Luo 等重点从多类型充电设施出发,考虑其年度社会总成本,建立了混合整数二阶段规划优化问题。Tint 等则在 TDMA 时分多址系统中,利用凸优化研究了多用户接入单个边缘服务器场景下任务卸载的最优策略。为了解决边缘服务器计算资源有限和传输干扰等问题,Huang 等针对多移动设备场景下的卸载问题,考虑信道和计算资源成本的同时,通过制定有效的资源分配策略,最小化用户的总时延。Tao 等以任务卸载比例作为优化解,在传输时延、计算时间和执行单任务所消耗的功率受到限制的条件下,构建了以最小化系统功耗为优化目的的凸优化模型,并求解出任务卸载的最佳比例,提出了一种有效节省系统功率开销的优化任务卸载策略。Lyu 等针对无人机使能的移动边缘计算系统,利用块坐标下降算法联合优化带宽分配、任务卸载时间分配和无人机轨迹来最大化整个系统的计算效率,整个问题被分解为三个次优化问题,并采用连续凸优化技术求解。Guo 等提出并设计了一种新的基于李雅普诺夫优化的部分计算卸载算法,以求解由单个边缘服务器和多个用户组成的移动边缘计算系统的数据分区计算任务卸载问题。Yan 等提出了一种移动边缘计算系统的服务定价方案,通过一个低复杂度的算法联合优化基站的定价和服务缓存,以协调服务缓存决策并控制蜂窝网络中无线设备的任务卸载行为。为了最小化边缘计算系统的成本,Wu 等提出了一个以 IEEE 802.11p 作为车辆间通信传输协议的最优任务卸载方案,其中综合考虑了传输延迟、计算延迟,以最大化系统的长期回报。结合 Dai 等将负载均衡与卸载问题化为一个整数非线性规划问题,以最大化系统效率,实验表明该策略在系统效用方面显著优于基准策略。Li 等提出了基于线性化的分支定界算法和最近舍入整数算法的计算卸载算法来解决静态和动态任务的原始问题。这类方法是一种可以明确表示知识真假的方法,利用了解空间的特性去构建目标函数和约束条件,然后用数学分析和算法来求解最优解或近似最优解。

基于动态规划的确定式方法是一种通过把原问题分解为相对简单的子问题的方式求解复杂问题的方法。Abrishami 等基于局部关键路径算法提出了 IaaS 云局部关键路径算法(IaaS Cloud Partial Critical Paths,IC-PCP)和带截止日期分配的 IC-PCP 算法(IaaS Cloud Partial Critical Paths with Deadline Distribution,IC-PCPD2)。Calheiros 等在此基础上提出了考虑副本的增强型 IC-PCP 算法(Enhanced IC-PCP with Replication,EIPR),利用租赁资源的空闲时间块设置任务副本,减轻任务截止期的压力,最大化资源利用率。徐等提出了一种分布式协同控制策略,用于协调 ESS 以维持供需平衡并最大限度地减少与充电/放电效率低下相关的总功率损失。Zhao 等提出了一种基于李雅普诺夫优化方法的新的卸载框架,用于跨边缘协作计算,该框架可以在保证设备电池能量可靠的同时,最小化任务卸载的时间。Wang 等针对物联网中的软件定义移动边缘计算问题,提出了一种基于分布式深度学习的算法,该算法可以同时进行计算卸载和资源分配,目的是在分布式密集物联网环境中,最小化加权的延迟和功耗效用。Jeong 设计了一种轻量级的迁移系统,该系统可以将 DNN 层从资源受限的移动设备迁移到边缘服务器,从而在支持 Web 的设备上实现 DNN 计算的边缘化。为此,他提出了一种 DNN 分区算法,该算法可以有效利用边缘资源并减少系统响应时间。Kang 等设计了一种轻量级的调度程序,该调度程序可以适应各种 DNN 模型结构,并以神经网络层的粒度自动划分 DNN 模型,使 DNN 应用可以部分执行在物联网设备端或云中心。Liu 等将多个计算密集型车辆应用卸载到路侧单元中,并将每个应用细分为具有任务依赖性的多个任务,提出一种高效的任务卸载调度算法,以最小化多个应用程序的平均完成时间。在分解策略求解高维多目标问题中,多种分解方法的提出都是基于将原始问题进行分割,Jensen 首次提出辅助目标的概念,认为辅助目标不仅能够引导粒子往良好解集的方向搜索,而且能够帮助算法摆脱局部最优。这类算法是一种利用动态规划思想来求解优化问题的算法,将原问题分解为相对简单的子问题,并将子问题的解保存起来,以避免重复计算的方法。

基于贪心策略的确定式方法是一种在每一步都做出当前最优选择的算法。在异构计算环境中,任务调度是一类重要的优化问题。Topcuoglu 等在最早完成时间(Earliest Finish Time,EFT)算法的基础上,提出了一种考虑资源异构性的启发式方法,称为异构最早完成时间(Heterogeneous Earliest Finish Time,HEFT)算法,该算法通过两个阶段的任务排序和处理器选择,极大提高了资源利用率和任务执行效率。Yan 等提出了一种解决插电式 EV 功率分配和充电协调的两阶段方案,解决了充电站能量管理的两个问题。在智能电网中,具有分布式能源资源(Distributed Energy Resources,DER)的用户可以向电网卖电,从而获得收益。Hopkins 等则是考虑了这种场景,构造了一个线性规划问题来最大化用户的收益,同时满足电网的需求和用户的限制。在移动边缘计算(Mobile Edge Computing,

MEC)中,多个用户可以通过多个小基站(Small Base Station,SBS)共享一个边缘服务器的计算资源,从而提高移动应用的性能。然而,这种场景也带来了无线通信的干扰问题,影响了任务卸载的效率。Wang 等针对这一问题,提出了一种分步优化的卸载决策,计算资源分配以最小化系统能耗和时延的加权和。同时,他们利用图染色法解决无线资源分配的问题,并最小化用户间干扰。Han 等使用三个流水线对 DNN 模型进行深度压缩:剪枝、量化训练和哈夫曼编码。在多目标优化问题中,Li 提出了一种在标准优势关系中增加偏见的机制,并认为这种基于偏差阈值的控制策略可以克服帕累托优势缺乏对约束条件的偏好。Shi 等针对组合优化问题,提出将原目标分解为两个具有可控相关性的子目标。这类算法的计算结果不受随机因素的影响,可以精确地求解优化问题和函数计算。

1.2.2　启发式方法

随着科技的迅猛发展,计算机科学和人工智能领域面临着越来越复杂的问题。这些问题可能涉及大规模的数据、高度复杂的决策树,以及难以建模的实际环境。传统的穷举式求解方法在这些情境下变得不切实际,因为它们在搜索整个解空间时需要耗费巨大的计算资源和时间。正是在这一背景下,启发式方法作为一种基于经验和直觉的问题解决策略应运而生。其灵感来自人类在解决问题时的启发性思维方式,通过引入经验、直觉和启发性规则,启发式方法试图在有限时间内找到一种满意的解决方案,而不是追求完全精确的解。

启发式方法是一种基于经验、直觉和问题特性的启发性思维方式,用于在有限时间内找到问题解决方案的有效策略。这种方法通常应用于那些由于庞大的搜索空间、高度复杂的问题结构或实时性要求,使得传统的精确求解方法难以应对的情境。在启发式方法中,"启发式"一词强调了问题解决过程中的灵活性和智能性。与传统的穷举式方法不同,启发式方法通过引入一系列启发性规则,这些规则可能基于领域知识、经验或问题的结构,有目的地引导搜索过程。这使得启发式方法能够在大规模的问题空间中,通过聪明的搜索策略,寻找到一个可行解或接近最优解。启发式方法的应用领域非常广泛,包括但不限于优化问题、规划问题、机器学习、模式识别、智能交通系统等。其灵活性使得启发式方法能够适应各种问题的特性,而其高效性则使其成为解决实际问题时的一种重要工具。总体而言,启发式方法在求解那些由于问题的复杂性和多样性而无法直接采用传统方法求解的实际问题时,为我们提供了一种创新而高效的思维方式。在不断演化的科技时代,启发式方法的发展和应用有望为我们提供更为智能和适应性强的问题解决途径。

启发式方法的核心思想在于模拟人类智能的启发性思维方式,通过引入经验、直觉和问题特定的启发性规则,有目的地搜索问题解空间,以在有限时间内找到一种满意的解决方案。主要包括:①模拟人类智能的启发性思维方式。启发式方法的灵感来源于观察和理解人类在解决问题时的思考过程。人们在面对问题时往往会运用积累的经验、基于直觉的判断以及对问题的特定了解。启发式方法试图通过对这种启发性思维方式的模拟,将人类的智能引入计算机问题求解中。②基于经验和直觉的引导搜索。启发式方法通过引导搜索过程,避免对整个解空间进行穷尽式的搜索。它依赖于先前的问题求解经验、领域专业知识,以及问题本身的特性,通过这些信息引导搜索算法更有针对性地探索可能的解决方案。③灵活性与问题自适应性。核心思想还包括启发式方法的灵活性,即其能够适应各种不同类型的问题。启发性规则通常能够根据具体问题的特点进行调整和优化,使得启发式方法在处理不同问题时表现出良好的适应性。④关注解空间的局部优化。与追求全局最优解的精确方法不同,启发式方法通常关注在当前情境下看似最优的解决方案。这种局部优化的策略可以加速搜索过程,尤其适用于大规模、复杂问题的求解。⑤处理不确定性和复杂性。启发式方法被设计用于应对现实问题中的不确定性和复杂性。通过结合人类智能的模拟、经验的应用和问题特定的启发性规则,它能够在实际问题的挑战性环境中找到相对有效的解决方案。总的来说,启发式方法的核心思想在于通过模拟启发性思维,结合经验和问题特性,以一种更加灵活和高效的方式进行问题求解。这种方法在应对实际问题时体现出了独特的优势,使得其在各个领域中得到广泛应用。

　　启发式方法并非单一的算法或策略,而是包括多种不同的方法和技术。启发式方法主要包含以下几类:①贪婪算法。贪婪算法是一种简单而直观的启发式方法,它在每一步选择当前看似最优的解,而不考虑全局最优。这种方法特别适用于那些问题,其中每个步骤的决策只对局部解的质量有影响,如某些最短路径问题或分配问题。②模拟退火。模拟退火是一种基于物理冷却过程的启发式方法。通过引入随机性,模拟退火算法在搜索过程中接受可能劣于当前解的解,以避免陷入局部最优。这种方法在全局优化和避免陷入局部最优解的问题中表现出色。③遗传算法。遗传算法模拟了生物进化的过程,通过交叉、变异和选择的操作来生成新的解。这种启发式方法在搜索空间较大且复杂的问题中表现出色,如优化问题、机器学习模型的超参数优化等。④禁忌搜索算法。禁忌搜索是一种基于状态空间的搜索方法,通过模拟问题的状态转移过程来寻找解。这在解决许多问题中很有效,如在博弈中的对弈树搜索、路径规划等。⑤蚁群算法。蚁群算法模拟了蚂蚁在寻找食物过程中的协作行为。每只蚂蚁根据信息素的浓度选择路径,从而形成全局优化。蚁群算法在解决网络优化、路径规划等问题中具有良好的性能。⑥粒子群优化算法。粒子群优化算法模拟了鸟群或鱼群的群体行为。每个“粒子”代表解空间中的一个潜在解,通过个体最优和群体最优来引导搜索过程。这在解决连续空间的优化问题时表现出色。⑦人工免疫系统算法。人工免疫系统模拟了生物免疫系统的进化过程,通过模拟抗体的生成和进化来寻找解。这种方法在模式识别和异常检测等领域有着广泛的应用。⑧混合启发式方法。多样性的启发式方法也可以通过混合不同的启发式策略来创造新的解决方案。通过整合贪婪算法、遗传算法和模拟搜索等方法,可以充分发挥各自的优势。每种方法都有其适用的场景和特点,使得研究者能够根据具体问题的性质选择最合适的启发式策略。

　　尽管启发式方法在解决实际问题时取得了显著成功,但仍然面临一些挑战。首先,其容易陷入局部最优解,无法保证找到全局最优解,这对于一些复杂的搜索和优化问题可能构成限制。其次,启发式方法通常包含参数,调整这些参数以达到最佳性能可能是一项具有挑战性的任务,因为不同问题可能需要不同的参数配置。此外,启发式方法的性能受到问题领域的影响,有时不够通用,需要根据具体问题进行调整和优化。另外,由于其基于经验和启发式规则,启发式方法的正确性通常难以形式化证明,这增加了对其可靠性的评估难度。最后,计算复杂度问题也存在,特别是在某些情况下,启发式方法的计算复杂度可能会急剧增加,对于大规模问题的处理可能面临困难。综合而言,启发式方法的应用需要谨慎权衡其优势和面临的挑战,以找到最适合解决具体问题的方法。

1.2.3 元启发式方法

元启发式方法主要指一类通用型的启发式方法,这类算法的优化机理不过分依赖于算法的组织结构信息,可以广泛地应用到函数的组合优化和函数计算中。元启发式方法可以分为几个不同的类型:第一类为基于进化的方法,如遗传算法和差分进化算法等;第二类为基于物理原理的元启发式方法,如模拟退火算法和水循环算法等;第三类为基于群体智能的元启发式方法,如粒子群算法和蚁群算法等。

基于进化的元启发式方法主要是通过模拟自然界中的优胜劣汰的进化法则,实现种群的整体进步,最终完成最优解的求解。Zhou 等提出了基于负荷平衡的多目标充电调度策略,采用改进的非支配排序遗传算法进行求解,有效平抑负荷峰谷差和降低三相不平衡度。Liang 等采用改进动态概率遗传算法以实现充电桩使用时间与充电负荷的均匀分布。Zhang 等在基于跳频的认知无线电网络中,利用遗传算法获得的近似最优的联合带外频谱感知和信道分配策略,以最大化次级用户的吞吐量。Chen 等提出了一种对微电网内的分布式能源和储能设备进行标准化建模的方法,并引入了一种优化的遗传算法来解决相关问题。Xu 等提出了一种基于遗传算法的数据放置策略,搜索近似的最优数据放置矩阵,从而最小化数据中心之间的数据传输。Guerrero 等对遗传算法进行了改进,提出了非支配排序遗传算法,用于解决多目标下的容器调度问题。Rafique 等提出了一种基于实编码遗传算法的优化模型来优化能源的调度。Pan 等考虑节能模糊作业车间调度问题,提出了一种带有反馈机制的双种群进化算法,以最小化模糊完成时间和模糊总能耗,并最大化最小一致性指数。Muhuri 等考虑模糊不确定环境下实时嵌入式系统的节能任务调度问题,提出了一种 ε 约束耦合节能遗传算法。基于进化的元启发式方法适用于复杂的搜索空间和多模态问题,具有较强的全局寻优能力。但它们的收敛速度较慢,需要大量计算资源,且存在局部最优解的风险。

基于物理原理的元启发式方法主要来自宇宙中的物理规则。Wu 等提出了一种以用户为中心的软件定义超密集网络边缘资源共享模型,通过最小化服务延迟来优化 MEC 与用户的服务过程,最后通过模拟退火算法来降低服务关联模型的时间复杂度并提供近似最优解。Chun 等提出了一种用于全局优化问题的增强头脑风暴正弦余弦算法,通过头脑风暴算法的增加种群粒子多样性和避免进化过程早熟收敛来改善正弦余弦算法中更新粒子的方式。Qin 等研究云工作流调度问题,在其执行时间保持在截止时间内的同时降低执行成本。同时,基于云工作流调度问题的特定知识,提出了一种新的基于知识的自适应离散水波优化算法。基于物理原理的元启发式方法能够跳出局部最优解,适用于随机性较强的搜索空间,具有一定的全局寻优能力。但它们在高维空间中搜索效率较低,对参数设置和初始解的选择较为敏感。

基于群体智能的元启发式方法是通过模拟群体的智慧,来实现全局最优解的获取。在该算法中,每一个群体都是一个生物种群,通过种群中个体之间的协同行为,进而完成个体无法完成的任务。Shao 等运用粒子群优化算法来解决电动汽车充电调度问题,其目标是在增加运营商收益的同时,实现电网侧的需求平衡,通过"削峰填谷"策略优化电网运行。Zhang 等以电网层负荷峰谷差最小和用户层充电费用最小为目标函数,采用改进鲸鱼算法合理安排车辆的充电时间,实现电网侧的削峰填谷且减少车主的充电费用。Liu 等从负荷变化和车主的经济效益出发,构建动态多目标优化模型,并采用动态粒子群算法对模型进行求解。Wu 等提出了基于蚁群算法的元启发式方法在截止日期约束下最小化云中工作流的执行成本。Chen 等考虑了在严格期限约束下如何有效卸载基于 DNN 的智能物联网系统的问题,并提出了一种基于自适应粒子群算法的新型高效卸载策略,通过对 DNN 层进行分层划分操作的卸载决策,显著降低了物联网系统的整体运行能耗。Xie 等针对云边缘环境下的工作流调度问题,提出了一种新颖的定向和非本地转换的粒子群优化方法,该方法可以极大地减少任务维度和执行成本,对复杂应用的任务卸载有良好的效果。基于群体智能的元启发式方法模拟群体协作与竞争,适用于全局寻优和多维搜索问题,具有一定的稳健性。但它们易陷入局部最优解,收敛速度相对较慢,对参数设置较为敏感。

1.2.4　机器学习方法

机器学习方法让计算机能够通过数据学习和改进,而无须明确地编程。这些方法基于模式识别和推断的算法,使计算机能够从数据中学习并进行预测或决策,可以广泛应用于预测和评估电池的性能、健康状况和剩余寿命。目前用于锂电池状态估计的机器学习方法可以分为几个不同的类型:第一类为基于前馈神经网络(FNN)的算法;第二类为基于极限学习机(ELM)的算法;第三类为基于循环神经网络(RNN)的算法。

基于前馈神经网络(FNN)的算法通过任意数量的输入和输出实现非线性映射。它是应用最简单的神经网络(NN)之一。Dang 等提出了一种结合 ECM 和 FNN 的混合方法,该方法不使用查找表将电池 SOC(State Of Charge,剩余电量)与电池 OCV(Open Circuit Voltage,开路电压)相关联,而是使用 FNN 模型被训练来建立这种关联。FNN 结构由一个输入、OCV、具有 m 个神经元的隐藏层以及作为其输出的 SOC 组成。利用能够根据 OCV 输入关联 SOC 的 FNN 模型。Vidal 等建立了 FNN 来估计 LFP 电池的 SOC,然后使用无迹卡尔曼滤波器来提高 SOC 估计精度。Hannan 等介绍了一种使用离线优化算法系统地改变 FNN 结构的过程,以找到最佳的 FNN 结构。这项工作的重点是回溯搜索算法,这是一种优化算法。据作者称,与遗传算法(GA)、粒子群优化(PSO)等其他算法相比,该算法更容易实现、更快且更稳健。

极限学习机(ELM)结构与 FNN 非常相似,但主要区别在于其训练算法,ELM 不使用反向传播,而是使用 Moore-Penrose 广义逆矩阵或伪逆矩阵。Du 等使用 ELM 根据实验数据对锂离子电池进行建模,然后使用 KF 近似估计 SOC。与 RBF 相比,ELM 方法显示出较低的计算负载和更好的 SOC 估计误差。此外,还比较了 4 种不同的 KF 算法:EKF、AEKF、UKF 和自适应无迹卡尔曼滤波器(AUKF)。这项工作中使用的环境温度为 25℃,ELM 和 RBF 所使用的神经元数量分别为 10 和 15。与 RBF 估计时间相比,ELM 的速度快了 50%,并具有更低的估计误差。此外,即使与 KF 的其他变体相比,使用 AUKF 进行 SOC 估计也提高了其准确性并减少了计算负载。Hossain Lipu 等使用引力搜索算法(GSA)来查找具有一个隐藏层的 ELM 中针对两种不同驾驶周期[US06 和北京动态压力测试(BJDST)]的最佳神经元数量,不同的温度(25℃和 45℃),然而,他们使用了似乎有限的数据集来验证 ELM 模型对于 xEV 应用的泛化能力。未使用不同的驾驶循环来训练和验证模型,而是仅使用相同驾驶循环数据的一部分来训练和验证模型,其中 70%用于训练,30%用于验证。

基于循环神经网络(RNN)的算法是一种以闭环方式使用过去信息的神经网络。只需将网络输出或中间状态作为输入传递,就可以使神经网络成为循环网络,这是目前最主流的锂电池状态估计方法。并创建 RNN 的变体来解决梯度爆炸和梯度消失等限制,如LSTM、双向 LSTM(BiLSTM)和门控循环单元(GRU)。Chemali 等应用 LSTM 来估计SOC,仅使用直接测量的电池信号,如端电压、负载电流和环境温度,而不需要与其他方法和估计滤波器相结合。Caliwag 等引入了向量自回归移动平均(VARMA)和 LSTM 的组合来预测电动摩托车的锂离子电池电压和 SOC,其中不同的输入组合包括电机速度、输入功率和评估扭矩、电池电压、电流和温度。作者使用 CVS-40 在 0℃和 25℃下测试了模型,用于训练模型的数据可直接从驾驶摩托车中获得。Vidal 等介绍了一种通过使用 LSTM和迁移学习来减少训练时间并进一步改进 SOC 估计的新方法,迁移学习和适当优化器的使用将是有前途的研究路径,应该探索并与其他方法相结合。

1.2.5　资源管理

资源管理在不同领域中都扮演着关键角色,它涉及诸如处理器、存储、网络带宽和其他资源的有效分配和优化利用。在现代云计算、边缘计算和分布式系统中,资源管理变得更为复杂,因为它需要考虑不同层次的资源,如数据中心、边缘节点和终端设备之间的交互。在这些环境下,资源管理需要考虑到各种动态条件和需求,以实现任务和工作负载的高效分配。此外,资源管理也能够优化资源利用并降低运营成本,与能源利用息息相关。

在面向多目标资源管理方面,Tan 等提出了一种合理的复合储能容量分配方法,利用自适应惯性加权粒子群算法,建立了设备成本最低、功率匹配最佳、可再生能源输出功率最平的多目标复合储能优化方案,以解决微电网多目标问题;Xu 应用了零和博弈来解决复合储能微电网的多目标优化运行;Hu 等研究了一种基于变异算子的粒子群算法来解决以运行成本、环境效益等为目标的多目标优化问题;Chen 等提出了对微电网中的分布式能源和储能单元进行标准建模,并采用了一种改进的遗传算法来求解问题。

在面向移动边缘计算资源管理方面,Cao 等提出一种新的卸载和资源分配方案,多个计算任务被卸载到同一个边缘服务器,在边缘服务器计算资源和延迟的约束下,这能够有效降低计算卸载能耗。Zhang 等研究了基于 MEC 的密集 C-RAN 中的任务卸载和资源分配问题,旨在优化网络能量效率,并提出了一个随机混合整数非线性规划问题,用于联合优化任务卸载决策、计算资源调度和无线资源分配;Huang 等针对多移动设备场景下的卸载问题,在考虑信道和计算资源成本的同时,通过制定有效的资源分配策略,最小化用户的总消耗。Zhou 等针对动态多用户移动边缘计算系统中计算卸载和资源分配的联合优化问题,考虑延迟约束和异构计算任务的不确定资源需求,提出了一种基于双深度 Q 网络的方法,来最小化整个移动边缘计算系统的能量消耗。

在面向混合云的资源管理方面,Yuan 等提出了一种基于 K-means 算法的数据布局策略,首先使用 BEA 算法对数据集依赖矩阵进行聚类变换,获得聚类矩阵,然后根据K-means 算法将聚类矩阵进行集合划分,最后将数据集布局到对应的数据中心,有效减少数据的移动次数。Wang 等开发了一种依赖于动态计算相关性(DCC)进行数据分布的方法。这一方案通过把 DCC 值较高的数据集群集于同一数据中心,并根据实时情况动态分配新产生的数据集至最佳数据中心,从而显著降低了数据中心间调度数据的需求。Li 等通过构建工作流级别的数据放置模型,提出了一个两阶段的数据放置策略,该策略通过离散粒子群优化算法将数据动态分配到适当的数据中心,从而比传统任务级别数据放置策略更加节约成本。

在面向云边协同计算的资源管理方面,Meng 等提出了一种基于粒子群优化算法的安全感知调度方法,用于跨异构云的实时资源分配。实验结果表明,该策略能够在调度和安全性能之间取得良好的平衡。Pham 等考虑不稳定资源的完成率和中断率,以反映云基础设施的不稳定性。同时,提出了一种新的进化多目标工作流调度方法,用于生成一组权衡的解决方案,其最大完成时间和成本都优于最新的算法。Topcuoglu 等在 EFT 基础上提出了异构最早完成时间算法,考虑了异构资源环境,极大提高了资源利用率。Fazio 等总结了微服务调度和资源管理中存在的一些未解决的问题,如微服务的弹性调度问题。

在面向车载边缘计算的资源管理方面,Xu 等提出了一种自适应计算卸载方法,以优化任务卸载延迟和资源利用率,最后,实验结果证明了方法的有效性。Khayyat 等综合考虑了多级车辆边缘云计算网络的计算卸载和资源分配问题,提出了一种分布式深度学习算法,以优化时延和能耗。仿真结果表明,该算法具有较快的收敛速度和较好的性能。Seid 等提出了空对地网络中基于无模型深度强化学习的协同计算卸载和资源分配方案。其目标是最小化任务执行延迟和能量消耗。Huang 提出了一个基于 DRL 的在线卸载框架 DROO,以优化任务卸载决策和无线资源分配,使之适应无线供电的 MEC 网络中时变的无线信道条件。

在面向能源优化的资源管理方面,Rajani 等提出了一种电动汽车充电站与配电系统能量管理的混合策略,应用吉萨金字塔建造算法和增强递归神经网络的混合算法,使能量调度高效运行。Biya 等采纳了一种充电站设计方案,该方案结合了最大功率点跟踪、比例积分微分(PID)和电流调节策略,以实施分散式能源管理。舒恺及其团队推出了一套依据系统功率状况的能源管理方案。这一方法按系统功率状况将直流微电网分成若干运行状态,每种状态下,系统中的各个单元将呈现出不同的操作模式。Mi 等为最大化利用 PV,提出了一种基于 ESS 装置充放电功率的能量管理策略。

第2章 面向多目标的资源管理

2.1 基于粒子群灰狼混合算法的多目标进化算法

近年来,多目标优化问题引起了广泛关注,其求解目标多、目标函数复杂,当前方法通常将所有目标加权后求解,但解集缺乏准确性。针对上述情况,本节首先根据目标分解框架——辅助目标和等价目标约束优化框架,该框架是将约束优化的问题分解为辅助目标和等价目标相结合的优化问题,同时动态调整所分解出的对应子问题的权值,使分解出的子问题求解趋向于等价目标求解。其次基于粒子群优化算法和灰狼优化算法的各自优势,提出参数自适应的粒子群灰狼混合算法,混合算法的优势集合了粒子群算法的较快收敛性和灰狼算法搜索过程的多样性,从而提高粒子进化过程的准确性。通过 IEEE CEC2017 数据集测试的结果表明:在调参合适的情况下,获得的函数最优值个数多于乌鸦搜索、受约束的模拟退火、带约束的水循环等经典算法,在维度 D 为 10 的情况下,28 个测试函数中 11 个测试函数表现最佳;在维度 D 为 30 的情况下,12 个测试函数表现最佳。

2.1.1 引言

约束优化问题在 20 世纪 90 年代被提出,广泛存在于信号处理、图像处理、微电网设计等领域。解决约束优化问题的传统优化方法包括解析法等,但是传统的优化方法无法解决高维的非线性、不可微分的复杂约束优化问题,而且传统的优化方法(如牛顿法、单纯形法等)需要遍历整个搜索空间,不能在短时间内完成,容易出现搜索的"组合式爆炸"。为了更好地解决约束优化问题,可将其转换为多目标优化问题进行求解,多目标优化问题(Multi-Objective Optimization Problems,MOPs)能够在多个目标上达到最佳效果,但 MOPs 的目标大多数为相互冲突的目标,可通过求解多目标问题的方式,得到最优的解决方案,因此,解决多目标问题不应该只考虑单一的最优解,还需要考虑一组最优解集合,力求均衡优化。多目标优化问题通常为多项式复杂程度的非确定性问题(Nondeterminism Polynomial Hard,NP-Hard),常用的解决方法是将 NP-Hard 问题转换成单目标优化或者多目标优化问题再进行解决。由于进化算法适合求解多项式复杂程度的非确定性问题,所以多目标进化算法(Multi-Objective Evolutionary Algorithms,MOEAs)能够通过进化算法来解决多目标优化问题。

进化算法(Evolutionary Algorithms,EAs)是一种基于群搜索的全局优化方法,适用于求解约束优化和多目标优化问题。它是一种启发式方法,通过观察生物种群的进化演变而成,有着一定的进化组织性。进化算法主要思想来自遗传算法,利用父代进行交叉变异计算得到子代种群,对比子代种群和父代种群的适应度值,选出适应度值更优的种群作为下一代进化的父代种群,循环往复得到最优的个体。许多专家学者对进化算法展开大量的研究,提出了许多改进方式,如基于支配、基于指标、基于目标分解策略的方法。基于支配的算法有 Deb 提出的非支配排序遗传算法(Nondominated Sorting Genetic Algorithm Ⅱ,

NSGA-Ⅱ），基于指标的算法主要有 Zitzler 等提出的 IBEA（Indicator-Based Evolutionary Algorithm）算法，基于目标分解的算法有 Zhang 等提出的 MOEA/D（Multi-Objective Evolutionary Algorithm based on Decomposition）算法。

目前，许多学者都将基于分解的 MOEA（Multi-Objective Evolutionary Algorithm）当作研究热点。相较于传统的进化算法，MOEA 的优势是：它能够同时处理多个目标并执行一次获得一组最优解；它还能够处理复杂函数，不受 Pareto 最优解集的形状制约。MOEA 的主要研究方向有三类：基于 Pareto 支配的 MOEA、基于指示器的 MOEA、基于分解优化的 MOEA。

分解优化的 MOEA 大致能够分为三部分：

（1）标准的双目标问题形式。双目标包括原始目标函数和对于约束条件程度的度量函数。

（2）标准的多目标问题优化。主要方法是将 COPs（Constrained Optimization Problems，约束优化问题）转换为 $n+1$ 类型的问题，其中 1 为优化问题，n 为约束函数。

（3）广义多目标问题方法。将原始问题转换为无约束的多目标优化问题，其中至少要有一个目标函数与原始函数不同。

本节针对粒子群算法中的收敛过快和灰狼优化算法中多样性溢出的缺陷，提出了利用分解策略改进的混合算法 HECO-HPSGWO，该优化算法结合了 HECO 框架和参数自适应的 HPSGWO 算法。HECO 框架能够在进化过程中平衡各个目标的权重。HPSGWO 算法结合了 PSO 算法和 GWO 算法的优势。其中，PSO 算法进化收敛速度快，GWO 算法可以减少陷入局部优化的风险。

2.1.2　相关工作

约束优化问题在 20 世纪 90 年代被提出，约束优化问题通常是多项式复杂程度的非确定性问题（NP-Hard），NP-Hard 问题会产生很大的算法时间复杂度，对于解决约束优化问题，常用的方法是将约束优化问题转换成单目标优化问题或者多目标优化问题再进行解决。当带有约束优化的多目标进化算法被提出之后，运用带有约束优化的多目标进化算法来解决某些领域的问题引起了众多研究工作者的关注。刘敏等提出了记忆增强的动态多目标分解进化算法，通过设计基于子问题的串式记忆方法来获得最优解。Askarzadeh 提出了乌鸦搜索算法（Crow Search Algorithm，CSA），通过基于乌鸦的智能行为来解决约束优化问题。Hadi 提出带约束优化的水循环算法（Constrained Water Cycle Algorithm，CWCA），基于对水循环过程的观察来解决问题。很多实验研究都证实了多目标优化方法的效率和问题的复杂度紧密相关，但确保多目标 EAs（Evolutionary Algorithms）优于单目标 EAs 仍然是一个严峻的工作。由于多目标优化问题的复杂程度高并且难以均衡优化，所以通过分解多目标来降低问题的复杂度和达到均衡优化是一股热潮。例如，郑金华等提出基于权重迭代的偏好多目标分解算法；张磊等提出基于重新匹配策略的 ε 约束多目标分解优化算法；Xu 等通过带静态权值的加权法将问题分解为若干子问题；Wang 等通过动态权重的方法分解目标问题，在进化过程中有所侧重。为了更好地分解原目标，运用辅助目标，该目标的概念被 Jensen 首次提出。Jiao 等将辅助目标添加到原始问题，将 COP 问题转换为动态双目标优化问题。因为等价目标和辅助目标的运用能够使群体进化的过程更有侧重点,从而有效地提高组合优化问题的性能。Xu 提出等价和辅助目标框架来解决多目标问题,将原始目标分解为等价目标和辅助目标,利用动态权重来调整搜索进程中的侧重方向。然而,框架所涉及的参数较多,在后续的算法使用过程中涉及的参数数量较大,会造成实验较高的复杂度。所以本节考虑和粒子群优化(Particle Swarm Optimization,PSO)算法相关的改进算法。EAs 算法普遍受到自然界生物的启发。粒子群优化算法受到自然界鸟群捕食的启发,PSO 因为有着参数少、收敛速度快等优势,所以在各种领域都取得了一定的成功。虽然 PSO 的收敛速度快,但是平衡全局的能力差,容易陷入局部优化。最近兴起的算法灰狼优化器(Grey Wolf Optimization,GWO)能够避免局部优化的困境,但由于过程较为复杂,导致搜索的时间较长。所以 Eenel 等提出了 HPSGWO,这是一种混合的 PSO-GWO 算法。

为了更好地解决多目标优化问题,本节将采取以下措施:

(1) 使用辅助目标和等价目标(Helper and Equivalent Objective)来分解已知的约束优化问题,从而缩短粒子搜索过程中跨越"鸿沟"的时间。

(2) 通过参数自适应的 HPSGWO 算法来解决分解后的子问题。

2.1.3　问题模型

定义 1(单目标约束优化问题)　数学模型中,只有一个目标的约束优化问题可以表述为

$$\min f(\boldsymbol{x}), \quad \boldsymbol{x}=(x_1,x_2,\cdots,x_D) \in \Omega$$

$$\text{s. t.}\begin{cases} g_i^I(\boldsymbol{x}) \leqslant 0, & i=1,2,\cdots,q \\ g_i^E(\boldsymbol{x})=0, & i=1,2,\cdots,r \end{cases} \tag{2-1}$$

式中,$\Omega=\{\boldsymbol{x} \mid L_j \leqslant x_j \leqslant U_j, j=1,2,\cdots,D\}$,为位于 R^D 中的有界域,D 为算法中粒子的维度,L_j 和 U_j 分别为算法中粒子取值的上限或者下限;$g_i^I(\boldsymbol{x}) \leqslant 0$ 为不等式约束;$g_i^E(\boldsymbol{x})=0$ 为等式约束;q 和 r 为粒子的维度;Ω^*、Ω_I、Ω_F 分别为最优可行解、不可行解、可行解。

式(2-1)的目的是粒子处在一定的区间内,在满足等式和不等式的条件下,获取最小值。

定义 2(多目标的优化问题)　对于解决约束优化问题,常用的方法是多目标优化方法,多目标优化方法是将约束问题转换为无不等式或等式约束的问题。双目标约束优化问题的数学模型表述为

$$\min f(\boldsymbol{x})=(f(\boldsymbol{x}),v(\boldsymbol{x})) \tag{2-2}$$

式中,$f(\boldsymbol{x})$ 为原始目标函数;$v(\boldsymbol{x})$ 为违反约束的程度。

本节的约束违反程度由各约束违反程度之和来度量,$v(\boldsymbol{x})$ 的具体表达式为

$$v(\boldsymbol{x})=\sum_{i=1}^{q} v_i^I(\boldsymbol{x}) + \sum_{i=1}^{q} v_i^E(\boldsymbol{x}) \tag{2-3}$$

式中,$v_i^I(\boldsymbol{x})$ 是指违反第 i 个不等式约束的程度,表达式为

$$v_i^I(\boldsymbol{x})=\max\{0,g_i^I(\boldsymbol{x})\}, \quad i=1,2,\cdots,q \tag{2-4}$$

$v_i^E(\boldsymbol{x})$ 是指违反第 i 个等式约束的程度,表达式为

$$v_i^E(\boldsymbol{x})=\max\{0, \mid g_i^E(\boldsymbol{x}) - \varepsilon \mid\}, \quad i=1,2,\cdots,q \tag{2-5}$$

式中，ε 是指对等式约束所能允许的误差。

2.1.4　优化方法

本节所运用的 HECO-HPSGWO 优化算法是结合了 HECO 框架和参数自适应 HPSGWO 算法。HECO 框架能够在进化过程中平衡各个目标的权重。HPSGWO 算法是一种混合算法，采用了 PSO 算法和 GWO 算法，并且在算法进行时实时调参，提高准确性。

1. 辅助目标和等价目标的方法

HECO 是一种新型的框架，能够通过辅助目标来增加目标函数的搜索方向并通过等价目标来转换目标函数。因为等价目标的最优解集和原始的 COP 问题的最优解集一致，所以等价目标能够提供算法中粒子搜索的主要方向，并且等价目标的解集能够满足原始 COP 问题的所有约束条件。而辅助目标是由原目标衍生而来，在算法进化的过程中，提供多样的进化结果，防止算法陷入局部最优。由于 HECO 框架利用了动态权重来均衡优化等价目标和辅助目标，所以其性能超越了可行性规则和死亡罚函数的进化方式。下面介绍死亡罚函数和可行性规则以体现 HECO 框架的优点。

死亡罚函数如式(2-6)所示，其中 Ω_F 表示可行解，Ω_I 表示不可行解：

$$\min(\boldsymbol{x}) = \begin{cases} f(\boldsymbol{x}), & \boldsymbol{x} \in \Omega_F \\ +\infty, & \boldsymbol{x} \in \Omega_I \end{cases} \tag{2-6}$$

用死亡罚函数处理约束时，当解为非可行解的时候，则直接丢弃，会造成某个适应度值优良而处在约束边缘化的解的丢失，造成对解集不合理的评判。

可行性规则的运用有以下原则：①适应度较小的解优于适应度较大的解；②可行解优于不可行解；③如果两个解集都为可行解或者不可行解，通过对比两者违反约束的值来选择，较小的约束违反优于较大的约束违反。

根据可行以上的规则，等价函数可以表示为

$$e(\boldsymbol{x}) = \begin{cases} f(\boldsymbol{x}), & \boldsymbol{x} \in \Omega_F \bigcap P \\ v(\boldsymbol{x}) + f_F(P), & \boldsymbol{x} \in \Omega_I \bigcap P \end{cases} \tag{2-7}$$

式中，$f_F(P) = \max\{f(\boldsymbol{x}), \boldsymbol{x} \in \Omega_F \bigcap P\}$，$\Omega_F \bigcap P \neq \varnothing$ 或 $f_F(P) = 0$；P 为种群的所有粒子；Ω_I 和 Ω_F 分别为不可行解和可行解集合。

然而死亡罚函数和可行性规则的优越性中一个可行解总是优于任何一个不可行解。为了减少这种强加于可行解的偏好的影响，HECO 构造了一个新的等价函数。HECO 的规则如下：①如果最小化 $f(\boldsymbol{x})$ 的所有解都为可行解，并且 $f(\boldsymbol{x})$ 的解集和原始问题 $e(\boldsymbol{x})$ 的最优解集一致，则 $f(\boldsymbol{x})$ 称为等价目标；②如果最小化 $f(\boldsymbol{x})$ 的所有解不满足原始问题的最优解集，则 $f(\boldsymbol{x})$ 可以称为辅助目标；③从约束违反程度 $v(\boldsymbol{x})$ 来分析，如果 $v(\boldsymbol{x})$ 的一个可行解不是最优的，解集与原始的 COP 最优解集不一致，那么 $v(\boldsymbol{x})$ 可以称为辅助目标。

下面阐述 HECO 框架的步骤。先列出等价目标 $e(\boldsymbol{x})$，在此基础上添加辅助目标 $h_i(\boldsymbol{x})$，$i = 1, 2, \cdots, k$，k 为辅助目标的个数。以此来帮助等价目标更好地搜索粒子，即

$$\min \boldsymbol{f}(\boldsymbol{x}) = (e(\boldsymbol{x}), h_1(\boldsymbol{x}), \cdots, h_k(\boldsymbol{x})), \quad \boldsymbol{x} \in P \tag{2-8}$$

基于加权求和的方法，分解目标问题可以转换为

$$\min f_i(\boldsymbol{x}) = w_{0i}e(\boldsymbol{x}) + \sum_{j=1}^{k} w_{ji}h_j(\boldsymbol{x}) \tag{2-9}$$

式中，$i = 1, 2, \cdots, \lambda$，$\boldsymbol{x} \in P$。

根据以上的式子，本节目标为每个 $f(\boldsymbol{x})$ 最后都收敛为等价目标，式(2-9)参数的部分规则表达方式为

$$\lim_{t \to +\infty} w_{0i,t} > 0 \tag{2-10}$$

$$\lim_{t \to +\infty} w_{ji,t} = 0 \tag{2-11}$$

式中，$i = 1, 2, \cdots, \lambda$，$j > 0$；$t$ 为运行的代数。

结合上述步骤本节先通过原始函数创建一个新的等价目标，设置种群为 P，设置 x_p^* 为种群中的最优粒子。x_p^* 的计算方法为

$$x_p^* = \begin{cases} \arg\min\{v(\boldsymbol{x}); \ \boldsymbol{x} \in P\}, & P \cap \Omega_F = \varnothing \\ \arg\min\{f(\boldsymbol{x}); \ \boldsymbol{x} \in P \cap \Omega_F\}, & P \cap \Omega_F \neq \varnothing \end{cases} \tag{2-12}$$

接下来，令 $\tilde{e}(\boldsymbol{x})$ 为 $f(\boldsymbol{x})$ 和最优个体 $f(x_p^*)$ 的适应度差值。$\tilde{e}(\boldsymbol{x})$ 的数学表达式为

$$\tilde{e}(\boldsymbol{x}) = |f(\boldsymbol{x}) - f(x_p^*)| \tag{2-13}$$

当最优个体满足约束条件，并且 $f(\boldsymbol{x})$ 适应度的值越靠近 $f(x_p^*)$，则 $f(\boldsymbol{x})$ 满足约束条件的可能性越大，$\boldsymbol{x}$ 处于最优解集的可能性也越大。为了保证 $\boldsymbol{x}$ 能够满足约束条件，构造的等价函数需要加上一定量的约束违反的度量值 $v(\boldsymbol{x})$，以保证算法中的粒子能够在约束条件界限下。所以种群 P 上的等价函数可以构造为

$$e(\boldsymbol{x}) = w_1\tilde{e}(\boldsymbol{x}) + w_2 v(\boldsymbol{x}) \tag{2-14}$$

式中，w_1、w_2 为权重，且 w_1、$w_2 > 0$，w_1、w_2 的作用是引导函数收敛为等价函数，由于 w_1、$w_2 \in (0, +\infty)$，所以等价函数的数量是无限的。

然后选择 $f(\boldsymbol{x})$ 作为辅助目标，辅助目标和等价目标的问题表达式为

$$\min f(\boldsymbol{x}) = (e(\boldsymbol{x}), f(\boldsymbol{x})), \quad x \in P \tag{2-15}$$

根据式(2-14)和式(2-15)，最小化问题可以分解为基于加权求和的 λ 个子问题，即

$$\min f_i(\boldsymbol{x}) = w_{1i}\tilde{e}(\boldsymbol{x}) + w_{2i}v(\boldsymbol{x}) + w_{3i}f(\boldsymbol{x}) \tag{2-16}$$

式中，$i = 1, 2, \cdots, \lambda$。

根据动态调整权值，式(2-16)中的 $f_i(\boldsymbol{x})$ 为辅助函数和等价函数的加权和，即

$$f_i(\boldsymbol{x}) = w_{1i}\tilde{e}(\boldsymbol{x}) + w_{2i}v(\boldsymbol{x}) + w_{3i}f(\boldsymbol{x}) \tag{2-17}$$

式中，$i = 1, 2, \cdots, \lambda$。

针对式(2-17)，为了能够使 $f_i(\boldsymbol{x})$ 收敛到一个等价问题，加权规则表述为

$$\lim_{t \to +\infty} w_{1i,t} > 0, \quad \lim_{t \to +\infty} w_{2i,t} > 0, \quad \lim_{t \to +\infty} w_{3i,t} = 0 \tag{2-18}$$

式中，t 为循环的代数。

在 HECO-HPSGWO 中，w_1 和 w_2 设计为线性增加，而 w_3 设计为线性递减。权重的规则表述为

$$w_{1i,t} = \frac{t}{T_{\max}} \cdot \frac{i}{\lambda} \tag{2-19}$$

$$w_{2i,t} = \frac{t}{T_{\max}} \cdot \frac{i}{\lambda} + \gamma \tag{2-20}$$

$$w_{3i,t} = \left(1 - \frac{t}{T_{\max}}\right) \cdot \left(1 - \frac{i}{\lambda}\right) \tag{2-21}$$

式中，λ 为子问题的数量；$\gamma \in (0,1)$，为关于约束条件的常量偏差值；t 为循环代数；$T_{\max}$ 为最大循环代数的值。

通过用动态权重调整辅助目标和等价目标的 HECO 框架中各个子问题的收敛情况，能够搜寻到更多的进化方向，同时它明确了等价函数在进化过程中的主方向不变。HECO 的运用结果能够展现多目标进化算法在解决约束优化问题的良好特性，从而促进 HPSGWO 算法以更准确地解决目标问题。

2. 粒子群优化算法

粒子群优化算法是 Kennedy 和 Eberhart 在 1995 年提出的一种模拟群体行为的智能优化算法。该方法在多目标优化问题求解中有很好的效果。粒子群优化算法是一种具有个体改进、种群合作和竞争机制的启发式方法，它受启发于自然界中成群鸟类的捕食行为。模拟过程中，将每只鸟看作一个粒子，"粒子"找寻食物的过程模拟了鸟群里的每一只鸟都在一片固定的大区域内随机地觅食，它们不知道目标（也就是食物的具体位置），而鸟群会通过叫声或者记号等行为来交换信息，接下来更多的鸟会向那个方向聚集，引导种群更新位置。PSO 算法模拟了一群鸟儿在寻找食物，代表着粒子在寻求一个最佳解决方案。每个粒子都有 4 个属性：当前位置、自身最佳位置、种群最佳位置、当前速度。对于粒子而言，当前位置是循环过程中本次所处的位置，自身最佳位置是目前迭代中距离最优解的位置，种群最佳位置是种群迭代中距离最优解的位置，当前速度是粒子迭代进行的步长。

每一个粒子都在决策空间中通过速度来更新自身的位置，以此让粒子靠近所要求的空间，每个粒子的最优位置和粒子群中最优粒子的位置信息共同引导着粒子群的搜索位置。第 i 个粒子在第 j 维度决策空间中的速度和位置的更新采用的表达式为

$$v_{ij}(t+1) = wv_{ij}(t) + c_1 r_1 (p_{ij}(t) - x_{ij}(t)) + c_2 r_2 (p_{gj}(t) - x_{ij}(t)) \tag{2-22}$$

$$x_{ij}(t+1) = x_{ij}(t) + v_{ij}(t+1) \tag{2-23}$$

式中，$i = 1, 2, \cdots, N$；$j = 1, 2, \cdots, n$；w 为惯性权重；r_1 和 r_2 为信息随机数，它们的值采用的是自适应更新的方法，具体的自适应更新方法会在第 2.1.5 节进行详细介绍；c_1 和 c_2 为加速常数，分别决定了粒子向自身最优位置和种群最优位置的学习能力；$x_{ij}(t)$ 为之前粒子的位置；$p_{ij}(t)$ 为粒子经过的最优位置；$p_{gj}(t)$ 为种群粒子所经过的最优位置；$v_{ij}(t+1)$ 为当前粒子的速度。

由于粒子群优化算法起源于复杂适应系统，因此工程中需要采用粒子群算法的问题越来越多。粒子群算法的收敛速度快，所需要的参数数量少，结构通俗易懂，伪代码如算法 2.1 所示。

算法 2.1　粒子群算法

输入：随机的粒子种群为 POP_N，种群大小为 N，当前迭代次数为 FES，最大迭代次数为 FES_MAX

输出：粒子种群中的最优解

1：　初始化：在可行域内初始化粒子的位置和随机的初速度，并且计算粒子的自适应度，以及定义一个群体最佳位置并初始化为 0。

2：	选择：对比种群中的粒子适应度，从所有粒子中选出最佳位置的粒子，将其位置信息设置为群体最佳位置。
3：	**while** FES＜FES_MAX：
4：	**for** i in POP_N：
5：	根据式(2-22)和式(2-23)更新粒子的速度和位置，计算粒子的适应度，从而产生新的种群；
6：	**end for**
7：	**end while**
8：	得到种群最优解集

3. 灰狼优化器

灰狼算法是由 Mirjalili 受到自然界灰狼群体捕猎的启发而在 2014 年提出的一种迭代式搜索智能算法。通过标准测试函数的验证，灰狼算法比粒子群算法、差分进化算法更加有优势。灰狼有很严格的社会等级统治制度，灰狼群体一共有 4 种等级的狼，分别为 α、β、δ、ω。α 是狼群中的领导者，它负责作有关捕猎、行动时间等决策，并在狼群发号施令。β 是第二阶级的狼群，它负责协助 α 狼作决策并传达命令。阶级底层的狼群是 ω，它不得不听从其他狼。灰狼群等级划分示意图如图 2-1 所示。

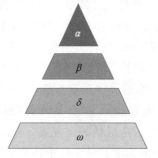

图 2-1　灰狼群等级划分示意图

灰狼群体中的这 4 种狼彼此配合进行捕猎，灰狼捕猎主要分为以下 3 个步骤：①追踪、追逐、靠近猎物；②追捕、包围、不断骚扰猎物直到猎物停止移动；③攻击猎物。根据灰狼狩猎的数学模型，可以得到方程

$$D = |\, \boldsymbol{C} \cdot \boldsymbol{X}_p(t) - \boldsymbol{X}(t)\,| \tag{2-24}$$

$$\boldsymbol{X}(t+1) = \boldsymbol{X}_p(t) - \boldsymbol{A} \cdot \boldsymbol{D} \tag{2-25}$$

式中，t 为更新的代数；$\boldsymbol{X}_p$ 为猎物当前的位置；$\boldsymbol{X}$ 为灰狼的位置；$\boldsymbol{A}$ 和 $\boldsymbol{C}$ 为系统向量；$\boldsymbol{D}$ 为当前灰狼位置与猎物位置之间的距离。

$\boldsymbol{A}$ 和 $\boldsymbol{C}$ 的计算方法为

$$\boldsymbol{A} = 2\boldsymbol{a} \cdot \boldsymbol{r}_1 - \boldsymbol{a} \tag{2-26}$$

$$\boldsymbol{C} = 2 \cdot \boldsymbol{r}_2 \tag{2-27}$$

式中，$\boldsymbol{r}_1$ 和 $\boldsymbol{r}_2$ 均为[0,1]区间中随机产生的随机向量。

$\boldsymbol{a}$ 的值随着算法迭代次数的增加，从 2 线性减少到 0。我们令 $\boldsymbol{A}$ 的值范围为[$-2a$, $2a$]，$\boldsymbol{C}$ 的值从[0,2]范围内随机产生。当|$\boldsymbol{A}$|＞1 时，$\boldsymbol{X}(t+1)$ 的值减少，说明灰狼正在靠近猎物。当 $\boldsymbol{C}$＞1 时，算法强调猎物的作用，$\boldsymbol{D}$ 的值也会增大，那么猎物和灰狼的距离则增大。$\boldsymbol{C}$ 的意义在于模拟大自然中灰狼捕食猎物时遇到障碍物对两者的影响。通过 $\boldsymbol{A}$ 和 $\boldsymbol{C}$ 值的随机性来模仿灰狼捕食猎物的过程中距离的不确定性。

由于灰狼狼群由 α、β、δ 三种狼来决定位置，所以利用这三种狼的位置能够判断出猎物的位置。三种狼与猎物直接距离的数学表达式为

$$\boldsymbol{D}_\alpha = |\, \boldsymbol{C}_1 \cdot \boldsymbol{X}_\alpha(t) - \boldsymbol{X}(t)\,| \tag{2-28}$$

$$\boldsymbol{D}_\beta = |\, \boldsymbol{C}_2 \cdot \boldsymbol{X}_\beta(t) - \boldsymbol{X}(t)\,| \tag{2-29}$$

$$\boldsymbol{D}_{\delta} = |\,\boldsymbol{C}_3 \cdot \boldsymbol{X}_{\delta}(t) - \boldsymbol{X}(t)\,| \tag{2-30}$$

式中，$\boldsymbol{X}_{\alpha}$、$\boldsymbol{X}_{\beta}$、$\boldsymbol{X}_{\delta}$ 分别为在当前迭代次数下，三种狼的最优个体。

$$\boldsymbol{X}_1 = |\,\boldsymbol{X}_{\alpha}(t) - \boldsymbol{a}_1 \cdot \boldsymbol{D}_{\alpha}\,| \tag{2-31}$$

$$\boldsymbol{X}_2 = |\,\boldsymbol{X}_{\beta}(t) - \boldsymbol{a}_2 \cdot \boldsymbol{D}_{\delta}\,| \tag{2-32}$$

$$\boldsymbol{X}_3 = |\,\boldsymbol{X}_{\delta}(t) - \boldsymbol{a}_3 \cdot \boldsymbol{D}_{\delta}\,| \tag{2-33}$$

$$\boldsymbol{X}(t+1) = \frac{\boldsymbol{X}_1 + \boldsymbol{X}_2 + \boldsymbol{X}_3}{3} \tag{2-34}$$

式中，$\boldsymbol{X}_1$、$\boldsymbol{X}_2$、$\boldsymbol{X}_3$ 分别为狼群中三种狼的当前位置；$\boldsymbol{X}(t+1)$ 为狼群中其他狼的位置。

综上，灰狼优化算法的伪代码如算法 2.2 所示。

算法 2.2　灰狼优化算法

输入：随机的粒子种群为 POP_N，种群大小为 N，当前迭代次数为 FES，最大迭代次数为 FES_MAX

输出：种群最优解 best_position。

1：　初始化：在可行域内初始化灰狼的位置。

2：　计算种群中灰狼个体的适应度值。

3：　**while** FES<FES_MAX：

4：　　　选出种群中的灰狼 α、β、δ。

5：　　　**for** i in POP_N：

6：　　　　　种群中的粒子根据式(2-31)～式(2-32)进行更新；

7：　　　　　Best_position 根据粒子群的适应度进行更新；

8：　　　　根据式(2-26)和式(2-27)更新算法中的 α、A、C 参数；

9：　　　**end for**

10：　**end while**

---

4. 混合粒子群灰狼优化算法

灰狼算法自从提出后，就产生了各式各样的改进策略。例如，Saremi 提出通过种群动态操作来消除适应度差的个体；Nasrabadi 等利用反向学习改进灰狼算法；Zhu 等结合 DE 算法的全局搜索能力和灰狼算法的局部搜索能力；张新明等使用变异的反向学习方法，加强最差灰狼位置的学习，同时使用随机差分变异策略。

HPSGWO 算法结合了 PSO 算法和 GWO 算法的优势。PSO 算法能够搜寻快速，但在现实运用时容易陷入局部优化的困境中；GWO 算法可以减少陷入局部优化的风险，但是运行的时间将会延长。考虑到本节测试函数的复杂度和维度都较高，所以算法的运行速率不可忽视。PSO 算法在粒子进化的过程中，是通过一些随机参数和种群最优等位置进行计算来得到粒子位置，但会造成粒子跳到一个较劣的随机位置。GWO 具有高探索能力，粒子通过 GWO 进化会减少陷入劣性位置的可能性。所以本节采用 PSO 算法作为主线算法，但为了在种群进化过程中保持多样性，所以本节考虑在 PSO 算法进化过程中，通过迭代一定次数的 GWO 算法来降低收敛速度。HPSGWO 算法的伪代码如算法 2.3 所示。

算法 2.3　HPSGWO 算法

输入：(MAXITR，FES，Pop，FES_Pop，Prob)

输出：种群粒子

```
1：  初始化种群粒子。
2：  for i＝1 to MAXITR：
3：      for j＝1 to Pop：
4：          使用 PSO 来更新粒子的位置和速度；
5：          if rand(0，1) < prob：
6：              设置 $\vec{a}$、$\vec{A}$、$\vec{C}$ 值；
7：              for k＝1 to FES：
8：                  for m＝1 to FES_Pop：
9：                      运行 GWO；
10：                     更新 α、β、δ 灰狼位置；
11：                     更新 $\vec{a}$、$\vec{A}$、$\vec{C}$ 的值；
12：                 end for
13：             end for
14：         end if
15：     end for
16： end for
```

5. HPSGWO 参数的调整

HPSGWO 算法中的参数对算法的收敛性起着重要作用。如果参数过大，则会导致收敛过快，陷入局部优化的困境；如果参数过小，则会导致收敛过慢，运行的时长过长。本节受到 L-SHADE 方法的启发，L-SHADE 方法调整参数是基于历史记忆的集合，通过对比父代和子代的适应度值的优劣来判定参数的情况。如果进化结果为优异，那么将参数的值保存进历史记忆的集合中，方便之后通过公式计算来更新参数。同理，我们也采取历史记忆集合更新的方式来获取 HPSGWO 算法中的部分参数值。如表 2-1 所示，设置了 λ 个位置来保存 HPSGWO 算法 c_1、c_2、w 的历史记忆值。在算法刚开始的时候，$M_{c1,i}$、$M_{c2,i}$、$M_{w,i}$($i＝1$，$2,\cdots,\lambda$)集合中的初始值都为 0.5，c_1、c_2、w 的值通过柯西分布计算得到。计算方法为

$$c_1 = \mathrm{randc}(M_{c1}, 0.1) \tag{2-35}$$

$$c_2 = \mathrm{randc}(M_{c2}, 0.1) \tag{2-36}$$

$$w = \mathrm{randc}(M_w, 0.1) \tag{2-37}$$

在每一代中，c_1、c_2、w 通过历史记忆值来更新自身的值，M_{c1}、M_{c2}、M_w 是用来存储 c_1、c_2、w 的历史记忆值的集合。更新 c_1、c_2、w 的值，是通过父代和子代之间的数值比较来调整的，当父代个体经过 HECO-HPSGWO 算法更新后的子代个体，它的适应度值优于父代个体的适应度值，说明粒子经过算法后往更优的空间发展，所以这一代的 c_1、c_2、w 的值是促进粒子往更优空间搜索，因此这一代 c_1、c_2、w 被保存到记录参数优异的 S_{c1}、S_{c2}、S_w 集合中，S_{c1}、S_{c2}、S_w 集合是用来更新算法使得子代获得更优的 c_1、c_2、w 的值，并且 S_{c1}、S_{c2}、S_w 又通过式(2-38)～式(2-41)来计算得到 M_{c1}、M_{c2}、M_w，之后 c_1、c_2、w 又通过式(2-35)～式(2-37)得到。参数自适应的伪代码如算法 2.4 所示。

表 2-1　历史记忆 M_{c1}、M_{c2}、M_w

参　数	1	2	⋯	$\lambda-1$	λ
c_1	$M_{c1,1}$	$M_{c1,2}$	⋯	$M_{c1,\lambda-1}$	$M_{c1,\lambda}$
c_2	$M_{c2,1}$	$M_{c2,2}$	⋯	$M_{c2,\lambda-1}$	$M_{c2,\lambda}$
w	$M_{w,1}$	$M_{w,2}$	⋯	$M_{w,\lambda-1}$	$M_{w,\lambda}$

算法 2.4　HPSGWO 参数自适应算法

输入：$(M_{c1,i,G+1}, M_{c2,i,G+1}, M_{w,i,G+1}, S_{c1}, S_{c2}, S_w)$

输出：$(M_{c1,i,G+1}, M_{c2,i,G+1}, M_{w,i,G+1})$

1：　**if** $S_{c1} \neq \varphi$ and $S_{c2} \neq \varphi$ and $S_w \neq \varphi$：

2：　　　**if** $M_{c1,i,G} = \perp$ or $M_{c2,i,G} = \perp$：

3：　　　　　$M_{w,i,G} = \perp$；

4：　　　**else**：

5：　　　　　$M_{c1,i,G} = \mathrm{mean}_{WL}(S_{c1})$；

6：　　　　　$M_{c2,i,G} = \mathrm{mean}_{WL}(S_{c1})$；

7：　　　　　$M_{w,i,G} = \mathrm{mean}_{WL}(S_{c1})$；

8：　　　　　$i++$；

9：　　　　　**if** $i > \lambda, i = 1$；**end if**

10：　　　**end if**

11：　　**else**：

12：　　　　$M_{c1,i,G+1} = M_{c1,i,G}$；

13：　　　　$M_{c2,i,G+1} = M_{c1,i,G}$；

14：　　　　$M_{w,i,G+1} = M_{c1,i,G}$；

15：　**end if**

在算法 2.4 中，$i (1 \leqslant i \leqslant \lambda)$ 是指参数更新的位置，在算法 2.4 循环刚开始的时候，i 的初始值为 1，如果 $i > \lambda$，那么 i 重置为 1。算法 2.4 的规则为

$$M_i = \mathrm{mean}_{WL}(S_i), S_i \neq \varnothing \tag{2-38}$$

$$\mathrm{mean}_{WL}(S) = \frac{\sum\limits_{i=1}^{|S|} w_i S_i^2}{\sum\limits_{i=1}^{|S|} w_i S_i} \tag{2-39}$$

$$w_i = \frac{\Delta f_i}{\sum\limits_{l=1}^{|S|} \Delta f_l} \tag{2-40}$$

$$\Delta f_i = |f(x_{i,G}) - f(x_{i-1,G-1})| \tag{2-41}$$

式 (2-38) 中的 $\mathrm{mean}_{WL}(S_i)$ 对于更新参数来说很重要，它用来计算 M 的值。更新参数的原则是实时改变参数，这个原则会降低算法的收敛度，不易陷入局部优化，对于多维问题较为友好。图 2-2 所示为 HECO-HPSGWO 算法流程图。

6. 线性种群大小缩减

合适的种群大小可以有效地提高算法的性能，将种群大小缩减的方法融合到 HPSGWO 中能够提高性能。线性种群大小缩减（Linear Population Size Reduction，LPSR）是用于动态调整种群大小的适应度评估数的函数。初始的种群大小为 N_{init}，算法结束后的种群大小为 $N_{\min}$。在每一代 G 中，种群大小 N_G 的计算方法为

$$N_G = \mathrm{round}\left[\left(\frac{N_{\min} - N_{\mathrm{init}}}{\mathrm{MAX\_FES}}\right) \cdot \mathrm{FES} + N_{\mathrm{init}}\right] \tag{2-42}$$

式中，FES 为当前适应度评估的数量；MAX_FES 为适应度评估的最大数量的值。当 $N_G < N_{G-1}$ 时，$(N_{G-1} - N_G)$ 个性能最差的粒子则被从种群中剔除。

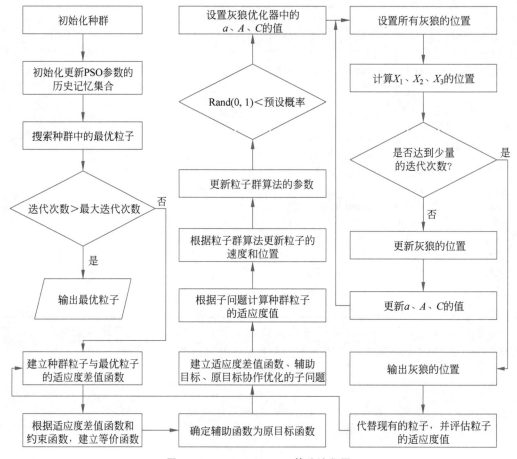

图 2-2　HECO-HPSGWO 算法流程图

2.1.5　实验

1. 实验环境

实验仿真环境为 64 位 Ubuntu 18.04.5 LTS Server 操作系统,内存为 96GB,CPU 为 Intel Xeon Gold 6244,GPU 为 2 个 Nvida Quadro RTX 6000,Python 版本为 3.7。

本节通过 IEEE CEC2017 函数来评估 HECO-HPSGWO。CEC2017 基准是 CEC2010 基准的升级版本。维度分别为 10、30、50。函数的解决方案排序方法与 CEC2006 中的类似:①在不可行解之前排序可行解;②根据函数值 $f(x)$ 对可行解进行排序;③根据违反所有约束的平均值对不可行解进行排序。CEC2017 为所有算法的排名提供了一套规则。比较的算法遵循相同的规则,如下所示。

(1) 基于平均值对算法进行排序的程序:①基于可行性比率对算法进行排序;②根据平均违规量对算法进行排序;③基于目标函数平均值的排名算法。

(2) 基于中值解的排名算法的过程:①可行的方案优先于不可行的方案;②可行的方案根据目标函数的值进行排名;③不可行的方案根据不可行的方案对约束的违反情况进行排名。

(3) 对多个问题的所有算法进行排名:对于每个问题,算法的排名分别根据平均值和中值解确定。

算法的总秩值为

$$\text{Rank value} = \sum_{i=1}^{28} r_i(\text{Mean}) + \sum_{i=1}^{28} r_i(\text{Median}) \tag{2-43}$$

CEC 竞赛排名规则是根据弗里德曼测试的弗里德曼排名制定的。弗里德曼测试是比较不同基准上多个 EA 的重要方法。CEC 规则修改了原始弗里德曼秩,用于拟合约束优化。在部分文献中,t 检验和 Wilcoxons 检验都被直接用于比较约束优化中 EAs 的目标函数值。当找到的解决方案可行时,这些测试才会起作用。但是很难比较结果,如比较不可行的解。例如,虽然为不可行解但是目标函数值更好;目标函数值较差的为可行解。换言之,作为现行的 CEC 竞争规则,除了进行统计测试外,还必须考虑可行性比率和约束违反程度。但是,用现有的统计测试设计这样的新规则并不是本节的目标。从上述观点来看,CEC 竞争规则可能是比较一组基准上多个 EA 的最合适方法,因为它们是专门为约束优化设计的。

本节通过 28 个维度 D 分别为 10、30、50 的函数(共 3×28 个测试函数)。实验结果主要受到子种群大小 λ 和约束违反偏差数 γ 的影响,为了讨论参数对实验的影响,首先基于 $D=10$ 的情况分别定量观测这两个参数。针对这两个参数进行消融实验。首先针对 λ 值对算法的影响进行研究,取 γ 为固定值,λ 值为 5 个不同的值来进行比较,结果如表 2-2～表 2-6 所示。表 2-2～表 2-6 通过比较相同 γ 和不同 λ 的秩值来说明,随着 λ 值的增大,秩值趋于稳定状态。其次针对 γ 值对算法的影响进行研究,取 λ 为固定值,γ 值为 5 个不同的值来进行比较,结果如表 2-7～表 2-11 所示,明显可以观察到 $\gamma=0.1$ 的情况下表现优良且较为稳定。

表 2-2　$\gamma=0.0$ 的 CEC2017 结果

$\gamma=0.0$	Mean	Median	Total
$\lambda=10$	84	80	164
$\lambda=15$	90	**79**	169
$\lambda=20$	92	90	182
$\lambda=25$	**75**	81	**156**
$\lambda=30$	79	90	169

表 2-3　$\gamma=0.1$ 的 CEC2017 结果

$\gamma=0.1$	Mean	Median	Total
$\lambda=10$	95	74	169
$\lambda=15$	**73**	**71**	**144**
$\lambda=20$	91	86	177
$\lambda=25$	78	101	179
$\lambda=30$	83	88	171

表 2-4　$\gamma=0.2$ 的 CEC2017 结果

$\gamma=0.2$	Mean	Median	Total
$\lambda=10$	95	94	189
$\lambda=15$	91	**76**	167
$\lambda=20$	78	79	**157**
$\lambda=25$	79	82	161
$\lambda=30$	**77**	89	166

表 2-5 $\gamma = 0.3$ 的 CEC2017 结果

$\gamma = 0.3$	Mean	Median	Total
$\lambda = 10$	90	**77**	167
$\lambda = 15$	88	83	171
$\lambda = 20$	**76**	94	170
$\lambda = 25$	84	82	**166**
$\lambda = 30$	82	84	**166**

表 2-6 $\gamma = 0.4$ 的 CEC2017 结果

$\gamma = 0.4$	Mean	Median	Total
$\lambda = 10$	93	83	176
$\lambda = 15$	79	**69**	**148**
$\lambda = 20$	88	102	190
$\lambda = 25$	**75**	88	163
$\lambda = 30$	85	78	163

表 2-7 $\lambda = 10$ 的 CEC2017 结果

$\lambda = 10$	Mean	Median	Total
$\gamma = 0.0$	93	100	193
$\gamma = 0.1$	**63**	**65**	**128**
$\gamma = 0.2$	88	89	177
$\gamma = 0.3$	81	86	167
$\gamma = 0.4$	95	80	175

表 2-8 $\lambda = 15$ 的 CEC2017 结果

$\lambda = 15$	Mean	Median	Total
$\gamma = 0.0$	88	105	193
$\gamma = 0.1$	**75**	**69**	**144**
$\gamma = 0.2$	80	84	164
$\gamma = 0.3$	95	89	184
$\gamma = 0.4$	82	73	155

表 2-9 $\lambda = 20$ 的 CEC2017 结果

$\lambda = 20$	Mean	Median	Total
$\gamma = 0.0$	96	77	173
$\gamma = 0.1$	**69**	**70**	**139**
$\gamma = 0.2$	75	82	157
$\gamma = 0.3$	91	86	177
$\gamma = 0.4$	89	105	194

表 2-10 $\lambda = 25$ 的 CEC2017 结果

$\lambda = 25$	Mean	Median	Total
$\gamma = 0.0$	91	87	178
$\gamma = 0.1$	**77**	**76**	**153**
$\gamma = 0.2$	79	84	163

续表

λ＝25	Mean	Median	Total
γ＝0.3	95	86	181
γ＝0.4	78	87	165

表 2-11　λ＝30 的 CEC2017 结果

λ＝30	Mean	Median	Total
γ＝0.0	90	96	186
γ＝0.1	**77**	**70**	**147**
γ＝0.2	81	85	166
γ＝0.3	88	84	172
γ＝0.4	84	85	169

　　为了更好地设置实验参数,通过以下过程来获得 γ 和 λ 参数的取值,如表 2-12 所示,HECO-HPSGWO 取固定的 λ 值,γ 取 5 个不同的值来进行比较。如表 2-13 所示,HECO-HPSGWO 取固定的 γ 值,λ 取 5 个不同的值来进行比较。为了更好地测试 HECO-HPSGWO 的性质,对于 λ 和 γ 值的选取参考了秩值的结果。为了得到合理的 λ,先取 $\gamma＝0.0$ 作为观察,结果如表 2-14 所示,当 γ 值取最小的时候,$\lambda＝20$ 的秩值最大,表现最差。在选取 γ 值的时候,令 λ 为最小值,$\lambda＝10$ 作为观察,结果如表 2-15 所示,$\gamma＝0.1$ 时秩值最小,表现最好。在 HECO-HPSGWO 的 γ 和 λ 参数选择秩值最好的情况下,会降低算法性能优良的说服力,所以综合表 2-14 和表 2-15,在后期的实验中,选取 $\gamma＝0.1$ 和 $\lambda＝20$ 来评测 HECO-HPSGWO 算法的性能。

表 2-12　CEC2017 参数设置

参　　数	设　置　值
种群最大迭代次数	$FES_{MAX}＝20\,000D$
种群大小	$N_0＝12D$
子种群 Q 的大小	$\lambda＝20$
约束函数偏差值	$\gamma＝0.0、0.1、0.2、0.3、0.4$

表 2-13　CEC2017 参数设置

参　　数	设　置　值
种群最大迭代次数	$FES_{MAX}＝20\,000D$
种群大小	$N_0＝12D$
约束函数偏差值	$\gamma＝0.1$
子种群 Q 的大小	$\lambda＝10、15、20、25、30$

表 2-14　在 $\gamma＝0.0$ 时不同 λ 值的 HECO-HPSGWO 的排序情况

λ 值	D＝10	D＝30	D＝50
λ＝10	164	162	174
λ＝15	169	**151**	**153**
λ＝20	182	171	165
λ＝25	**156**	185	176
λ＝30	169	171	172

表 2-15　在 $\lambda=10$ 时不同 γ 值的 HECO-HPSGWO 的排序情况

γ 值	$D=10$	$D=30$	$D=50$
$\gamma=0.0$	193	189	203
$\gamma=0.1$	**128**	**110**	**116**
$\gamma=0.2$	177	164	193
$\gamma=0.3$	167	174	152
$\gamma=0.4$	175	203	176

如表 2-16 所示，$\gamma=0.1$ 的时候，不同 λ 值的排序结果，较优的结果已用加粗表现出来。表 2-16 中不同维度秩值的变化原因可从表 2-18 中得出，表 2-18 展示了不同 λ 不同维度中的秩值的变化，从中位数的秩值和平均数的秩值两方面来展现。根据表 2-16，可以看出当函数维度为 10 的时候 $\lambda=15$ 的秩值 136 为最好的结果，它小于函数维度为 10 时 $\lambda=10$ 的秩值 153。在函数维度为 10 的结果中，发现随着 λ 步长为 5 的变化中，算法的秩值呈下降趋势。但观察表 2-18，在 $\lambda=10$，维度为 30 的时候，平均数的秩值最小，但中位数的秩值次小，说明在该情况下，测试函数的适应度值结果虽然优良，但不够稳定，造成结果之间的方差较大。在表 2-16 中，$\lambda=10$、15、20 时，秩值逐渐递减，但在 $\lambda=25$ 的时候，秩值达到最大，而 $\lambda=30$ 时的秩值小于 $\lambda=25$ 时的秩值，说明秩值并非随着 λ 的增大而线性增大。在函数维度为 30 的时候，$\lambda=10$ 的秩值最小为 146，$\lambda=20$ 的秩值次小为 148，$D=30$ 时相较于 $D=10$ 的情况，秩值的方差减少了 41%，说明算法对于计算 $D=30$ 的函数更具稳定性。然而在 $D=50$ 的时候，$\lambda=10$ 的秩值最小为 122，相较于 $\lambda=10$ 在 $D=10$ 和 $D=30$ 的表现更加优良，表现远优于其他 λ 值，造成总秩值在对比其他 λ 值有较大的差距。这说明在解决低维度问题的时候，算法中可以设置 $\lambda=15$ 来计算函数适应度，将会取得较好的效果，在维度较高的时候，算法中设置 $\lambda=10$ 所得结果较为准确。同时从表 3-16 可以看出，随着维度的升高，在 $\lambda=10$ 的情况下 HECO-HPSGWO 的秩值逐步递减，说明在参数设置合理的情况下，本节所提出的 HECO-HPSGWO 能够解决高维度函数的难题。HECO-HPSGWO 在 λ 为固定值、γ 为不同值时三个维度的排名和总排名，如表 2-17 所示。表 2-17 中各个 γ 的不同维度秩值的详细分析如表 2-19 所示，表 2-19 通过式(2-43)得到不同 γ 各个维度的中位数的秩值和平均数的秩值。表 2-17 提供了在 $\lambda=20$ 的情况下，不同 γ 所得的不同排序结果。根据表 2-17 所得到的排名值可以看出，γ 为 0.0 时总的秩值为 447，函数的总体效果较优，并且在 D 为 10、30、50 时的秩值稳定。在函数维度为 10 的时候，$\gamma=0.3$ 的排序值为 151，表现效果最佳，$\gamma=0.0$ 的排序值次小为 152，与最好的排序值相差较小。观察表 2-19 中 $\gamma=0.3$ 的情况，在 $D=10$ 时，平均数的秩值结果优于中位数秩值的结果，说明 $\gamma=0.3$，$D=10$ 时，算法结果优异但稳定性不足，而在 $D=30$ 时，情况恰恰相反。$\gamma=0.0$ 的总秩值最好，但从表 2-19 中可以看出，中位数的秩值优良于平均数秩值，说明 $\gamma=0.0$，$D=30$ 的情况下，算法性能稳定，但结果还需改进。综合表 2-16 与表 2-17，相较于 λ 值变化造成的秩值差距而言，γ 值的变化对于结果的影响较小。函数维度为 30 和 50 时，$\gamma=0.0$ 的排序值分别为 147、148，表现性能最佳，且与其他 γ 值的排序总值相差较大。$\gamma=0.3$ 的排序第二小，分别为 160、167。$\gamma=0.4$ 时，排序值大，表现较差。根据表 2-16 和表 2-17，所得的结果均为 γ 和 λ 值最小的时候效果最佳，因为 γ 和 λ 偏小的值会导致 HECO 框架中的 w_1、w_2 偏大，而 w_3 的值偏小。从而使式(2-16) $\min f_i(\boldsymbol{x})$ 中 $h(\boldsymbol{x})$ 和 $v(\boldsymbol{x})$ 的权重较大，提高了等价

函数的作用，$f(x)$ 原函数的作用较小，说明辅助函数的权重较小。造成这个现象的原因是，HECO-HPSGWO 使用了灰狼优化器，而灰狼优化器的特点是避免局部收敛，能够提供更多的搜索方向，所以会降低 HECO 框架中辅助函数的作用。

表 2-16 在 CEC2017 测试函数中不同 λ 值的 HECO-HPSGWO 的排序情况

λ 值	$D=10$	$D=30$	$D=50$
$\lambda=10$	153	**146**	**122**
$\lambda=15$	**136**	188	165
$\lambda=20$	170	148	156
$\lambda=25$	204	166	183
$\lambda=30$	177	192	212

表 2-17 在 CEC2017 测试函数中不同 γ 值的 HECO-HPSGWO 的排序情况

γ 值	$D=10$	$D=30$	$D=50$
$\gamma=0.0$	152	**147**	**148**
$\gamma=0.1$	184	171	179
$\gamma=0.2$	163	175	171
$\gamma=0.3$	**151**	160	167
$\gamma=0.4$	190	187	175

表 2-18 在 CEC2017 测试函数中不同 λ 值的 HECO-HPSGWO 的 Median 和 Mean 排序情况

λ 值	$D=10$Mean	$D=10$Median	$D=30$Mean	$D=30$Median	$D=50$Mean	$D=50$Median
$\lambda=10$	79	74	**69**	77	**55**	**67**
$\lambda=15$	**65**	**71**	96	92	82	83
$\lambda=20$	84	86	78	**70**	81	75
$\lambda=25$	103	101	82	84	101	82
$\lambda=30$	89	88	95	97	101	111

表 2-19 在 CEC2017 测试函数中不同 γ 值的 HECO-HPSGWO 的 Median 和 Mean 排序情况

γ 值	$D=10$Mean	$D=10$Median	$D=30$Mean	$D=30$Median	$D=50$Mean	$D=50$Median
$\gamma=0.0$	80	**72**	76	**71**	**82**	**66**
$\gamma=0.1$	92	92	87	84	86	93
$\gamma=0.2$	84	79	90	85	84	87
$\gamma=0.3$	**70**	81	**71**	89	84	83
$\gamma=0.4$	94	96	96	91	84	91

2. 对比算法介绍

结合上面对参数的分析可知，当 γ 值最小时，$\lambda=20$ 表现最差；当 λ 值最小时，$\gamma=0.1$ 表现最优。根据秩值，$\lambda=20$ 时，$\gamma=0.0$ 的结果良好；$\gamma=0.1$ 时，$\lambda=10$ 的情况优越。而为了更好地评估算法的性能，下面将 $\gamma=0.1$，$\lambda=10$ 的结果和 $\gamma=0.0$，$\lambda=20$ 的结果与其他三个算法比较，这三个算法分别为乌鸦搜索算法（CCSA）、受约束的模拟退火（CSA）、带约束的水循环算法（CWCA）。这三个算法都广泛运用于多目标优化的问题中，用来比较的算法的参数设置均采用其原始文献推荐的方法，如表 2-20 所示。

表 2-20 CEC2017 测试函数中各算法的参数测试

算 法	参 数 设 置
CCSA	种群大小 $N=100$，识别概率 AP$=0.1$，飞行长度 $fl=2$
CSA	几何冷却计划的冷却因子 $\alpha=0.80$，初始温度 $T_0=1.0$，最终温度 $T_f=10^{-10}$，玻尔兹曼常数 $k_B=1.0$
CWCA	种群大小 $N=100$，河流和海洋的数量 $N_{sr}=8$，蒸发条件常数 $d_{max}=10^{-5}$，用来控制水流流向特定河流的参数 $C=2.0$

乌鸦搜索算法、受约束的模拟退火算法、带约束的水循环算法都是近年来较为优越的算法。其中，CCSA 采用了直接控制约束的方法，放弃不可行的解。而 CSA 采用了罚函数的方法，对不满足约束条件的解进行惩罚，使得不满足约束条件的解的适应度函数值较大。CWCA 算法灵感来源于自然界的水循环，以及河流和小溪如何流向大海。

3. 实验结果分析

在 $D=10$ 和 $D=30$ 时，比较算法求解 CEC2017 基准函数得到的 F_{mean} 和 SD 值分别如表 2-21 和表 2-22 所示。其中，F_{mean} 和 SD 分别表示目标函数适应度值的均值和标准差，最后一行的 BMF(Best Mean Fitness)为记录算法在 28 个测试函数上表现最优的函数个数总和。根据表 2-21 可得，在 $D=10$ 的情况下，$\gamma=0.1,\lambda=10$ 时的 HECO-HPSGWO 拥有 11 个最佳 F_{mean} 和 3 个次佳 F_{mean} 来求解这 28 个 CEC2017 基准函数，这意味着该方法在解决这些具有挑战性的问题时具有良好的搜索精度。而 $\gamma=0.0,\lambda=20$ 时的 HECO-HPSGWO 仅拥有 4 个最佳 F_{mean} 和 9 个次佳 F_{mean} 来求解这 28 个函数。CSA 和 CWCA 都能分别产生 6 个和 8 个 F_{mean}。在测试函数中，表明这两个算法都有一定的有效性，而 CCSA 的 F_{mean} 为 0，说明 CCSA 在 CEC2017 测试函数上的表现较差。观察表 2-22 中数据可知，因为测试函数的维度升高，各个算法的性能都有不同程度的下降。$\gamma=0.1,\lambda=10$ 时的 HECO-HPSGWO 依旧拥有最多的 F_{mean}。在 28 个测试函数中，它拥有 12 个最佳 F_{mean} 和 7 个次佳 F_{mean}。$\gamma=0.0,\lambda=20$ 时的 HECO-HPSGWO 的表现较差，在 28 个测试函数中，它拥有 1 个最佳 F_{mean} 和 13 个次佳 F_{mean}。CWCA 和 CSA 有着相似的性能，在 $D=30$ 的情况下，分别有 8 个和 7 个 F_{mean}。而 CCSA 相对于 $D=10$ 时的性能更差。

表 2-21 CEC2017 测试函数中 HECO-HPSGWO 和其他三个算法的性能比较($D=10$)

函数	标准	HECO-HPSGWO($\gamma=0.0$)	CCSA	CSA	CWCA	HECO-HPSGWO($\lambda=10$)
C_{01}	F_{mean}	1.71E+03	1.67E+04	2.63E+00	7.35E+00	2.59E+03
	SD	5.17E+02	6.71E+03	4.95E−01	9.30E+00	6.43E+02
C_{02}	F_{mean}	2.51E+03	1.45E+04	3.19E+00	1.20E+01	1.96E+03
	SD	9.57E+02	4.78E+03	3.05E−01	1.43E+01	2.70E+02
C_{03}	F_{mean}	1.65E+03	1.71E+04	3.18E+01	1.49E+04	2.12E+03
	SD	1.70E+02	3.60E+03	3.13E+01	2.24E+04	3.94E+02
C_{04}	F_{mean}	8.13E+01	2.39E+02	8.03E+01	6.33E+01	1.06E+02
	SD	3.28E+01	2.52E+01	2.76E+01	1.92E+01	8.33E+00
C_{05}	F_{mean}	3.91E+03	3.82E+05	1.16E+01	3.99E+00	2.54E+03
	SD	3.82E+03	2.89E+05	1.52E+00	4.30E−04	1.49E+03

函数	标准	HECO-HPS GWO($\gamma=0.0$)	CCSA	CSA	CWCA	HECO-HPS GWO($\lambda=10$)
C_{06}	F_{mean}	2.75E+02	6.69E+02	1.70E+02	2.06E+03	2.68E+02
	SD	4.10E+01	2.21E+02	5.05E+01	6.31E+02	5.80E+01
C_{07}	F_{mean}	−3.46E+02	−3.51E+01	−3.22E+01	5.50E+01	−3.59E+02
	SD	4.74E+01	8.59E+00	2.60E+02	4.60E+01	6.49E+01
C_{08}	F_{mean}	−2.21E+00	3.41E+01	6.63E+00	5.10E−03	6.09E−01
	SD	6.23E+00	5.14E+00	2.69E+00	8.41E−03	3.34E+00
C_{09}	F_{mean}	−6.34E+00	5.15E+00	1.79E−02	2.40E+00	−4.53E+00
	SD	6.66E+00	1.77E+00	7.72E−03	1.86E+00	4.30E+00
C_{10}	F_{mean}	1.16E+01	8.03E+00	1.80E+01	3.77E−04	1.00E+01
	SD	6.62E−01	1.85E+01	8.57E+00	3.36E−04	5.24E+00
C_{11}	F_{mean}	−3.42E+02	1.77E+00	1.66E+01	9.77E−01	−3.82E+02
	SD	8.87E+01	9.55E−01	5.01E+01	2.11E+00	2.21E+01
C_{12}	F_{mean}	2.31E+03	8.39E+00	7.26E+01	7.75E+00	1.87E+03
	SD	4.67E+02	1.00E+00	4.30E+00	7.41E+00	2.53E+02
C_{13}	F_{mean}	5.46E+07	3.18E+02	6.39E+03	3.99E+00	4.92E+07
	SD	2.31E+07	2.78E+02	7.00E+03	1.36E−03	3.68E+06
C_{14}	F_{mean}	1.94E+01	2.10E+01	1.01E+01	3.71E+00	2.00E+01
	SD	8.56E−01	1.94E−01	2.27E+00	2.68E−01	1.46E−01
C_{15}	F_{mean}	2.04E+01	3.51E+01	−7.18E+00	1.43E+01	1.98E+01
	SD	2.30E+00	1.88E+01	1.71E−01	4.10E+00	1.18E+00
C_{16}	F_{mean}	1.21E+02	3.04E+01	6.61E+00	7.63E+00	1.18E+02
	SD	1.26E+01	3.27E+00	3.66E−01	1.09E+01	2.51E+01
C_{17}	F_{mean}	1.42E+00	4.89E+00	1.17E+01	1.02E+00	1.39E+00
	SD	2.76E−01	5.07E−01	6.12E−01	2.60E−02	9.11E−02
C_{18}	F_{mean}	2.01E+03	1.36E+04	7.09E+03	4.08E+03	2.01E+03
	SD	4.38E+02	4.58E+03	8.64E+03	1.79E+03	2.75E+02
C_{19}	F_{mean}	2.16E+01	3.72E+01	1.33E+04	1.97E+01	2.26E+01
	SD	1.80E+00	3.01E+00	2.39E+01	1.80E+01	1.73E+00
C_{20}	F_{mean}	6.77E−01	2.93E+00	2.11E+00	2.01E+00	7.04E−01
	SD	5.33E−01	5.60E−01	1.00E−01	3.47E−01	2.26E−01
C_{21}	F_{mean}	2.48E+01	4.48E+02	1.09E+02	1.04E+01	4.35E+00
	SD	1.76E+01	1.08E+02	2.35E+01	5.82E+00	6.16E+00
C_{22}	F_{mean}	1.11E+02	2.37E+03	5.45E+03	3.19E+05	3.99E+01
	SD	1.29E+02	1.30E+03	2.59E+03	2.67E+05	4.39E+01
C_{23}	F_{mean}	9.96E−01	2.11E+01	2.60E+01	3.63E+00	1.71E−01
	SD	1.41E+00	7.34E−02	1.10E+01	1.97E−01	2.42E−01
C_{24}	F_{mean}	7.64E−01	4.33E+01	−7.05E+00	1.30E+01	6.55E−04
	SD	6.27E−01	1.19E+01	2.03E−02	3.58E+00	7.18E−04
C_{25}	F_{mean}	3.97E+00	5.30E+01	1.05E+01	7.48E+01	7.55E−01
	SD	3.22E−01	6.99E+00	2.09E+00	7.08E+00	1.06E+00

函数	标准	HECO-HPS GWO($\gamma = 0.0$)	CCSA	CSA	CWCA	HECO-HPS GWO($\lambda = 10$)
C_{26}	F_{mean}	2.33E−01	1.18E+01	1.25E+01	1.01E+00	1.98E−06
	SD	1.08E−01	3.80E+00	6.09E−01	9.16E−03	2.77E−06
C_{27}	F_{mean}	2.16E+01	3.89E+04	2.27E+04	6.18E+03	6.73E+00
	SD	7.15E+00	9.75E+03	2.70E+04	4.50E+03	9.52E+00
C_{28}	F_{mean}	−4.99E+00	4.33E+01	1.33E+04	3.46E+01	−6.94E+00
	SD	1.10E+00	3.46E+00	1.60E+01	9.86E+00	1.30E+00
BMF		4	0	6	8	11

表 2-22　CEC2017 测试函数中 HECO-HPSGWO 和其他三个算法的性能比较($D = 30$)

函数	标准	HECO-HPSG WO($\gamma = 0.0$)	CCSA	CSA	CWCA	HECO-HPS GWO($\lambda = 10$)
C_{01}	F_{mean}	1.29E+04	1.27E+05	3.24E+02	8.32E+03	1.25E+04
	SD	2.49E+03	3.09E+04	9.43E+01	4.65E+03	3.36E+03
C_{02}	F_{mean}	1.38E+04	1.39E+05	2.41E+02	6.18E+03	1.02E+04
	SD	8.45E+02	1.83E+04	2.71E+01	3.15E+03	6.41E+02
C_{03}	F_{mean}	3.51E+04	2.25E+05	3.77E+02	3.24E+05	3.05E+04
	SD	1.17E+04	4.45E+04	5.33E+01	9.13E+04	9.17E+02
C_{04}	F_{mean}	3.73E+02	9.34E+02	5.19E+02	4.78E+02	3.61E+02
	SD	3.17E+01	1.26E+02	7.47E+01	3.94E+01	2.72E+01
C_{05}	F_{mean}	2.43E+05	4.40E+02	1.60E+02	8.47E+01	6.80E+04
	SD	1.57E+05	7.20E+01	8.38E+01	5.39E+00	9.72E+03
C_{06}	F_{mean}	1.22E+03	3.21E+03	6.75E+02	5.34E+03	1.09E+03
	SD	3.21E+01	3.05E+02	3.57E+02	6.71E+02	1.47E+02
C_{07}	F_{mean}	−6.03E+02	−2.44E+02	7.73E+01	−1.12E+01	−7.08E+02
	SD	1.01E+02	5.94E+01	3.89E+02	2.52E+01	2.66E+01
C_{08}	F_{mean}	5.96E+00	7.26E+01	2.67E+02	2.92E+01	6.03E+00
	SD	5.65E−01	1.78E+00	1.51E+02	1.04E+01	3.27E−01
C_{09}	F_{mean}	6.86E+00	9.76E+00	1.56E+01	1.90E+01	5.62E+00
	SD	3.92E−01	8.38E−01	3.17E+00	4.27E−01	3.98E−01
C_{10}	F_{mean}	3.23E+01	6.17E+01	4.16E+02	3.34E+00	3.05E+01
	SD	2.60E−01	6.57E+00	3.74E+01	2.01E+00	7.53E−01
C_{11}	F_{mean}	−7.69E+02	−8.28E+01	2.93E+02	−3.05E+00	−1.00E+03
	SD	1.52E+02	1.63E+01	4.48E+02	1.78E+01	1.55E+02
C_{12}	F_{mean}	1.39E+04	7.61E+04	4.47E+02	9.78E+00	1.27E+04
	SD	5.28E+02	4.01E+03	2.49E+01	8.91E−04	8.16E+02
C_{13}	F_{mean}	7.91E+08	3.61E+06	7.54E+04	8.73E+04	7.35E+08
	SD	1.34E+06	7.48E+05	1.50E+04	1.95E+05	6.72E+07
C_{14}	F_{mean}	2.08E+01	2.14E+01	1.43E+02	7.95E+00	2.04E+01
	SD	2.15E−02	8.95E−02	3.40E+01	5.88E−01	3.13E−01

续表

函数	标准	HECO-HPSGWO($\gamma=0.0$)	CCSA	CSA	CWCA	HECO-HPSGWO($\lambda=10$)
C_{15}	F_{mean}	3.21E+01	8.61E+01	−1.41E+00	2.70E+01	3.20E+01
	SD	2.25E−01	3.58E+00	2.63E+00	1.66E+00	3.91E−02
C_{16}	F_{mean}	5.16E+02	1.15E+03	3.94E+01	2.25E+02	5.27E+02
	SD	2.00E+01	6.85E+01	4.95E+00	2.86E+01	1.52E+01
C_{17}	F_{mean}	4.44E+00	1.95E+01	3.24E+01	2.02E+00	4.10E+00
	SD	5.26E−03	1.93E+00	4.49E−01	6.51E−01	7.72E−02
C_{18}	F_{mean}	1.38E+04	6.93E+04	1.07E+05	7.30E+03	1.33E+04
	SD	3.54E+02	9.07E+03	5.87E+04	3.22E+03	5.95E+02
C_{19}	F_{mean}	9.56E+01	1.25E+02	4.31E+04	6.53E+01	9.70E+01
	SD	1.35E+00	5.42E+00	1.10E+01	9.59E+00	1.55E+00
C_{20}	F_{mean}	4.67E+00	1.13E+01	8.99E+00	3.78E+00	6.99E+00
	SD	3.48E+00	1.65E−01	3.34E−01	6.36E−01	2.84E−01
C_{21}	F_{mean}	1.11E+02	2.46E+05	7.36E+02	4.40E+01	4.90E−03
	SD	3.94E+01	3.30E+04	4.45E+01	3.44E+01	6.92E−03
C_{22}	F_{mean}	1.11E+02	6.02E+07	2.05E+06	1.49E+07	2.89E+01
	SD	1.29E+02	2.33E+07	1.93E+06	1.10E+07	3.23E−02
C_{23}	F_{mean}	3.16E+00	2.14E+01	5.33E+02	3.49E+01	9.01E−04
	SD	1.46E+00	3.39E−01	1.33E+02	4.41E−01	9.76E−04
C_{24}	F_{mean}	2.36E+00	1.61E+02	2.68E+00	2.25E+01	9.03E−01
	SD	1.45E+00	1.90E+01	7.00E−01	4.76E−01	6.43E−01
C_{25}	F_{mean}	1.60E+01	2.20E+03	7.94E+01	3.74E+02	1.53E+00
	SD	7.83E−01	1.96E+02	7.26E+00	8.61E+01	2.16E+00
C_{26}	F_{mean}	4.99E−01	6.25E+01	2.01E+02	1.03E+00	5.13E−07
	SD	1.91E−02	1.15E+01	7.75E+01	6.46E−04	3.57E−07
C_{27}	F_{mean}	1.69E+02	2.22E+05	2.15E+06	5.45E+03	1.41E+02
	SD	1.05E+01	4.56E+04	2.07E+06	2.82E+03	8.52E−01
C_{28}	F_{mean}	1.85E+00	1.78E+02	4.31E+04	1.82E+02	−1.52E+00
	SD	8.62E−01	6.80E+00	1.22E+01	2.08E+01	1.76E+00
BMF		1	0	7	8	12

HECO-HPSGWO 表现良好的原因，一是 HECO 的框架是动态权重分解问题的方法，能够根据最优解等原因实时更新搜索侧重点；二是 HPSGWO 算法结合了粒子群优化算法（PSO）和灰狼优化器（GWO）的优点，能够在高速搜索的同时避免陷入局部优化的困境中。

2.1.6　总结

本节提出了一种结合 HECO 框架和 HPSGWO 算法的新型方法——HECO-HPSGWO，该方法在 γ 和 λ 参数较小的情况下能够在 CEC2017 测试函数上表现良好。在函数维度为 10 和 30 的情况下，它获得的函数最优值个数多于比较的算法，优于 CCSA、CSA、CWCA 三个算法。随着测试函数的维度增加，各个算法的性能有所下降，但 HECO-HPSGWO 和其他算法相比，仍排在前列。在 HECO-HPSGWO 算法中，$\gamma=0.1$，$\lambda=10$ 时

的结果和 $\gamma=0.0, \lambda=20$ 时的结果相差较大，尤其是在 $D=30$ 的情况下，$\gamma=0.1, \lambda=10$ 时的 HECO-HPSGWO 只得到 1 个 BMF，$\gamma=0.1, \lambda=10$ 时采用 HECO-HPSGWO 得到 12 个 BMF，因为 λ 值较小的时候，能够发挥 HECO 框架中等价目标的引导作用，而灰狼优化器能够提供更多的搜索方向，在一定程度上相当于辅助目标的作用。但因为所涉及的参数较多，所以不良参数会影响算法的性能。

2.2　基于正弦余弦改进算法的多目标进化算法

在多目标优化的研究领域，随着问题维度和规模的不断增加，挑战也日益显著。正弦余弦算法作为一种新颖的智能优化方法，通过模拟正弦和余弦函数的振荡特性来解决优化问题。然而，该算法在后期的收敛过程由于惯性权重的影响往往难以收敛。针对该情况，本节提出了一种改进的正弦余弦算法。本节提出的算法首先利用辅助目标和等价目标框架对约束优化问题进行有效分解，随后引入反向学习策略来处理分解后的子问题。同时还结合了粒子群优化和灰狼优化算法的优势，采用自适应参数调整机制，以提高算法在粒子进化过程中的准确性和效率。在 IEEE CEC2017 数据集测试上，本节提出的算法能准确地搜索到最优值，且在对比算法中在处理高维问题时表现出色，能快速获得最优解并减少算法的结果差异性。

2.2.1　引言

在现代科技和工程领域，多目标优化算法已成为解决一系列复杂决策问题的核心方法。这些算法的主要挑战在于处理多个相互冲突的目标，目的是寻找一组解决方案。这些方案在不同目标间取得最佳平衡，即帕累托最优解。这些解代表了不同目标间最佳的折中，而没有单一的全局最优解。在早期阶段，多目标优化主要依赖于经典方法，如线性加权法和 ε 约束法，这些方法通过将多目标问题转换为单目标问题来寻找解决方案。

随着时间的推进，进化算法在多目标优化中展现出其独特优势。例如，非支配排序遗传算法（NSGA-Ⅱ）和强度帕累托进化算法（SPEA2）能够有效地处理多个目标，并生成一组多样化的解决方案，从而为决策者提供广泛的选择空间。此外，基于群体智能的算法，如粒子群优化（PSO）和蚁群算法，也被证明在解决多目标问题时非常有效。这些算法通过模拟自然界中群体行为的原则，能够在大型搜索空间中有效地找到最优解。

多目标优化算法在众多领域均有广泛应用。在工程设计中，它们帮助工程师在成本、性能和可靠性等多个目标间取得平衡。在运筹学中，这些算法用于解决复杂的调度和资源分配问题。在生态环境管理领域，多目标优化有助于在环境保护和经济发展间找到最佳的权衡点。

面对未来，多目标优化正朝着处理更高维度、更大规模问题的方向发展。同时，它们也越来越多地应用于动态和实时优化场景，如智能电网管理和实时交通调度等。这一领域的未来发展将集中在开发更高效的算法、探索更广泛的应用场景，以及深化对基础理论的理解上。随着计算能力的提升和算法研究的不断深入，多目标优化算法有望在解决现实世界中的复杂决策问题中发挥更加关键的作用。

正弦余弦算法是一种新颖的随机优化算法，其在多目标进化算法中的作用显著，主要表现在其能够通过模拟正弦和余弦函数的振荡特性来有效平衡全局探索和局部开发能力，从而提高算法在处理复杂多目标问题时的性能。虽然正弦余弦算法能够通过简明形式来进行智能优化，但在后期的收敛过程中，由于惯性权重造成振荡，本节基于分解策略和反向学习对正弦余弦算法进行改进。首先根据反向种群的方法将初始化种群进行预处理；其次基于目标分解的框架——辅助目标和等价目标约束优化，动态调整分解出的子问题的权值，使分解出的子问题求解趋向于等价目标求解；最后利用正弦余弦算法进行种群迭代。算法所运用的测试函数为第 2.1.5 节所介绍的函数。

2.2.2　相关工作

近年来，正弦余弦算法作为一种智能优化算法，受到了众多学者和研究人员的广泛关注。正弦余弦算法以其独特的搜索机制和高效性而备受推崇，但为了进一步提升其性能，众多研究已对其进行了改进和优化。Liu 等分析了正弦余弦算法的转换参数，并提出了两种改进方案：一种是结合抛物线函数递减的转换参数，另一种是应用指数函数递减的转换参数。这些改进显著提高了算法在各类基准函数上的计算精度和收敛速度。此外，这项研究还利用协同过滤推荐算法中的相似性函数计算，进一步验证了改进算法的有效性和实用性。Xu 等通过引入惯性权重和反向学习策略，有效提升了正弦余弦算法的收敛精度，同时加快了收敛速度。这些策略不仅增强了种群的多样性，还提高了解决方案的质量，从而在维持算法收敛精度的同时加快了收敛速度。Shi 等则从正弦余弦算法参数和候选解惯性权重两个方面提出了改进策略，开发出一种改进的正弦余弦算法。通过一系列的仿真实验和横向算法比较，证明了该改进算法的有效性和优越性。Yu 等提出了一种基于改进正弦余弦算法的光谱特征峰识别定位方法，该方法通过动态转换概率改进了正弦余弦算法，并结合了多种光谱线型函数的拟合方法。这种改进不仅可以精确定位特征峰，还能获取光谱的线性函数，显著提高了对强、弱和重叠峰的识别率、定位精度、峰值拟合效果和噪声抑制能力。Guo 等提出了一种基于精英混沌搜索策略的交替正弦余弦算法，通过交替执行基于该策略的改进算法和反向学习算法，增强了其探索能力，同时降低了算法的时间复杂度并提高了收敛速度。后续又分别提出了融合最优邻域和二次插值策略的改进正弦余弦算法与基于 Riesz 分数阶导数变异策略的正弦余弦算法，前者能够平衡算法的全局探索与局部开发能力，后者通过拟反向学习策略、反向学习策略和 Riesz 分数阶导数变异策略增强种群的全局探索能力并提高算法的收敛速度。Fang 等通过引入精英反向学习策略，结合个体的反思学习能力对正弦余弦算法进行改进，显著提高了算法的寻优精度。Xu 等则提出了一种基于非线性转换参数和随机差分变异策略的正弦余弦算法，并利用该算法优化神经网络参数以解决经典分类问题。Lang 等通过融合混沌策略和反向学习策略，提出了一种基于改进正弦余弦算法的多阈值图像分割方法。对比实验结果可知，该算法运行时间较短，分割精度较高，稳健性较强。Gupta 等提出了一种以交叉策略改进的全局优化正弦余弦算法，以及一种基于反向学习的自适应混合正弦余弦算法，有效地求解实际全球优化问题。Kumar 等提出了一种新颖的混合 BPSOSCA 特征选择方法并进行聚类分析，与其他竞争方法相比，它展现了更优的性能。

综上所述，基于正弦余弦算法的改进工作已在众多研究领域得到应用和验证，显示出其在处理复杂优化问题中的巨大潜力和广阔前景。

2.2.3　方法概览

1. HECO-OSCA 混合算法

本节提出了一种混合算法——HECO-OSCA,该算法具有如下特征:

(1)首先使用辅助目标和等价目标框架来分解已知的约束优化问题,从而缩短粒子搜索过程中跨越"鸿沟"的时间。

(2)通过基于反向学习的 HECO-OSCA 算法来解决分解后的子问题。图 2-3 所示为算法的流程图。为了更加直观产生算法,下面进行步骤解析。

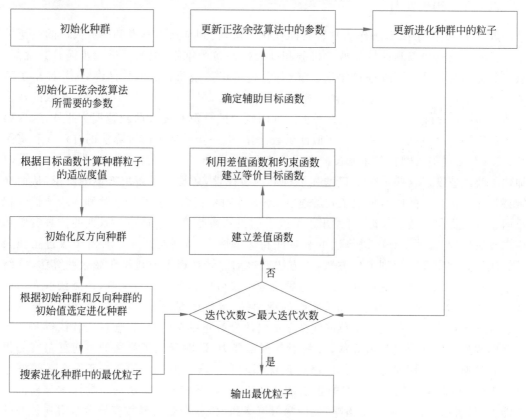

图 2-3　基于正弦余弦改进算法的算法流程

步骤 1:初始化种群。

步骤 2:初始化算法所需要的参数。

步骤 3:根据目标函数计算初始化种群的粒子适应度值。

步骤 4:根据种群初始化反向种群。

步骤 5:根据目标函数计算反向种群的粒子适应度值。

步骤 6:合并初始种群和反向种群,根据适应度值进行排列,选出进入进化过程的种群。

步骤 7:搜索进化种群中的最优粒子。

步骤 8:建立最优粒子和搜索粒子的差值函数。

步骤 9:利用差值函数和已知的约束函数来建立等价目标函数。

步骤 10：确定辅助目标函数。

步骤 11：更新算法中所需要的参数。

步骤 12：更新粒子，如果产生的子代粒子优于父代，则进行替换。

步骤 13：判断迭代次数是否大于最大迭代次数，若是，则输出最优粒子，否则返回步骤 8。

2. 正弦余弦算法

正弦余弦算法(Sine Cosine Algorithm，SCA)是 Mirjalili 于 2016 年提出的，是一种基于正弦余弦函数数学特征的元启发式算法，在众多领域广泛使用。SCA 算法相较于之前提出的各类仿生类算法更为简单，不仅拓宽了算法改进的思路，还通过简单的形式来具备智能优化算法的必备条件，它是使用正弦余弦函数的波动性和周期性来达到搜索过程的完整性，通过对随机产生的解集进行搜索来达到全局搜索的作用，通过微小的波动来搜索当前解的邻域以此来达到局部搜索的作用。有众多学者使用了 SCA 算法，例如 Gharaei 对 SCA 的搜索方程进行改进，降低了局部停滞的可能性，提高算法较优可行域搜索。Liang 等利用 SCA 和 DE 的混合算法来改进结构损伤检测问题。SCA 算法是从一组随机分布的解决方案种群开始初始化，种群为 $P = [X_1, X_2, \cdots, X_n]$，$n$ 为种群大小。其中每个粒子的维度为 D，所以每个粒子为 $X_i = [x_{i1}, x_{i2}, \cdots, x_{iD}]$，在下一代更新中，向量 $\boldsymbol{X}_i = [x_{i1}, x_{i2}, \cdots, x_{iD}]$ 的更新方式为

$$x_{i+1} = \begin{cases} x_i + A\sin(b) \mid Cx_{\text{best}} - x_i \mid, & \text{rand} < 0.5 \\ x_i + A\cos(b) \mid Cx_{\text{best}} - x_i \mid, & \text{其他} \end{cases} \tag{2-44}$$

式中，x_{best} 为搜索平衡算法的搜索和开发性能。

为了在迭代后期能够更好地找到最优粒子，A 参数决定了下一个位置的区域，所以当 $A > 1$ 时，算法强调的是探索过程；当 $A < 1$ 时，算法强调的是开发过程。A 的作用决定了粒子搜索空间的波动大小，可以线性衰减正弦余弦函数的动态范围，所以 A 需要在后期减少抖动步长，A 的值是随着迭代次数增加而减少的，原始参考文献中的数学表达式为

$$A = \rho - t\frac{\rho}{T} \tag{2-45}$$

本节中参数的数学表达式为

$$A = \rho\left(1 - \frac{t}{T}\right)^2 \tag{2-46}$$

式中，t 为当前迭代次数；T 为最大迭代次数；ρ 为常数，通常设置为 2。

参数 b 能够决定粒子在搜索空间的位置是远离 x_{best} 还是靠近 x_{best}，b 的值为 $[0, 2\pi]$ 之间的随机数。参数 C 为目标粒子提供随机权重，C 的值通常为 $[0, 2]$ 之间的随机数。SCA 算法的伪代码如算法 2.5 所示。

算法 2.5　正弦余弦算法

输入：种群 p，最大迭代次数 T，当前迭代次数 t，系数 A

输出：粒子的最优解

1：　　while t<T：

2：　　　　for 粒子位于 p 中：

3：　　　　　　通过式(2-44)来更新解集；

4：	计算粒子的适应度值；
5：	更新最优解 x_{best}；
6：	**end for**
7：	通过式(2-46)更新系数 A；
8：	通过随机的方式更新参数 b 和 C；
9：	t＝t＋1；
10：	**end while**

3. 基于反向学习的粒子

反向学习(Opposition-Based Learning,OBL)是 Tizhoosh 于 2005 年提出的计算智能中的理念,已被证明是增强各种优化方法的有效理念。反向学习的概念被广泛运用到各个算法中。例如,Rahnamayan 等在 2008 年提出了反向差分进化算法,是一种结合反向学习和差分进化理念的算法,也是首次使用反向数来提高算法收敛性的一次实践。

反向学习的主要思想是在同一空间对当前解进行反向求解。例如,一个解为 x,则设置它的反向解为 x^*,x 的定义域为 $[a,b]$,那么 x^* 的值为 $a+b-x$。反向学习的作用是当评估一个给定问题的解决方案时,同时计算其相反种群的适应度函数值,能够提供另一种找到全局最优解的机会。因为如果当前解离最优解的距离很远,当前解的对立解的性能可能会更佳。所以在本节的算法中,我们引入粒子反向学习的概念来促进算法种群的优越性,当种群中的粒子为 D 维度时,$X_i=[x_{i1},x_{i2},\cdots,x_{iD}]$ 且 $x_i \in [a_i,b_i]$,设置 x 的对立解为 $X_{op}=[x_{op}^1,x_{op}^2,\cdots,x_{op}^d]$。$x_{op}^j$ 的数学表达式如下：

$$x_{op}^j = a_j + b_j - x^j \tag{2-47}$$

式中,$j \in (0,d)$。

下面通过如算法 2.6 所示的伪代码的方式来描述反向种群初始化。

算法 2.6 反向初始化种群

输入：在可行域中随机初始化的种群 P,种群大小 N,种群维度 D
输出：新产生的种群 P_OP

1：	**for** i in P：
2：	**for** j in D：
3：	产生种群粒子 P_OP$_{ij}$ 通过式(2-47)；
4：	**end for**
5：	**end for**
6：	P_OP＝从(P∪P_OP)中选择 N 个粒子

在种群初始化后,通过反向学习来对种群进行预处理,减少种群因为随机化而造成适应度值不良的情况,从而加快 HECO-OSCA 算法的收敛速度。

2.2.4 实验

1. 实验环境

本节通过 IEEE CEC2017 函数评估 HECO-OSCA 算法的性能。其中,CEC2017 函数的维度设置为 $D=10$、30、50,实验根据函数的平均值和中位值结果进行排序。由于实验结果主要受到 HECO 框架中种群大小 λ 和约束违反偏差数 γ 的影响。为了更好地分析实验过程,将对这两个参数进行消融实验。首先针对种群大小 λ,将 γ 取为固定值,从而观察 λ 对算法的影响。为了更加直观地观察影响,通过对比相同 γ 值不同 λ 值的 Mean_Rank、Median_Rank 和 Total_Rank 来比较,结果如表 2-23～表 2-49 所示。

表 2-23　γ＝0.0 的 CEC2017 结果(D＝10)

γ＝0.0	Mean_Rank	Median_Rank	Total_Rank
λ＝10	84	84	168
λ＝15	68	67	135
λ＝20	71	74	145
λ＝25	79	68	147
λ＝30	**58**	**60**	**118**

表 2-24　γ＝0.1 的 CEC2017 结果(D＝10)

γ＝0.1	Mean_Rank	Median_Rank	Total_Rank
λ＝10	77	92	169
λ＝15	78	70	148
λ＝20	71	78	149
λ＝25	**66**	57	123
λ＝30	68	**53**	**121**

首先对于维度较低的情况分析,如 D＝10 的情况,消融实验结果如表 2-23～表 2-31 所示。消融实验可以分为两部分,一部分为固定 γ 值的情况下,另一部分为固定 λ 值的情况下。在固定 γ 值的情况下,取 λ＝30 为最优情况,原因如下:γ＝0.0 时,随着 λ 的增加,Total_Rank 呈现波浪式变化,而 γ 为其他情况时,随着 λ 的增加,Total_Rank 的值逐步递减。在固定 λ 值的情况下,λ＝30 时,Total_Rank 达到最优情况并且保持稳定。说明 λ 的增加对于算法的秩值影响较大,并且也影响了 Mean_Rank 和 Median_Rank 的稳定性。

表 2-25　γ＝0.2 的 CEC2017 结果(D＝10)

γ＝0.2	Mean_Rank	Median_Rank	Total_Rank
λ＝10	88	78	166
λ＝15	69	81	150
λ＝20	66	62	128
λ＝25	72	67	139
λ＝30	**64**	**59**	**123**

表 2-26　γ＝0.3 的 CEC2017 结果(D＝10)

γ＝0.3	Mean_Rank	Median_Rank	Total_Rank
λ＝10	82	90	172
λ＝15	76	83	159
λ＝20	**64**	64	128
λ＝25	70	60	130
λ＝30	68	**58**	126

表 2-27　$\lambda=10$ 的 CEC2017 结果（$D=10$）

$\lambda=10$	Mean_Rank	Median_Rank	Total_Rank
$\gamma=0.0$	60	**49**	**109**
$\gamma=0.1$	**53**	62	115
$\gamma=0.2$	60	59	119
$\gamma=0.3$	71	71	142

表 2-28　$\lambda=15$ 的 CEC2017 结果（$D=10$）

$\lambda=15$	Mean_Rank	Median_Rank	Total_Rank
$\gamma=0.0$	**54**	**44**	**98**
$\gamma=0.1$	70	54	124
$\gamma=0.2$	58	63	121
$\gamma=0.3$	62	77	139

表 2-29　$\lambda=20$ 的 CEC2017 结果（$D=10$）

$\lambda=20$	Mean_Rank	Median_Rank	Total_Rank
$\gamma=0.0$	66	**51**	117
$\gamma=0.1$	63	65	128
$\gamma=0.2$	**53**	54	**107**
$\gamma=0.3$	62	70	132

表 2-30　$\lambda=25$ 的 CEC2017 结果（$D=10$）

$\lambda=25$	Mean_Rank	Median_Rank	Total_Rank
$\gamma=0.0$	66	**50**	116
$\gamma=0.1$	**59**	53	**112**
$\gamma=0.2$	58	65	123
$\gamma=0.3$	61	73	134

表 2-31　$\lambda=30$ 的 CEC2017 结果（$D=10$）

$\lambda=30$	Mean_Rank	Median_Rank	Total_Rank
$\gamma=0.0$	**56**	60	116
$\gamma=0.1$	60	**51**	**111**
$\gamma=0.2$	59	61	120
$\gamma=0.3$	69	68	137

为了验证算法中 λ 和 γ 在测试函数维度达到较高维时对结果的影响，设置函数维度为 30 和 50 时，对两个参数进行消融实验。当 $D=30$ 时，结果如表 2-32～表 2-40 所示。$D=50$ 时，结果如表 2-41～表 2-49 所示。

在高维函数中，固定的 γ 值中，不同 λ 值时，Total-Rank 的变化虽大体趋势是随着 λ 的增加而减少，但是波动起伏比低维函数时大，原因是测试函数的维度上升，算法的平均值和中值的稳定性受到挑战，所以造成在相同的 γ 值下，最优的 Mean-Rank 和 Median-Rank 的 λ 值却不一定相同。结果对比于表 2-23～表 2-26、表 2-32～表 2-35、表 2-41～表 2-44，其秩值结果的波动性依次递增。

因为根据式（2-19）～式（2-21）可得，当 γ 为固定值时，w_1、w_2、w_3 主要受到 λ 的影响，

随着 λ 的增加，w_1、w_2 减少，而 w_3 增加，这会导致进化过程侧重于原始目标。当 $D=10$ 时，粒子空间较小，进化方向以原始目标为主搜索到最优值的可能性更大。

表 2-32　$\gamma=0.0$ 的 CEC2017 结果（$D=30$）

$\gamma=0.0$	Mean_Rank	Median_Rank	Total_Rank
$\lambda=10$	62	83	145
$\lambda=15$	**59**	73	**132**
$\lambda=20$	78	64	142
$\lambda=25$	79	**55**	134
$\lambda=30$	76	76	152

表 2-33　$\gamma=0.1$ 的 CEC2017 结果（$D=30$）

$\gamma=0.1$	Mean_Rank	Median_Rank	Total_Rank
$\lambda=10$	75	67	142
$\lambda=15$	**59**	**64**	**123**
$\lambda=20$	81	82	163
$\lambda=25$	68	76	144
$\lambda=30$	73	64	137

表 2-34　$\gamma=0.2$ 的 CEC2017 结果（$D=30$）

$\gamma=0.2$	Mean_Rank	Median_Rank	Total_Rank
$\lambda=10$	75	98	173
$\lambda=15$	72	65	137
$\lambda=20$	74	70	144
$\lambda=25$	67	60	127
$\lambda=30$	**66**	**56**	**122**

表 2-35　$\gamma=0.3$ 的 CEC2017 结果（$D=30$）

$\gamma=0.3$	Mean_Rank	Median_Rank	Total_Rank
$\lambda=10$	84	90	174
$\lambda=15$	70	75	145
$\lambda=20$	66	74	140
$\lambda=25$	71	59	130
$\lambda=30$	**65**	**51**	**116**

但当函数维度为 30 和 50 时，粒子空间呈指数级增加，导致搜索最优值的难度很大，所以需要进化更加倾向于等价目标。

在高维函数中，λ 值为固定值，γ 值取 4 个不同的值，γ 值的变化对算法的稳定性影响不如 λ 值，如表 2-36～表 2-40 所示，λ 值为固定值，$\gamma=0.0$ 的普遍性更高。而在表 2-45～表 2-49 中，在 λ 值较小的情况时，γ 值同样取较小值会得到最优的秩值。在 λ 值较大时，γ 值同样取较大值才能够得到最优的秩值。

表 2-36　$\lambda=10$ 的 CEC2017 结果（$D=30$）

$\lambda=10$	Mean_Rank	Median_Rank	Total_Rank
$\gamma=0.0$	**50**	51	**101**
$\gamma=0.1$	64	**42**	106

续表

$\lambda=10$	Mean_Rank	Median_Rank	Total_Rank
$\gamma=0.2$	63	75	138
$\gamma=0.3$	65	70	135

表 2-37　$\lambda=15$ 的 CEC2017 结果（$D=30$）

$\lambda=15$	Mean_Rank	Median_Rank	Total_Rank
$\gamma=0.0$	56	**48**	**104**
$\gamma=0.1$	**54**	50	**104**
$\gamma=0.2$	65	65	130
$\gamma=0.3$	67	73	140

表 2-38　$\lambda=20$ 的 CEC2017 结果（$D=30$）

$\lambda=20$	Mean_Rank	Median_Rank	Total_Rank
$\gamma=0.0$	**56**	**42**	**98**
$\gamma=0.1$	67	60	127
$\gamma=0.2$	61	65	126
$\gamma=0.3$	57	70	127

表 2-39　$\lambda=25$ 的 CEC2017 结果（$D=30$）

$\lambda=25$	Mean_Rank	Median_Rank	Total_Rank
$\gamma=0.0$	**52**	**40**	**92**
$\gamma=0.1$	66	67	133
$\gamma=0.2$	57	67	124
$\gamma=0.3$	66	63	129

表 2-40　$\lambda=30$ 的 CEC2017 结果（$D=30$）

$\lambda=30$	Mean_Rank	Median_Rank	Total_Rank
$\gamma=0.0$	59	**47**	**106**
$\gamma=0.1$	61	61	122
$\gamma=0.2$	**57**	67	124
$\gamma=0.3$	61	63	124

表 2-41　$\gamma=0.0$ 的 CEC2017 结果（$D=50$）

$\gamma=0.0$	Mean_Rank	Median_Rank	Total_Rank
$\lambda=10$	**59**	63	122
$\lambda=15$	60	**47**	**107**
$\lambda=20$	86	83	169
$\lambda=25$	91	104	195
$\lambda=30$	103	105	208

表 2-42　$\gamma=0.1$ 的 CEC2017 结果（$D=50$）

$\gamma=0.1$	Mean_Rank	Median_Rank	Total_Rank
$\lambda=10$	100	104	204
$\lambda=15$	102	97	199

续表

$\gamma=0.1$	Mean_Rank	Median_Rank	Total_Rank
$\lambda=20$	75	73	148
$\lambda=25$	70	75	145
$\lambda=30$	**59**	**57**	**116**

表 2-43　$\gamma=0.2$ 的 CEC2017 结果（$D=50$）

$\gamma=0.2$	Mean_Rank	Median_Rank	Total_Rank
$\lambda=10$	**89**	101	190
$\lambda=15$	91	89	180
$\lambda=20$	80	72	152
$\lambda=25$	71	70	141
$\lambda=30$	67	**68**	**135**

形成这样结果的原因如下：根据式（2-16）～式（2-21），当 λ 值较小时，w_1、w_2 较大，而 w_3 较小，此时会造成粒子在进化过程中等价目标的主导性过大，辅助目标的作用过小，从而忽略了种群多样性，因此在此情形下较小的 γ 值能够减少 w_2 参数的增幅，达到均衡辅助目标和等价目标的目的。同理，在 λ 值较大时，辅助目标的侧重过大，需要较大的 γ 值来达到平衡。

表 2-44　$\gamma=0.3$ 的 CEC2017 结果（$D=50$）

$\gamma=0.3$	Mean_Rank	Median_Rank	Total_Rank
$\lambda=10$	84	96	180
$\lambda=15$	89	90	179
$\lambda=20$	79	73	152
$\lambda=25$	**66**	**61**	**127**
$\lambda=30$	78	70	148

表 2-45　$\lambda=10$ 的 CEC2017 结果（$D=50$）

$\lambda=10$	Mean_Rank	Median_Rank	Total_Rank
$\gamma=0.0$	**47**	**46**	**93**
$\gamma=0.1$	81	91	172
$\gamma=0.2$	73	64	137
$\gamma=0.3$	69	70	139

表 2-46　$\lambda=15$ 的 CEC2017 结果（$D=50$）

$\lambda=15$	Mean_Rank	Median_Rank	Total_Rank
$\gamma=0.0$	**52**	**43**	**95**
$\gamma=0.1$	80	92	172
$\gamma=0.2$	72	66	138
$\gamma=0.3$	67	70	137

表 2-47　$\lambda = 20$ 的 CEC2017 结果（$D = 50$）

$\lambda = 20$	Mean_Rank	Median_Rank	Total_Rank
$\gamma = 0.0$	66	70	136
$\gamma = 0.1$	76	87	163
$\gamma = 0.2$	**61**	**55**	**116**
$\gamma = 0.3$	65	58	123

表 2-48　$\lambda = 25$ 的 CEC2017 结果（$D = 50$）

$\lambda = 25$	Mean_Rank	Median_Rank	Total_Rank
$\gamma = 0.0$	**62**	64	126
$\gamma = 0.1$	81	95	176
$\gamma = 0.2$	65	60	125
$\gamma = 0.3$	**62**	**53**	**115**

表 2-49　$\lambda = 30$ 的 CEC2017 结果（$D = 50$）

$\lambda = 30$	Mean_Rank	Median_Rank	Total_Rank
$\gamma = 0.0$	77	77	154
$\gamma = 0.1$	64	80	144
$\gamma = 0.2$	**63**	59	122
$\gamma = 0.3$	64	**56**	**120**

综合上面的消融实验可以得知，随着函数维度的增加，算法的稳定性固然有些下降，对比 γ 值和 λ 值的表现，可以发现 λ 值的变化会对算法的结果产生较大影响，并且 λ 值为 30 所占最优情况最多，而 γ 值的变化在算法的最终结果中表现不突出，γ 值为 0.0 所占最优情况最多。但分解框架运用到其他算法时，参数设置最优情况有所不同。例如，在 HECO-HPSGWO 算法中 $\gamma = 0.1$，$\lambda = 10$ 得到的最优值最多。

为了更好地分析算法的收敛性，令 γ 值分别为 0.0 和 0.1，来检测几个不同 λ 值的算法的收敛性能，同时考虑到不同性质的测试函数能够更加全面合理地评估算法性能，通过观察 CEC2017 数据集，选取 $F1$、$F5$、$F15$、$F25$ 这 4 个函数，并且这 4 个函数的情况特性列于表 2-50。

表 2-50　CEC 中 4 个函数的性质

Function	Type of objectives	Equality constraint	Inequality constraint
$F1$	Non Separable	0	1 Separable
$F5$	Non Separable	0	2 Non Separable，Rotated
$F15$	Separable	1 Separable	1 Separable
$F25$	Rotated	1 Rotated	1 Rotated

如图 2-4 所示，$\gamma = 0.0$，λ 为 5 种值的算法收敛过程，在迭代次数为 3600 左右时，各个情况的算法的收敛性趋于稳定。观察图中各 λ 值的算法，可以看出 $\lambda = 30$ 时，算法的收敛效果最佳，在迭代次数 $0 \sim 1200$ 处时快速收敛，且后期平稳。如图 2-5 所示，$\gamma = 0.1$，λ 为 5 种值的算法收敛过程，在迭代次数为 3000 左右时，各个情况的算法的收敛性趋于稳定，说明针对不可分离的函数，γ 值的增加提高了约束条件的常量偏差值，也增加了约束条件的权重，方便在进化过程中合理寻优，促进算法的收敛性。

图 2-4 和图 2-5 表明在 $\lambda = 10$ 的情况下的收敛过程相较于其他 λ 值也逊色不少,所以 Total-Rank 值的优越不代表收敛性的优越,但 Total-Rank 的情况不尽如人意,则收敛性的过程也会较为一般。

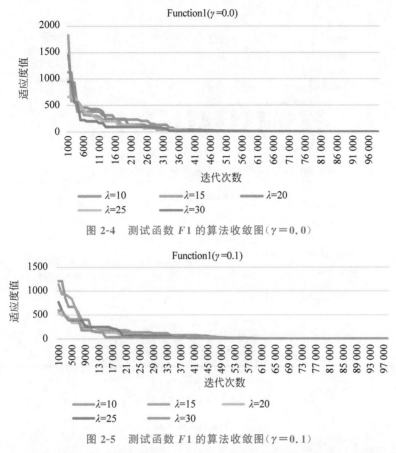

图 2-4 测试函数 $F1$ 的算法收敛图($\gamma = 0.0$)

图 2-5 测试函数 $F1$ 的算法收敛图($\gamma = 0.1$)

如图 2-6 和图 2-7 所示,迭代次数位于 400 时,算法收敛性稳定,函数值为 0。综合来看,可以发现图 2-6 和图 2-7 的收敛速度和收敛情况明显优于图 2-4 和图 2-5,根据表 2-50 CEC 中 4 个函数的性质可知,$F1$ 和 $F5$ 同为不可分离的函数,但 $F5$ 的不等式约束较为复杂,是两个不可分离且旋转的函数,因为 HECO 框架中分解目标的方式能够在解决多峰函数时提供多样的子问题,在搜索的过程中丰富种群的多样性,能够更快找到简单多峰函数的最优值。

如图 2-8 和图 2-9 所示,迭代次数为 70 000 左右时,算法处于收敛情况,对比图 2-4～图 2-7,迭代次数有明显的增长,而根据表 2-50,$F15$ 函数的原函数和约束条件都为可分离的函数,而分解目标的框架将原目标分解后再进行计算会提高搜索可能性,但对于较为容易寻优的可分离函数而言,会使搜索过程较为缓慢,造成收敛过程延迟的情况。

$F25$ 的收敛情况如图 2-10 和图 2-11 所示,初始种群的适应度较大的时候,也在大约 200 次时找到全局最优,因为 $F25$ 的目标性质为旋转类型,在粒子搜索过程中较为复杂,所以在运用分解框架时效果显著,能够快速找到全局最优的解集。而在该类函数中,各类 γ 值和 λ 值都表现良好。

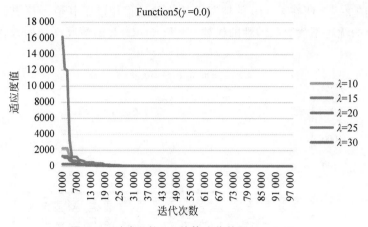

图 2-6　测试函数 $F5$ 的算法收敛图($\gamma=0.0$)

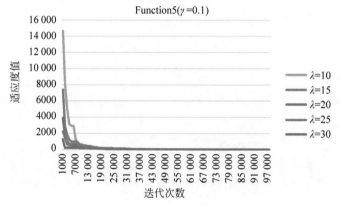

图 2-7　测试函数 $F5$ 的算法收敛图($\gamma=0.1$)

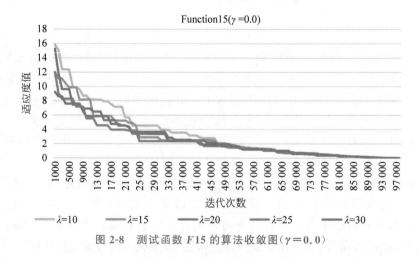

图 2-8　测试函数 $F15$ 的算法收敛图($\gamma=0.0$)

2. 对比算法介绍

为了进一步分析算法,将 HECO-OSCA 与其他 5 个算法进行对比,这 5 个算法分别是杜鹃粒子群混合算法(CSPSO)、自适应差分进化算法(ADE)、受约束的模拟退火算法(CSA)、带约束的水循环算法(CWCA)、非支配排序遗传算法(NSGA-Ⅱ)。这 5 个算法在

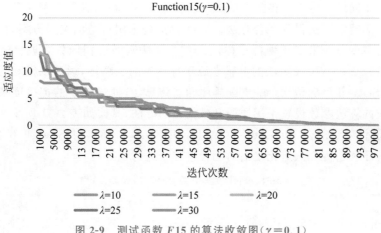

图 2-9　测试函数 $F15$ 的算法收敛图（$\gamma = 0.1$）

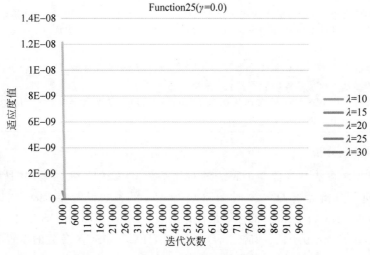

图 2-10　测试函数 $F25$ 的算法收敛图（$\gamma = 0.0$）

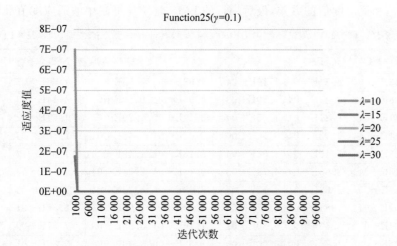

图 2-11　测试函数 $F25$ 的算法收敛图（$\gamma = 0.1$）

解决多目标优化问题领域都取得优异的成绩。其中，CSPSO 算法是将粒子群搜索算法的调参方式引入杜鹃搜索算法得到混合算法；ADE 算法是采用自适应突变方案，在进化过程中将采用多样的突变方法来丰富种群多样性；CSA 算法则通过罚函数来调整适应度值从而淘汰不合格的粒子；CWCA 算法的灵感来源于自然界的水循环，通过水循环的方式来更新种群粒子；NSGA-Ⅱ 算法是结合非支配排序和遗传算法，通过粒子的拥挤度来评判选取粒子。用来比较的算法参数设置采用原始文献推荐的方法，具体如表 2-51 所示。基于反向学习的非支配排序遗传算法（Oppose-NSGA-Ⅱ，ONSGA-Ⅱ）是对 NSGA-Ⅱ 算法的改良，在基于非支配排序和遗传算法进化之前对于种群粒子进行预处理。

表 2-51　对比算法中各个算法的参数设置

算　　法	参　数　设　置
CSPSO	种群大小 $N=30$，最大迭代次数 $\mathrm{MaxGen}=20\,000$，测量点 $p_a=0.25$，步长大小 $\alpha_{\min}=0.01$，$\alpha_{\max}=0.5$
ADE	种群大小 $N=30$，最大迭代次数 $\mathrm{MaxGen}=20\,000$，起始点 $=10^{-3}$，容许偏差 $=10^{-6}$
CSA	几何冷却计划的冷却因子 $\alpha=0.80$，初始温度 $T_0=1.0$，终止温度 $T_f=10^{-10}$，玻尔兹曼系数 $k_B=1.0$
CWCA	种群大小 $N=100$，河流和海洋的数量 $N_{sr}=8$，蒸发条件常数 $d_{\max}=10^{-5}$，用来控制水流流向特定河流的参数 $C=2.0$
NSGA-Ⅱ	种群大小 $N=100$，最大迭代次数 $\mathrm{MaxGen}=2000$，变异概率 $p_m=1/D$，交叉概率 $p_c=0.8$，模拟二进制交叉参数 $\mathrm{yital}_1=2$，多项式变异参数 $\mathrm{yital}_2=5$

3. 实验结果及分析

HECO-OSCA 算法与其他 6 个算法的对比基于 CEC2017 数据集，并且通过 $D=10$、30、50 的情况进行分析。当 $D=10$ 时 HECO-OSCA 的参数设置参考表 2-23～表 2-31，当 $\gamma=0.1$，$\lambda=30$ 时 HECO-OSCA 的性能最优；当 $D=30$ 时 HECO-OSCA 的参数设置参考表 2-32～表 2-40，令 $\gamma=0.0$，$\lambda=25$。当 $D=50$ 时 HECO-OSCA 参数的设置参考表 2-41～表 2-49，令 $\gamma=0.0$，$\lambda=15$。算法的结果列于表 2-52～表 2-54，其中 F 和 SD 分别表示目标函数适应度值和适应度值的方差，最后一行的 BMF 是统计算法中的适应度值最优的个数。

表 2-52　CEC2017 测试函数中 HECO-OSCA 和其他 6 个算法的性能比较（$D=10$）

Pro	HECO-OSCA	CSPSO	ADE	CSA	CWCA	NSGA-Ⅱ	ONSGA-Ⅱ
$F1$	3.18E−05	8.34E−04	1.19E+04	2.63E+00	7.35E+00	1.68E−02	1.60E−02
SD	4.38E−05	3.44E−04	1.50E+03	4.95E−01	9.30E+00	4.14E−03	3.86E−03
$F2$	3.41E−04	8.21E−04	1.05E+04	3.19E+00	1.20E+01	1.67E−02	1.92E−02
SD	4.41E−04	4.22E−04	0.00E+00	3.05E−01	1.43E+01	2.76E−03	8.10E−04
$F3$	2.33E−04	7.12E−04	1.62E+04	3.18E+01	1.49E+04	1.63E−02	1.50E−02
SD	3.18E−04	3.66E−04	4.73E+03	3.13E+01	2.24E+04	1.54E−03	1.32E−03
$F4$	2.61E+00	3.03E+01	4.77E+03	8.03E+01	6.33E+01	5.50E+02	4.15E+02
SD	4.99E−01	7.84E+00	8.27E+03	2.76E+01	1.92E+01	5.86E+01	5.58E+01
$F5$	2.34E+00	3.55E+01	6.30E+02	1.16E+01	3.99E+00	7.27E+00	6.64E+00
SD	1.16E+00	1.74E+00	0.00E+00	1.52E+00	4.30E−04	9.36E−01	6.73E−01
$F6$	3.88E+00	1.15E+03	1.05E+07	1.70E+02	2.06E+03	4.34E+02	5.02E+02
SD	6.74E−01	6.09E+02	1.38E+07	5.05E+01	6.31E+02	4.75E+01	5.75E+01

Pro	HECO-OSCA	CSPSO	ADE	CSA	CWCA	NSGA-Ⅱ	ONSGA-Ⅱ
$F7$	$-8.69E+02$	$-9.54E+01$	$2.99E+12$	$-3.22E+01$	$5.50E+01$	$-5.38E+02$	$-5.96E+02$
SD	$4.44E+01$	$6.17E+01$	$7.83E+11$	$2.60E+02$	$4.60E+01$	$2.41E+01$	$4.32E+01$
$F8$	$-9.04E+01$	$1.54E+00$	$8.95E+16$	$6.63E+00$	$5.10E-03$	$-9.04E+01$	$-9.04E+01$
SD	$8.16E-11$	$1.42E+00$	$7.30E+16$	$2.69E+00$	$8.41E-03$	$0.00E+00$	$0.00E+00$
$F9$	$-9.06E+01$	$9.22E+00$	$2.43E+08$	$1.79E-02$	$2.40E+00$	$-9.06E+01$	$-9.06E+01$
SD	$4.12E-11$	$2.59E+00$	$2.64E+08$	$7.72E-03$	$1.86E+00$	$1.42E-14$	$1.42E-14$
$F10$	$-5.42E+01$	$4.99E+01$	$2.93E+06$	$1.80E+01$	$3.77E-04$	$-5.42E+01$	$-5.42E+01$
SD	$5.04E-11$	$3.87E+01$	$6.30E+06$	$8.57E+00$	$3.36E-04$	$0.00E+00$	$0.00E+00$
$F11$	$-9.06E+02$	$1.94E+07$	$8.59E+09$	$1.66E+01$	$9.77E-01$	$-8.23E+02$	$-8.17E+02$
SD	$4.19E-06$	$3.58E+07$	$9.43E+09$	$5.01E+01$	$2.11E+00$	$2.67E+01$	$2.93E+01$
$F12$	$4.08E+00$	$1.42E+04$	$8.49E+08$	$7.26E+01$	$7.75E+00$	$7.15E+00$	$6.61E+00$
SD	$1.13E+00$	$2.72E+03$	$2.05E+09$	$4.30E+01$	$7.41E+00$	$7.84E-01$	$2.18E-01$
$F13$	$1.22E+00$	$1.11E+14$	$7.70E+06$	$6.39E+03$	$3.99E+00$	$9.52E+01$	$4.66E+00$
SD	$1.08E+00$	$1.90E+14$	$0.00E+00$	$7.00E+03$	$1.36E-03$	$1.26E+02$	$1.32E+00$
$F14$	$1.52E-01$	$1.60E+01$	$2.08E+01$	$1.01E+01$	$3.71E+00$	$1.88E+01$	$2.01E+01$
SD	$2.35E-01$	$7.99E+00$	$5.43E-02$	$2.27E+00$	$2.68E-01$	$1.60E+00$	$1.40E-02$
$F15$	$3.44E-04$	$9.27E+00$	$2.08E+01$	$-7.18E+00$	$1.43E+01$	$6.60E-02$	$6.73E-02$
SD	$2.15E-05$	$1.88E+00$	$3.55E-15$	$1.71E-01$	$4.10E+00$	$4.48E-03$	$8.89E-03$
$F16$	$1.24E-02$	$6.28E+00$	$2.08E+01$	$6.61E+00$	$7.63E+01$	$2.96E-01$	$2.91E-01$
SD	$9.57E-03$	$8.69E-06$	$3.55E-15$	$3.66E-01$	$1.09E+01$	$2.81E-02$	$2.44E-02$
$F17$	$6.42E-02$	$8.10E+09$	$9.61E+10$	$1.17E+01$	$1.02E+00$	$1.89E+00$	$1.78E+00$
SD	$1.57E-02$	$4.32E-03$	$4.65E-02$	$6.12E-01$	$2.60E-02$	$3.72E-01$	$4.34E-01$
$F18$	$5.80E+00$	$2.58E+18$	$9.61E+10$	$7.09E+03$	$4.08E+03$	$5.35E+02$	$2.15E+02$
SD	$7.48E-01$	$4.85E+18$	$1.53E-05$	$8.64E+03$	$1.79E+03$	$2.13E+02$	$6.36E+01$
$F19$	$-8.66E+00$	$3.56E+16$	$9.61E+10$	$1.33E+04$	$1.97E+01$	$2.92E+01$	$2.43E+01$
SD	$5.86E-01$	$4.97E+13$	$1.53E-05$	$2.39E+01$	$1.80E+01$	$6.77E+00$	$3.54E+01$
$F20$	$3.24E-01$	$6.36E-01$	$4.18E+05$	$2.11E+00$	$2.01E+00$	$8.44E-01$	$1.00E+00$
SD	$4.43E-02$	$1.04E-01$	$8.91E+05$	$1.00E-01$	$3.47E-01$	$1.21E-01$	$2.47E-01$
$F21$	$0.00E+00$	$1.53E+11$	$3.01E+12$	$1.09E+02$	$1.04E+01$	$6.11E+00$	$9.25E+00$
SD	$0.00E+00$	$1.69E+11$	$1.71E+12$	$2.35E+01$	$5.82E+00$	$4.58E-01$	$2.21E+00$
$F22$	$4.93E+00$	$5.11E+14$	$1.48E+12$	$5.45E+03$	$3.19E+05$	$4.79E+01$	$1.31E+01$
SD	$1.61E-02$	$8.61E+14$	$0.00E+00$	$2.59E+03$	$2.67E+05$	$5.33E+01$	$1.82E+01$
$F23$	$2.00E+01$	$1.22E+04$	$1.71E+08$	$2.60E+01$	$3.63E+00$	$1.40E+01$	$1.96E+01$
SD	$1.55E-03$	$3.65E+04$	$1.93E+08$	$1.10E+01$	$1.97E-01$	$8.90E+00$	$8.35E-01$
$F24$	$0.00E+00$	$6.75E+00$	$7.18E-01$	$-7.05E+00$	$1.30E+01$	$1.16E-01$	$1.16E-01$
SD	$0.00E+00$	$2.88E+00$	$0.00E+00$	$2.03E-02$	$3.58E+00$	$9.42E-03$	$1.29E-02$
$F25$	$0.00E+00$	$9.42E+00$	$7.18E-01$	$1.05E+01$	$7.48E+01$	$4.60E-01$	$4.74E-01$
SD	$0.00E+00$	$5.07E+00$	$0.00E+00$	$2.09E+00$	$7.08E+00$	$7.38E-02$	$7.23E-02$
$F26$	$3.93E-03$	$8.10E+09$	$9.61E+10$	$1.25E+01$	$1.01E+00$	$5.15E+00$	$5.46E+00$
SD	$5.02E-03$	$3.06E-02$	$4.23E-02$	$6.09E-01$	$9.16E-03$	$9.05E-01$	$1.59E+00$
$F27$	$3.14E-01$	$5.89E+20$	$9.61E+10$	$2.27E+04$	$6.18E+03$	$1.02E+02$	$1.90E+02$
SD	$6.28E-01$	$1.43E+21$	$0.00E+00$	$2.70E+04$	$4.50E+03$	$6.55E+01$	$1.14E+02$

Pro	HECO-OSCA	CSPSO	ADE	CSA	CWCA	NSGA-Ⅱ	ONSGA-Ⅱ
$F28$	$-9.06E+00$	$3.56E+16$	$9.61E+10$	$1.33E+04$	$3.46E+01$	$4.16E+01$	$3.59E+01$
SD	$2.13E-01$	$2.96E+13$	$0.00E+00$	$1.60E+01$	$9.86E+00$	$5.67E+00$	$4.49E+00$
BMF	27	0	0	0	1	3	3

表 2-53　CEC2017 测试函数中 HECO-OSCA 和其他 6 个算法的性能比较($D=30$)

Pro	HECO-OSCA	CSPSO	ADE	CSA	CWCA	NSGA-Ⅱ	ONSGA-Ⅱ
$F1$	$3.49E-01$	$4.95E-01$	$1.32E+04$	$3.24E+02$	$8.32E+03$	$1.73E+00$	$1.43E+00$
SD	$3.08E-01$	$1.11E-01$	$2.06E+03$	$9.43E+01$	$4.65E+03$	$2.64E-01$	$1.75E-01$
$F2$	$6.21E-01$	$3.96E-01$	$1.22E+04$	$2.41E+02$	$6.18E+03$	$2.19E+04$	$4.50E+04$
SD	$1.89E-01$	$8.04E-02$	$1.82E-12$	$2.71E+01$	$3.15E+03$	$1.64E+04$	$3.99E+04$
$F3$	$3.27E-01$	$8.24E-01$	$1.80E+04$	$3.77E+02$	$3.24E+05$	$1.46E+00$	$2.02E+00$
SD	$8.26E-02$	$2.61E-01$	$3.72E+03$	$5.33E+01$	$9.13E+04$	$1.24E-01$	$2.30E-01$
$F4$	$3.47E+01$	$1.70E+02$	$1.71E+04$	$5.19E+02$	$4.78E+02$	$1.56E+03$	$1.27E+03$
SD	$2.40E+00$	$1.25E+01$	$3.64E-12$	$7.47E+01$	$3.94E+01$	$2.58E+02$	$1.27E+02$
$F5$	$2.20E+01$	$3.92E+01$	$1.71E+04$	$1.60E+02$	$8.47E+01$	$7.58E+01$	$1.85E+02$
SD	$1.80E+00$	$3.27E+01$	$3.64E-12$	$8.38E+01$	$5.39E+00$	$2.34E+00$	$1.51E+02$
$F6$	$3.86E+01$	$3.69E+03$	$1.79E+05$	$6.75E+02$	$5.34E+03$	$1.34E+03$	$1.50E+03$
SD	$6.02E+00$	$1.05E+03$	$1.34E+05$	$3.57E+02$	$6.71E+02$	$9.06E+01$	$5.27E+02$
$F7$	$-1.89E+03$	$-9.39E+01$	$9.68E+10$	$7.73E+01$	$-1.12E+01$	$-1.47E+03$	$-1.52E+03$
SD	$4.85E+01$	$7.38E+01$	$4.10E+10$	$3.89E+02$	$2.52E+01$	$4.63E+01$	$1.63E+02$
$F8$	$-9.04E+01$	$3.20E+05$	$8.74E+16$	$2.67E+02$	$2.92E+01$	$-5.21E+01$	$-6.71E+01$
SD	$4.63E-12$	$1.29E+05$	$3.97E+16$	$1.51E+02$	$1.04E+01$	$8.77E+00$	$2.47E+00$
$F9$	$-9.06E+01$	$8.23E+06$	$6.21E+15$	$1.56E+01$	$1.90E+01$	$-4.99E+01$	$-4.66E+01$
SD	$3.05E-12$	$1.65E+07$	$1.24E+16$	$3.17E+00$	$4.27E-01$	$1.94E+01$	$4.16E+00$
$F10$	$-5.42E+01$	$2.31E+06$	$2.20E+06$	$4.16E+02$	$3.34E+00$	$-4.81E+01$	$-4.13E+01$
SD	$7.56E-12$	$6.53E+05$	$2.32E+06$	$3.74E+01$	$2.01E+00$	$4.31E+00$	$1.18E+01$
$F11$	$-2.84E+03$	$4.25E+08$	$3.41E+09$	$2.93E+02$	$-3.05E+00$	$-2.73E+03$	$-2.76E+03$
SD	$6.46E-05$	$5.61E+08$	$4.43E+09$	$4.48E+02$	$1.78E+01$	$3.16E+01$	$1.39E+00$
$F12$	$5.55E+01$	$1.19E+09$	$1.32E+09$	$4.47E+02$	$9.78E+00$	$7.95E+01$	$9.18E+01$
SD	$7.69E+00$	$1.49E+09$	$3.47E+09$	$2.49E+01$	$8.91E-04$	$8.72E+01$	$9.66E+01$
$F13$	$1.74E+01$	$4.86E+14$	$8.34E+04$	$7.54E+04$	$8.73E+04$	$3.09E+02$	$4.88E+02$
SD	$4.35E+00$	$8.64E+14$	$1.46E-11$	$1.50E+04$	$1.95E+05$	$3.04E+02$	$4.75E+02$
$F14$	$2.00E+01$	$2.00E+01$	$2.08E+01$	$1.43E+02$	$7.95E+00$	$2.07E+01$	$2.07E+01$
SD	$2.45E-03$	$2.13E-02$	$4.69E-02$	$3.40E+01$	$5.88E-01$	$3.51E-02$	$4.57E-02$
$F15$	$1.89E-03$	$1.49E+01$	$2.08E+01$	$-1.41E+00$	$2.70E+01$	$3.33E-01$	$2.95E-01$
SD	$2.87E-04$	$1.69E-06$	$3.55E-15$	$2.63E+00$	$1.66E+00$	$2.71E-02$	$2.51E-02$
$F16$	$3.07E-01$	$1.19E+01$	$2.08E+01$	$3.94E+01$	$2.25E+02$	$1.00E+00$	$5.58E+00$
SD	$9.74E-02$	$1.88E+00$	$3.55E-15$	$4.95E+00$	$2.86E+01$	$8.91E+00$	$2.58E+00$
$F17$	$1.90E-03$	$8.41E+10$	$9.61E+10$	$3.24E+01$	$2.02E+00$	$2.70E-02$	$2.57E-02$
SD	$1.25E-03$	$5.52E-03$	$4.25E-02$	$4.49E-01$	$6.51E-01$	$8.39E-03$	$3.36E-03$
$F18$	$6.11E+01$	$5.44E+16$	$9.61E+10$	$1.07E+05$	$7.30E+03$	$2.17E+03$	$2.30E+03$
SD	$1.38E+01$	$1.41E+17$	$1.53E-05$	$5.87E+04$	$3.22E+03$	$4.27E+02$	$2.50E+02$
$F19$	$1.90E+00$	$3.70E+17$	$9.61E+10$	$4.31E+04$	$6.53E+01$	$1.38E+02$	$1.22E+02$

续表

Pro	HECO-OSCA	CSPSO	ADE	CSA	CWCA	NSGA-Ⅱ	ONSGA-Ⅱ
SD	9.69E−01	2.82E+14	1.53E−05	1.10E+01	9.59E+00	5.76E+00	4.30E+00
F20	1.95E+00	2.57E+00	4.85E+06	8.99E+00	3.78E+00	3.30E+00	3.38E+00
SD	1.40E−01	5.69E−01	1.03E+07	3.34E−01	6.36E−01	5.34E−02	5.47E−01
F21	0.00E+00	3.28E+12	3.57E+12	7.36E+04	4.40E+01	8.94E+01	8.40E+01
SD	0.00E+00	1.55E+12	1.08E+12	4.45E+01	3.44E+01	1.24E+01	1.36E+01
F22	2.55E+01	3.36E+15	2.79E+12	2.05E+06	1.49E+07	1.91E+03	2.34E+03
SD	8.08E−02	5.58E+15	4.88E−04	1.93E+06	1.10E+07	7.17E+02	1.26E+03
F23	2.00E+01	1.05E+09	1.85E+07	5.33E+02	3.49E+00	2.10E+01	2.10E+01
SD	3.52E−05	3.92E+08	3.82E+07	1.33E+02	4.41E−01	3.94E−02	1.43E−02
F24	0.00E+00	1.49E+01	7.17E−01	2.68E+00	2.25E+01	7.68E+00	6.78E+00
SD	0.00E+00	5.85E−06	1.11E−16	7.00E−01	4.76E+00	1.38E+00	4.10E−01
F25	0.00E+00	6.60E+01	7.17E−01	7.94E+01	3.74E+02	1.79E+01	2.94E+01
SD	0.00E+00	1.30E+01	1.11E−16	7.26E+00	8.61E+01	4.23E+00	1.79E+01
F26	0.00E+00	9.61E+10	9.61E+10	2.01E+02	1.03E+00	1.16E−01	9.19E−02
SD	0.00E+00	7.28E−03	1.75E−02	7.75E+01	6.46E−04	2.37E−02	8.04E−03
F27	2.75E+00	6.56E+17	9.61E+10	2.15E+06	5.45E+03	9.73E+02	1.10E+03
SD	5.51E+00	8.64E+17	1.53E−05	2.07E+06	2.82E+03	1.31E+02	3.25E+02
F28	−2.00E+01	3.70E+17	9.61E+10	4.31E+04	1.82E+02	1.86E+02	1.87E+02
SD	1.97E+00	1.68E+14	1.53E−05	1.22E+01	2.08E+01	1.28E+01	7.30E+00
BMF	24	1	0	0	3	0	0

表 2-54　CEC2017 测试函数中 HECO-OSCA 和其他 6 个算法的性能比较（D＝50）

Pro	HECO-OSCA	CSPSO	ADE	CSA	CWCA	NSGA-Ⅱ	ONSGA-Ⅱ
F1	1.6597E+01	1.19E+04	1.57E+01	9.70E+01	1.2326E+02	1.6597E+01	1.19E+04
SD	3.1710E+00	1.50E+03	3.69E+00	2.40E+01	3.2388E+01	3.1710E+00	1.50E+03
F2	1.8172E+01	1.05E+04	1.51E+01	1.51E+05	1.6424E+05	1.8172E+01	1.05E+04
SD	9.5650E+00	0.00E+00	4.03E+00	8.41E+04	2.2594E+03	9.5650E+00	0.00E+00
F3	1.8075E+01	1.62E+04	4.37E+01	1.07E+02	1.3176E+02	1.8075E+01	1.62E+04
SD	5.2420E+00	4.73E+03	9.40E+00	1.60E+01	1.9276E+01	5.2420E+00	4.73E+03
F4	8.6503E+01	4.77E+03	3.20E+02	3.54E+03	2.4363E+03	8.6503E+01	4.77E+03
SD	8.7013E+00	8.27E+03	5.55E+01	5.98E+02	4.8370E+02	8.7013E+00	8.27E+03
F5	3.9562E+01	6.30E+02	7.68E+01	7.28E+02	1.5310E+03	3.9562E+01	6.30E+02
SD	4.3175E+00	0.00E+00	3.89E+01	4.68E+02	1.1808E+03	4.3175E+00	0.00E+00
F6	1.1973E+02	1.05E+07	5.53E+03	2.34E+03	2.3233E+03	1.1973E+02	1.05E+07
SD	1.4033E+01	1.38E+07	1.90E+03	1.22E+02	2.2875E+02	1.4033E+01	1.38E+07
F7	−2.8477E+03	2.99E+12	−1.39E+02	−2.43E+03	−2.8024E+03	−2.8477E+03	2.99E+12
SD	9.6018E+01	7.83E+11	1.16E+02	2.31E+02	5.6424E+01	9.6018E+01	7.83E+11
F8	−9.0367E+01	8.95E+16	1.52E+08	1.43E+01	1.8624E+01	−9.0367E+01	8.95E+16
SD	1.7485E−11	7.30E+16	6.20E+07	1.64E+00	4.4683E−01	1.7485E−11	7.30E+16
F9	−9.0059E+01	2.43E+08	1.04E+07	−9.79E−01	8.7721E−01	−9.0059E+01	2.43E+08
SD	3.1729E−12	2.64E+08	2.15E+07	3.09E+00	6.0195E+00	3.1729E−12	2.64E+08
F10	−5.0589E+01	2.93E+06	3.18E+08	1.11E+00	2.1998E−01	−5.0589E+01	2.93E+06
SD	1.3324E−12	6.30E+06	1.56E+08	6.79E+00	2.3427E+00	1.3324E−12	6.30E+06

Pro	HECO-OSCA	CSPSO	ADE	CSA	CWCA	NSGA-Ⅱ	ONSGA-Ⅱ
$F11$	$-5.0755E+03$	$8.59E+09$	$8.91E+08$	$-4.73E+03$	$-4.7879E+03$	$-5.0755E+03$	$8.59E+09$
SD	$2.2463E-04$	$9.43E+09$	$1.05E+09$	$5.38E+01$	$4.8428E+01$	$2.2463E-04$	$9.43E+09$
$F12$	$1.5507E+02$	$8.49E+08$	$7.48E+09$	$2.31E+02$	$2.3603E+02$	$1.5507E+02$	$8.49E+08$
SD	$2.0174E+01$	$2.05E+09$	$6.40E+09$	$1.47E+01$	$8.4166E+00$	$2.0174E+01$	$2.05E+09$
$F13$	$5.9303E+01$	$7.70E+06$	$4.40E+15$	$2.35E+03$	$1.9726E+03$	$5.9303E+01$	$7.70E+06$
SD	$9.4662E+00$	$0.00E+00$	$6.63E+15$	$9.06E+02$	$1.6833E+02$	$9.4662E+00$	$0.00E+00$
$F14$	$1.9999E+01$	$2.08E+01$	$2.01E+01$	$2.09E+01$	$2.0987E+01$	$1.9999E+01$	$2.08E+01$
SD	$2.1197E-04$	$5.43E-02$	$3.33E-02$	$3.87E-02$	$2.6348E-02$	$2.1197E-04$	$5.43E-02$
$F15$	$5.1438E-02$	$2.08E+01$	$1.62E+01$	$1.67E+01$	$2.5192E+01$	$5.1438E-02$	$2.08E+01$
SD	$7.4099E-03$	$3.55E-15$	$2.51E+00$	$1.10E+01$	$7.5496E+00$	$7.4099E-03$	$3.55E-15$
$F16$	$3.5552E+00$	$2.08E+01$	$2.07E+01$	$2.39E+01$	$1.4890E+01$	$3.5552E+00$	$2.08E+01$
SD	$4.7266E-01$	$3.55E-15$	$2.88E+00$	$1.03E+01$	$6.2223E+00$	$4.7266E-01$	$3.55E-15$
$F17$	$1.0415E-02$	$9.61E+10$	$2.40E+11$	$6.89E-02$	$7.2657E-02$	$1.0415E-02$	$9.61E+10$
SD	$2.3322E-03$	$4.65E-02$	$1.09E-02$	$1.31E-02$	$8.3871E-03$	$2.3322E-03$	$4.65E-02$
$F18$	$2.2376E+02$	$9.61E+10$	$3.59E+17$	$4.44E+03$	$3.9416E+03$	$2.2376E+02$	$9.61E+10$
SD	$2.3530E+01$	$1.53E-05$	$3.07E+17$	$2.33E+02$	$2.4707E+02$	$2.3530E+01$	$1.53E-05$
$F19$	$3.5394E+01$	$9.61E+10$	$1.06E+18$	$2.43E+02$	$2.4896E+02$	$3.5394E+01$	$9.61E+10$
SD	$7.2433E+00$	$1.53E-05$	$1.11E+15$	$4.11E+00$	$1.9155E+00$	$7.2433E+00$	$1.53E-05$
$F20$	$3.6444E+00$	$4.18E+05$	$4.97E+00$	$6.92E+00$	$7.0960E+00$	$3.6444E+00$	$4.18E+05$
SD	$1.7010E-01$	$8.91E+05$	$9.28E-01$	$7.00E-01$	$9.4361E-01$	$1.7010E-01$	$8.91E+05$
$F21$	$0.0000E+00$	$3.01E+12$	$6.79E+12$	$2.63E+02$	$2.7009E+02$	$0.0000E+00$	$3.01E+12$
SD	$0.0000E+00$	$1.71E+12$	$1.42E+12$	$1.12E+01$	$4.5874E+00$	$0.0000E+00$	$1.71E+12$
$F22$	$4.6633E+01$	$1.48E+12$	$6.52E+17$	$7.01E+04$	$3.2552E+04$	$4.6633E+01$	$1.48E+12$
SD	$1.7466E-01$	$0.00E+00$	$1.95E+18$	$5.40E+04$	$1.0637E+04$	$1.7466E-01$	$0.00E+00$
$F23$	$2.0000E+01$	$1.71E+08$	$7.71E+09$	$2.12E+01$	$2.1226E+01$	$2.0000E+01$	$1.71E+08$
SD	$2.4108E-05$	$1.93E+08$	$2.95E+09$	$2.54E-02$	$3.2628E-02$	$2.4108E-05$	$1.93E+08$
$F24$	$7.4788E-81$	$7.18E-01$	$4.84E+13$	$4.59E+01$	$5.5688E+01$	$7.4788E-81$	$7.18E-01$
SD	$1.4958E-80$	$0.00E+00$	$9.70E+13$	$8.41E+00$	$1.3903E+01$	$1.4958E-80$	$0.00E+00$
$F25$	$6.7077E-170$	$7.18E-01$	$1.28E+02$	$5.88E+01$	$8.0175E+01$	$6.7077E-170$	$7.18E-01$
SD	$0.0000E+00$	$0.00E+00$	$2.56E+01$	$2.33E+01$	$5.2250E+00$	$0.0000E+00$	$0.00E+00$
$F26$	$0.0000E+00$	$9.61E+10$	$2.58E+11$	$2.15E-01$	$2.2347E-01$	$0.0000E+00$	$9.61E+10$
SD	$0.0000E+00$	$4.23E-02$	$6.00E+09$	$1.16E-02$	$2.0195E-02$	$0.0000E+00$	$4.23E-02$
$F27$	$1.0991E+01$	$9.61E+10$	$2.42E+18$	$1.73E+03$	$1.8082E+03$	$1.0991E+01$	$9.61E+10$
SD	$1.3678E+01$	$0.00E+00$	$3.00E+18$	$4.07E+02$	$1.6583E+02$	$1.3678E+01$	$0.00E+00$
$F28$	$-1.8084E+01$	$9.61E+10$	$1.06E+18$	$3.35E+02$	$3.3340E+02$	$-1.8084E+01$	$9.61E+10$
SD	$1.0933E+01$	$0.00E+00$	$4.53E+14$	$1.35E+01$	$7.1966E+00$	$1.0933E+01$	$0.00E+00$
BMF	26	0	2	0	0	26	0

从表 2-52 可得,在 $D=10$ 的情况下,HECO-OSCA 算法有着优异的表现,在 28 个测试函数中,有 27 个最优值。如表 2-53 所示,在 $D=30$ 的情况下观察最后一行 BMF 值可得,HECO-OSCA 算法的 BMF 值为 24,远超其他几个算法;当 $D=50$ 时,结果列于表 2-54,HECO-OSCA 算法的 BMF 值依然位于首位,为 26。

观察表 2-52 可得,在 $D=10$ 的情况下,NSGA-Ⅱ 和 ONSGA-Ⅱ 有三个最优值,这三个函数的适应度值和 HECO-OSCA 的对应目标函数的适应度值相同。CWCA 的 BMF 为 1,其中 CSPSO、ADE 和 CSA 算法表现较差。HECO-OSCA 算法中,大多函数的 SD 值都趋于 0,而 CSPSO 算法的 SD 最大值为 1.43E+21,ADE 算法的 SD 最大值为 7.30E+16,CSA 算法和 CWCA 算法的 SD 最大值为 2.70E+04 和 2.67E+05,NSGA-Ⅱ算法的 SD 最大值为 5.50E+02,ONSGA-Ⅱ算法的 SD 最大值为 1.14E+02。

在表 2-53 中,当 $D=30$ 时,CSPSO 算法有一个最优值,是当测试函数为 $F2$ 时所得的值 3.96E-01,优于 $F2$ 时 HECO-OSCA 的值 6.21E-01。CWCA 算法的 BMF 值为 3。HECO-OSCA 算法的 SD 最大值为 4.85E+01,CSPSO 算法的 SD 最大值为 8.64E+17,ADE 算法的 SD 最大值为 3.97E+16,CSA 算法的 SD 最大值为 2.07E+06,CWCA 和 NSGA-Ⅱ的 SD 最大值分别为 1.10E+07、1.64E+04,ONSGA-Ⅱ的 SD 最大值为 3.99E+04。

当 $D=50$ 时,结果列于表 2-54。其中,CSPSO 算法中有两个最优值,位于 $F1$ 和 $F2$。并且 HECO-OSCA 算法的 SD 最大值远小于其他算法的 SD 最大值,说明算法的稳定性高。

2.2.5　总结

本节提出了基于分组分解的正弦余弦改进算法(HECO-OSCA)。该算法在运行之前对种群粒子进行反向学习的处理,来保证种群的可靠性,而后通过等价目标和辅助目标的分解策略提高粒子进化的有效性,并且使用正弦余弦算法来更新粒子的迭代。该方法使用 IEEE CEC2017 数据集进行测试,在 γ 值较小 λ 值较大的情况下表现优异,说明 HECO-OSCA 算法在解决 CEC2017 这些挑战性测试函数集上有着良好的表现,能够在搜索过程中准确地搜索到最优值。本节算法与 CSPSO、ADE、CSA、CWCA、NSGA-Ⅱ、ONSGA-Ⅱ算法进行对比,所得的 BMF 值远超过对比算法,有着较强的优化性能的能力,同时观察各个算法的 SD 值可以看出,HECO-OSCA 有着足够的稳定性,大多函数的 SD 值都趋于 0。

在测试函数低维度时,CSPSO、ADE 和 CSA 算法表现较差。在测试函数高维度时,各个对比算法所受到的影响严重,测试函数维度的增加对于算法性能是一个严峻的挑战。而本节的算法 HECO-OSCA 不仅保持最优解最多,并且 $D=30$ 时 SD 值的最大值仅从 4.44E+01 增加到 4.85E+01,而 $D=50$ 时,SD 值的最大值反而减少为 1.37E+01,说明本节算法在解决高维度函数时,不仅能够快速获得最优解还能减少算法的结果差异性。

2.3　多目标进化算法在微电网中的应用

微电网优化问题随着不可再生能源的消耗而日益受到大众的关注,减少成本是许多企业考虑问题的重中之重,因此本节通过考虑微电网并网优化问题中的蓄电池运行成本和与配电网交互时从配电网取电的成本,并且考虑到电池容量约束和功率平衡约束的条件,运用本节提出的两种多目标进化算法,实验结果证明,相比其他算法,本节提出的两种算法在微电网优化中展现了卓越的性能,特别是在收敛速度、解的质量和稳定性方面。

2.3.1　引言

随着全球经济的持续发展和对不可再生能源的深度开发,人们已经逐渐意识到由此产生的一系列严重问题。这些问题包括环境污染、自然资源的短缺、化石能源的逐渐枯竭，以及发电过程中产生的大量二氧化碳排放。此外，远距离的电力传输造成了巨大的电力损耗，这进一步凸显了现有电力资源管理方式的不足。因此，电力资源的改革成了一个紧迫的任务。

由于社会需求和环境保护的双重推动，各国政府和能源部门开始将目光转向新能源的开发，特别是微电网技术。微电网，也被称为微网，它与传统的中央集中式电网有着本质的不同。微电网不依赖于远距离的电力输送，而是一种分布式发电系统。它通过将分布式电源（如太阳能板、风力涡轮机等）、负载和能源管理系统集成在一起，形成了一个自给自足、高效的能源供应网络。

微电网的优点是显而易见的。首先，它的结构紧凑合理，能够将分散的发电资源有效整合，确保发电和负载之间的平衡。其次，微电网操作灵活，能够根据需要并联或独立运行。在并网模式下，微电网能够辅助主电网，满足不同区域的电力需求。在独立模式下，它可以通过内置的储能设备保持稳定运行，特别适用于偏远地区或在应对紧急情况时。此外，微电网还能显著节约输配电成本，减少能源消耗，并提高整体供电效率。另一个重要的优点是提高对自然灾害和其他紧急情况的应对能力。在地震、台风或其他灾害发生时，微电网可以作为一个可靠的备用能源系统，为主电网提供支持。这在维持关键基础设施运行和救灾过程中发挥着至关重要的作用。经济效益方面，微电网对于偏远地区的社会经济发展具有显著贡献。例如，一些偏远岛屿和山区，由于地理位置的限制，常常难以接入中央电网。微电网可以为这些地区提供稳定的电力供应，从而促进当地的经济发展和社会进步。

微电网的概念最早由美国电器可靠性协会提出。该协会认为微电网是一种灵活、环境友好、投资成本低的分布式能源系统，特别适合分散的能源需求。美国的"Grid 2030"计划中也明确指出，微电网是未来电网发展的一个重要领域。这个计划强调了微电网在提高电网可靠性、促进可持续发展方面的潜力。

欧洲在 2006 年就提出了具体的微网实施方案，着重于使用先进的电力电子技术、智能电网技术和分布式发电系统来实现配电网的集中式供电和分布式电源的结合。这一方案的提出，不仅标志着欧洲在微电网领域的先进步伐，也反映了该地区对于新能源技术的高度重视。

日本在微电网的研究和应用方面也处于领先地位。由于其地理面积有限，以及对能源的高度依赖，日本开始通过融入各种再生能源到微电网中来满足日益增长的电力需求。目前，日本已经建立了几个微电网试点工程，如 Aichi 微电网、Kyoto 微电网和 Hachinohe 微电网，这些项目不仅展示了微网技术的可行性，也为微电网的全面评估和进一步发展提供了宝贵经验。

中国也在积极推动清洁能源的发展。近年来，中国政府发布了《可再生能源发展"十三五"规划》和《可再生能源中长期发展规划》等一系列政策文件，这些文件明确了中国在清洁能源和微电网领域的发展目标。这些政策的实施，不仅有助于减少对化石燃料的依赖，还将促进国内能源结构的优化和环境质量的改善。

综上所述，微电网作为一种新型的能源供应方式，不仅解决了传统电网的许多局限性，也为全球能源的可持续发展作出了重要贡献。随着技术的不断进步和相关政策的实施，预计微电网将在全球范围内得到更广泛的应用和发展。

为了实现微电网的优化调度，首先应在微电网中指定多个分布式能源，其次明确目标函数和各种约束条件,从而设计微电网运行策略。本节构建的微电网模型中的分布式电源为太阳能电池、风力涡轮机和蓄电池。本节考虑蓄电池运行成本的函数以及从配电网中调度的成本,构建满足平衡功率波动的约束条件,并通过第 2.1 节和第 2.2 节提出的算法来设计微电网的运行策略。实验结果通过收敛性、最优解、运行时间、种群分布情况来进行对比,得出相较于对比算法的结果,第 2.1 节和第 2.2 节提出的算法在本节的微电网优化模型上表现更为突出。

2.3.2　相关工作

各个国家对微电网的重视也促使了国内外的专家对微电网优化问题进行深入研究,微电网的优化问题是一个复杂的多目标优化问题,学者们运用各种多目标进化算法来求解微电网的优化问题,目前主要被运用的算法为遗传算法(GA)、粒子群算法(PSO)、正弦余弦算法(SCA)等。谭兴国等提出了一种合理的复合储能容量分配方法,利用自适应惯性加权粒子群算法,建立了设备成本最低、功率匹配最佳、可再生能源输出功率最平的多目标复合储能优化方案,以解决微电网多目标问题;许志荣应用了零和博弈来解决复合储能微电网的多目标优化运行;胡晓通等研究了一种基于变异算子的粒子群算法来解决以运行成本、环境效益等为目标的多目标优化问题;王遄龙对并网微电网进行研究,使用混合 PSO-GA 算法对并网中的系统经济性最好和环境成本最低为模型进行优化;曾嵴等采用鸟群算法解决优化运行成本和环境成本最小的微电网多目标优化问题;李国庆等聚焦于微电网系统中的总运行成本、污染气体排放成本为目标,使用模糊处理目标函数后,运用最大满意度方法将多目标模型转换为单目标模型,而后使用改进的蚁群算法进行求解;赵珍珍等在考虑经济运行和环境污染的微电网模型时,使用一种将非支配排序遗传算法和粒子群算法混合运用的方式。

综上,微电网优化问题在算法角度上还存在着不足,用遗传算法求解微电网多目标优化问题存在收敛速度慢的情况;利用模拟退火算法则在进化过程中所耗费的时间过长;利用粒子群算法解决则存在寻优过程中收敛不稳定的缺陷。各个算法都有其优劣势,所以本节采用混合算法的方式来解决微电网多目标优化问题。

2.3.3　问题模型

本节考虑的是微电网运行模型中的并网情况,并且倾向于考虑成本问题。本节简化了结构模型,建立简单的微电网经济性模型,如图 2-12 所示。

微电网并网运行是微电网和国家电网进行连接,当微电网中产生的电能足够覆盖用户负荷,那么重点应放在协调微电网内的各个微能源上。当微电网中产生的电能不能满足用户负荷的需要,则需要配电网进行配合,此时需要考虑到配电网的交互成本,以及储能系统的存储容量、蓄电池的充放电状态。

下面详细介绍本节所运用的微电网的模型。首先介绍目标函数,即蓄电池运行成本最小目标、配电网取电成本最小。其次介绍本节的约束条件。

本节的目标函数如下。

(1) 蓄电池运行成本最小目标:

$$C_1 = [c_{e1}/(N \cdot E_{bat})] \cdot e^{-SOC} \tag{2-48}$$

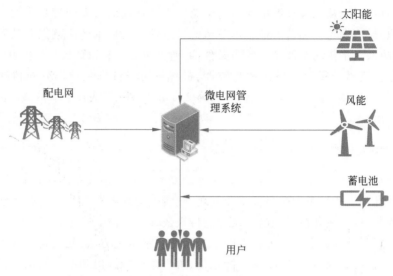

图 2-12　微电网的简化结构图

式中，c_{e1} 为蓄电初始购买成本，设置为 4500 元；N 为所购买的蓄电池能够充放电的次数，设置为 100；E_{bat} 为蓄电池的额定容量 80A·h；SOC 为蓄电池的荷电状态，其中初始的荷电状态为 0.7。

（2）微电网向配电网取电成本最小目标：

$$C_2 = (P/e) \cdot t \cdot c_{pcs} \tag{2-49}$$

式中，c_{pcs} 为配电网当前的电价，不同时段的电价参考表 2-55；t 为运行时间；P 为当前电网功率；e 为配电网电能交互转换率（见表 2-56），设置为 0.92。

表 2-55　一天时间中配电网不同时段的取电成本单价

时　　段	单价 c_{pcs}/（元/kW）
22:00—6:00	0.364
6:00—8:00,11:00—18:00,21:00—22:00	0.752
8:00—11:00,18:00—21:00	1.222

本节的约束条件如下。

（1）约束电池容量约束。为了稳定微电网中的电池存储能量荷电状态情况，需要对电池的 SOC 进行约束：

$$S_{OC,min} \leqslant S_{OC,i} \leqslant S_{OC,max} \tag{2-50}$$

（2）功率平衡约束。微电网中的输出功率和消耗功率应该相等，达到微电网的稳定性：

$$P_{bat} + P_{pv,i} + P_{wind,i} = P_{L,i} \tag{2-51}$$

在处理本节的约束条件时，需要将等式约束带入目标函数的计算过程中，针对上式的不等式约束，需要在粒子进化过程中生成目标函数时来判断解是否在可行域之中。

本节构建了一个与配电网并网的微电网模型，该系统如图 2-12 所示，优化目标和约束条件如上面所述，所需的负荷曲线和风光的出力曲线如图 2-13 所示。

各部分的设备参数与系统的运行成本息息相关，表 2-56 描述了系统中各部分的参数。

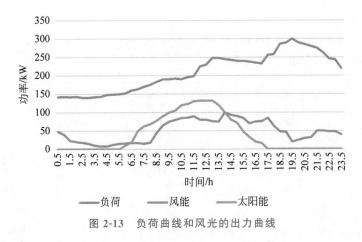

图 2-13　负荷曲线和风光的出力曲线

表 2-56　系统中各部分的参数

参　　数	数　　值
配电网功率 P_{max}	250kW
配电网电能交互转换率 e	0.92
时间片的长度 t	0.5h
蓄电池初始购买成本 c_{e1}	4500 元
蓄电池的充放电次数 N	100
蓄电池初始的荷电状态 SOC_{init}	0.7
蓄电池的最大荷电状态 SOC_{max}	0.8
蓄电池的最小荷电状态 SOC_{min}	0.1
蓄电池的额定容量 E_{bat}	80A・h
蓄电池的额定功率 P_{bat}	40kW
蓄电池的充放电损耗效率	0.96
蓄电池的能量状态 SOE	720kW・h
风能的额定功率 P_{wind}	100kW
光伏的额定功率 P_{pv}	150kW

2.3.4　实验

以 2.3.3 节的微电网优化问题为目标函数,并以其中的参数为原始条件,来展开下面的实验。首先介绍一下本节实验仿真时将采用的计算机配置。CPU 为 2.6GHz Intel 酷睿 i7-4720HQ,运行内存为 8GB,操作系统为 Windows 10,运用的语言为 Python 3,操作软件为 PyCharm。

(1) 使用 2.1 节提出的基于粒子群灰狼混合算法来解决 2.3.3 节提出的微电网优化问题,其步骤如下所示。

步骤 1:初始化种群 P,种群大小设置为 N,种群中每个粒子表示的是蓄电池一天的状态,以半个小时为单位时间片,所以每个粒子的维度是 48。

步骤 2:将每个粒子的 48 个状态通过从 -1 到 1 的数值进行表示。例如,0 表示蓄电池处于空闲状态,1 表示蓄电池处于最大的放电状态,-1 表示蓄电池处于最大的充电状态。

步骤 3:判断当前循环次数是否大于最大迭代次数,若否,则继续执行。

步骤 4：对粒子的状态进行更新并且对适应度值进行计算，对于粒子的状态，首先进入粒子状态合理性的判断，如果不够合理，则对粒子进行修正。修正方式如图 2-14 所示。之后根据 2.3.3 节可以计算出适应度值。

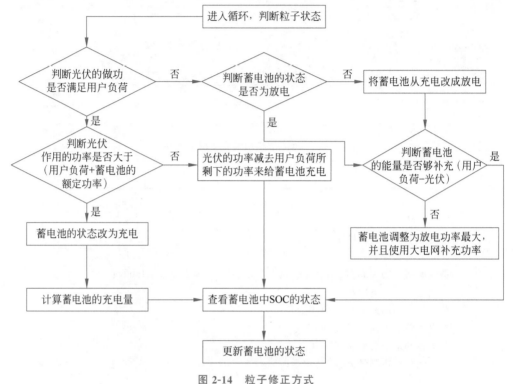

图 2-14　粒子修正方式

步骤 5：通过 HECO 的框架将问题进行分解，构建差值函数、辅助函数、等价函数。

步骤 6：种群粒子通过混合的粒子群灰狼来产生子代，首先是利用粒子群算法来产生子代，之后进行概率判断是否进入灰狼算法进行少量迭代，以此来丰富种群的多样性。

步骤 7：算法的参数通过子代的优劣情况进行更新，返回步骤 3。

（2）使用 2.2 节提出的基于正弦余弦改进算法来解决 2.3.3 节提出的微电网优化问题，其步骤如下所示：

步骤 1、步骤 2：如同（1）中所示。

步骤 3：对粒子进行反向学习，通过建立反向种群来减少种群随机化对结果产生的影响。

步骤 4：计算种群和反向种群的适应度值，而后对两个群体根据适应度值进行排名，选出前 N 个粒子组成新的种群，进入迭代。

步骤 5：如同（1）的步骤 4 所示。

步骤 6：如同（1）的步骤 3 所示。

步骤 7：如同（1）的步骤 5 所示。

步骤 8：通过参数改进的正弦余弦算法产生子代种群。

步骤 9：通过对比子代和父代的适应度值优劣性来进行进化。返回步骤 5。

将第 2.1 节提出的基于粒子群灰狼混合算法（HECO-HPSGWO）运用到 2.3.3 节提出

的微电网优化问题,对比算法采用粒子群算法(PSO)和灰狼优化算法(GWO)。算法的收敛图如图 2-15 所示。PSO 算法中,w、$c1$、$c2$ 参数分别设置为 0.8、1.4、3。GWO 算法中,r_1 和 r_2 分别为从(0,1)产生的随机数。三个算法的迭代次数都设置为 500,种群大小为 150。从图 2-15 中可以看出,HECO-HPSGWO 算法的收敛性更加平稳,收敛的数值也更小,为 2229。GWO 算法和 HECO-HPSGWO 算法的收敛速度相近,但 GWO 算法趋于平稳的收敛数值较大,约为 2346。PSO 算法在该问题上的表现性能较差,收敛为 2892。

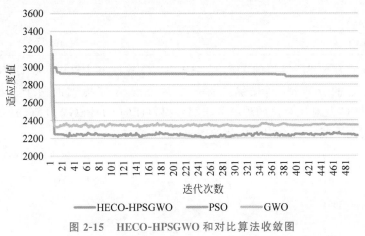

图 2-15　HECO-HPSGWO 和对比算法收敛图

将 2.2 节提出的基于正弦余弦改进算法(HECO-OSCA)运用到 2.3.3 节提出的微电网优化问题,对比算法采用的是正弦余弦算法(SCA)和基于反向学习的正弦余弦算法(OSCA),算法的种群均设置为 150,迭代次数为 500,结果如图 2-16 所示。

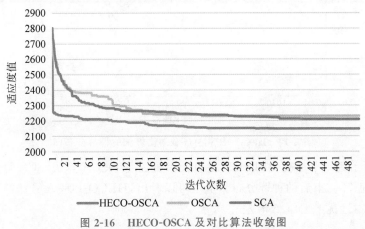

图 2-16　HECO-OSCA 及对比算法收敛图

HECO-OSCA 算法的收敛速度快,远快于 OSCA 算法和 SCA 算法,并且趋于平稳的收敛数值,约为 2147,远优于其他对比算法,OSCA 算法在该问题上的表现反而更加动荡,SCA 算法收敛速度平稳,但收敛数值为 2210。总体上说明了 2.1 节和 2.2 节分别提出的算法在运用于微电网相关问题的有效性。

对于上述算法在微电网中的运行时间分析如表 2-57 所示。通过表 2-57 可得本节所提出的 HECO-HPSGWO 和 HECO-OSCA 算法的运行时间都远小于对比算法的运行时间,所以本节所提出的算法在微电网的运用上有一定的有效性。

表 2-57　6 种算法在微电网问题上的运行时间

算　　　法	算法平均运行时间/s
PSO	51.1
GWO	52.3
HECO-HPSGWO	15.0
SCA	43.0
OSCA	42.9
HECO-OSCA	16.0

　　图 2-17 所示为本节所提出的 HECO-HPSGWO 算法和 PSO 算法、GWO 算法在优化结束后种群粒子的分布情况,横纵坐标分别为 2.3.3 节提到的两个目标函数。观察 HECO-HPSGWO 及对比算法的种群分布图可得,HECO-HPSGWO 算法的种群粒子分布均匀且密集,对两个目标具有均衡优化的效果。

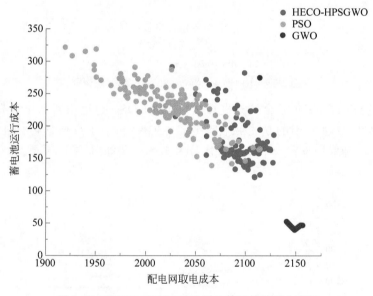

图 2-17　HECO-HPSGWO 及对比算法的种群分布图

　　图 2-18 所示为本节所提出的 HECO-OSCA 算法与 OSCA 算法、SCA 算法在解决微电网优化问题时循环结束后的种群分布。从中可以看出,HECO-OSCA 算法的种群粒子分布密集且电网成本远优于 OSCA 算法。

2.3.5　总结

　　微电网优化问题随着不可再生能源的消耗而日益受到大众的关注,减少成本是许多企业考虑问题的重中之重,因此本节通过考虑微电网并网优化问题中的蓄电池运行成本和与配电网交互时从配电网取电的成本,并且考虑到电池容量约束和功率平衡约束的条件,通过 2.1 节和 2.2 节提出的算法进行解决,同时通过 4 个对比算法进行验证,证明本节提出的算法在解决微电网并网优化问题的优越性。

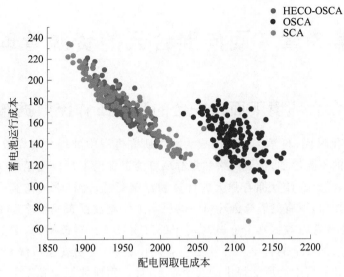

图 2-18   HECO-OSCA 及对比算法的种群分布图

第3章 面向混合云的资源管理

3.1 混合云环境下面向安全的科学工作流数据布局策略

在当今数字化时代,科学工作流已成为科学研究进程中处理大规模数据的重要手段。随着数据复杂度的不断增加,传统网络和集群环境的资源已不足以满足科学工作流的部署需求。相比之下,混合云计算拥有强大的计算和存储资源,为科学工作流的部署提供了一种理想化平台。然而,现有的混合云环境下的科学工作流数据布局策略通常将隐私数据固定存储,而没有充分考虑数据在分布式环境中的安全性。针对该问题,本节构建了一种混合云环境下面向数据安全的科学工作流数据布局模型,并提出安全等级分级机制,其考虑数据的安全需求和数据中心所能提供的安全服务,旨在确保数据隐私安全的同时最大程度降低数据传输时延。另外还提出了一种基于自适应粒子群优化算法(Adaptive Particle Swarm Optimization Algorithm based on SA and GA,SAGA-PSO)的数据布局策略。SAGA-PSO基于粒子群优化算法框架,在粒子更新操作中引入遗传算法的交叉和变异算子,提高了种群进化的多样性;在全局最优粒子替换中引入模拟退火算法的 Metropolitan 准则,有效避免算法陷入局部极值。相关实验结果表明,本节提出的基于 SAGA-PSO 的数据布局策略在满足数据安全需求的同时能够有效降低传输时延。

3.1.1 引言

随着云计算技术的广泛应用,越来越多的云服务提供商推出了各种类型的云存储服务,以满足用户对数据存储和管理的需求。云存储服务的出现为科学工作流的执行提供了新的选择,用户可以将数据存储在云端,通过云计算平台进行数据处理和分析,从而提高数据的处理效率和灵活性。混合云作为一种新兴的云计算模式,将私有云和公有云结合起来,既能享受公有云的便利,又能保证私有数据的安全性,因此被越来越多的科学机构所采用。然而,在大规模数据处理中,数据安全问题一直是备受关注的焦点,科学工作流的正确执行依赖于数据的安全性。若数据丢失、泄露或被篡改,则会导致科学工作流中断、秘密信息泄露和错误的执行结果。在混合云环境下,数据存储和传输安全问题更为复杂。因此,如何在混合云环境下保证科学工作流的数据安全,成了一个亟待解决的问题。

针对隐私数据的保护,需要依靠安全技术和合理的管理策略。作为存储数据的重要场所之一,数据中心必须满足隐私数据的安全要求。然而,由于不同类型数据的安全需求不同,数据中心的安全级别应该根据其所能提供的安全服务进行分级,以为隐私数据提供更高的安全保障。目前,在数据中心建设方面,行业通常采用等级划分的方式来评估数据中心的整体性能。例如,美国 Uptime Institute 提出的等级分类系统将数据中心分为 Tier Ⅰ、Tier Ⅱ、Tier Ⅲ 和 Tier Ⅳ 四个等级,现已被广泛采用。在国内,GB 50174—2017 根据数据中心的使用性质、数据丢失或网络中断所造成的损坏和影响程度将数据中心定义为 A、B、C 级。

　　然而,传统的数据布局策略通常将隐私数据固定存储在单一数据中心中,这会导致一些安全问题,如单点故障等。不同的数据具有不同的安全需求,而且一些敏感的隐私数据必须存储在更加安全的数据中心中。因此,本节采用安全等级分级机制来确定数据需要的安全需求和数据中心所能提供的安全服务。这种方法可以确保隐私数据被妥善地保护,同时也能够使数据中心在保护隐私数据的同时,充分利用资源,提高数据传输效率。另外,当隐私数据集使用固定存储策略时,由于数据存储位置的限制,科学工作流任务只能从固定的数据中心中获取数据进行计算,而这些数据中心可能会因为网络拥堵或服务器负载高导致计算时间变长,从而影响整个科学工作流的执行时间。而采用安全等级分级机制存储方法可以将隐私数据存储在不同的安全等级数据中心中,这样一方面可以减轻单个数据中心的压力,另一方面可以在不同的数据中心中并行计算,从而提高科学工作流的执行效率。科学工作流执行过程中通常需要进行数据传输和处理,而这些数据通常存储在不同的数据中心中,其传输速度受到网络带宽、数据大小和传输协议等因素的影响。因此,通过减少数据传输时间可以大大缩短科学工作流的执行时间。

　　本节的主要贡献如下:

　　(1) 构建了一种混合云环境下面向数据安全的科学工作流数据布局模型,并分析了数据集的安全需求和数据中心所能提供的安全服务,提出了安全等级分级机制。

　　(2) 引入遗传算法的交叉算子和变异算子,在全局最优粒子替换中结合模拟退火算法的 Metropolitan 准则,有效避免粒子群算法陷入局部最优,提高了算法的收敛速度和全局最优解的精度。

　　(3) 考虑云间的带宽速度和数据中心的存储容量,设计了一种适用于本模型的基于 SAGA-PSO 的数据布局策略,从全局角度优化数据传输时延。

3.1.2　相关工作

　　近年来,随着云计算技术的普及和云计算强大的并行计算能力,许多科研工作者开始着手研究科学工作流在云计算环境下的数据布局问题,科学工作流数据布局策略的优劣直接影响到整个系统的作业性能。

　　在混合云环境下,科学工作流可能涉及多个数据中心或存储设备,有效管理数据传输对于整体性能至关重要。Deng 等提出了一种多级 K-cut 图分割算法,他将数据根据其依赖关系不断切割成子图,之后布局到对应数据中心中,在满足负载平衡和固定数据集约束的同时,最小化跨数据中心的数据传输总量。Liu 等考虑了数据的相关度,提出了基于相关度的两阶段数据放置策略。该策略在数据布局阶段将关系紧密的数据放在同一数据中心,将关系松散的数据放在不同数据中心,在任务执行时将任务调度到相关性最大的数据中心,从而减少了数据中心间的数据移动次数和数据传输量。Wang 等提出了一种基于动态计算相关性(DCC)的数据放置策略。该策略将具有高 DCC 的数据集放置在同一个数据中心,并在运行时动态地将新生成的数据集分布到最合适的数据中心,有效减少数据中心之间的数据调度数量。Kim 等则基于任务的依赖性提出了一种数据放置策略。在构建阶段,该策略将数据中心中的初始数据集进行分组,并在运行时将新生成的数据集布局到最合适的数据中心,可有效减少数据移动。Li 等研究者通过创建一个基于工作流的数据定位模型,引入了一个分为两步的数据分布方案。这个方案利用离散粒子群优化技术动态地将数据指派给合适的数据中心,以此达到相比于传统的基于任务的数据定位策略更高的成本效益。Liu 等提出了一种智能数据放置策略,考虑数据中心的计算能力、存储预算、数据项相关性等因素将整个数据集划分为小的数据项,并在多个数据中心进行布局,在运行中生成中间数据时,采用线性判别分析将其放置在适当的数据中心上,最小化由数据移动引起的通信开销。

然而,现有研究聚焦于降低数据传输次数、数据传输时间和代价开销,在数据安全保护方面考虑不足,随着数据间交互越来越多,传统隐私数据进行单一固定的数据存储方案越发具有局限性,因此,需要采取更加有效的措施来保护隐私数据在科学工作流中的安全传输和存储。

3.1.3 问题模型

本小节具体介绍关于混合云环境下面向数据安全的科学工作流问题模型,其主要涉及科学工作流、混合云环境和数据布局器三种角色。图 3-1 展示了布局系统的框架图。

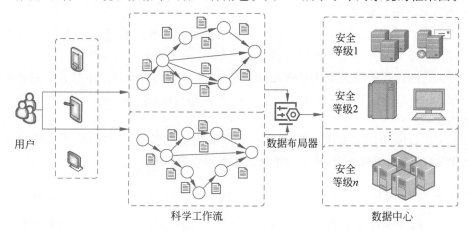

图 3-1　混合云环境下面向数据安全的科学工作流布局框架

1. 科学工作流

科学工作流可以用有向无环图 $G = (T, E, S)$ 表示,其中 $T = \{t_1, t_2, \cdots, t_n\}$ 为科学工作流中的任务集合;$E = \{e_{12}, e_{13}, \cdots, e_{ij}\}$ 为任务之间的控制依赖矩阵,$e_{ij} = 1$ 表示 t_i 是 t_j 的前驱节点,$e_{ij} = 0$ 表示 t_j 是 t_i 的后继节点;$S = \{s_1, s_2, \cdots, s_n\}$ 为科学工作流中执行时所需的数据集合。

某个数据集 s_i 可表示为

$$s_i = \{z_i, o_i, r_i, w_i\} \tag{3-1}$$

式中,z_i 表示数据集 s_i 大小;o_i 表示数据集 s_i 的来源,若 s_i 为初始数据集 S_{ini},o_i 记为 0,若 s_i 为生成数据集 S_{gen},o_i 表示生成数据集 s_i 的任务;r_i 表示数据集 s_i 布局的数据中心位置;w_i 表示数据集 s_i 的安全等级。

对数据集进行安全等级分级,需要综合考虑数据的保密性、完整性和可用性等方面的需求。首先,根据数据集的敏感程度,将其分为非隐私数据和隐私数据两类,这里规定非隐私数据的安全等级最低,设为 0,而隐私数据具有不同的且高于非隐私数据的安全等级,如

1、2、3 等。数据集的安全等级越高，则说明该数据集的安全需求越高。

某个任务 t_i 可表示为

$$t_i = \{I_i, O_i, f(t_i), m_i\} \tag{3-2}$$

式中，I_i 为任务 t_i 的输入数据集合；O_i 为任务 t_i 的输出数据集合；$f(t_i)$ 表示执行任务 t_i 的数据中心位置；m_i 表示任务 t_i 的安全等级。

任务的安全等级可以根据其所涉及的数据集的安全等级来进行设置。当任务需要输入和输出数据集时，其安全等级应不低于其输入和输出数据集中最高的安全等级，以确保与其关联的数据安全性。因此，将任务的安全等级取值为 I_i 和 O_i 中最高的安全等级。

2. 混合云环境

混合云环境 C 中包含公有云 C_{pub} 和私有云 C_{pri}，二者均由多个数据中心组成，公有云 $C_{pub} = \{c_1, c_2, \cdots, c_n\}$ 包含 n 个数据中心，私有云 $C_{pri} = \{c_1, c_2, \cdots, c_m\}$ 包含 m 个数据中心。数据中心 c_i 可表示为

$$c_i = \{h_i, v_i, p_i, l_i\} \tag{3-3}$$

式中，h_i 表示数据中心的存储容量上限，公有云的容量不设上限，私有云上的数据集大小不得超过该存储容量；v_i 表示数据中心 c_i 当前已使用的存储容量，将已使用存储容量超出容量限制的数据中心称为超负荷数据中心；p_i 表示数据中心 c_i 存储单位容量所需的代价；l_i 表示该数据中心的安全等级。

数据中心的安全等级需要综合考虑数据中心的地理位置、安全措施、可靠性等方面的因素，不同云数据中心提供不同安全服务来保护存储在其上的数据集。根据数据中心提供的安全服务，将数据中心进行安全等级分级。由于用户与公有云服务商之间难以相互信任，且安全性问题一直是公有云端不可忽视的问题，而将数据存储在私有云上，用户对基础设施拥有更多控制权，可以通过局域网、防火墙等技术屏蔽外部访问。因此，定义公有云中数据中心安全等级最低，设为 0，私有云中数据中心的安全等级高于公有云，如 1、2、3 等。

3. 数据布局器

科学工作流在执行前，由数据布局器将数据集放置到合适的数据中心中，生成数据布局方案。为避免数据的泄露和被篡改等安全威胁，将数据的安全需求和数据中心提供的安全服务进行量化，根据所提供的安全等级分级机制进行匹配，从而提高隐私数据的安全性。

1）安全等级分级机制

安全等级分级机制如下：当数据集 s_i 和任务 t_j 放置或布局在数据中心 c_k 中，必须满足

$$w_i, m_j \leqslant l_k \tag{3-4}$$

即仅允许数据集和任务放置或布局在安全等级不低于它自身的数据中心中。同样地，数据中心仅允许存储或接受安全等级不高于它自身的数据集和任务。

综上所述，对于混合云环境 C 中的任务 t_j，任务 t_j 放置在数据中心 c_k。当 t_j 的输入数据集或输出数据集的集合 $\{I_j, O_j\}$ 中包含数据集 s_i，且 $w_i = m_j = L(L \geqslant 1)$，$r_i = A(A \in [1, |C|])$，必须满足：

① $r_i \equiv A$；

② 对于数据中心 c_k，总有 $l_k \geqslant L$；

③ 对于数据中心 c_k 及任意的数据集 $s_n \in \{I_j, O_j\}$，总有 $l_k \geqslant w_n$。

对上述规则做如下解释：对①，数据集存储在数据中心后，在后续任务进行中其存储位置不可改变；对②，此时任务的安全等级为 L，放置任务的数据中心的安全等级不低于任务的安全等级；对③，由于 $l_k \geqslant L$，且 $w_i = L \geqslant w_n$，所以 $l_k \geqslant w_n$。

2）数据布局方案

在本节中主要关注数据集跨数据中心产生的传输时延，科学工作流执行过程中数据存储、读取数据等时延与上述时延相比可以忽略不计。数据集 s_k 布局到数据中心 c_i 的映射 y 可表示为 $y = (s_k, c_i)$，我们使用 Y 来表示所有数据集到数据中心的映射集合。数据集 s_k 从数据中心 c_i 传到到数据中心 c_j 的单次数据传输可以表示为 $\text{tra}_n = (c_i, s_k, c_j)$，那么单次跨数据中心传输产生的传输时间可表示为：

$$q(\text{tra}_n) = q(c_i, s_k, c_j) = \frac{z_k}{b_{ij}} \tag{3-5}$$

式中，b_{ij} 为数据中心 c_i 和数据中心 c_j 之间的带宽，$b_{ij} = b_{ji}$。$\text{Tras} = \{\text{tra}_1, \text{tra}_2, \cdots, \text{tra}_n\}$，为所有数据集的跨数据中心传输集合。因此，$q(\text{tra}_n) = q(c_i, s_k, c_j) = \frac{z_k}{b_{ij}}$ 总传输时间 Q 可表示为：

$$Q = \sum_{n=1}^{|\text{Tras}|} q(\text{tra}_n) \tag{3-6}$$

综上所述，整个数据布局方案可定义为

$$N = (S, C, Y, Q) \tag{3-7}$$

基于上述定义，混合云环境下面向数据安全的科学工作流数据布局方法可表示为式(3-8)和式(3-9)，其核心目标为降低传输时延，即总传输时间 Q 最低，且同时满足以下两个条件约束：①数据中心的存储容量约束；②安全等级约束。在下文中这两个约束条件合称为"条件约束"。

$$\min Q \tag{3-8}$$

$$\begin{cases} \text{s.t. } \forall j, \quad \sum_{i=1}^{|S|} z_i \cdot u_{ij} \leqslant h_j \\ \text{s.t. } \forall i,j, \quad w_i \cdot u_{ij} \leqslant l_j \end{cases} \tag{3-9}$$

式中，$u_{ij} = \{0, 1\}$，表示数据集 s_j 是否存储在数据中心 c_i 上，如果是，则 $u_{ij} = 1$，否则 $u_{ij} = 0$。

3.1.4　基于 SAGA-PSO 的数据布局策略

下面首先介绍本节所使用的问题编码，然后给出算法的适应度函数，最后提出基于遗传算法和模拟退火算法的自适应粒子群优化算法(SAGA-PSO)的科学工作流数据布局策略的具体描述，在满足条件约束的情况下，尽可能减少科学工作流的传输时间。

1. 问题编码

本小节采用离散型编码方式对数据的布局策略进行编码，每个粒子代表一种布局策略，粒子 i 在 t 次迭代的位置为

$$X_{ik}^t = (x_{i1}^t, x_{i2}^t, \cdots, x_{in}^t) \tag{3-10}$$

每个粒子由 n 个分位组成，n 代表数据集数量。$X_{ik}^t(k=1,2,\cdots,n)$ 表示第 i 个粒子在第 t 次迭代时第 k 个数据的存储位置，取值范围为 $[1,|C|]$。

$$X_2^7 = (2,1,3,2,4,2,1,2) \tag{3-11}$$

式(3-11)为一个粒子的编码示例，该粒子的数据集数量 n 为 8。图 3-2 表示该编码粒子对应的数据布局位置。从中可知：编号 4 的数据放置在服务器 2 上。

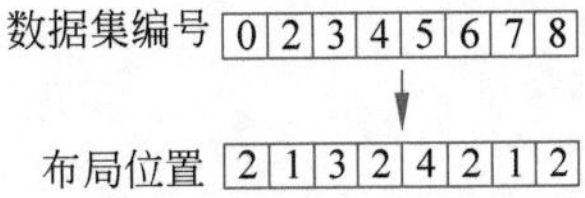

数据集编号 | 0 | 2 | 3 | 4 | 5 | 6 | 7 | 8

布局位置 | 2 | 1 | 3 | 2 | 4 | 2 | 1 | 2

图 3-2　问题编码

2. 适应度函数

本节旨在优化数据传输时延，粒子对应数据布局结果的传输时间越短，该粒子质量越高，但是在编码过程中可能存在某些不可行解粒子，不可行解的原因是该粒子不满足条件约束。将导致粒子不可行的数据合称为非法数据集 S_{inf}，因此对于可行解粒子和不可行解粒子的优劣比较主要分以下三种情况：

(1) 两个粒子皆为可行解粒子，优先选择传输时间较短的粒子。粒子的适应度函数可定义为

$$\text{fitness} = Q \tag{3-12}$$

(2) 两个粒子皆为不可行解粒子，同样选择传输时间低的粒子，因为该粒子在后续更新操作中更可能变为可行解粒子。适应度函数与式(3-12)一致。

(3) 两个粒子一个为可行解粒子，一个为不可行解粒子，选择可行解粒子。粒子适应度函数可定义为

$$\text{fitness} = \begin{cases} 0, & \text{满足条件约束的粒子} \\ 1, & \text{其他} \end{cases} \tag{3-13}$$

3. 粒子的更新策略

PSO 算法通过模拟鸟群在捕食区域内捕食唯一食物，建立粒子群模型，之后迭代收敛求最优解。在传统 PSO 算法中，Lin 等结合遗传算法的变异算子和交叉算子思想进行改进(GA-PSO)，为使该算法适应本模型，粒子 i 在第 t 次迭代进行如下更新：定义变异操作的运算符 $\oplus$ 如式(3-14)所示，定义交叉操作的运算符 $\otimes$ 如式(3-15)和式(3-16)所示。

$$A_i^t = \omega \oplus M(X_i^{t-1}) = \begin{cases} M(X_i^{t-1}), & r_0 < \omega \\ X_i^{t-1}, & \text{其他} \end{cases} \tag{3-14}$$

$$B_i^t = c_1 \otimes C_p(A_i^t, p_i^{t-1}) = \begin{cases} C_p(A_i^t, p_i^{t-1}), & r_1 < c_1 \\ A_i^t, & \text{其他} \end{cases} \tag{3-15}$$

$$C_i^t = c_2 \otimes C_g(B_i^t, g^{t-1}) = \begin{cases} C_g(B_i^t, g^{t-1}), & r_2 < c_2 \\ B_i^t, & \text{其他} \end{cases} \tag{3-16}$$

式中，$r_0, r_1, r_2 \in (0,1)$，为随机因子；$M()$ 为变异操作，随机选取编码粒子中的某个分位，改变该分位的数值；p_i 和 g 分别为个体最优粒子和全局最优粒子；$C_p()$ 和 $C_g()$ 分别表示与个体最优粒子和全局最优粒子的交叉过程，随机选取 A_i^t 和 B_i^t 的起止位置，分别与 p_i^{t-1}

和 g^{t-1} 相同分位之间的数值进行交叉。

图 3-3(a)表示粒子的变异操作,其中选取粒子的第 4 分位即 f_1 位置进行变异,其存储的数据中心编号从 2 变异为 4;图 3-3(b)表示粒子的交叉操作,该实例从第 3 分位(即 f_2)至第 6 分位(即 f_3)选择交叉,粒子的值从[3,4,4,2]变为[1,3,2,1]。

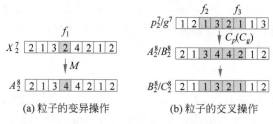

(a) 粒子的变异操作　　　　　　(b) 粒子的交叉操作

图 3-3　编码粒子的更新操作

需要注意的是,在粒子的初始化和变异过程中,数据布局后的数据集存储位置应满足安全等级约束。当粒子为不可行解粒子,优先选取存储在超负荷数据中心中的数据集分位进行变异,使其更有可能变异为可行解粒子。

综合上述分析,对粒子 i 在 t 时刻的更新操作可定义为

$$X_i^t = c_2 \oplus c_g(c_1 \oplus C_p(\omega \oplus M(X_i^{t-1}), p_i^{t-1}), g^{t-1}) \tag{3-17}$$

GA-PSO 虽在一定程度上提高了种群进化的多样性,但当陷入局部极值时,仍采取原 g^t 的更新策略,跳出局部极值的效率并不高,在迭代后期 g^t 更是难以进行有效更新。因此,结合模拟退火算法概率接受更差解的思想对 GA-PSO 进行改进,使其有效跳出局部最优,增大搜寻到更优解的概率。

在模拟退火算法(SA)中,使用 Metropolitan 准则以 Me 的概率接受比当前解更差的解。SA 的接受概率 Me 的大小为

$$Me = e^{\frac{f(x_n)-f(x_0)}{T}} \tag{3-18}$$

式中,T 为当前模拟退火温度;$f(x_n)$ 和 $f(x_0)$ 分别为新解和旧解的模拟退火算法适应度值。

在每次迭代过程中,对全局最优粒子 g^t 进行如下更新操作:所有个体最优粒子 p_i^t 都将以 $f_{TF}(p_i^t)$ 的概率替换全局最优粒子 g^t。$f_{TF}(p_i^t)$ 为模拟退火算法适应度值,其大小定义为

$$f_{TF}(p_i^t) = \frac{e^{-\frac{f(p_i^t)-f(g^t)}{T}}}{\sum_{i=1}^{n} e^{-\frac{f(p_i^t)-f(g^t)}{T}}} \tag{3-19}$$

式中,$f(p_i^t)$ 和 $f(g^t)$ 为个体最优粒子和全局最优粒子的粒子群优化算法适应度值。

在获得 p_i^t 模拟退火算法适应度值后使用轮盘赌从所有 p_i^t 中选择替换 g^t。在很大程度上避免了陷入局部最优,且在粒子向种群学习的过程中,扩大了解的搜索范围,在算法快速收敛的同时仍保持较高的种群多样性。

4. 粒子到数据布局方案的映射

算法 3.1 描述了粒子到数据布局方案的映射过程。输入为混合云环境 C,科学工作流

$G=\{T,E,S\}$ 和编码粒子 X，输出为数据布局方案 $N=\{S,C,Y,Q\}$。需要注意的是，在任务执行过程中，若某中间数据集后续不再被使用，那么该数据集可以被删除，以增大数据中心可使用容量，节约空间。

算法 3.1　编码粒子到数据布局方案的映射

输入：G,C,X

输出：N,Q

0：　　初始化：$Q\leftarrow0,\forall a\in[1,|C|],v_a\leftarrow0$

1：　　**for each** S_i **of** S_{ini} **do**

2：　　　　根据初始数据集 S_{ini} 更新数据中心已使用容量

3：　　　　**if** 当前数据中心超负荷 **then**

4：　　　　　　将当前粒子设为不可解粒子，更新 S_{ini}

5：　　　　**end if**

6：　　**end for**

7：　　**for** $j\leftarrow1$ **to** $j=|T|$ **do**

8：　　　　任务 t_j 调度到安全等级约束下传输时间最小的数据中心 c_k

9：　　　　$IO_i=I_i+O_i$

10：　　　　**if** $IO_i+v_k>h_k$ **then**

11：　　　　　　将当前粒子设为不可解粒子，更新 $\mathbf{D_{inf}}$

12：　　　　**end if**

13：　　　　将任务 t_j 的输出数据集传输到对应数据中心 c_m

14：　　　　更新数据中心 c_m 已使用容量 v_m

15：　　　　**for** $j\leftarrow1$ **to** $j=|IO_i|$

16：　　　　　　根据式(3-5)计算数据集 s_j 在对应数据中心 c_a 和 c_b 的数据传输时间 $q(c_a,s_j,c_b)$

17：　　　　　　$Q+=q(c_a,s_j,c_b)$

18：　　　　**end for**

19：　　　　**for each** S_l **of** S_{gen}

20：　　　　　　**if** S_l 后续不再被使用 **then**

21：　　　　　　　　**delete** S_l

22：　　　　　　更新存储 S_l 的数据中心已使用容量

23：　　　　**end for**

24：　　**end for**

25：　　**return** N,Q

26：　　**end procedure**

算法详细描述如下：将所有数据中心的存储量初始化为 0，总传输时间 Q 初始为 0(第 0 行)。遍历初始数据集(第 2～7 行)，将初始数据集布局到其对应的数据中心，并更新该数据中心的存储量，若当前存储量超出数据中心的容量限制，则该编码粒子为不可行解粒子，将存放在该数据中心的数据集存入 D_{inf}，方便后续变异。按任务执行顺序遍历任务(第 8～25 行)，在任务执行前，根据贪心策略，将任务调度到安全等级约束下传输时间花费最小的数据中心(第 9 行)，并判断该数据中心当前的存储量和该任务的输入/输出数据集大小之和是否超过该数据中心的容量 h_k(第 10～13 行)，若超过，则数据中心容量不足，该编码粒子为不可解粒子，将存放在该数据中心的数据集存入 D_{inf}；否则任务正常执行。将输出数据集进行输出，更新数据中心已使用容量(第 14～15 行)。遍历当前任务的输入/输出数据集

IO_i（第 16～19 行），根据式(3-6)计算当前数据集 s_j 跨数据中心 c_a 和数据中心 c_b 的传输时间 $q(c_a,s_j,c_b)$，累加即得总传输时间 Q。遍历所有中间数据集（第 20～24 行），如果该中间数据集 S_l 在后续任务中不再被使用，则删除 S_l，并更新对应数据中心的已使用容量，输出数据布局方案 N 和总传输时间 Q（第 34 行）。

5. 参数设置

惯性权重因子 ω 决定 PSO 算法的速度的变化情况。通过自适应调整机制，根据当前粒子优劣性即当前粒子与全局最优粒子之间的差异程度对 ω 进行自适应调整。ω 可表示为

$$\omega = \omega_{\max} - (\omega_{\max} - \omega_{\min}) \times \exp\left(\frac{d(X^{t-1},g^{t-1})}{|S|} \middle/ \frac{d(X^{t-1},g^{t-1})}{|S|} - 1.01\right) \quad (3\text{-}20)$$

式中，$d(X^{t-1},g^{t-1})$ 表示 X^{t-1} 与 g^{t-1} 在相同分位上取值不同的个数。

自身认知因子 c_1 和种群认知因子 c_2 分别设为

$$c_1 = c_1^s - (c_1^s - c_1^e) \times (i_c/i_m) \quad (3\text{-}21)$$

$$c_2 = c_2^s - (c_2^s - c_2^e) \times (i_c/i_m) \quad (3\text{-}22)$$

式中，c_1^s 和 c_1^e、c_2^s 和 c_2^e 分别为自身认知因子 c_1 和种群认知因子 c_2 的设定初始值与最终值；i_c 和 i_m 为当前迭代次数和最大迭代次数。

退火操作降温公式为

$$T = \frac{T_0}{1+t} \quad (3\text{-}23)$$

式中，T_0 为初始温度；t 为迭代次数。

6. 算法流程

基于前面所述，本节所提出的 SAGA-PSO 算法的具体流程如图 3-4 所示。

3.1.5　实验

实验结果的讨论将在这一节进行，主要围绕以下研究问题（Research Question，RQ）进行讨论。

RQ1：在条件约束下，和其他布局算法相比，SAGA-PSO 在降低科学工作流的传输时延方面是否具有优越性。

RQ2：在相同实验环境下，仅改变私有云数据中心容量，观察分析不同算法在不同科学工作流执行后的实验结果。

RQ3：在一致的实验设置中，通过仅调整私有云数据中心的数量，进行了对比分析，以观察不同算法在执行各种科学工作流之后的实验成效。

RQ4：在相同实验环境下，仅改变数据中心间的带宽，观察分析不同算法在代表性科学工作流执行后的实验结果。

RQ5：为探讨本节所提供的安全等级分级的重要性，分析比较隐私数据集固定存储与安全等级分级存储的不同算法在不同科学工作流执行后的实验结果。

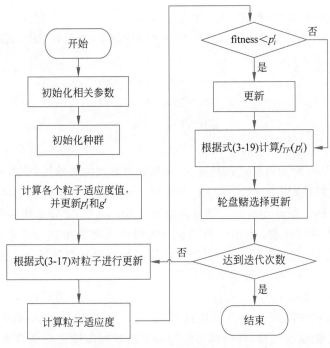

图 3-4　SAGA-PSO 算法流程图

1. 实验设置

本节实验都在 16GB RAM 和 2.6GHz Intel i7-6700HQ CPU 的 Windows 10 系统下运行，SAGA-PSO 和其他对比算法均在 Python 3.8 环境下实现。

本实验涉及 SAGA-PSO 的相关参数如表 3-1 所示。科学工作流主要来源于 3 个不同科学领域的中型科学工作流模型：Montage、Inspiral、Epigenomics。规模大小为中型科学工作流（约 50 个任务数）和大型科学工作流（约 100 个任务数），它们拥有其独特的任务依赖结构和计算需求。

表 3-1　SAGA-PSO 的相关参数

参　　数	值
种群大小	50
最大迭代次数	1000
$\omega_{max}, \omega_{min}$	0.9,0.4
c_1^s, c_1^e	0.9,0.2
c_2^s, c_2^e	0.9,0.4
T_0	1000

特别地，为更好地观察不同影响因素对实验的影响，设置默认实验环境如下：混合云环境中有 4 个数据中心 $\{c_0, c_1, c_2, c_3\}$，其中 c_0 为容量无限，安全等级为 0 的公有云数据中心；c_1、c_2、c_3 分别为安全等级为 1、2、3 的私有云数据中心。定义私有云数据中心基准容量为

$$h = \delta \cdot \frac{\sum_{i=1}^{|S|} Z_i}{|C| - 1} \tag{3-24}$$

式中，δ 为容量系数，本节中默认为 1.6 倍基准容量。

隐私数据集的比例设置为 25%，数据中心之间的带宽（单位：MB/s）设置为

$$b = \begin{bmatrix} \sim & 10 & 20 & 30 \\ 10 & \sim & 150 & 150 \\ 20 & 150 & \sim & 100 \\ 30 & 150 & 100 & \sim \end{bmatrix} \tag{3-25}$$

2. 对比算法

SAGA-PSO 是一种元启发式布局算法，为验证该算法的有效性，在本次实验中，将以下 3 个算法作为对比算法，用于比较 SAGA-PSO 算法和其他算法的优化性能。

（1）RA(Random Algorithm)。该算法采用与 SAGA-PSO 算法相同的编码策略，使用随机搜索策略生成新的种群，在相应的安全等级约束下随机生成每个个体的数据中心编码，并将个体映射到对应的布局方案，计算适应度函数并比较个体优劣，达到最大迭代次数后，获得种群中最优的个体，即最优布局方案。

（2）GS(Genetic Strategy)。该算法对文献进行改进，主要基于遗传算法的随机进化机制。为使该算法适应本模型，对 GS 算法进行如下改进：二进制编码过程中需要额外考虑数据集和数据中心的安全等级，在个体初始化和更新过程中满足安全等级分级机制。算法的相关参数根据文献进行设置，种群规模和迭代次数分别设置与 SAGA-PSO 算法相同。

（3）GA-PSO。该算法对文献进行改进，为使该算法适应本模型，对 GA-PSO 算法进行改进：使用与 SAGA-PSO 算法相同编码策略、种群规模和迭代次数。粒子的初始化、交叉和变异操作与 SAGA-PSO 算法相同。但是，在粒子迭代过程中该算法采用传统 PSO 算法的全局最优粒子更新策略。

3. 结果评估

SAGA-PSO、GS 和 GA-PSO 为元启发式算法，当算法连续迭代 100 次不更新最优搜索解时，算法终止。由于算法的多次最优布局结果不唯一，统一记录 10 次重复实验，取实验数据平均值，传输时间缩小为 106 分之一，单位统一为 s。

1）算法性能评估

为了比较三种元启发式算法在混合云环境下面向数据安全的科学工作流数据布局性能，这里以中型科学工作流为例，首先比较它们在搜寻到最优解时的迭代次数、执行时间，之后通过适应度曲线观察其收敛情况，最后分析在默认实验环境下，不同布局算法在对应科学工作流下的传输时间。

表 3-2 和表 3-3 所示分别为三种元启发式算法搜索到中型科学工作流最优解时的平均迭代次数和平均执行时间。在三种科学工作流中，GA-PSO 算法相比于 GS 算法，平均迭代次数和平均执行时间都相对较优，SAGA-PSO 的平均迭代次数都接近于最大迭代次数，其时间开销约比 GA-PSO 算法的时间开销多了 23%。这是由于在每次迭代过程中，GA-PSO 算法搜索解的范围大于 GS 算法，更易寻到优质解，从而收敛速度更快，执行时间更少，而 SAGA-PSO 算法在每次迭代过程中要对全局最优解进行概率替换，相对于 GS 算法和 GA-PSO 算法，所需的迭代次数更多，时间开销更大。

表 3-2　三种元启发式算法搜索到中型科学工作流最优解时的平均迭代次数

元启发式算法	Montage	Inspiral	Epigenomics
GS	575	728	670
GA-PSO	450	651	549
SAGA-PSO	941	951	941

表 3-3　三种元启发式算法搜索到中型科学工作流最优解时的平均执行时间 单位：ms

元启发式算法	Montage	Inspiral	Epigenomics
GS	31 608	52 653	31 710
GA-PSO	28 339	49 103	27 183
SAGA-PSO	35 556	63 685	35 556

图 3-5 所示为三种元启发式算法在中型科学工作流 Inspiral 执行时的迭代适应度曲线。从收敛情况上看，GA-PSO 算法和 GS 算法都在迭代初期进行快速收敛，但在陷入局部极值后难以跳出。而 SAGA-PSO 算法于迭代中期趋近收敛，且在算法中后期仍保持一定的种群多样性，相比于其较低的额外时间开销，SAGA-PSO 算法的最优适应度值远优于其他两种启发式算法。

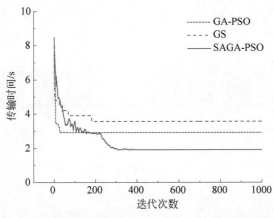

图 3-5　三种元启发式算法在中型科学工作流 Inspiral 执行时的迭代适应度曲线

图 3-6 所示为不同布局算法在对应科学工作流下的传输时间。首先，RA 算法在整体表现上偏差，这是因为 RA 算法在指数级的解空间内进行随机搜索，并没有利用优秀解的信息，因此难以找到优质解。相比之下，GS 算法、GA-PSO 算法和 SAGA-PSO 算法都使用了种群的进化和信息共享来寻找全局最优解，并在有限的迭代次数内寻找到更优的解。其次，GA-PSO 算法略优于 GS 算法，但二者差距在 10% 以内，其优化效果并不明显。另外，通过不同算法的误差线分布，可以发现 RA 算法误差波动较大，这是由于随机算法的不确定性。而 SAGA-PSO 算法的误差波动相较于

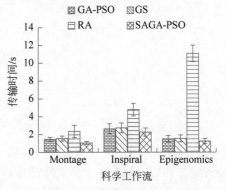

图 3-6　默认实验环境下不同布局算法在对应科学工作流下的传输时间

GA-PSO 算法和 GS 算法较小,这是由于 SAGA-PSO 算法在多数情况下都能收敛到优质解,且解之间的差距较小。

　　这是由于 GA-PSO 算法引入了遗传算法的交叉和变异算子,提高了种群进化的多样性,更有利于全局搜索,但是 GA-PSO 算法与 GS 算法在趋近于收敛后,难以跳出当前的局部最优解,从而影响算法的优化效果。因此,GA-PSO 算法的优化效果相对于 GS 算法来说并不明显。最后,SAGA-PSO 算法在布局结果上有明显优势,这是由于 SAGA-PSO 算法在 GA-PSO 的基础上进一步引入了模拟退火算法的 Metropolitan 准则,可以在保持种群多样性的同时,提高算法跳出局部最优解的能力,从而获得更优的全局最优解。

　　2) 数据中心容量变化实验

　　在默认实验环境下,仅改变私有云数据中心容量,4 个布局算法在三种不同科学工作流执行后的实验结果分别如图 3-7 和图 3-8 所示。由于中间数据集在后续任务中不再被使用时会被删除以节省容量,因此相比于基准容量,我们设置私有云数据中心的容量倍数较小,为 {1.6,2,2.4,3,4}。

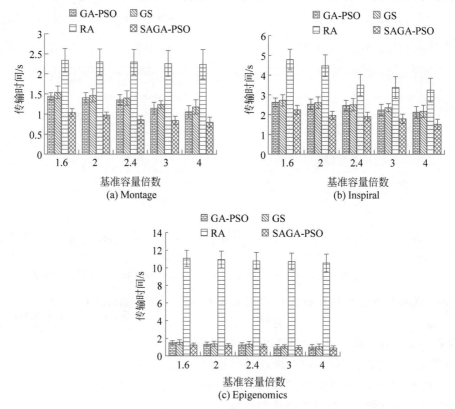

图 3-7　不同布局算法对应不同私有云数据中心容量的中型科学工作流传输时间

　　由图 3-7 可见,在中型科学工作流中,随着私有云数据中心基准容量的提高,跨数据中心的数据传输时间总体上呈下降趋势,且 SAGA-PSO 算法相比其他算法仍具有较大优势。这是由于单个私有数据中心容量扩大,能存储更多数据,数据集将更多地存储在同一数据中心,跨数据中心数据的数据传输量减少,传输时间减少。另外,由于 RA 算法的不确定性,在表现上会呈现上下波动性。

而在大型科学工作流中,GS 算法和 GA-PSO 算法在 Montage 科学工作流和 Inspiral 科学工作流已经不满足上述所得出的结论。在图 3-8 中,随着私有云数据中心容量的提高, GS 算法和 GA-PSO 算法布局结果的传输时间却不减反增。下面进一步观察三种元启发式算法的平均迭代次数。

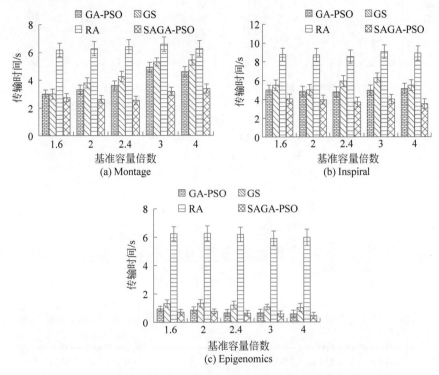

图 3-8　不同布局算法对应不同私有云数据中心容量的大型科学工作流传输时间

由表 3-4 可以看出,当私有云数据中心容量逐渐提高时,三种元启发式算法的平均迭代次数却逐渐降低,这是由于大型科学工作流的数据和任务数量翻倍增长,目标解空间指数级扩大,导致出现大量局部极值点,使得布局算法更容易陷入局部极值中,进而降低寻优效率且于迭代较早期收敛。而 Epigenomics 科学工作流的任务依赖关系较为简单,其大型科学工作流的实验结果表现与中型科学工作流一致。值得注意的是,虽然所有算法的平均迭代次数都逐渐降低,但是相比于其他两种元启发式算法,SAGA-PSO 算法仍在算法后期才最终收敛,并且最优解保持明显优势。

表 3-4　三种元启发式算法在不同基准容量下搜索到大型科学工作流 Montage
最优解时的平均迭代次数

元启发式算法	基准容量倍数				
	1.6	**2**	**2.4**	**3**	**4**
GS	838	877	571	181	158
GA-PSO	881	871	621	271	228
SAGA-PSO	961	951	957	859	735

3）数据中心数量变化实验

在默认实验环境下,仅改变私有云数据中心数量,4 个布局算法在三种不同科学工作流执行后的结果如图 3-9 和图 3-10 所示。设置私有云数据中心个数为{3,4,5,6,7}。设新增

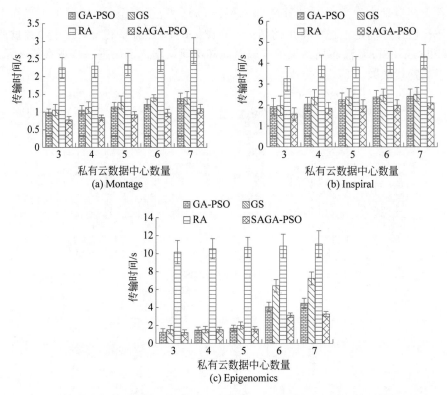

图 3-9　不同布局算法对应不同私有云数据中心数量的中型科学工作流传输时间

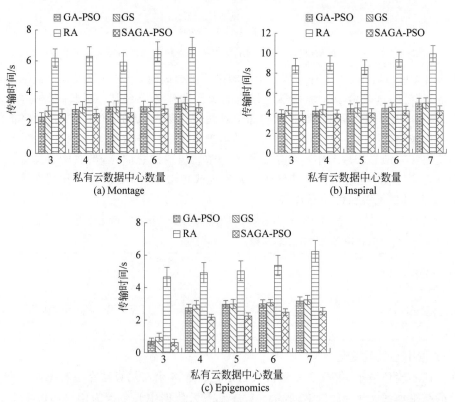

图 3-10　不同布局算法对应不同私有云数据中心数量的大型科学工作流传输时间

安全等级为 1、2、3 的数据中心与其他私有云数据中心之间的带宽为 100MB/s、120MB/s、150MB/s,与公有云数据中心之间的带宽为 10MB/s、20MB/s、30MB/s。

从图 3-9 和图 3-10 中可以看出,三种元启发式算法均能找到高质量的解。随着私有云数据中心数量的增多,数据传输时间总体上呈上升趋势。这是由于私有云数据中心个数的增加导致基准容量逐渐下降,可存储在每个私有云数据中心上的数据集减少,从而增加了跨数据中心的数据传输量,使传输时间增加。总体表现上,SAGA-PSO 算法表现出色,GA-PSO 算法和 GS 算法次之,而 RA 算法表现较差且仍具有波动性。这与图 3-7 和图 3-8 的情况相同,不再赘述。

4)数据中心间带宽变化实验

由于该影响因素在所有科学工作流中所表现出来的实验结果都大致相同,因此选取具有代表性的 Inspiral 科学工作流。4 个布局算法在该科学工作流执行后的实验结果如图 3-11 所示。相比于默认实验环境,设置数据中心之间的带宽大小为{0.5,0.8,1.5,3,5}。实验结果表明,当带宽逐渐增大时,传输时间总体上呈降低趋势,但是带宽的变更对数据集的最终布局结果影响不大。

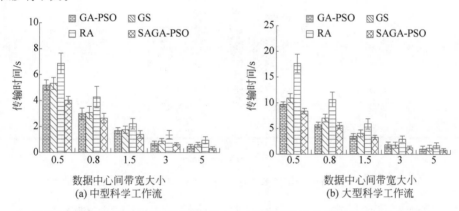

图 3-11　不同布局算法对应不同数据中心之间带宽变化的科学工作流传输时间

5)数据集存储方法对比实验

在传统的混合云环境下,科学工作流数据布局策略对隐私数据集采用固定存储(FS)的方法,为比较本节所提出的数据集通过安全等级分级机制存储(SC)优势,不同算法在不同科学工作流执行后的结果如图 3-12 和图 3-13 所示。由图中可见,不论中型科学工作流还是大型科学工作流,使用 SC 方法所产生的时间开销普遍低于 FS,这是由于 SC 中数据中心被分为不同的安全等级,隐私数据存储位置不局限在固定的数据中心中,而是可以根据安全需求选择存储在不同安全等级的数据中心中。这种机制能够扩大可行解空间,增加可行解的数量,使得算法有更多的机会来找到更优的解决方案,从而可以优化算法的时间开销。

3.1.6　总结

本节介绍了所构建的混合云环境下面向数据安全的科学工作流数据布局模型,并对模型中的混合云环境、科学工作流和数据布局器进行了详细的定义和说明。此外,本节以科学工作流传输时延为优化目标,提出了一种基于 SAGA-PSO 的数据布局策略。该策略通过结合遗传算法的交叉和变异算子来提高种群进化的多样性,并在全局最优粒子替换中

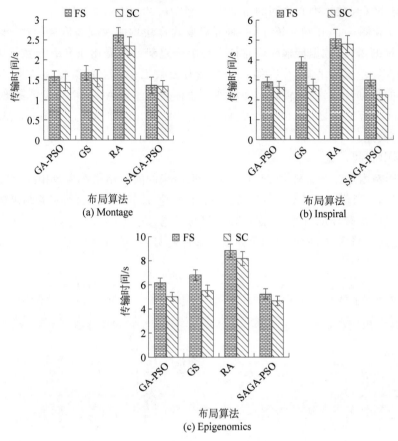

图 3-12　FS 与 SC 存储的不同算法在不同中型科学工作流执行后的传输时间

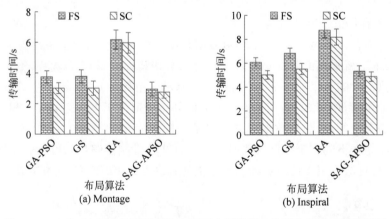

图 3-13　FS 与 SC 存储的不同算法在不同大型科学工作流执行后的传输时间

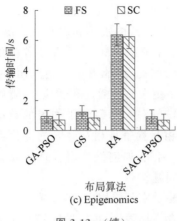

图 3-13　（续）

结合模拟退火算法,从而避免粒子群算法陷入局部极值。在仿真实验中,首先通过控制数据中心容量、数量和数据中心间带宽等影响因素进行对比,验证了 SAGA-PSO 算法相比于其他算法能更有效地降低传输时延,其次,通过比较数据集固定存储和安全等级分级存储的实验结果,进一步说明了数据集安全等级分级存储的重要性。

3.2　混合云环境下面向多目标优化的科学工作流数据布局策略

在云计算领域中,混合云已经成为一个热门话题,混合云同时使用私有云、公有云和本地基础设施来构建一个整体的云计算平台,将科学工作流部署在混合云环境下,能够提高应用的执行性能,同时降低云服务的资源开销。然而,由于资源异构、云间带宽差异和要价多样性等实际因素,混合云环境下的科学工作流数据布局问题面临着传输时延过高等诸多挑战。随着科学工作流数据规模的不断增大,传统的单一数据存储方案已经难以满足科研过程中对低成本和存储资源负载均衡等方面的需求。针对上述问题,本节首先构建了多目标优化数据布局模型,综合考虑数据的传输时延、科学工作流执行代价和数据中心间的负载。其次,提出一种基于改进的多目标优化进化算法（Improved Optimization Multi-Objective Evolutionary Algorithm,IO-MOEA）的数据布局策略。该策略对选择算子进行自适应改进,提高了算法的收敛性和多样性,之后结合熵权法和 TOPSIS（Technique for Order of Preference by Similarity to Ideal Solution）法,找到布局策略最佳方案。相关实验结果表明,本节所提算法相较于其他布局算法,在不同规模和类型的科学工作流数据布局中,在降低数据的传输时延、减少执行代价开销和实现存储资源负载均衡方面均有明显优势。

3.2.1　引言

在当今科学研究领域,数据量呈爆炸性增长的趋势,这对科学工作流的数据处理和计算需求提出了巨大挑战。在这种迅猛增长的背景下,云计算作为一种革命性的计算范式应运而生。云计算通过将计算资源、存储和应用程序服务提供给用户,以一种弹性、按需和灵活的方式,满足了不同规模和需求的数据处理要求。公有云作为云计算的一种形式,提供了大规模、可扩展的资源,但有时缺乏个性化和特定需求的灵活性。而私有云则提供了更多定制化和安全性,但可能缺乏公有云的规模和便利性。随着科学研究的不断进步,混合云计算作为整合公有云和私有云的新兴范式,为科学工作流的支撑带来了新的可能性。混合云环境结合了公有云和私有云的优点,能够灵活地利用多样化的资源,以满足不同的计算和存储需求。这种环境提供了更大的灵活性和适应性,能够更好地应对科学工作流中的复杂性和多样性。然而,在混合云环境下,科学工作流的数据布局面临新的挑战。科学工作流的数据布局需要考虑多个相互竞争且相互关联的优化目标,如资源利用效率、数据访问速度、安全性和成本效益等。因此,如何设计出合理的数据布局策略成了当前科学研究和工程实践中一个亟待解决的问题。

在科学工作流数据布局方法的实际应用中,考虑单一目标的优化策略在混合云环境下的科学工作流数据布局中往往存在局限性,难以同时满足不同主体多样化、复杂化的需求。相对地,多目标优化策略能够更好地应对混合云环境下科学工作流数据布局的挑战。例如,在数据布局中同时考虑资源利用效率、数据访问速度、安全性和成本效益等多个目标,并在这些目标之间进行权衡和优化,以实现更全面、更有效的数据布局方案。

另外,现有的研究方法中,大多只针对单一优化目标问题,如传输代价等,较少考虑同时满足用户和服务提供商的利益。因此,本节主要研究混合云环境下面向多目标优化的科学工作流数据布局问题。受到现有工作的启发,提出了一种基于 IO-MOEA 的针对多目标优化的科学工作数据布局策略,在满足数据中心存储容量和数据的安全需求约束的前提下,减少数据传输时间,降低科学工作流执行代价,兼顾数据中心间的负载均衡,为混合云环境下的科学工作流数据布局问题找到最优布局方案。

本节的主要贡献如下:

(1) 在基于面向时延优化的科学工作流数据布局策略研究基础上,综合考虑科学工作流执行时产生的代价和数据中心间的负载均衡,提出了一种基于改进的多目标优化进化算法(IO-MOEA)的数据布局策略。

(2) 综合考虑传输时间,执行代价和负载均衡,设计了一种自适应改进的非支配排序算法(NSGA-Ⅱ),根据种群的非支配层级数,设计自适应选择概率和改进精英选择策略,提高了算法的寻优效率。

(3) 采用熵权法计算各目标信息熵大小,结合多目标决策方法 TOPSIS,从 Pareto 最优解集中找出最优方案。

3.2.2 相关工作

在云环境中,数据布局和资源分配对于大数据处理性能的优化具有至关重要的作用。在云环境下的科学工作流数据布局问题方面,国内外学者针对不同的优化目标已经开展了大量深入的研究。

(1) 以数据移动次数为优化目标。Yuan 等运用基于 K-means 算法的数据布局策略,利用 BEA 算法聚类数据依赖矩阵并对其进行集合划分,将数据集布置到对应的数据中心,能够有效减少数据移动次数。Kchaou 等提出了一种动态模糊数据放置策略。利用矩阵数据依赖性递归划分和 type-2 模糊 C-means 算法有效减少了数据移动。Xu 等提出了一种基于遗传算法的数据放置策略,建立一种数学模型来表示数据集、数据中心和计算量之间的关系,利用遗传算法搜索最优数据放置矩阵,最小化数据传输,提高了数据布局效率。虽然以上工作面向数据移动次数进行了优化,但是它们忽略了网络带宽和数据传输代价,不能充分反映真实网络环境下数据的传输情况。

(2) 以数据传输时间为优化目标。Li 等基于数据依赖破坏度的矩阵划分,提出一种面向数据中心的 DCO-K-means 数据布局优化方法,减少数据传输时间。Cui 等提出了一种任务、数据集、数据中心的三方图模型,并基于遗传算法,给出了在考虑数据副本情况下的数据布局方案,有效减少了数据传输次数、数据传输总量和数据传输时间,但是该方案容易陷入局部最优。Wang 等考虑数据相关性,结合数据中心的计算能力与带宽差异等因素,提出一种减少时间开销的数据布局策略,能够有效减少数据传输时间。

(3) 以代价开销为优化目标。Shang 等提出了一种基于任务分配和数据集副本的数据布局方法,根据任务之间的依赖度,进行定量计算并分配,能够最小化科学工作流执行过程中的传输费用。Huang 等提出了一种基于遗传粒子群优化混合算法的数据布局方法,在满足科学工作流截止时间约束的同时,降低科学工作流运行时的数据布局代价。Zhang 等引入了一种称为"虚拟数据代理"的实体,并将数据放置问题转化为两个映射过程,提出了基于云模型的带有虚拟数据代理的数据放置算法,降低数据中心之间不可避免的传输开销。

综上所述,现有工作对混合云环境下的科学工作流数据布局问题展开了一定的研究,对本节工作有一定的启示作用,但大多只针对单一的优化目标,未在数据布局中同时考虑多个优化目标,对找到更全面、更有效的数据布局方案的优化问题尚未展开充分研究。

3.2.3　问题模型

结合 3.1 节给出的问题模型,在此基础上,设定多个优化目标。在满足数据的安全需求和数据中心容量的前提下,充分考虑服务提供商和用户两个层面的需求。在减少数据传输时间的同时,降低科学工作流执行代价,同时兼顾数据中心间的负载均衡。

1. 多目标函数的设定

1) 数据传输时间

为满足用户的时延要求,提高科学工作流执行效率。将数据集跨数据中心的传输时间作为科学工作流数据布局的目标函数之一。根据前面所述,单次跨数据中心传输产生的传输时间如式(3-5)所示,总传输时间如式(3-6)所示。

2) 科学工作流执行代价

如果仅以数据传输时间为优化目标,可能会造成用户过大的代价开销。因此,将科学工作流执行时产生的代价作为科学工作流数据布局的目标函数之一。执行代价包括数据传输代价和数据存储代价。

数据传输代价同样在数据集跨数据中心传输中产生,传输代价由传输时的数据集大小决定。数据集 s_k 从数据中心 c_i 传输到数据中心 c_j 的单次数据传输表示为 $\mathrm{tra}_n=(c_i,s_k,c_j)$,$\mathrm{Tras}=\{\mathrm{tra}_1,\mathrm{tra}_2,\cdots,\mathrm{tra}_n\}$ 为所有数据集的跨数据中心传输集合。单次跨数据中心传输产生的传输代价可表示为

$$w_t(\mathrm{tra}_n)=w_t(c_i,s_k,c_j)=z_k\cdot g_{ij} \tag{3-26}$$

式中,g_{ij} 表示数据中心 c_i 与数据中心 c_j 间的单位传输代价。

总数据传输代价 W_t 为

$$W_t = \sum_{i=1}^{|\text{Tras}|} w_t(\text{tra}_i) \tag{3-27}$$

数据存储代价由数据集存储在数据中心中产生,单个数据中心的存储代价 w_s^i 为

$$w_s^i = v_i \cdot p_i \tag{3-28}$$

数据的总存储代价 W_s 为

$$W_s = \sum_{i=1}^{|C|} w_s^i \tag{3-29}$$

因此,在当前布局方案下,工作流完成时产生的总执行代价 W 为

$$W = W_t + W_s \tag{3-30}$$

3) 数据中心负载均衡

服务提供商希望更可能均衡数据中心间的负载,避免某些数据中心负载过高而导致系统性能下降。同时能防止一些数据中心资源得不到充分利用,从而提高整个系统的资源利用率。因此,同样将数据中心间的负载均衡纳入科学工作流数据布局的目标函数中。本节定义数据中心已使用容量的标准差来描述数据中心之间的负载均衡,即

$$V = \sqrt{\frac{1}{|C|}\left(\sum_{i=1}^{|C|}(v_i - \bar{v})^2\right)} \tag{3-31}$$

式中,$\bar{v}$ 表示数据中心的平均使用量大小,可表示为

$$\bar{v} = \frac{1}{|C|}\left(\sum_{i=1}^{|C|} v_i\right) \tag{3-32}$$

2. 问题实例

图 3-14 所示为一个该模型下的科学工作流数据布局实例。从中可以看出,科学工作流提交到数据布局器后,数据布局器根据所制定的布局策略将科学工作流的任务和数据集分配到混合云环境中各个云数据中心中执行。在科学工作流执行过程中,需要关注数据集跨数据中心传输产生传输时间和传输代价,且数据集存储在数据中心还会产生存储代价。另外,数据中心间的负载均衡问题也不忽视。

3. 问题形式化表达

针对混合云环境下面向安全需求的科学工作流多目标数据布局问题,旨在满足数据中心存储容量和安全等级分级机制的前提下减少数据跨数据中心传输时间,降低工作流执行时代价开销,优化数据中心间负载均衡。基于以上定义,该问题可形式化表示为

$$\min Q, W, V \tag{3-33}$$

$$\text{s.t. } \forall j, \quad \sum_{i=1}^{|S|} z_i \cdot u_{ij} \leqslant h_j \tag{3-34}$$

$$\text{s.t. } \forall i, j, \quad w_i \cdot u_{ij} \leqslant l_j \tag{3-35}$$

式中,$u_{ij} = \{0, 1\}$,表示数据集 s_j 是否存储在数据中心 c_i 上,如果是,则 $u_{ij} = 1$,否则 $u_{ij} = 0$。

3.2.4　基于 IO-MOEA 的数据布局策略

本节所提出的数据布局问题是一种多目标优化问题,NSGA-Ⅱ 是一种多目标进化算

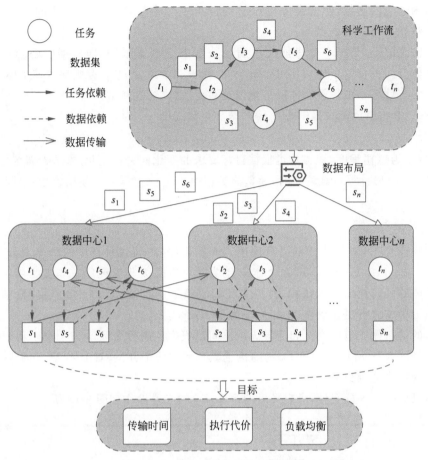

图 3-14　科学工作流数据布局实例

法,它使用快速非支配排序来生成 Pareto 最优解。与其他算法相比,它收敛性更好,能准确、快速地找到全局最优解。本节首先对数据布局策略进行编码,并给出适应度函数,然后对 NSGA-Ⅱ算法进行自适应改进(AO-NSGA-Ⅱ),高效寻找较优解,最后,结合熵权法和 TOPSIS 法,获得数据布局的最佳方案。将 AO-NSGA-Ⅱ与结合熵权法和 TOPSIS 法的数据布局算法合称为 IO-MOEA。

1. 问题编码

本节同样采用离散型编码方式对数据的布局策略进行编码,每个个体代表一种布局策略。个体 α 在第 β 次迭代的位置

$$X_\alpha^\beta = [x_{\alpha 1}^\beta, x_{\alpha 2}^\beta, \cdots, x_{\alpha n}^\beta] \tag{3-36}$$

式中,α 有 n 个分位,n 代表数据集的数量。

$X_{\alpha k}^\beta(k=1,2,\cdots,n)$ 表示 α 在 β 次迭代时编号为 k 的数据集的存储位置,取值范围为 $[1,|C|]$。

2. 适应度函数

数据布局的最终目标是在工作流执行过程中减少数据传输时间,降低代价开销,并优化数据中心负载均衡。故将 3.2.3 节中的数据传输时间、工作流执行代价和数据中心负载

均衡表示为适应度函数,即将式(3-6)中的 Q、式(3-30)中的 W、式(3-31)中的 V 这三个函数作为衡量数据布局方案的指标。

值得注意的是,某些个体可能会不满足数据中心容量限制,即数据中心容量超负荷。因此将个体分为可行解个体和不可行解个体,维护一个集合 D_{inf},存储导致该个体不可行的数据集。为了计算不可行解个体的指标以便对比,引入惩罚函数。

式(3-3)中的超负荷数据中心 $c_i(v_i > h_i)$ 存储代价 w_s^i 为

$$w_s^i = h_i \cdot p_i + \lambda(v_i - h_i) \cdot p_i \tag{3-37}$$

式中,参数 λ 为惩罚程度,该参数可根据目标要求的变化而进行变化,本节设置为 10。

通过式(3-31)计算负载均衡时,超负荷数据中心 $c_i(v_i > h_i)$ 已使用容量 v_i 为

$$v_i = h_i + \lambda(v_i - h_i) \tag{3-38}$$

3. 个体更新策略

在选择操作中,对父代种群进行快速非支配排序,将父代种群中的个体划分成多级非支配层($L_i, i = 1, 2, 3, \cdots$),不可解个体集合设置为最高级非支配层。非支配层级数越低,表明该个体越优。使用轮盘赌算法,将非支配层级数的倒数作为个体的适应度值,选择出适应度高的个体进行更新操作,生成大小为 N 的子代 P_g。

个体的更新操作包括交叉和变异。个体间以概率 θ 进行交叉,对个体 X_i 和个体 X_j 的交叉操作如图 3-15 所示,f_1 和 f_2 为随机选取个体的两个分位,对个体 X_i 和个体 X_j 相同分位之间的数值进行交叉。

个体以概率 ε 进行变异,对交叉后的个体 X_i 的变异操作如图 3-16 所示。

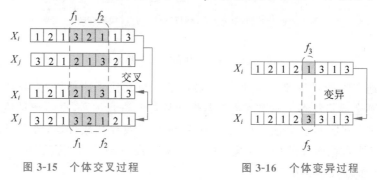

图 3-15　个体交叉过程　　　　图 3-16　个体变异过程

在图 3-16 中,f_3 为随机选取个体的一个分位,对个体 X_i 中该分位的数值进行改变。在随机选取个体分位时有如下两种情况:个体 X_i 为可行解个体,需要注意变异后数据布局仍满足安全等级分级机制;个体 X_i 为不可行解个体,此时存在一个或多个超负荷数据中心,优先选择 D_{inf} 中的数据集分位,在后续的更新操作中,有可能将不可行解个体变异为可行解个体。

4. 选择策略

1) 传统精英选择策略

在传统 NSGA-Ⅱ 的精英选择策略中,将种群规模大小为 N 的父代 P_e 和子代 P_g 进行合并,组成种群规模大小为 $2N$ 的新种群 P_f。将新种群 P_f 进行非支配排序,生成一系列非支配层并计算每层中每个个体的拥挤度。根据精英选择策略选择出新的大小为 N 的

父代。

个体 q 的拥挤度为

$$m_q = m_q^Q + m_q^W + m_q^V = |\ Q_{q+1} - Q_{q-1}\ | + |\ W_{q+1} - W_{q-1}\ | + |\ V_{q+1} - V_{q-1}\ | \quad (3\text{-}39)$$

式中，m_q^Q、m_q^W、m_q^V 分别表示个体 q 在目标 Q、W、V 上的拥挤度值；Q_{q+1} 和 Q_{q-1} 表示个体 $q+1$ 和个体 $q-1$ 在目标 Q 上的适应度值；W_{q+1} 和 W_{q-1}、V_{q+1} 和 V_{q-1} 以此类推。

需要注意的是，在计算完每层所有个体的拥挤度后，令边界上的两个个体拥挤度为无穷大。

精英选择策略如式(3-40)所示：当两个个体不在同一非支配层级时，优先选择低非支配层级个体，当两个个体都在同一非支配层级时，则优先选择拥挤度值高的个体。

$$R(X_i, X_j) = \begin{cases} 低非支配层级个体，& L_i \neq L_j \\ 高拥挤度个体，& L_i = L_j \end{cases} \quad (3\text{-}40)$$

2）自适应改进选择策略

为了防止算法退化，提高算法的寻优效率，本节对精英选择策略进行自适应改进。在 NSGA-Ⅱ 进化过程中，初期个体全部都随机生成，存在较多的非支配层级，但是算法进化到后期时，种群趋近于 Pareto 非劣前沿，非支配层级数量减少且较为拥挤，此时如果仍采取原精英选择策略会使其难以跳出该拥挤区域，不利于改善种群分布性。因此，根据当前种群的非支配层级数，设自适应选择概率 η 为

$$\eta = \eta_{\min} + (\eta_{\max} - \eta_{\min}) / (\phi_{\max} \times \phi_{\mathrm{cur}}) \quad (3\text{-}41)$$

式中，$\eta_{\max}$ 和 $\eta_{\min}$ 为设定的 η 最大值和最小值；$\phi_{\max}$ 和 ϕ_{cur} 分别为种群进化过程中历史最大非支配层级数和当前非支配层级数。

自适应选择策略改进后选择过程为

$$N(X_i, X_j) = \begin{cases} 随机选取个体，& r_0 < \eta \\ R(X_i, X_j)，& 其他 \end{cases} \quad (3\text{-}42)$$

式中，r_0 为随机因子，当 $r_0 < \eta$ 时，随机从所有个体中进行选择；否则按原精英选择策略进行选择。

5. 最佳数据布局方案获取

当 AO-NSGA-Ⅱ 收敛时，最后一代种群将形成一个 Pareto 最优解集，该解集中的每个个体所代表的数据布局方案都相互平衡，难以抉择。熵权法引入信息熵，避免主观赋权法，客观确定指标的各项权重，TOPSIS 法根据评价对象与正负理解的欧氏距离，计算相对贴近度选择出最优解。这里结合熵权法和 TOPSIS 法，从 Pareto 最优解集中找出最优方案，具体过程如下。

（1）构建决策矩阵并进行归一化。将 Pareto 最优解集中所有优化方案的各项评价指标构建相应的决策矩阵 $\boldsymbol{A} = (a_{ij})_{m \times n}$，其中 a_{ij} 表示第 $i(i = 1, 2, \cdots, m)$ 个方案中的第 $j(j = 1, 2, \cdots, n)$ 项指标，m 表示策略个数（即种群大小），n 为优化指标数。将决策矩阵进行归一化处理得到归一化矩阵 $\boldsymbol{B} = (b_{ij})_{m \times n}$。

（2）根据熵权法计算各个优化目标权重。ω_j 为第 j 个优化目标的熵权，其计算公式为

$$\omega_j = \frac{1 - e_j}{\sum_{j=1}^{n}(1 - e_j)} \tag{3-43}$$

式中，e_j 表示第 j 个优化指标信息熵，计算公式为

$$e_j = -\frac{1}{\ln(m)} \sum_{i=1}^{m} \beta_{ij} \ln\beta_{ij} \tag{3-44}$$

β_{ij} 计算公式为

$$\beta_{ij} = (1 + r_{ij}) / \sum_{i=1}^{m}(1 + r_{ij}) \tag{3-45}$$

（3）归一化矩阵加权。对归一化矩阵进行加权处理得到加权归一化矩阵 $\boldsymbol{R} = (r_{ij})_{m \times n}$，计算公式为

$$r_{ij} = \omega_j \cdot b_{ij} \tag{3-46}$$

（4）确定正、负理想解。正理想解 c_j^+ 取各项指标中的最大值，负理想解 c_j^- 取各项指标中的最小值，即

$$\begin{cases} c_j^+ = \{c_1^+, c_2^+, \cdots, c_n^+\} \\ c_j^- = \{c_1^-, c_2^-, \cdots, c_n^-\} \end{cases} \tag{3-47}$$

（5）计算各方案与正、负理想解之间的欧氏距离，即

$$\begin{cases} d_j^+ = \sqrt{\sum_{j=1}^{n}(c_j^+ - r_{ij})^2} \\ d_j^- = \sqrt{\sum_{j=1}^{n}(c_j^- - r_{ij})^2} \end{cases} \tag{3-48}$$

（6）计算各方案与理想解的相对贴进度，即

$$\xi_i = \frac{d_j^-}{d_j^- + d_j^+} \tag{3-49}$$

式中，ξ_i 为第 i 个方案与理想方案的相对贴进度，该值越接近 1，表明该方案越优，通过排序后相对贴进度最大的方案即为最优方案。

6. 个体到数据布局方案的映射

算法 3.2 描述了个体到数据布局方案的映射过程。输入为混合云环境 C、科学工作流 $G = \{T, E, S\}$ 和编码个体 X，输出为数据布局方案 result 和三个优化目标 Q、W、V。

算法 3.2　　编码粒子到数据布局方案的映射

输入：G，C，X

输出：**result**，Q，W，V

1：　初始化：$\boldsymbol{Q} \leftarrow 0$，$\forall a \in [1, |\boldsymbol{C}|]$，$v_a \leftarrow 0$

2：　**for each** S_i **of** S_{ini} **do**

3：　　　根据初始数据集 s_i 更新数据中心已使用容量

4：　　　**if** 当前数据中心超负荷 **then**

5：　　　　　将当前粒子设为不可解粒子，更新 D_{inf}

```
 6:        end if
 7:    end for
 8:    for j←1 to j=|T| do
 9:        根据熵权法和 TOPSIS 法,将任务 tⱼ 调度到相对贴进度最高的数据中心 cₖ
10:        IOᵢ=Iᵢ+Oᵢ
11:        if IOᵢ+vₖ>hₖ then
12:            将当前粒子设为不可解粒子,更新 D_inf
13:        end if
14:        将任务 tⱼ 的输出数据集传输到对应数据中心 cₘ
15:        更新数据中心 cₘ 已使用容量 vₘ
16:        for j←1 to j=|IOᵢ|
17:            计算数据集 sⱼ 在对应数据中心 cₐ 和 cᵦ 的数据传输时间 q(cₐ,sⱼ,cᵦ)
18:            计算数据集 sⱼ 在对应数据中心 cₐ 和 cᵦ 的数据传输代价 wₜ(cₐ,sⱼ,cᵦ)
19:            Q+=q(cₐ,sⱼ,cᵦ)
20:            Wₜ+=wₜ(cₐ,sⱼ,cᵦ)
21:        end for
22:    end for
23:    for i←1 to i=|C| do
24:        if 个体为可行解个体 then
25:            根据式(3-28)计算数据中心 cᵢ 的存储代价 wₛⁱ
26:        else
27:            根据式(3-37)计算数据中心 cᵢ 的存储代价 wₛⁱ
28:        end if
29:        Wₛ+=wₛⁱ
30:    end for
31:    计算数据中心负载均衡 V
32:    W=Wₛ+Wₜ
33:    return result,Q,W,V
34: end procedure
```

详细描述如下：将所有数据中心的存储量初始化为 0,总传输时间 Q、W、Z 初始为 0（第 1 行）。遍历初始数据集（第 2～7 行）,将初始数据集布局到其对应的数据中心,并更新该数据中心的存储量,若当前存储量超出数据中心的容量限制,则该编码个体设为不可行解个体,将存放在该数据中心的数据集存入 D_{inf},方便后续变异。按任务执行顺序遍历任务（第 8～22 行）,在任务执行前,根据熵权法和 TOPSIS 法,将任务调度到安全等级约束下相对贴进度最大的数据中心 c_k（第 9 行）,并判断该数据中心当前的存储量和该任务的输入/输出数据集大小之和是否超过该数据中心的容量 h_k（第 10～13 行）,若超过,则数据中心容量不足,该编码个体为不可解粒子,将存放在该数据中心的数据集存入 D_{inf}；否则任务正常执行。将输出数据集进行输出,更新数据中心已使用容量（第 14～15 行）。遍历当前任务的输入/输出数据集 IO_i（第 16～21 行）,根据式(3-5)计算当前数据集 s_j 跨数据中心 c_a 和数据中心 c_b 的传输时间 $q(c_a,s_j,c_b)$,根据式(3-26)计算当前数据集 s_j 跨数据中心 c_a 和 c_b 的数据传输代价 $w_t(c_a,s_j,c_b)$,对 $q(c_a,s_j,c_b)$ 和 $w_t(c_a,s_j,c_b)$ 进行累加得到总传输时间 Q 和总传输代价 W_t。遍历所有数据中心（第 23～30 行）,对于不可行解个体,根据式(3-28)

计算当前数据中心 c_i 的存储代价 w_s^i（第 24～25 行），对于可行解个体，根据式(3-37)计算当前数据中心 c_i 的存储代价 w_s^i（第 26～27 行），累加获得总存储代价 W_s（第 29 行）。根据式(3-31)计算数据中心负载均衡 V（第 31 行），总传输代价 W_t 加上总存储代价 W_s 获得科学工作流执行时总代价 W（第 32 行）。输出数据布局方案 result 和总传输时间 Q、科学工作流执行代价 W 和数据中心负载均衡 V（第 33 行）。

7. 算法流程

基于前面所述，本节提出的基于 IO-MOEA 的多目标数据布局方法流程如图 3-17 所示。

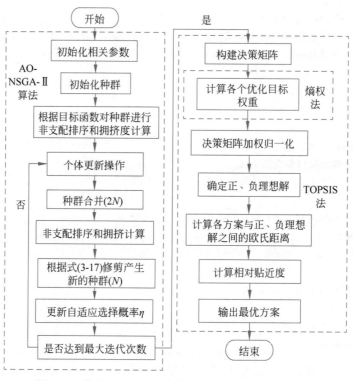

图 3-17　基于 IO-MOEA 的多目标数据布局方法流程图

（1）初始化相关参数，执行 AO-NSGA-Ⅱ算法，判断是否达到最大迭代次数，达到时输出 Pareto 最优解集。

（2）根据 Pareto 最优解集构建出决策矩阵，通过熵权法计算各个优化目标的权重。

（3）执行 TOPSIS 法，将决策矩阵进行加权归一化，通过各方案与正、负理想解之间的欧式距离计算相对贴进度，输出相对贴进度最大的最优方案。

3.2.5　实验与分析

1. 实验设置

本节实验同样在 16GB RAM 和 2.6GHz Intel i7-6700HQ CPU 的 Windows 10 系统下运行，IO-MOEA 和其他对比算法均在 Python 3.8 环境下实现。

本实验涉及相关参数如表 3-5 所示。为更好地说明 IO-MOEA 对不同规模和类型的科

学工作流影响，本节采用来自 5 个不同科学领域的 5 种现实工作流：天文学领域的
Montage、地震科学领域的 CyberShake、生物基因学领域的 Epigenomics、重力物理学领域
的 Inspiral 和生物信息学领域的 Sipht。科学工作流规模大小为小型（约 25 个任务数）、中
型（约 50 个任务数）和大型（约 100 个任务数）。

表 3-5　IO-MOEA 相关参数

参　　数	值
种群大小	50
最大迭代次数	1000
交叉概率 c_r	0.9
变异概率 m_u	0.1
η_{max}, η_{min}	0.8, 0.2

设置默认实验环境如下：混合云环境中有 4 个数据中心，其中 c_0 为容量无限，安全等
级为 0 的公有云数据中心；c_1、c_2、c_3 分别为安全等级为 1、2、3 的私有云数据中心。定义私
有云数据中心基准容量如式（3-24），本节中不考虑中间数据集的删除，默认私有云容量为
2.6 倍。数据中心间的带宽（单位为 MB/s）设置如式（3-25）所示，由于数据中心间的传输代
价与其带宽速度成正比，将数据中心间的单位传输代价（单位为 \$/GB）设置为

$$g = \begin{bmatrix} \sim & 0.1 & 0.2 & 0.3 \\ 0.1 & \sim & 0.8 & 0.8 \\ 0.2 & 0.8 & \sim & 0.5 \\ 0.3 & 0.8 & 0.5 & \sim \end{bmatrix} \tag{3-50}$$

公有云存储代价为 0.02 \$/GB，私有云存储代价为 0.4 \$/GB。

2. 对比算法

IO-MOEA 是一种元启发式算法。为了验证该算法在所提模型下的有效性，我们在实
验中改进了如下三种算法，并将其与 IO-MOEA 进行了比较。

（1）未自适应改进的 NSGA-Ⅱ 结合熵权法和 TOPSIS 法的算法（Optimized Multi-
Objective Evolutionary Algorithm，O-MOEA）。该算法将 NSGA-Ⅱ 与熵权法和 TOPSIS 法进行
结合，与 IO-MOEA 的主要区别在于，它在父代迭代过程中仍采用传统的精英选择策略。

（2）改进的首次适应算法（Improved First Fit Algorithm，IFFA）。IFFA 算法是一种
贪心算法，其核心思想是将任务按顺序分配到第一个满足要求的数据中心中去。具体来
说，将所有数据中心排序成链表，根据科学工作流任务的执行顺序，将任务和该任务相关数
据集调度和布局在链表中第一个满足需求的数据中心中，下一次任务开始时重新从链首开
始查找。为使其适应本节模型，在寻找数据集布局的数据中心时，还需要额外考虑安全等
级分级机制。

（3）改进的循环首次适应算法（Improved Next Fit Algorithm，INFA）。INFA 算法在
IFFA 算法的基础上进行改进。该算法同样按顺序将任务分配给第一个能够满足其需求的
数据中心，但在选择数据中心时，不再从链首开始选择，而是从上一次查找成功的下一个数
据中心开始。需要注意的是，INFA 与 IFFA 一样，需要额外考虑安全等级分级机制。

其中，IFFA 和 INFA 为两种基准算法，它们被用作比较 IO-MOEA 和 O-MOEA 的性能。

3. 结果评价

本节实验主要分为两个部分,第一部分为"AO-NSGA-Ⅱ算法性能评估",将 AO-NSGA-Ⅱ算法与传统 NSGA-Ⅱ算法进行对比,说明自适应改进精英选择策略的优势;第二部分为"IO-MOEA 算法性能评估",将 IO-MOEA 算法与 O-MOEA 算法以及其他两种基准算法进行对比,在 5 种不同类型的科学工作流布局场景中,进行 3 组不同规模($|T| \approx 25$,$50,100$)的实验,并分析 IO-MOEA 在上述 15 个布局场景中对于优化科学工作流 3 个重要指标的优越性。

1) AO-NSGA-Ⅱ算法性能评估

本节使用衡量分布性的空间指标(Space,SP)和评估多样性的超体积指标(Hypervolume,HV)比较 AO-NSGA-Ⅱ算法与 NSGA-Ⅱ算法的 Pareto 最优解集。SP 值用于衡量解集的分布均匀性,其值越小表示解集分布均匀且尽可能地覆盖到 Pareto 前沿上的点。HV 值测量非支配解集的优秀程度,在二维情况下,HV 就是非支配解集所形成的多边形面积,而在三维和更高维情况下,需要计算非支配解集在目标空间中所覆盖的体积。HV 值越大,代表算法的性能越好,本节使用简化超体积来表示 HV 值。

表 3-6 展示了不同算法在不同科学工作流执行后的多目标性能评价指标。从 SP 值来看,AO-NSGA-Ⅱ在 5 种不同类型的科学工作流的 3 组规模不同的实验中都得到了更小的 SP 值,即 AO-NSGA-Ⅱ算法相对于 NSGA-Ⅱ算法在该问题上具有更好的分布性,这是由于 AO-NSGA-Ⅱ算法在选择策略上通过自适应选择概率来平衡精英选择策略和全局搜索策略,这种方法能够更好地平衡种群的多样性和收敛性,从而使得到的解集更加均匀、分布更加广泛,相比之下,NSGA-Ⅱ可能会产生聚集在某些局部区域的解集。因此,AO-NSGA-Ⅱ算法能够得到更小的 SP 值,即更优的分布性。从 HV 值来看,AO-NSGA-Ⅱ算法在 5 种不同类型的科学工作流的 3 组规模不同的实验中都得到了更大的 HV 值,这表示 AO-NSGA-Ⅱ算法生成的解集相对于真实 Pareto 前沿的覆盖程度更高,更能够有效地探索并发现 Pareto 前沿上的优质解。相比之下,NSGA-Ⅱ算法更容易陷入局部最优解。因此,AO-NSGA-Ⅱ算法更能够得到高质量的 Pareto 最优解集。

表 3-6　不同算法在不同科学工作流执行后的多目标性能评价指标

科学工作流	$|T|$	算　法	SP	HV
CyberShake	30	AO-NSGA-Ⅱ	0.007 56	0.063 56
		NSGA-Ⅱ	0.0087	0.054 99
	50	AO-NSGA-Ⅱ	0.007 89	0.060 08
		NSGA-Ⅱ	0.009 65	0.055 78
	100	AO-NSGA-Ⅱ	0.010 71	0.062 04
		NSGA-Ⅱ	0.011 95	0.058 44
Epigenomics	24	AO-NSGA-Ⅱ	0.005 23	0.2019
		NSGA-Ⅱ	0.005 97	0.1844
	47	AO-NSGA-Ⅱ	0.006 64	0.182 15
		NSGA-Ⅱ	0.007 62	0.170 51
	100	AO-NSGA-Ⅱ	0.002 03	0.0474
		NSGA-Ⅱ	0.002 34	0.039 65

科学工作流	$|T|$	算　　法	SP	HV
Inspiral	30	AO-NSGA-Ⅱ	0.010 05	0.361 02
		NSGA-Ⅱ	0.011 31	0.293 94
	50	AO-NSGA-Ⅱ	0.0092	0.301 57
		NSGA-Ⅱ	0.010 95	0.285 01
	100	AO-NSGA-Ⅱ	0.008 12	0.334 12
		NSGA-Ⅱ	0.009 15	0.316 88
Montage	25	AO-NSGA-Ⅱ	0.0107	0.317 12
		NSGA-Ⅱ	0.0125	0.277 33
	50	AO-NSGA-Ⅱ	0.005 52	0.257 34
		NSGA-Ⅱ	0.005 85	0.2374
	100	AO-NSGA-Ⅱ	0.007 41	0.289 27
		NSGA-Ⅱ	0.008 61	0.281 39
Sipht	29	AO-NSGA-Ⅱ	0.0117	0.317 12
		NSGA-Ⅱ	0.0125	0.267 33
	58	AO-NSGA-Ⅱ	0.005 52	0.277 34
		NSGA-Ⅱ	0.005 85	0.2374
	97	AO-NSGA-Ⅱ	0.008 41	0.289 27
		NSGA-Ⅱ	0.0106	0.281 39

2）IO-MOEA 算法性能评估

本节记录了 10 次独立重复实验,取所有实验结果的平均值,传输时间(单位：s)和执行代价(单位：$)统一为 10^6 分之一。

图 3-18 展示了 4 种不同算法在不同规模的 CyberShake 科学工作流的实验结果。首先,针对 IFFA 算法,从传输时间上看,IFFA 算法在三种规模的 CyberShake 科学工作流上都有优势,这是由于 IFFA 算法是一类启发式贪心算法,其每次任务执行都将选择第一个可用的数据中心,因此在传输时间上表现较优。但是,这种贪心的策略没有考虑到全局最优解,在执行代价上,IFFA 算法只考虑当前可用的数据中心,没有对未来的资源使用进行规划和优化,因此在任务调度时会造成资源浪费,导致执行代价较高。对于负载均衡来说,同样由于 IFFA 算法只考虑当前可用的数据中心,没有考虑到其他数据中心的负载情况,导致某些数据中心过度负载,而其他数据中心却处于空闲状态,从而导致负载不均衡的问题。

其次,INFA 算法相较于 IFFA 算法,有着较高的传输时间、略高的执行代价和较低的负载均衡。这是因为 INFA 算法在选择数据中心时,是从上一次查找成功的数据中心下一个数据中心开始,将会导致数据集的分布更加均匀,因此会产生较低的负载均衡,但同时可能会导致数据集跨数据中心的传输量增加,从而导致更高的传输时间和执行代价。值得注意的是,在任务数为 100 的大规模 CyberShake 科学工作流实验结果中,INFA 算法的传输时间大幅增加,这是由于贪心算法陷入局部最优解所导致的。

最后,观察分析 IO-MOEA 算法和 O-MOEA 算法在三种不同规模的 CyberShake 科学工作流上执行的结果,可以发现随着科学工作流规模的扩大,三个优化目标都有不同程度的增长,这是由于随着科学工作流任务数的增大,数据集的规模和数量相应增加,数据中心之间的数据交换也会变得更加频繁、复杂,数据传输量增加,导致数据传输时间和执行代价

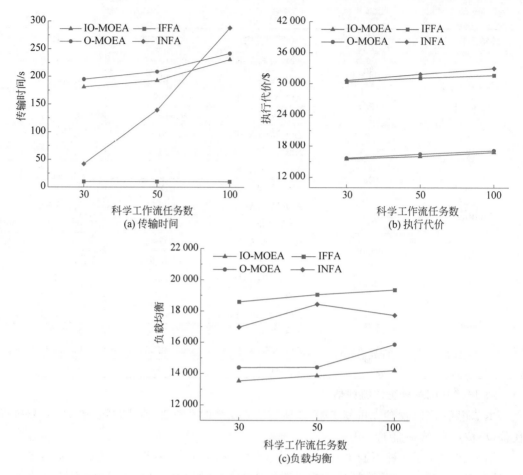

图 3-18 4 种不同算法在不同规模的 CyberShake 科学工作流的实验结果

增大,并且不同的数据中心之间的负载情况也会发生变化,可能会出现一些数据中心负载过重而其他数据中心负载较轻的情况,导致数据中心负载不平衡。此外,相比于基准算法,IO-MOEA 算法和 O-MOEA 算法在三个优化目标上都取得了不错的优化效果且较为均衡。相比于 O-MOEA 算法,IO-MOEA 算法在传输时间上降低了 6%～8%,在执行代价上减少约 2%,在负载均衡上减少了 4%～10%,因此 IO-MOEA 算法在三个优化目标上均有显著改进,且更具优势,这是由于 IO-MOEA 算法的自适应选择策略能更好地匹配不同数据布局的特点,并提供更优的数据中心选择方案。

图 3-19 展示了 4 种不同算法在不同规模的 Epigenomics 科学工作流的实验结果。首先,可以观察到 IFFA 算法和 INFA 算法在三种规模的 Epigenomics 上的实验结果具有明显波动,这是由于 Epigenomics 科学工作流具有较大的关键数据,其数据大小大部分集中在某些关键数据上,当使用贪心算法布局关键数据时,易陷入局部最优。因此,IFFA 算法和 INFA 算法具有不确定性,容易受到数据集大小、分布和数据中心容量分布等因素的影响。其次,当贪心算法失效时,IO-MOEA 和 O-MOEA 2 种元启发式算法明显优于两种基准算法。最后,随着 Epigenomics 任务数量的增大,IO-MOEA 算法相比于 O-MOEA 算法,其优化效果更加明显,这是由于随着任务数量的增加,问题的搜索空间呈指数级增长,这使得

优化变得更加困难。此时,IO-MOEA 算法使用的自适应选择策略能帮助算法更好地探索解空间,避免陷入局部最优解,从而提高算法的优化效果。相对的,O-MOEA 算法的选择策略不具有自适应性,无法有效地应对解空间变化,因此在任务数量增加时,其优化效果相对较弱。

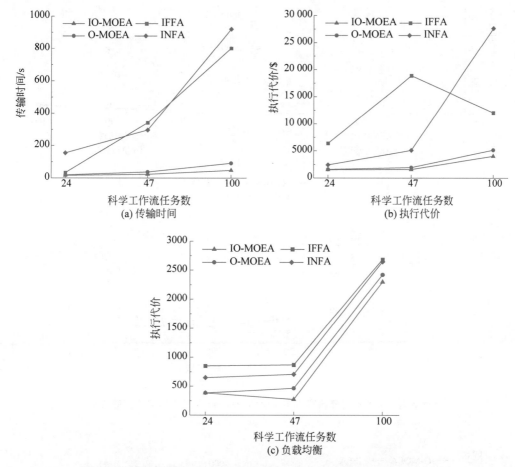

图 3-19　4 种不同算法在不同规模的 Epigenomics 科学工作流的实验结果

图 3-20 展示了 4 种不同算法在不同规模的 Inspiral 科学工作流的实验结果。从中可以发现,IFFA 算法和 INFA 算法同样具有不确定性,而 IO-MOEA 算法和 O-MOEA 算法均能获得良好的数据布局策略,IO-MOEA 算法的性能较优于 O-MOEA 算法。原因与前面所述相同,这里不再赘述。

图 3-21 展示了 4 种不同算法在不同规模的 Montage 科学工作流的实验结果。值得注意的是,观察 IO-MOEA 算法和 O-MOEA 算法,随着任务数量的增加,负载均衡优化指标并不总是逐渐增大,这是由于当任务数量较少时,数据中心之间的负载分布比较不均衡,而当任务数量增加时,更多的数据集重新布局到合适的数据中心中,可能会使得原本负载不均衡的数据中心的负载得到缓解,从而导致负载均衡优化指标不一定随着任务数量的增加而逐渐增大。

在图 3-22 展示的 4 种不同算法在不同规模的 Sipht 科学工作流的实验结果中,IO-MOEA 算法相比于 O-MOEA 算法,其传输时间增加了约 7%～9%,但是负载均衡指标却

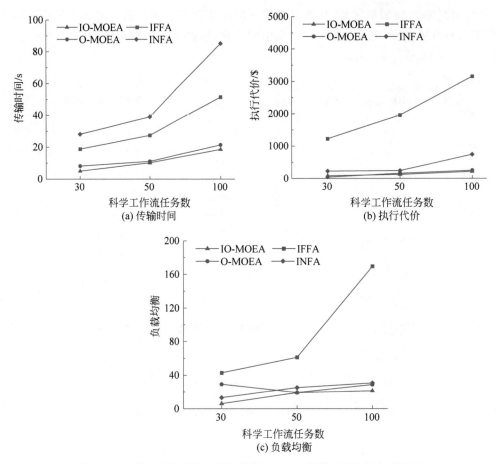

图 3-20　4 种不同算法在不同规模的 Inspiral 科学工作流的实验结果

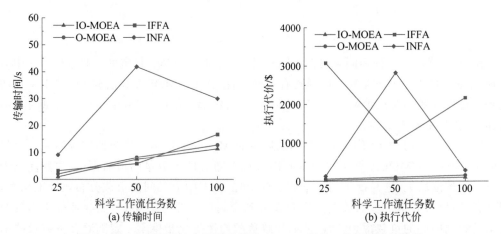

图 3-21　4 种不同算法在不同规模的 Montage 科学工作流的实验结果

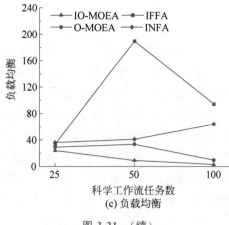

图 3-21　（续）

减少了 63%～70%。在多目标优化的数据布局问题中,需要综合考虑各个指标之间的权衡,虽然 IO-MOEA 算法牺牲了一部分传输时间指标,但是却换取了负载均衡指标的巨大提升,综合表现来看,IO-MOEA 算法的优化效果更好,因为它更注重负载均衡问题,同时在传输时间方面也能够得到较好的表现。

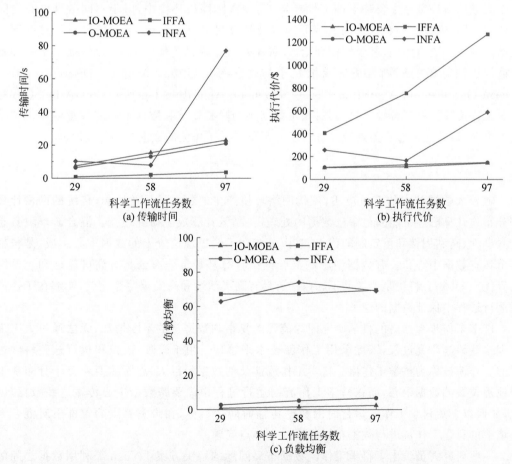

图 3-22　4 种不同算法在不同规模的 Sipht 科学工作流的实验结果

3.2.6　总结

本节针对混合云环境下工作流数据布局问题,在考虑数据中心存储容量和数据的安全需求前提下,为减少数据传输时间,降低工作流执行代价,同时兼顾数据中心间的负载均衡,提出一种基于 IO-MOEA 的数据布局策略。该策略通过 AO-NSGA-Ⅱ算法获得该问题模型下的 Pareto 最优解集,并通过结合熵权法和 TOPSIS 法从 Pareto 最优解集中客观选出最优解。最后,进行两部分实验,其一,通过多目标评价指标 SP 和 HV 表明 AO-NSGA-Ⅱ算法的自适应改进精英选择策略对于传统 NSGA-Ⅱ的优势;其二,通过多组对比实验,在不同规模且不同类型科学工作流数据布局场景下,基于 IO-MOEA 的数据布局策略能够有效地解决混合云环境下的科学工作流数据布局问题,并在降低数据的传输时延,减少执行代价开销以及实现存储资源负载均衡方面均有明显优势。

3.3　混合云环境下代价驱动的多工作流应用 在线任务调度方法

混合云环境下,合理的数据布局策略对科学工作流的高效执行至关重要。传统的科学工作流数据布局策略主要基于确定性环境,而在实际网络环境中,由于不同数据中心之间的负载不同、带宽波动和网络拥塞等原因以及计算机自身的特性,数据传输时间存在不确定性。为了解决该问题,基于模糊理论,以最小化数据模糊传输时间为目标,提出了一种基于遗传算法算子的模糊自适应离散粒子群优化算法(Fuzzy Adaptive Discrete Particle Swarm Optimization Algorithm Based-on Genetic Algorithm Operators,FGA-DPSO),对科学工作流数据进行合理布局,同时满足数据集的隐私要求和数据中心的容量限制。实验结果表明,该算法能够有效地减少混合云环境下科学工作流的数据模糊传输时间。

3.3.1　引言

随着大数据技术的广泛应用,现代网络环境产生的数据量日益增长,传统的网格计算等分布式计算已经不能满足海量数据的处理需要,云计算成了研究热点。混合云环境具有高共享性、高利用性和可定制的优点,其由分布在不同地理位置上的数据中心组成,是包括多个私有数据中心和公有数据中心的混合网络计算环境。公有云具有高可靠性和容量极大等优点,其核心特质是资源共享;私有云具有高灵活性和高安全性等优点,能够在工作流的运行过程中保证数据的隐私。

许多工作步骤严格的科学研究因为流程的复杂和数据量的不断增加,无法通过人工来管理这些科学研究过程,因此采用工作流技术来管理。用于管理、监控和执行这些科学过程的工作流被称为科学工作流。科学工作流涉及的数据量巨大,通常需要存储于分布在不同地理位置的数据中心,而在科学工作流的运行过程中需要跨数据中心传输这些数据,因此,如何以缩短科学工作流运行时的数据传输时间为目标,在带宽有限的条件下对混合云环境下的科学工作流进行数据布局成了一个热点问题。

一些研究人员给出了科学工作流数据布局问题的解决方案。Yuan 等利用数据之间的依赖关系,考虑数据中心的负载均衡,提出了基于 K-means 聚类算法的解决方案,但其不适用于各个数据中心容量不同的混合云环境；Huang 等提出了一种基于多属性最优化的数据副本布局策略，但其没有涉及带宽差异和带宽波动等影响数据布局的因素；Cui 等基于遗传算法，提出了较为可行的数据布局方案，但遗传算法在运行过程中容易陷入局部最优解。另外，在提出的数据布局方案中，对于优化目标，Liu 等以跨数据中心传输次数为目标，Deng 等和 Zhao 等以数据传输量为目标，Bhatta charya 等以数据存储的可用性和安全性为目标，Huang 等以数据传输代价为目标，都不涉及网络带宽及其波动，无法映射出真实网络环境中的数据传输时间。

除此之外，传统数据布局方案策略的研究主要基于确定性环境，而不确定性也是计算机与网络环境的一大特点，即数据传输系统必然存在不确定性。由于不同数据中心之间的负载不同、带宽波动、网络拥塞等原因和计算机自身的特性，即使是相同的数据在固定的数据中心之间传输，其传输时间也会发生变化，因此，在建立科学工作流数据布局模型时，需要考虑到这种不确定性。模糊理论是解决这种不确定性的有效工具。Juan 等和 Lei 分别将处理时间、完成时间和交货期限模糊化，研究了特定约束下的作业车间调度方法，但并未涉及科学工作流的数据布局问题，其模糊化对象和优化目标也不是数据传输时间。

因此，针对混合云环境下的数据布局问题，本节基于模糊理论，将数据传输时间模糊化为三角模糊数，提出了一种基于遗传算法算子的模糊自适应离散粒子群优化算法，综合考虑了传输时间的不确定性、私有数据中心数量和容量不同、网络带宽限制等因素，以优化数据模糊传输总时间为目标，有效地减少了数据模糊传输时间，更加适用于实际的网络环境。

3.3.2　相关工作

对于工作流应用数据布局采用的计算范式，近年来，许多研究者考虑在云计算环境下的部署。在云计算环境中，用户可以根据自己的需要访问云资源，把数据上传到云服务器中，并把复杂的任务外包给云服务提供商来执行。然而，在这个网络技术高度发展的时代，存在一些时延敏感型用户、隐私数据集和网络带宽等对数据布局有着至关重要的影响因素，因此需要靠近网络边缘的场景模型来提高服务质量，一些工作也对此进行了研究。

1. 降低数据传输频率

文献考虑云端-客户端的工作流架构来存储数据，将隐私数据存储在客户端，提出了达到多项式的时间复杂度 CCDP4WF 算法，能够在初始阶段使用键能算法进行数据布局，在运行阶段则自适应动态调度，降低了数据传输频率。文献考虑到工作流的依赖关系、服务器的计算能力差异和传输能力差异，提出了 DepCB 策略以聚类划分初始数据集，然后将任务依照最小数据传输量的原则调度至相应的服务器中执行，并将中间数据集布局在最小数据传输时间的服务器中。

以上研究均以降低数据传输频率为目标，但是由于每条数据集的大小不相同，数据传输频率不能够精确反映实际网络环境下工作流的数据传输。

2. 减少数据传输量

文献设计了两阶段的数据布局方法。该方法将数据大小纳入了相关性计算，提出了中间数据的"一阶传导相关性"，在初始阶段根据数据集的"一阶传导相关性"进行聚类和分配，在运行阶段根据变化的因素进行再分配来调整数据布局。文献基于混合云环境，在满足隐私约束和服务器容量约束的前提下,针对科学工作流的数据布局,提出了改进粒子群优化算法,减少了跨数据中心传输的数据总量,同时能够降低数据传输频率,但是没有考虑到网络环境和服务器在数据传输量方面的不确定性。

以上研究均以减少数据传输量为目标,但在网络带宽不同时,同样的数据传输量产生的影响也是不同的,如带宽较大时可以接受的数据传输量,在带宽较小时可能不被接受。因此,针对数据传输量的优化不能满足时延敏感性的工作流应用的运行需要。

3. 降低数据传输代价

文献基于混合云环境,设计了遗传粒子群算法(GAPSO),以优化数据传输代价为目标,综合考虑了服务器的容量、缓存成本和传输时间。文献针对数据密集型应用程序的数据布局问题,基于云计算,引入了虚拟数据代理(VDA),通过寻找从数据集到 VDA 和从 VDA 到服务器的映射,来求解数据布局问题。

以上研究均以减少数据传输代价为目标,适用于商业环境,但并不适用于更加关注传输时延的场景,如自动驾驶、人脸识别和增强现实等工业领域。

4. 减少数据传输时间

文献在多数据中心环境下设计了基于节点向量的工作流模型,利用节点向量来表示传统的工作流模型,并设计了数据密集型地理空间工作流数据布局方法 ACO-DPDGW,该方法基于蚁群算法,嵌入了一组变邻域搜索操作,以获得数据传输时间更短的解。文献针对电能质量数据的布局,基于减少数据传输时间的优化目标,充分考虑到数据相关性、数据集大小和数量、网络带宽差异和数据中心存储容量差异,设计了聚类遗传算法(KGA)。该算法在初始种群生成的同时能够保持一定的聚类精度,在遗传算法的基础上考虑数据相关聚类。

可以看出,传统数据布局方法的对应模型主要基于确定的网络环境。然而,现代计算机与网络环境均存在不确定性,这种不确定性在数据密集型或计算密集型的工作流应用中体现得更为明显,例如同一个数据集在相同的服务器之间传输或同一个任务在固定的服务器上执行,其耗费时间也会时常变化,而数据密集型或计算密集型的工作流应用通常包括大量的数据集或任务,因此这种不确定性不可忽略。

对于服务器和网络环境的不确定性,文献和针对作业车间调度问题,考虑将问题的处理时间、完成时间和交货期限模糊化。但其未考虑到工作流应用的数据布局问题,所模糊化的客体也不是任务计算时间和数据传输时间。

综上所述,对于云边协同计算中的工作流应用数据布局问题,现有工作尚缺乏完整的解决方法。

3.3.3　问题模型

本节对混合云环境和单工作流应用进行建模,以优化全局数据模糊传输时间为目标定义了数据布局方案,设计了模糊离散粒子群优化算法(Fuzzy Discrete Particle Swarm Optimization,FDPSO)。在后续分析中对 FDPSO 进行了实验评估,对比其他数据布局方法,该算法可以更有效地优化全局数据模糊传输时间。

1. 混合云环境和单工作流应用模型

出于对用户隐私数据的保护,本节考虑单工作流应用在混合云网络环境下的运行,混合云环境网络模型包含一定数量的公有和私有云服务器。如图 3-23 所示。将混合云环境 S 形式化为式(3-51)。

$$S = \{S_{\mathrm{Pub}}, S_{\mathrm{Pri}}\} \tag{3-51}$$

式中:$S_{\mathrm{Pub}} = \{s_1, s_2, \cdots, s_n\}$ 表示公有云服务器集合,其中包括 n 个公有云服务器;$S_{\mathrm{Pri}} = \{s_{n+1}, s_{n+2}, \cdots, s_{n+m}\}$ 表示私有云服务器集合,其中包括 m 个私有云服务器。

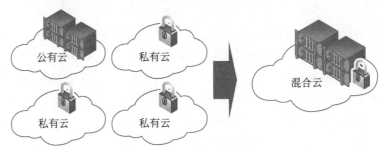

图 3-23　混合云环境网络模型

在混合云环境中,云服务器的计算能力较强。针对数据密集型的工作流应用,数据传输对数据布局方案的性能影响远大于任务计算,因此主要关注服务器的存储能力和网络带宽。每个服务器表示为

$$s_i = \{\Delta_i, V_i\} \tag{3-52}$$

式中,$\Delta_i \in \{0,1\}$,表示服务器 s_i 的属性,若 $s_i \in S_{\mathrm{Pub}}$,则 $\Delta_i = 0$,s_i 只能存放非隐私数据;若 $s_i \in S_{\mathrm{Pri}}$,则 $\Delta_i = 1$,s_i 可以存放隐私数据和非隐私数据;V_i 表示服务器 s_i 可存储数据的最大容量。

在本节提出的模型中,公有云服务器存储数据无容量限制。

此外,使用矩阵 $\boldsymbol{B}$ 表示混合云环境下不同服务器之间的数据传输带宽,即

$$\boldsymbol{B} = \begin{bmatrix} b_{11} & b_{12} & \cdots & b_{1|S|} \\ b_{21} & b_{22} & \cdots & b_{2|S|} \\ \vdots & \vdots & \ddots & \vdots \\ b_{|S|1} & b_{|S|2} & \cdots & b_{|S||S|} \end{bmatrix} \tag{3-53}$$

式中,b_{ij} 表示服务器 s_i 与 s_j 之间的网络带宽值,s_i 和 s_j 可以表示两个不同的任意服务器。

在混合云环境中,矩阵 $\boldsymbol{B}$ 中每个元素均已明确,同时由于网络环境和服务器的不确定性,存在一定的波动。

工作流应用 G 通常由一定数量的数据集的集合 $DS = \{ds_1, ds_2, \cdots, ds_l\}$ 和若干任务的集合 $\mathrm{Task} = \{t_1, t_2, \cdots, t_c\}$ 构成。

数据集包括生成数据集和初始数据集。生成数据集为任务执行产生的中间数据集;初始数据集通常为由各个服务器采集到的原生数据,在工作流应用中作为输入数据集。

工作流应用中的任务之间可能存在数据传输的依赖关系,某任务的输入数据集的集合中可能包含初始数据集,也可能包括其他任务执行所产生的生成数据集。同时,当一个任务的输入数据集合中包含生成数据集时,该任务必须等待输出数据集合中包含这些生成数

据集的任务全部执行完毕后才能够执行,从而也形成了执行时间上的先后关系。

综合工作流应用的上述特点,可以将其定义成为有向无环图,即

$$\begin{cases} G = \langle \text{Task}, \text{Edge}, DS \rangle \\ \text{Task} = \{t_1, t_2, \cdots, t_c\} \\ \text{Edge} = \{e_{12}, e_{13}, \cdots, e_{ij}\} \\ t_i = \{I_i, O_i, S(t_c)\} \\ DS = \{ds_1, ds_2, \cdots, ds_l\} \\ ds_i = \langle v_i, gt_i, ls_i \rangle \end{cases} \tag{3-54}$$

式中,$\text{Task} = \{t_1, t_2, \cdots, t_c\}$,为有向无环图的节点集合,集合中的每个元素都代表一个任务;$t_i = \{I_i, O_i, S(t_c)\}$ 中,t_i 为编号为 i 的任务,I_i 为 t_i 的输入数据集合,O_i 为 t_i 的输出数据集合,$S(t_c)$ 为 t_i 的执行服务器;$\text{Edge} = \{e_{12}, e_{13}, \cdots, e_{ij}\}$,为边集合,集合中的每个元素都代表一组数据依赖关系,当 $e_{ij} = 1$ 时,t_j 为 t_i 的直接后继;$DS = \{ds_1, ds_2, \cdots, ds_l\}$,为所有数据集的集合,集合中的每个元素都代表一条数据集;$ds_i = \langle v_i, gt_i, ls_i \rangle$ 中,ds_i 表示编号为 i 的数据集,v_i 为 ds_i 的规模;gt_i 为输出 ds_i 的任务,特别地,当 $gt_i = 0$ 时,ds_i 为初始数据集;ls_i 为存储 ds_i 的服务器。

特别地,针对任意的 t_i,若隐私数据集 ds_i 存在于 $\{I_i, O_i\}$,且 $ls_i = A(A \in [1, |S|])$,有:

(1) $lc_i \equiv A$(隐私数据必须放置于私有云中不可变动)。

(2) $S(t_i) \equiv A$(由上条可知,直接使用或产生 ds_i 的任务也需要在该私有云中执行)。

(3) 对于任意的隐私数据集 $ds_j \in \{I_i, O_i\}$,总有 $lc_j \equiv S(t_j) \equiv A$(该任务输入数据集合或输出数据集合中的其他隐私数据集也必须存储在该私有云服务器中,否则无法运行)。

因此,在混合云环境下对单工作流应用进行隐私数据集的设置时,必须满足以上 3 条约束。

图 3-24 所示为包含 10 个数据集 $\{ds_1, ds_2, \cdots, ds_{10}\}$ 的单工作流应用,其中 ds_1 为初始数据集,$\{ds_2, ds_3, \cdots, ds_{10}\}$ 为生成数据集;同时该工作流应用包含 7 个任务 $\{t_1, t_2, \cdots, t_7\}$,每个任务都使用或产生了若干数据集。如果 ds_6 是隐私数据集,根据工作流应用定义和隐私数据集设定规则,其必须存储于私有云服务器中,使用 ds_6 的 t_5 和生成 ds_6 的 t_4 从而需要移动至该私有云服务器中执行。

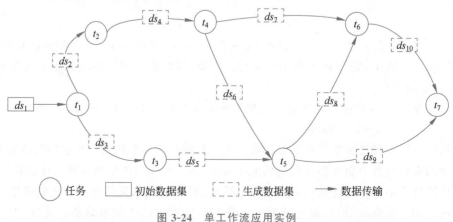

图 3-24 单工作流应用实例

2. 混合云环境下面向单工作流应用的数据布局方案定义

以往的工作不能解决工作流运行时的不确定性,是因为其一般直接将数据集规模与服务器之间带宽的比值作为数据集在不同服务器时间的传输时间。本节定义数据模糊传输时间为

$$\widetilde{T}_{\text{transfer}}(\langle s_i, ds_k, s_j \rangle) = F(v_k / b_{ij}) \tag{3-55}$$

式中,$\langle s_i, ds_k, s_j \rangle$ 代表 ds_k 从服务器 s_i 传输至服务器 s_j 的过程;$F(\ )$ 表示模糊化运算;v_k 表示数据集 ds_k 的大小;b_{ij} 表示服务器 s_i 与服务器 s_j 之间的网络带宽。

模型的最终目标是在单工作流应用问题中找到一种最优的数据布局方案,在满足任务执行顺序、数据集隐私比例和服务器容量约束时,使得单工作流应用运行产生的数据模糊传输时间最短。此外,因为必须当某个任务的输入数据集全部传输至该任务的执行服务器后才可以执行,所以每个任务在执行前,总是采用贪心策略,即将该任务调度至模糊传输时间与任务模糊计算时间之和最少的服务器,即在数据布局方案确定后,任务调度方案也随之确定。

工作流应用 G 在混合云环境 S 下的数据布局方案 x 为

$$\begin{cases} x = (DS, S, M, \widetilde{T}_{\text{total}}) \\ M = \bigcup_{i=1,2,\cdots,|S|} \{\langle s_i, ds_k, s_j \rangle\} \\ \widetilde{T}_{\text{transfer}}(\langle s_i, ds_k, s_j \rangle) = F(v_k / b_{ij}) \\ \widetilde{T}_{\text{total}} = \sum_{i=1}^{|S|} \sum_{j \neq i}^{|S|} \sum_{k=1}^{|DS|} \cdot \widetilde{T}_{\text{transfer}}(\langle s_i, ds_k, s_j \rangle) \cdot e_{ijk} \end{cases} \tag{3-56}$$

式中,M 表示数据集合 DS 到服务器集合 S 的映射关系;$\widetilde{T}_{\text{total}}$ 为全局数据模糊传输时间,即每条数据集的模糊传输时间之和;$e_{ijk} = \{0,1\}$,$e_{ijk} = 1$ 代表映射 $\langle dc_i, ds_k, dc_j \rangle$ 存在,$e_{ijk} = 0$ 则代表映射不存在。

因此,在混合云环境下面向单工作流应用的数据布局问题中,最终优化目标是最小化全局数据模糊传输时间,并满足服务器容量约束,即

$$\begin{cases} \min \widetilde{T}_{\text{total}} \\ \text{s.t. } \forall i, \quad \sum_{j=1}^{|DS|} v_j \cdot u_{ij} \leqslant V_i \end{cases} \tag{3-57}$$

式中,$u_{ij} = \{0,1\}$,$u_{ij} = 1$ 代表 ds_j 存在于服务器 s_i 中,$u_{ij} = 0$ 则代表不存在。

3.3.4　算法

对于工作流应用的数据布局问题,随着数据量的扩大,其解空间的体积呈指数级上升。考虑到网络环境的不确定性和数据布局问题的离散特点,本节基于模糊理论,改进经典粒子群优化算法,并将其离散化以适用于数据布局问题。同时自适应调整惯性权重的大小,从而提升在寻找最优数据布局方案时的效率和性能。

1. 问题编码

原始的粒子群优化算法的编码方式只适用于解空间是连续型变量的情况,因此需要将

其离散化以解决数据布局问题。本节采用离散编码方式,对粒子采用离散型的整数编码策略。粒子 i 在 t 时刻的结构 X_i^t 为

$$X_i^t = [x_i^1(t), x_i^2(t), \cdots, x_i^n(t)] \tag{3-58}$$

式中,n 为粒子 i 的维度,表示工作流应用中的数据集数量;$x_i^j(t)$ 为第 j 个数据集在 t 时刻的位置,表示混合云环境 S 中的服务器编号,取值范围为 $[1, |S|]$ 中的整数。特别地,若某数据集为隐私数据集,则不论经过多少次迭代,粒子结构中对应维度的取值必须固定。

粒子在实际场景中的编码应用实例如下所示:假设混合云环境 S 包括 4 个服务器 s_1、s_2、s_3 和 s_4,单工作流应用 G 包括 8 条数据集 ds_1、ds_2、ds_3、ds_4、ds_5、ds_6、ds_7 和 ds_8,其中 ds_3 和 ds_6 为隐私数据集,必须分别固定存放在服务器 s_4 和 s_1 中,不可变动。在采用 FDPSO 求解工作流应用 G 的数据布局问题的过程中,式(3-59)表示编号为 1 的粒子在第 5 次迭代的位置的编码结构,即

$$X_1^5 = [1, 2, \underline{4}, 3, 2, \underline{1}, 4, 2] \tag{3-59}$$

式中,$\underline{4}$ 和 $\underline{1}$ 为隐私数据集,必须存储在固定的服务器中。

2. 适应度函数

在模糊离散粒子群优化算法中,每个粒子的更新迭代操作都需要参考当前的最优解。因此,必须定义一种判断粒子代表的解的优劣性的指标,即粒子的适应度。每个粒子的适应度由适应度函数给出。在混合云环境下面向单工作流应用的数据布局问题中,由于模型的主要关注点和优化目标是全局数据模糊传输时间,算法考虑直接将适应度函数定义为求解当前粒子对应的解的全局数据模糊传输时间,即

$$\mathrm{Fit}(X) = \widetilde{T}_{\mathrm{total}}(X) = \sum_{i=1}^{|S|} \sum_{j \neq i}^{|S|} \sum_{k=1}^{|DS|} \cdot \widetilde{T}_{\mathrm{transfer}}(\langle s_i, ds_k, s_j \rangle) \cdot e_{ijk} \tag{3-60}$$

粒子更新迭代操作的过程中,在比较粒子适应度函数值之前,需先判断粒子对应的解是否为可行解,即能否满足问题的约束条件。在模糊离散粒子群优化算法中,可行解指的是粒子对应的解能够满足单工作流应用的正常运行,即满足数据隐私约束和服务器容量约束;不可行解则指的是粒子对应的解至少存在一个服务器所存储的数据大小超过其最大容量,或至少存在一条隐私数据集没有存储在所需的服务器中,从而无法完成单工作流应用的正常运行。

因此,在对比不同解的优劣性从而进行取舍时,通常存在如下 3 种情况,分别对其进行讨论。

(1) 若一个解为可行解,另一个解为不可行解,则跳过比较适应度函数值阶段,直接选择可行解。

(2) 若两个解都为可行解,则按照比较运算法则,选择 $\mathrm{Fit}(X)$ 更小的粒子,因为其解对应的全局模糊传输时间更短。

(3) 若两个解都为不可行解,同样按照比较运算法则,选择 $\mathrm{Fit}(X)$ 更小的粒子。由于在粒子后续的粒子更新迭代过程中,这些不可行粒子或许变为可行,此时 $\mathrm{Fit}(X)$ 更小的粒子对应解消耗更短的全局模糊时间的概率更大。

3. 粒子更新策略

算法在运行过程开始时,随机生成一定规模的粒子群。粒子群中的粒子主要根据自身

惯性、自身历史最优记忆和种群历史最优记忆三方面的因素进行更新迭代。另外,这里基于原始粒子群优化算法的更新机制,引入惯性权重 w 来均衡局部寻优和全局寻优效率,且无须设定最大速度。具体的更新公式为

$$\begin{cases} V_i^{t+1} = w \times V_i^t + c_1 r_1 (p\,\mathrm{Best}_i^t - X_i^t) + c_2 r_2 (g\,\mathrm{Best}^t - X_i^t) \\ X_i^{t+1} = X_i^t + V_i^{t+1} \end{cases} \tag{3-61}$$

式中,t 为时刻,即算法运行的代数;X_i^t 与 V_i^t 分别表示粒子 i 在 t 时刻的位置和速度;r_1 和 r_2 均为取值范围在 $[0,1]$ 内的随机因子;$p\,\mathrm{Best}_i^t$ 和 $g\,\mathrm{Best}^t$ 分别为粒子 i 和种群在 t 时刻的历史最优位置;c_1 与 c_2 分别为个体与种群学习因子,即向 $p\,\mathrm{Best}_i^t$ 和 $g\,\mathrm{Best}^t$ 的学习能力,用来控制每一次迭代的步长。

另外,在数据布局问题中,粒子每个维度的值代表服务器的编号。因此可能在更新迭代的过程中导致某个维度值无实际意义,当值为负数时无法对应到服务器。针对这种情况,算法会在该维度的离散取值范围内重新选取随机值。

4. 参数设置

这里的参数主要指算法更新公式中的 w、c_1 和 c_2。

惯性权重 w 对算法的搜索性能至关重要:当 w 越大时,粒子的惯性越大,算法的全局寻优更高效,适合搜索的初期;当 w 越小时,粒子的惯性越小,算法的局部寻优更高效,适合搜索的后期。针对惯性权重 w,考虑如式(3-62)所示的线性递减策略。

$$w = w_{\max} - \frac{w_{\max} - w_{\min}}{\mathrm{iter}_{\max}} \times t \tag{3-62}$$

式中,$w_{\max}$ 和 $w_{\min}$ 分别为 w 的最大和最小值;$\mathrm{iter}_{\max}$ 为最大迭代次数;t 为当前迭代次数。

这种线性递减方式中,w 与迭代次数呈负相关。在算法的运行初期,迭代次数 t 较小,而 w 较大,算法的全局寻优效率更高。随着算法的运行,w 逐渐变小,种群的局部搜索性能则慢慢增加。这种设计策略能够在一定程度上均衡算法的全局寻优效率和局部寻优效率。然而,由于斜率恒定,粒子的惯性权重的变化率也维持恒定且只与迭代次数有关,这导致当算法迭代初期未产生较好的解时,后续的迭代易陷入局部最优。因此,这里设计了一种特殊的定义方法,使得惯性权重 w 能够根据当前解与种群历史最优解的差异程度来自适应调整,从而避免了上述策略的缺点,即

$$w = w_{\max} - (w_{\max} - w_{\min}) \cdot \exp\left\{ \frac{d(X_i^t, g\,\mathrm{Best}^t) / |DS|}{d(X_i^t, g\,\mathrm{Best}^t) / |DS| - 1.01} \right\} \tag{3-63}$$

式中,$d(X_i^t, g\,\mathrm{Best}^t)$ 为粒子 X_i^t 与当前种群历史最优粒子 $g\,\mathrm{Best}^t$ 相同维度上不同取值的个数,表示二者对应解的差异程度;$|DS|$ 为工作流应用中数据集的数量。

在 FDPSO 运行的开始阶段,$d(X_i^t, g\,\mathrm{Best}^t)$ 一般较高,w 从而更靠近 $w_{\max}$,此时算法的全局寻优性能较强;随着 FDPSO 的运行,$d(X_i^t, g\,\mathrm{Best}^t)$ 慢慢降低,w 从而向 $w_{\min}$ 靠近,这时应当缩小算法的寻优空间,增强粒子的局部寻优性能,用更快的速度找到较好的解。

此外,个体学习因子 c_1 和种群学习因子 c_2 根据梯度下降方法来定义,即

$$c_1 = c_{1\_\max} - \frac{c_{1\_\max} - c_{1\_\min}}{\mathrm{iter}_{\max}} \times t \tag{3-64}$$

$$c_2 = c_2\_\max - \frac{c_2\_\max - c_2\_\min}{\text{iter}_{\max}} \times t \tag{3-65}$$

其中,$c_1\_\max$ 和 $c_1\_\min$ 分别表示 c_1 的最大值和最小值;$c_2\_\max$ 和 $c_2\_\min$ 分别表示 c_2 的最大值和最小值。

5. 编码粒子与数据布局结果的映射

混合云环境下,算法 3.3 为编码粒子 X 与数据布局结果的映射。其中,G 为单工作流应用,S 为混合云环境,X 为编码粒子,$\widetilde{T}_{\text{total}}$ 为全局模糊传输时间。具体流程如下。

算法 3.3 编码粒子 X 与数据布局结果的映射

输入:(G, S, X)

输出:$\widetilde{T}_{\text{total}}$ 和相应的数据布局结果

1: 初始化:所有服务器当前已存储空间 $s_{\text{cur}(i)} = 0$,全局数据模糊传输时间 $\widetilde{T}_{\text{total}} = (0,0,0)$

2: **for** ds_i **of** DS_{ini} //判断当前粒子对应的布局策略是否超出某个服务器的容量限制

3:       $dc_{\text{cur}(X[i])} += v_i$,将数据集 ds_i 存储在服务器 $dc_{X[i]}$

4:       **if** $dc_{\text{cur}(X[i])} > V_{X[i]}$

5:             **return** 该粒子不可行

6:       **end if**

7: **end for**

8: **for** $j = 1$ **to** $j = |T|$ //计算工作流运行时有无服务器超出容量限制

9:       将任务 t_j 调度到数据模糊传输时间最小的服务器 s_j

10:       **while** $dc_{\text{cur}(j)} + \text{sum}(I_j) + \text{sum}(O_j) > v_j$

11:             将该任务调度到数据模糊传输时间次小的服务器

12:       **end while**

13:       **if** $dc_{\text{cur}(j)} + \text{sum}(I_j) + \text{sum}(O_j) > v_j$

14:             **return** 该粒子不可行

15:       **end if**

16:       把 O_j 存储在对应的服务器中

17:       更新所存储服务器的当前已存储空间

18: **end for**

19: **for** $j = 1$ **to** $j = |T|$ //计算该粒子耗费的全局数据模糊传输时间

20:       求解当前任务执行所需的模糊数据传输时间 $\widetilde{T}_j$

21:       $\widetilde{T}_{\text{total}} += \widetilde{T}_j$

22: **end for**

---

(1) 定义每个服务器的已存储空间 $s_{\text{cur}(i)} = 0$,全局模糊传输时间 $\widetilde{T}_{\text{total}} = (0,0,0)$。

(2) 遍历所有初始数据集,依次存储在其维度所表示的服务器中。在遍历的过程中不断更新每个服务器的已存储空间,并判断是否有服务器超出容量限制,若有,则表示当前解不可行,算法终止并返回。

(3) 遍历所有任务,按照贪心策略,为每个任务选取模糊传输时间最小的服务器来执行,并将该任务的输出数据集 O_j 存储到该服务器中,若服务器超出容量限制,则为任务选取模糊传输时间次之的服务器;若该任务无法调度到任意服务器中,则当前解不可行,终止操作并返回。

（4）计算每个任务执行所需的模糊数据传输时间 $\widetilde{T}_j$ 并求和，得出全局数据模糊传输时间 $\widetilde{T}_{\text{total}}$。

（5）输出 $\widetilde{T}_{\text{total}}$ 和对应的数据布局结果。

6. 算法流程

算法 3.4 为 FDPSO 的伪代码。具体流程如下。

算法 3.4　模糊离散粒子群优化算法（FDPSO）

输入：(G, S)

输出：X_{best}

1：　随机生成一个规模为 N 的初始粒子群
2：　评估每个粒子的适应度，记录为该粒子的当前最优解 $pBest_i$
3：　记录初始种群中的全局最优解 gBest
4：　初始化算法相关参数，如最大迭代次数 $iter_{max}$、惯性权重 w 和学习因子 c_1、c_2 等
5：　**for** i = 1 **to** i = $|iter_{max}|$　　//种群迭代更新
6：　　　　**for** j = 1 **to** j = |N|　　//个体更新操作
7：　　　　　　依据式(3-61)更新粒子 j 的位置
8：　　　　　　更新粒子的历史最优个体 $pBest_j$ 和种群的历史最优个体 gBest
9：　　　　　　更新 w，c_1，c_2
10：　　　　**end for**
11：　**end for**

（1）初始化种群规模、算法最大迭代次数、惯性权重、个体和种群学习因子，记录每个粒子的历史最优解、种群的全局最优解。

（2）依据粒子更新策略，迭代更新粒子的历史最优解和种群的历史最优解。

（3）当算法执行到最大迭代次数时，终止并输出全局最优个体 X_{best}。

3.3.5　实验

实验的软硬件环境为：Intel(R) Core(TM) i7-6700HQ CPU @2.6GHz，RAM 8GB，Windows 10(64 bit)，Python 3.7。

1. 实验设置

模拟实验所采用的工作流应用来自在不同科学领域的采集数据，分别是地震科学领域的 CyberShake、天文学领域的 Montage、生物信息学领域的 Sipht、表观基因组学领域的 Genome 和重力物理学领域的 LIGO。每种工作流应用都拥有独立的运行需求、依赖关系和任务规模。按照任务规模的大小不同，这些来自科学领域的工作流应用可以划分为小型（约 30 个任务）、中型（约 50 个任务）和大型（约 100 个任务）。由于在混合云环境和云边协同环境中的工作流应用通常规模不大，选取每个领域内的中型来仿真。为避免随机性，实验中每个最终结果均为算法重复运行 20 次的平均值。

考虑混合云环境 $S = \{S_{\text{Pub}}, S_{\text{Pri}} | S_{\text{Pub}} = \{s_1\}, S_{\text{Pri}} = \{s_2, s_3, s_4\}\}$，其中包括 1 个公有云服务器和 3 个私有云服务器，不同服务器之间的网络带宽（单位：MB/s）为

$$\boldsymbol{B} = \begin{bmatrix} \sim & 10 & 20 & 30 \\ 10 & \sim & 150 & 150 \\ 20 & 150 & \sim & 100 \\ 30 & 150 & 100 & \sim \end{bmatrix} \tag{3-66}$$

私有云服务器的标准最大容量设置为基准容量 BC 的 2.6 倍,公有云服务器则无容量限制。定义基准容量 BC 为

$$\mathrm{BC} = \sum_{i=1}^{|DS|} v_i / (|S| - 1) \tag{3-67}$$

虽然模拟实验选取的工作流应用的规模相近,但在不同来源的工作流应用中,所使用的数据集次数相差较大,如 CyberShake 使用数据集的次数为 120,而 Sipht 使用数据集的次数则多达 3734。这导致不同工作流应用的数据集对任务的依赖关系结构不同,从而不能采用相同的隐私比例。因此,领域为 CyberShake、Genome、LIGO、Montage 和 Sipht 的工作流应用的隐私数据集比例分别设置为{0.25,0.2,0.2,0.2,0.02},隐私数据集在算法运行前随机生成。

实验将优化目标 T 模糊化为三角模糊数 $\widetilde{T}$,模糊参数取常用的 $\sigma_1 = 0.85, \sigma_2 = 1.2$。

针对 FDPSO,种群规模设置为 100,最大迭代次数设置为 1000,$w_{\max}$ 与 $w_{\min}$ 分别设置为 0.9 和 0.4,$c_1\_\max$ 与 $c_1\_\min$ 分别设置为 0.9 和 0.2,$c_2\_\max$ 与 $c_2\_\min$ 分别设置为 0.9 和 0.4。

2. 对比算法

由于优化结果为三角模糊数与优化结果为实数的算法之间无法直接比较,本节改进了传统数据布局中常用的随机算法(RA)、贪心算法(Greedy Algorithm,GdA)和遗传算法(GA),称为模糊随机算法(Fuzzy Randomized Algorithm,FRA)、模糊贪心算法(Fuzzy Greedy Algorithm,FGdA)和模糊遗传算法(Fuzzy Genetic Algorithm,FGA),其中模糊指的是将优化目标模糊化。在满足约束条件的基础上,最后与本节提出的 FDPSO 和 FDPSO-OGA 进行对比。

3. 实验结果与分析

对 5 种不同工作流应用在默认环境中进行了实验,记录相关数据并取平均值,如表 3-7 所示。其中,数据模糊传输时间单位为秒(s)。

考虑到直观地展现不同算法的效果,此后实验对数据模糊传输时间进行了去模糊化运算。

图 3-25 所示为默认实验环境下采用 4 种不同算法分别运行 5 种单工作流应用的全局数据模糊传输时间的去模糊化结果,即表 3-7 所示内容的更直观展示,对该结果分析如下。

表 3-7　几种算法在不同工作流应用下的平均模糊传输时间

工作流应用	算　　法	全局模糊传输时间/s
CyberShake	FDPSO	(412 339.03,416 089.40,493 284.04)
	FRA	(613 685.49,658 202.55,728 115.64)
	FGdA	(760 212.74,819 721.35,890 377.31)
	FGA	(405 812.91,436 730.08,459 198.45)

续表

工作流应用	算　　法	全局模糊传输时间/s
Genome	FDPSO	(379 235.31,432 464.94,477 245.16)
	FRA	(561 274.26,606 573.37,654 489.23)
	FGdA	(1 192 066.03,1 242 136.17,1 290 256.56)
	FGA	(417 695.30,467 447.32,525 065.85)
LIGO	FDPSO	(2 877 296.54,3 001 341.69,3 247 494.66)
	FRA	(5 859 201.90,6 335 216.52,7 023 988.75)
	FGdA	(8 025 939.27,8 547 697.91,9 737 463.34)
	FGA	(3 402 538.91,3 664 692.56,4 338 808.16)
Montage	FDPSO	(879 580.20,959 412.50,971 911.47)
	FRA	(1 242 644.26,1 331 192.71,1 445 410.25)
	FGdA	(1 920 877.78,2 058 800.54,2 311 869.58)
	FGA	(1 839 554.87,1 870 645.38,1 962 473.01)
Sipht	FDPSO	(10 555 546.92,11 037 163.44,12 997 319.55)
	FRA	(11 543 263.40,12 494 008.57,13 725 762.53)
	FGdA	(13 105 310.17,14 687 168.03,1 591 557.53)
	FGA	(11 933 055.84,12 432 451.04,12 975 355.29)

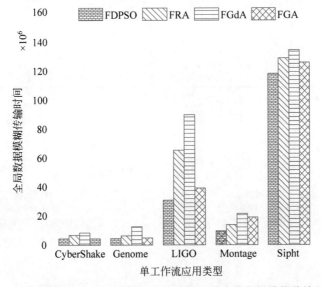

图 3-25　不同算法在不同类型工作流应用下的全局数据模糊传输时间

（1）在算法性能方面，FDPSO、FRA 和 FGdA 之中，FDPSO 表现最好，FRA 次之，性能最差的是 FGdA。FGdA 性能最差的原因在于贪婪算法在寻找数据布局问题的解的过程中容易陷入局部最优，寻找到的解往往不是全局最优解；对于 FRA，其性能强于 FGdA 的原因是随机算法的搜索范围是问题的整个解空间，从而在运行时间较久时，通常可以搜索出较为优秀的解，弱于 FDPSO 的原因是其每一代的解均为随机生成，没有考虑到向其他解的学习因素。而 FGA 的表现不一：在 CyberShake 工作流应用和 Genome 工作流应用中优于 FRA 和 FGdA，与 FDPSO 性能相仿；而在 LIGO、Montage 和 Sipht 工作流应用中，FGA 的表现逊于 FDPSO。在 FGA 中，种群里的不同个体之间能够单点共享最优个体的信息，且设计了选择、交叉和变异算子以跳出局部最优陷阱,在问题的解空间维度较低时往往可以快速寻到最优解。然而,在维度较高时,问题的解空间大小呈指数增长,FGA 找到最优解的难度大大增加。因此,在包含数据集较少的 CyberShake 工作流应用和 Genome 工作流应用中,FGA 的性能较为优秀;而在包含数据集较多的 LIGO、Montage 和 Sipht 工作流应用中,FGA 的性能比 FDPSO 差。

(2)在工作流应用运行时间方面,虽然实验选取的单工作流应用的任务规模都在 50 左右,但不同工作流应用包含的数据集数量参差不齐,如来自地震科学领域的 CyberShake 工作流应用使用数据集次数为 70 左右,而来自生物信息学领域的 Sipht 工作流应用使用数据集次数则达到了 4000 左右,这导致前者的全局数据模糊传输时间远小于后者。

在实际混合云环境中,公有云服务器与私有云服务器的数量对比并不总与默认实验环境相同,因此这里采取控制变量法,仅在私有云服务器数量变化时对算法的性能重新进行了仿真实验,新增的私有云服务器与公有云服务器之间的带宽设为 20MB/s,与其余私有云服务器之间的带宽设为 120MB/s。图 3-26 展示了私有云服务器的数量分别为{3,5,6,8,10}时算法的运行结果,对该结果分析如下。

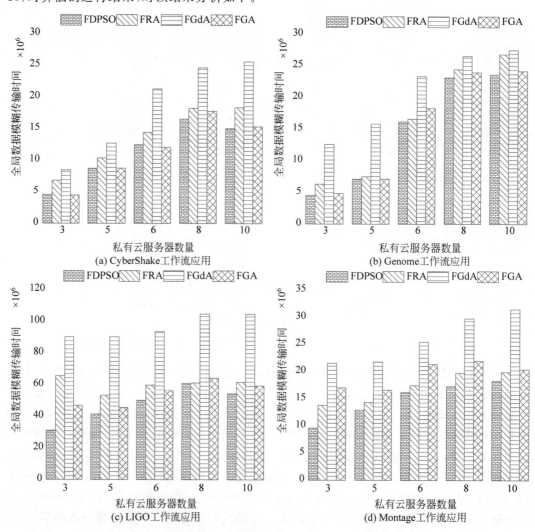

图 3-26　私有云服务器数量不同时 4 种算法的全局数据模糊传输时间

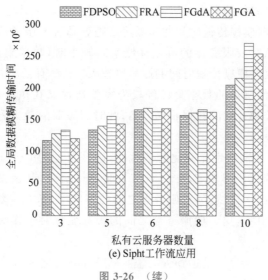

图 3-26　（续）

（1）在算法性能方面,不同算法的表现与基准环境类似,其原因与图 3-25 相同,服务器数量增加并不影响算法之间的性能对比。

（2）从私有云服务器来看,随着其数量的增加,工作流应用中的隐私数据集在服务器中的存储会更加分散,而涉及这些隐私数据集的任务则必须调度到相应的服务器中执行,因此全局数据模糊传输时间也随着私有云服务器数量的增加而上升。

由于混合云环境中私有云服务器的最大容量并不总是恒定不变,实验需要观测 FDPSO 算法对私有云服务器容量这一约束条件变化的敏感程度。因此,采取控制变量法,选择典型的 CyberShake 工作流应用,在私有云服务器容量为基准容量 $\{2, 2.6, 3, 5, 8\}$ 倍时分别进行实验,其余设置与默认实验环境保持相同。结果如图 3-27 所示,对该结果分析如下。

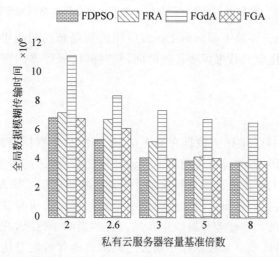

图 3-27　私有云服务器容量不同时 4 种算法的全局数据模糊传输时间

一方面,在网络带宽恒定但私有云服务器的容量变大时,服务器可以布局更多的数据集,于是表现为:同一任务的所有输入数据集向该任务的执行服务器聚集。所以所有算法的全局数据模糊传输时间都随私有云服务器容量的增加而呈递减趋势。

另一方面,全局数据模糊传输时间的递减速度随着私有云服务器最大容量的增加而逐渐变缓。这是因为当私有云服务器的可用存储空间较小时,数据集的存储受影响较大,最大容量的增加对全局数据模糊传输时间的影响也较大;当私有云服务器的可用存储空间逐渐变大时,一个任务执行所需的数据集已经较为完整地存储在执行该任务的服务器中,单工作流应用已得到了较为合理的数据布局方案,此时服务器的最大容量的增加对全局数据模糊传输时间的影响逐渐变小。

为了测试 FDPSO 在网络带宽变化时的性能,选择典型的 CyberShake 工作流应用,依次在网络带宽为基准带宽{0.5,0.8,1.5,3,5}倍时进行实验,其余设置与默认实验环境相同。结果如图 3-28 所示。显然,随着服务器之间的带宽增加,全局数据模糊传输时间明显下降,且下降趋势较为恒定,这说明服务器之间的带宽变化对工作流应用的数据布局方案影响不大。

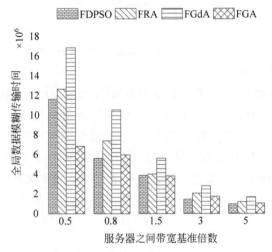

图 3-28　服务器之间带宽不同时 4 种算法的全局数据模糊传输时间

综上所述,在混合云环境下面向单工作流应用的数据布局问题中,FDPSO 在大部分场景中都可以高效地优化全局数据模糊传输时间,同时满足服务器的容量约束和工作流应用的隐私约束。

3.3.6　总结

本节提出了一种科学工作流数据布局方法,该方法基于模糊理论,将数据传输时间模糊化以适应实际网络环境,并综合考虑了混合云环境的特点、云间带宽及其波动、私有数据中心最大容量和科学工作流任务间依赖关系等因素。实验表明了该方法的有效性。

在今后的工作中,我们将研究科学工作流中隐私数据集占所有数据集的比例大小和不同的私有数据中心的最大容量差异对数据布局方法的影响。另外,在对传输时间要求不苛刻的条件(如商业网络环境下),数据在不同云之间的传输代价也是优先考虑的优化目标之一,未来将研究最小化数据模糊传输时间和代价的综合模型。

3.4　混合云环境下面向时延优化的科学工作流
数据布局策略

如何结合公有云和私有云各自的优势,对包含隐私数据的科学工作流数据进行合理布局,优化大规模数据的传输时延,是混合云环境下科学工作流面临的重大挑战。考虑混合云环境下数据布局特点,结合科学工作流数据间的依赖关系,提出一种基于遗传算法算子的自适应离散粒子群优化算法,优化数据传输时延。该方法考虑了云数据中心间的带宽、私有云数据中心个数和容量等因素对传输时延的影响;通过引入遗传算法的交叉算子和变异算子,避免了粒子群优化算法的过早收敛,提高了种群进化的多样性,有效地压缩了数据传输时延。通过实验证明了所提算法的有效性。

3.4.1　引言

科学工作流系统是一种数据密集型系统,已被广泛应用于天文、高能物理和生物信息等科学研究领域,其计算任务节点之间存在复杂的数据依赖,数据集大小通常可达 TB 甚至 PB 量级。科学工作流结构具有结构复杂、数据量大等特点,对部署环境的计算能力和数据存储有严格要求。网格等传统分布式环境通常为某个具体科学应用研究而建设,它们之间的共享程度低,而科学工作流部署在这样的环境中会造成严重的资源浪费。

云计算通过虚拟化技术将不同地理位置的资源虚拟为资源池,其高效、灵活、高伸缩性、可定制的特点为科学工作流部署提供了一种经济的解决方案。混合云环境包含一个公有云和多个私有云:公有云可以在科学工作流负载波动剧烈的情况下保证资源供应,维护服务质量;私有云则可以为科学工作流隐私数据的安全性提供保障。随着大数据在科学应用领域的重要性不断增大,混合云环境下的科学工作流数据布局已成为科学研究领域的热点。特别在应急管理应用领域,存在大量并发实例,对科学工作流数据布局的时延要求严格。然而,科学工作流隐私数据的固定数据中心存放,导致应用执行过程中需要进行大量跨数据中心的数据传输,TB 甚至 PB 量级的数据集传输和数据中心的有限网络带宽形成巨大矛盾,时延严重。因此,研究混合云环境下合理的时延优化科学工作流数据布局方案,显得至关重要。

3.4.2　相关工作

现有科学工作流数据布局工作主要基于聚类方法和智能方法。聚类方法主要考虑多个数据中心的负载均衡数据布局,有效利用数据中心资源。然而,在混合云环境下,隐私数据的科学工作流需要一种单数据中心内部高内聚、数据中心之间低耦合的数据布局方式才能有效保障数据传输的低延时。但传统基于负载均衡的聚类方法无法满足混合云环境下科学工作流的低延时数据布局要求,传统智能方法主要考虑负载均衡问题,是基于遗传算法的数据布局策略,这些方法易陷入局部最优。在优化目标方面,现有研究主要针对数据布局过程中的跨数据中心传输次数和数据传输量优化展开,但数据传输次数和传输量均不能准确反应网络带宽和实际网络环境的数据传输情况。目前,对数据传输时延的压缩研究较少,李学俊等针对传统数据布局存在跨数据中心传输时延严重的问题,基于数据依赖破坏度,提出一种混合云环境下面向数据中心的科学工作流数据布局方法,该方案可以有效降低传输时延,但忽略了不同数据中心之间存储空间大小差异和数据中心间带宽差异对最终布局结果产生的影响。因此,针对混合云环境下面向时延优化的科学工作流数据布局问题,目前的研究工作尚未形成完整有效的解决方案。

文献的研究中,通过对多云环境下带截止日期约束科学工作流的代价优化调度研究,对复杂依赖科学工作流结构有了一定的认识,在数据传输压缩方面也积累了一定经验。根据文献对传统粒子群优化(PSO)算法的改进经验,本节考虑混合云环境下数据布局特点并结合科学工作流数据间的依赖关系,提出一种基于遗传算法算子的自适应离散粒子群优化算法(GA-DPSOP),以优化科学工作流传输时延。该方法考虑了云数据中心间的带宽、私有云数据中心个数和容量等因素对传输时延的影响;通过引入遗传算法的交叉算子和变异算子,避免粒子群优化算法的过早收敛,提高了种群进化的多样性,有效压缩数据传输时延。

3.4.3 问题模型

本节将对混合云环境下面向时延优化的科学工作流数据布局问题的相关概念进行定义,并结合实例进行问题分析。问题定义主要包括混合云环境、科学工作流和数据布局方案。

1. 问题定义

定义 1 混合云 $DC = \{DC_{pub}, DC_{pri}\}$ 中主要包括公有云和私有云,二者均由多个数据中心构成。公有云数据中心 $DC_{pub} = \{dc_1, dc_2, \cdots, dc_n\}$ 由 n 个数据中心构成,私有云数据中心 $DC_{pri} = \{dc_1, dc_2, \cdots, dc_m\}$ 由 m 个数据中心构成。本节中研究数据布局问题,因此仅关注数据中心的存储能力,忽略其计算能力。编号为 i 的数据中心

$$dc_i = \langle capacity_i, type_i \rangle \tag{3-68}$$

式中,$capacity_i$ 为数据中心 dc_i 的存储容量,数据集存储不能超过该容量;$type_i = \{0,1\}$ 表示数据中心 dc_i 所属的云服务提供商,当 $type_i = 0$ 时,dc_i 属于公有云的数据中心,只能存放非隐私数据;当 $type_i = 1$ 时,dc_i 属于私有云的数据中心,能够存放隐私数据和非隐私数据。另外,各个数据中心之间的带宽表示为

$$Bandwidth = \begin{bmatrix} b_{11} & b_{12} & \cdots & b_{1|DC|} \\ b_{21} & b_{22} & \cdots & b_{2|DC|} \\ \vdots & \vdots & \ddots & \vdots \\ b_{|DC|1} & b_{|DC|2} & \cdots & b_{|DC||DC|} \end{bmatrix} \tag{3-69}$$

$$b_{ij} = \langle band_{ij}, type_i, type_j \rangle \tag{3-70}$$

式中,对 $\forall i, j = 1, 2, \cdots, |DC|$ 且 $i \neq j$,b_{ij} 表示数据中心 dc_i 和数据中心 dc_j 之间的网络带宽,$band_{ij}$ 为其带宽值。本节假设数据中心之间的带宽值可知,且不会产生波动。

定义 2 科学工作流用有向无环图 $G = (T, E, DS)$ 表示,其中,$T = \{t_1, t_2, \cdots, t_r\}$,为包含 r 个任务的节点集合;$E = \{e_{12}, e_{13}, \cdots, e_{ij}\}$,为任务之间数据依赖关系;$DS = \{ds_1, ds_2, \cdots, ds_n\}$,为科学工作流所有数据的集合。

每条数据依赖边 $e_{ij} = (t_i, t_j)$ 代表任务 t_i 和任务 t_j 之间存在数据依赖关系,其中任务

t_i 是任务 t_j 的直接先驱(父)节点,而任务 t_j 是任务 t_i 的直接后继(子)节点。在科学工作流调度过程中,一个任务必须在其所有先驱节点均已执行完毕后,才能开始执行。在某个给定的代表科学工作流的有向无环图中,把没有先驱节点的任务称为"入任务",同理,把没有后继节点的任务称为"出任务"。

每条数据对于某个子任务 $t_i = \langle IDS_i, ODS_i \rangle$,其输入数据组成的集合是 IDS_i,输出数据组成的集合是 ODS_i。任务和数据之间的对应关系是多对多,即一个数据可被多个任务使用,一个任务执行时可能需要多个输入数据。

对于某个数据集 $ds_i = \langle d\,\mathrm{size}_i, gt_i, lc_i, flc_i \rangle$,$d\,\mathrm{size}_i$ 为数据集大小;gt_i 为生成数据集 ds_i 的存储位置;flc_i 为数据集 ds_i 的最终布局位置。gt_i 和 lc_i 分别表示为

$$gt_i = \begin{cases} 0, & ds_i \in DS_{\mathrm{ini}} \\ \mathrm{Task}(ds_i), & ds_i \in DS_{\mathrm{gen}} \end{cases} \tag{3-71}$$

$$lc_i = \begin{cases} 0, & ds_i \in DS_{\mathrm{flex}} \\ \mathrm{fix}(ds_i), & ds_i \in DS_{\mathrm{fix}} \end{cases} \tag{3-72}$$

式中,DS_{ini} 表示初始数据集,是科学工作流的原始输入;DS_{gen} 表示生成数据集,是科学工作流执行过程中产生的中间数据集,这些数据集往往成为其他任务的输入数据集;$\mathrm{Task}(ds_i)$ 表示生成数据集 ds_i 的任务。

数据集按存放位置可分为固定存放数据集(隐私数据集)DS_{fix} 和任意存放数据集(非隐私数据集)DS_{flex},隐私数据集只能存放在私有云数据中心 DC_{pri},$\mathrm{fix}(ds_i)$ 表示指定存放隐私数据集 ds_i 的私有云数据中心编号。

定义 3　数据布局的目的是在满足任务执行需求的前提下,最小化数据传输时间。任意一个任务执行都需要满足两个条件:①该任务被调度到数据中心执行;②该任务所需的输入数据集都已在数据中心。由于向一个数据中心调度任务的时间远小于向该数据中心传输数据的传输时间,本节主要关注数据布局,而任务调度并非重点,只假设将任务调度至传输时间开销最少的数据中心执行。整个数据布局方案定义为 $S = (DS, DC, \mathrm{Map}, T_{\mathrm{total}})$,其中,$\mathrm{Map}$ 为数据集 DS 到数据中心 DC 的映射关系,$\mathrm{Map} = \bigcup_{i=1,2,\cdots,|DS|} \{\langle dc_i, ds_k, dc_j \rangle\}$ 某个映射 $\langle dc_i, ds_k, dc_j \rangle$ 表示数据集 ds_k 从源数据中心 dc_i 传输到目标数据中心 dc_j,该过程产生的数据传输时间为

$$T_{\mathrm{transfer}}(dc_i, ds_k, dc_j) = \frac{d\,\mathrm{size}_k}{\mathrm{band}_{ij}} \tag{3-73}$$

T_{total} 为数据布局过程中跨数据中心的数据传输所造成的时间总开销,即

$$T_{\mathrm{total}} = \sum_{i=1}^{|DC|} \sum_{j \neq i}^{|DC|} \sum_{k=1}^{|DS|} T_{\mathrm{transfer}}(dc_i, ds_k, dc_j) \cdot e_{ijk} \tag{3-74}$$

式中,$e_{ijk} = \{0,1\}$,表示数据布局过程中是否存在数据集 ds_k 从源数据中心 dc_i 传输到目标数据中心 dc_j,如果存在,则 $e_{ijk} = 1$,否则 $e_{ijk} = 0$。

基于以上定义,混合云环境下面向时延优化的科学工作流数据布局问题可形式化表示为式(3-75),其核心思想是追求时间总开销 T_{total} 最低,同时满足每个数据中心的存储容量限制:

$$\min T_{\mathrm{total}}$$

$$\text{s. t. } \forall i, \quad \sum_{j=1}^{|DS|} ds_j \cdot u_{ij} \leqslant \text{capacity}_i \tag{3-75}$$

式中，$u_{ij} = \{0,1\}$，表示数据集 ds_j 是否存放在数据中心 dc_i 上，如果是，则 $u_{ij} = 1$，否则 $u_{ij} = 0$。

由于数据布局过程中，数据不断进行传输迁移，当某个私有云数据中心有新的数据放置时，就对其进行容量限定判断。

2. 问题分析

图 3-29(a)所示为一个科学工作流示例，该科学工作流包括 5 个任务 $\{t_1, t_2, t_3, t_4, t_5\}$、5 个原始输入数据集 $\{ds_1, ds_2, ds_3, ds_4, ds_5\}$ 和一个中间数据集 $\{ds_6\}$，6 个数据集的大小 $\{d\,\text{size}_1, d\,\text{size}_2, d\,\text{size}_3, d\,\text{size}_4, d\,\text{size}_5, d\,\text{size}_6\}$ 分别为 $\{3GB, 5GB, 3GB, 3GB, 5GB, 8GB\}$，其中 ds_4 是隐私数据集，且必须存储在数据中心 dc_2 上。任务 t_4 的输入数据集为 $\{ds_3, ds_4, ds_6\}$，由于 ds_4 是必须固定存放在数据中心 dc_2 上的隐私数据，t_4 也必须在数据中心 dc_2 上执行。同样地，ds_5 是必须存储在数据中心 dc_3 上的隐私数据集，t_5 也必须存储在数据中心 dc_3 上执行。dc_1 是公有云数据中心，存储容量无限，而 dc_2 和 dc_3 是两个私有云数据中心，存储容量均为 20GB，私有云数据中心间的带宽大约是公有云数据中心到私有云数据中心带宽的 10 倍，因此假设 3 个数据中心之间带宽的大小 $\{\text{band}_{12}, \text{band}_{13}, \text{band}_{23}\}$ 分别是 $\{10MB/s, 20MB/s, 150MB/s\}$。

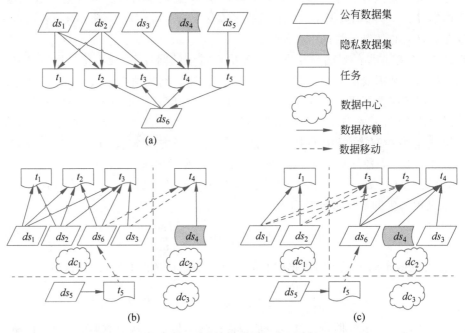

图 3-29　科学工作流数据布局实例

图 3-29(b)所示是产生的数据布局方案，根据依赖矩阵划分模型，将公有数据集 ds_1、ds_2 和 ds_3 部署在公有云数据中心 dc_1，ds_6 部署在私有云数据中心 dc_2，隐私数据集 ds_4 和 ds_5 各自部署在相关数据中心。形成的布局方案产生 4 次数据传输，27GB 的数据传输量，跨数据中心传输时间约为 1953s。

图 3-29(c)所示是最优数据布局方案,将公有数据集 ds_1 和 ds_2 部署在公有云数据中心 dc_1,ds_3 和 ds_6 部署在私有云数据中心 dc_3。形成的布局方案产生 5 次数据传输,30GB 的数据传输量,跨数据中心传输时间约为 1023s。

3.4.4　基于 GA-DPSO 的数据算法

数据布局策略的目的是寻找数据集 DS 到数据中心 DC 的最佳映射关系 Map,使跨数据中心传输时间 T_{total} 最低。本节提出一种 GA-DPSO 算法,以提高种群进化多样性,优化科学工作流数据布局传输时延。

Kennedy 等提出 PSO 算法,其中粒子是 PSO 中的重要概念,每个粒子代表问题的一个候选解,粒子在问题空间中移动和迭代更新,得到更优的粒子。粒子移动更新主要是调整它的速度和位置,速度和位置更新公式为

$$V_i^{t+1} = w \times V_i^t + c_1 r_1 (p\text{Best}_i^t - X_i^t) + c_2 r_2 (g\text{Best}^t - X_i^t) \tag{3-76}$$

$$X_i^{t+1} = X_i^t + V_i^{t+1} \tag{3-77}$$

为了判定粒子在问题空间不同位置的优劣性,需要定义适应度函数来评价。下面将从问题编码、适应度函数设置、粒子更新策略、算法参数设置等方面,详细介绍本节提出的 GA-DPSO 数据布局优化算法。

1. 问题编码

问题编码主要考虑完备性、非冗余性和健全性 3 个基本原则。采用离散编码方式来构建 n 维候选解粒子,一个粒子代表混合云环境下科学工作流的一个数据布局方案,粒子 i 在第 t 次迭代的位置 X_i^t 为

$$X_i^t = (x_{i1}^t, x_{i2}^t, \cdots, x_{in}^t) \tag{3-78}$$

每个粒子有 n 个分位,n 为数据集数量。$x_{ik}^t \{k = 1, 2, \cdots, n\}$ 为第 k 个数据集在第 t 次迭代的存储位置,具体取值是某个数据中心编号,即 $x_{ik}^t = \{1, 2, \cdots, |DC|\}$。需要注意的是,对于隐私数据集而言,无论如何迭代更新,其存储位置都是固定的。图 3-30 所示为针对图 3-29(a)科学工作流所形成的图 3-29(c)数据布局所对应的问题编码方案。

数据集	1	2	3	4	5
存放位置	1	1	3	2	3

图 3-30　数据布局粒子编码示例

2. 适应度函数

这里旨在减少科学工作流数据布局的跨数据中心数据传输时间,传输时间越小,粒子越优,因此定义适应度函数值和粒子所对应数据布局方案的数据传输时间值一致。但由于问题编码可能出现不可行解粒子,即放置在某个数据中心的数据集超过该数据中心容量,因此这里分 3 种不同情况比较两种编码粒子的适应度函数值。

(1)两个编码粒子都是可行解粒子,选择跨数据中心数据传输时间较小的编码粒子,适应度函数定义为

$$\text{Fit} = T_{total(X_i)} \tag{3-79}$$

(2)两个编码粒子都是不可行解粒子,同样选择跨数据中心数据传输时间较小的编码粒子,通过后期粒子更新操作,不可行解粒子有可能变成可行解粒子,而原先数据传输时间较小的编码粒子更可能保持较少的数据传输时间,适应度函数定义与式(3-79)一致。

（3）若一个编码粒子是不可行解粒子，另一个编码粒子是可行解粒子，毫无疑问会选择可行解粒子，适应度函数定义为

$$\text{Fit} = \begin{cases} 0, & \forall i, \sum_{j=1}^{|DS|} ds_i \cdot u_{ij} \leqslant \text{capacity}_i \\ 1, & \text{其他} \end{cases} \quad (3\text{-}80)$$

3. 粒子更新策略

如式（3-76）所示，传统 PSO 包括惯性、个体认知和社会认知 3 个核心部分。为增强 PSO 的搜索能力，使其适用于离散型问题并可以探索更大范围的解空间，避免过早收敛，这里引入遗传算法的交叉和变异算子，将式（3-76）对粒子 i 在 t 时刻的更新操作改进为

$$X_i^t = c_2 \oplus C_g(c_1 \oplus C_p(w \oplus M_u(X_i^{t-1}), \quad p\text{Best}_i^{t-1}), g\text{Best}^{t-1}) \quad (3\text{-}81)$$

式中，$C_g(\ )$ 和 $C_p(\ )$ 为遗传算法的交叉算子；$M_u(\ )$ 为遗传算法的变异算子。

对于个体认知部分和社会认知部分，这里结合遗传算法的交叉算子思想，对式（3-76）中相应部分进行更新，其更新操作公式为

$$B_i^t = c_1 \oplus C_p(A_i^t, p\text{Best}^{t-1}) = \begin{cases} C_p(A_i^t, p\text{Best}^{t-1}), & r_1 < c_1 \\ A_i^t, & \text{其他} \end{cases} \quad (3\text{-}82)$$

$$C_i^t = c_2 \oplus C_g(B_i^t, g\text{Best}^{t-1}) = \begin{cases} C_g(B_i^t, g\text{Best}^{t-1}), & r_2 < c_2 \\ B_i^t, & \text{其他} \end{cases} \quad (3\text{-}83)$$

式中，r_1、r_2 为随机因子，取值范围为 $(0,1)$；$C_p(\ )$［或 $C_g(\ )$］为随机选择编码粒子的两个分位，与 $p\text{Best}$（或 $g\text{Best}$）相同分位之间的数值进行交叉。

图 3-31(a)所示为个人（社会）认知部分的交叉算子操作，随机选择编码粒子的两个交叉位置（ind_1 和 ind_2），将旧粒子 ind_1 和 ind_2 分位之间的值替换成 $p\text{Best}(g\text{Best})$ 在该区间上的值，形成新粒子。

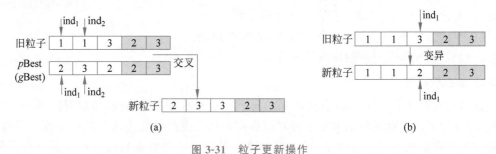

图 3-31　粒子更新操作

对于惯性部分，这里结合遗传算法的变异算子思想，对式（3-76）中相应部分进行更新，其更新操作公式为

$$A_i^t = w \oplus M_u(X_i^{t-1}) = \begin{cases} M_u(X_i^{t-1}), & r_3 < w \\ X_i^{t-1}, & \text{其他} \end{cases} \quad (3\text{-}84)$$

式中，r_3 为随机因子，$r_3 \in (0,1)$；$M_u(\ )$ 为随机选取编码粒子中的一个分位，并改变该分位的数值，且该数值满足对应的取值范围。

图 3-31(b)所示随机选择除了第 4 分位和第 5 分位(ds_4 和 ds_5 所对应的分位)外的分位 ind_1 进行变异算子操作,ind_1 分位上的值从 3 更新为 2。随机选取粒子分位主要有以下两种情况:

(1) 编码粒子是可行解粒子,则选择的分位不包含隐私数据集所在分位。由于隐私数据集固定存放,不能改变该隐私数据集的存储位置。

(2) 编码粒子是不可行解粒子,则选择的分位为超负荷数据中心编码对应的分位。一个不可行解粒子对应的数据布局方案可能存在多个超负荷的数据中心,随机选择其中一个超负荷数据中心编码所对应的分位进行变异操作,有可能将不可行解粒子变异成可行解粒子。

4. 粒子到数据布局结果的映射

每个编码粒子均对应一个数据布局的结果,算法 3.5 为编码粒子到数据布局结果映射的伪代码。

算法 3.5　编码粒子到数据布局结果的映射

---

procedure dataPlacement(G, DC, X)

输入: G, DC, X

输出: T_{total} 和相应的数据布局方案

1:　　初始化: 所有数据中心当前存储量 $d_{cur(i)}$ 为 0,传输时间 T_{total} 为 0

2:　　**for each** ds_i in DS_{ini}　　//判定初始数据布局之后,是否有数据中心容量超负荷

3:　　　　　$dc_{cur(X[i])} += dsize_i$ 将 ds_i 布局到 $dc_{X[i]}$

4:　　　　　**if** $dc_{cur(X[i])} > capacity_{X[i]}$ **then**

5:　　　　　　　**return** 该编码粒子是不可行解粒子

6:　　　　　　　**end if**

7:　　**end for**

8:　　**for** j=1 **to** j=|T|　　//判定任务执行过程,是否有数据中心容量超负荷

9:　　　　　将任务 t_j 放置在传输时间开销最小的数据中心 dc_j

10:　　　　　**if** $dc_{cur(j)} + sum(IDS_j) + sum(ODS_j) > capacity_j$

11:　　　　　　　**return** 该编码粒子是不可行解粒子

12:　　　　　**end if**

13:　　　　　将 t_j 的输出数据集 ODS_j 放置到对应编码位数据中心,并更新对应存储量

14:　　**end for**

15:　　**for** j=1 **to** j=|T|　　//计算整体数据布局的跨数据中心传输时间

16:　　　　　寻找任务 t_j 的输入数据集 IDS_j 所布局的所有数据中心 DC_j

17:　　　　　根据式(3-73)计算输入数据集 IDS_j 传输到 dc_j 的总时间 $Transfer_j$

18:　　　　　$T_{total} += Transfer_j$

19:　　**end for**

算法 3.5 是编码粒子到数据布局结果映射的伪代码。该算法的输入包括科学工作流 $G=(T,E,DS)$、混合云环境数据中心 DC 和编码粒子 X。首先,将每个数据中心的初始存储量 $dc_{cur(X[i])}$ 均设置为 0,跨数据中心的传输时间为 0(第 1 行)。初始化后,将初始数据集布局到对应数据中心,相应地,记录各个数据中心的当前存储量 $dc_{cur(X[i])}$。当某个私有云数据中心的存储量超过其容量时,说明该编码粒子是不可行解粒子,停止操作并返回(第 2~7 行)。按任务执行顺序依次扫描,将任务 t_j 部署到传输时间开销最小的数据中心 dc_j,

如果 dc_j 的当前存储量、任务 t_j 的输入数据集总量和任务 t_j 的输出数据集总量三者之和超过 dc_j 的容量,终止执行并返回,说明该粒子为不可行解;否则将 t_j 的输出数据集 ODS_j 放置到对应编码位数据中心,并更新对应存储量(第 8～第 14 行)。当编码粒子是可行解粒子,得到相应的数据集对应各个数据中心的布局,需要进一步计算跨数据中心传输时间。依次扫描科学工作流任务,查找任务 t_j 的输入数据集 IDS_j 对应的所有布局数据中心 DC_j,计算任务放置在布局数据中心 dc_j 的输入数据传输时间 $Transfer_j$,并叠加计算对应数据传输时间,形成最终的跨数据中心传输时间 T_{total}(第 15～第 19 行)。最后输出跨数据中心传输时间 T_{total} 和对应数据布局方案。

5. 参数设置

式(3-76)中的惯性权重因子 w 决定速度的变化情况,它对 PSO 算法的搜索能力和收敛性有直接作用。部分工作的惯性权重因子调整机制是基于迭代次数而进行线性递减调整,不能很好地解决本节的非线性数据布局问题,因此需要设计一种可以根据当前粒子优劣来自适应调整搜索能力的惯性权重因子。如式(3-85)所示,新的惯性权重因子调整机制可以根据当前粒子和全局最优粒子之间的差异程度来进行自适应调整:

$$w = w_{\max} - (w_{\max} - w_{\min}) \times \exp(d(X_i^{t-1})/(d(X_i^{t-1}) - 1.01)) \tag{3-85}$$

$$d(X^{t-1}) = \frac{\text{div}(X^{t-1}, g\text{Best}^{t-1})}{|DS|} \tag{3-86}$$

式中,$\text{div}(X^{t-1}, g\text{Best}^{t-1})$ 表示当前粒子 X^{t-1} 和全局最优粒子 $g\text{Best}^{t-1}$ 相同分位上存在不同取值的位数。

当 $\text{div}(X^{t-1})$ 较大时,说明当前粒子 X^{t-1} 和 $g\text{Best}^{t-1}$ 之间差异较大,需要扩大搜索范围,因此应该增大 w 的权值,以保证粒子在更大范围内寻找问题解,避免过早陷入局部最优;否则,缩小搜索范围,减少 w 的权值,在小范围加速收敛过程,更快找到优化解。

另外,自身认知因子 c_1 和种群认知因子 c_2 的设置参照文献的线性增减方式,其中 c_1^{start} 和 c_1^{end} 分别是自身认知因子 c_1 的设定初始值和最终值,c_2^{start} 和 c_2^{end} 分别是种群认知因子 c_2 的设定初始值和最终值。

最后,基于传统 PSO 算法的流程,将 GA-DPSO 相关部分代入更新,寻求优化解。

3.4.5 实验仿真与结果

本实验的环境是 Intel(R)Core(TM)i7-7500U 2.9GHz,RAM 8GB,Windows 8 64 位操作系统。涉及 GA-DPSO 的相关参数设置为:初始化种群规模为 100,限制迭代次数为 1000,$w_{\max} = 0.9$,$w_{\min} = 0.4$,$c_1^{\text{start}} = 0.9$,$c_1^{\text{end}} = 0.2$,$c_2^{\text{start}} = 0.9$,$c_2^{\text{end}} = 0.4$。

1. 实验设置

科学工作流采用 Bharathi 等对 5 个不同科学领域研究的 5 种科学工作流模型:地震科学的 CyberShake、天文学的 Montage、生物信息学的 Sipht、生物基因学的 Epigenomics、重力物理学的 LIGO。每个科学领域的科学工作流依赖结构、不同任务对应的数据集大小都不相同,具体的依赖结构和输入/输出数据集信息均被存储在特定 XML 格式的文件中。针对每个科学领域,有不同任务量级的科学工作流,本节选取测试中型(约 50 个任务),而小型(约 30 个任务)和大型(约 100 个任务)的测试结果保存在百度云盘。

实验测试不同影响因子对数据布局的影响,需要在默认实验环境中对个别因子进行调整观察。默认实验环境设置:混合云环境包含 4 个数据中心 $\{dc_1, dc_2, dc_3, dc_4\}$,其中 dc_1 是容量无限的公有云数据中心,其他 3 个数据中心是私有云数据中心。考虑不同科学工作流对数据中心容量要求不同,则针对不同科学工作流定义私有云数据中心基准容量为

$$\text{capacity} = \frac{\sum_{i=1}^{|DS|} d\,\text{size}_i}{|DC|-1} \tag{3-87}$$

3 个私有云数据中心的容量均为 2.6 倍的基准容量。隐私数据集比例为 25%,不同数据中心间的带宽(单位:MB/s)为

$$\text{Bandwidth} = \begin{bmatrix} \sim & 10 & 20 & 30 \\ 10 & \sim & 150 & 150 \\ 20 & 150 & \sim & 100 \\ 30 & 150 & 100 & \sim \end{bmatrix} \tag{3-88}$$

2. 对比算法

为验证 GA-DPSO 的有效性,需要改进 DCO-K-means 数据布局方法和基于遗传算法的数据布局策略(GS),使相应算法适应混合云环境下面向时延优化的科学工作流数据布局。

DCO-K-means 数据布局方法首先以数据中心为聚类中心对数据集进行聚类划分,再根据存储在各个数据中心中非隐私数据集和隐私数据集之间的依赖关系,利用基于数据依赖破坏度的矩阵划分模型将数据集划分成数据块,最终确定数据的布局方案。数据依赖破坏度通过计算数据集之间的依赖度获取,数据集之间的依赖度表示同时以对应两个数据集作为输入的任务个数,不能合理反映出涉及带宽影响的数据传输时间优化布局,因此重新定义数据集之间的依赖度 dependency_{ij} 为

$$\text{dependency}_{ij} = \text{Count}(ds_i.T \bigcap ds_j.T) \cdot \begin{cases} \dfrac{\min(d\,\text{size}_i, d\,\text{size}_j)}{\text{band}_{(flc_i)(flc_j)}}, & ds_i, ds_j \in DS_{\text{flex}} \\[3mm] \dfrac{d\,\text{size}_i}{\text{band}_{(flc_i)(flc_j)}}, & ds_i \in DS_{\text{flex}}, ds_j \in DS_{\text{fix}} \\[3mm] \dfrac{d\,\text{size}_j}{\text{band}_{(flc_i)(flc_j)}}, & ds_i \in DS_{\text{fix}}, ds_j \in DS_{\text{flex}} \\[3mm] 0, & ds_i, ds_j \in DS_{\text{fix}} \end{cases} \tag{3-89}$$

式中,$\text{Count}(ds_i.T \bigcap ds_j.T)$ 表示同时以数据集 ds_i 和数据集 ds_j 作为输入的任务个数,$\text{band}_{(flc_i)(flc_j)}$ 表示数据集 ds_i 和数据集 ds_j 的预布局带宽。

改进后的数据集之间的依赖度表示方法可以有效体现涉及带宽影响的数据传输时间优化。

另外,GS 主要基于遗传算法的随机进化机制,利用二进制编码方案,对云环境下的数据布局展开数据传输频率、数据传输量和数据传输时间三方面的研究工作。该工作未考虑私有数据集因素,且处于单云环境,为了能与 GA-DPSO 形成对比,需要对 GS 做适当改进:二进制编

码过程需要考虑隐私数据集的固定存放问题,更新操作过程中隐私数据集的存放位置不变;编码染色体对应数据布局映射过程,需要考虑带宽差异,适应度函数也需要引入带宽因素。

3. 实验结果分析

GS 和 GA-DPSO 属于元启发式算法,设置连续 80 次迭代过程的最优值不更新则算法终止。由于这些算法的最优数据布局不唯一,对每种算法进行 100 组实验,数据布局的传输时间取 100 组重复实验的平均值。跨数据中心的传输时间单位统一为秒(s),实验结果的传输时间统一用实际传输时间的千分之一来展示。

图 3-32 所示是默认实验环境下中型科学工作流对应不同数据布局算法的数据传输时间。总体来看,GA-DPSO 布局算法性能最优,GS 布局算法性能次之,DCO-K-means 布局算法的性能最差。主要是由于 DCO-K-means 布局算法在数据依赖度设置时,利用预布局带宽来计算未实际布局的两数据间的数据传输时间,与最终实际部署的数据间带宽存在误差,导致出现最终数据布局的不合理性。GS 布局算法每次迭代过程中的搜索范围较为固定,没有根据当前染色体的性能进行自适应调整,但总体布局方案优于 DCO-K-means。

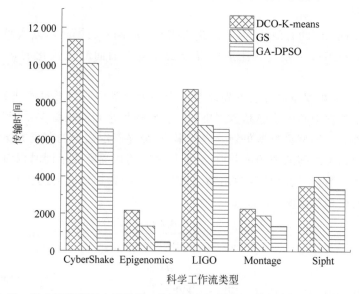

图 3-32　混合云环境下中型科学工作流对应不同数据布局算法的数据传输时间

表 3-8 所示是 GS 和 GA-DPSO 两种元启发式算法对应的中型科学工作流达到最优搜索值的迭代次数,表 3-9 所示是两种元启发式布局算法对应中型科学工作流达到最优搜索值的执行时间,其计量单位为 ms。GS 布局算法相比于 GA-DPSO,其迭代次数和执行时间都是最差的,这是因为 GS 布局算法的问题编码空间没有有效进行压缩,同时在每次迭代过程中的搜索范围较为固定,没有根据当前染色体的性能进行自适应调整,无法高效地得到最优搜索值。

表 3-8　两种元启发式布局算法对应中型科学工作流达到最优搜索值的迭代次数

布局算法	CyberShake	Epigenomics	LIGO	Montage	Sipht
GS	482	534	374	472	664
GA-DPSO	273	219	273	245	484

表 3-9　两种元启发式布局算法对应中型科学工作流达到最优搜索值的执行时间

单位：ms

布局算法	CyberShake	Epigenomics	LIGO	Montage	Sipht
GS	89 847	97 902	185 388	105 246	1 051 482
GA-DPSO	49 943	76 804	145 821	85 436	853 540

为观察私有云数据中心个数变化对 3 种不同布局算法的影响,在默认实验环境设置下仅对私有云数据中心个数进行变更,其他设置保持不变。私有云数据中心个数分别为{3,5,6,8,10},新增私有云数据中心和现有及其他私有云数据中心之间的带宽均设置为120MB/s,新增私有云数据中心到公有云数据中心之间的带宽设置为 20MB/s。随着私有云数据中心的增加,私有云数据中心基准容量也会随之下降。

图 3-33 所示为 3 种数据布局算法针对 5 种中型科学工作流,在不同私有云数据中心数据数量环境下的跨数据中心传输时间。整体来看,随着私有云数据中心数量的增加,3 种数据布局算法的跨数据中心传输时间均在增加。这主要是因为私有云数据中心的总容量一致,随着个数的增加,每个私有云数据中心的容量都有所下降,导致放置在每个私有云数据中心上的数据集减少,造成各个数据中心之间的数据传输增加,从而传输时间增加。就数据传输时间性能而言,整体上 GA-DPSO 布局算法性能最优,GS 布局算法次之,DCO-K-means 布局算法表现不佳。主要是因为 DCO-K-means 基于聚类之后再将数据集划分到各个数据中心,造成一些量级较大的数据无法放置到合适的数据中心中。GS 迭代过程中的搜索范围较为固定,经常没有找到相对优化的解空间。

接下来进行实验,选取具有代表性的 Epigenomics 和 Sipht 中型科学工作流作为实验对象。为观察私有云数据中心容量变化对 3 种不同布局算法的影响,在默认实验环境设置下仅对私有云数据中心容量进行变更,其他设置保持不变。私有云数据中心容量相对于基准容量倍数分别为{2,2.6,3,5,8}。

图 3-34 所示为 3 种数据布局算法针对 Epigenomics 和 Sipht 中型科学工作流,在不同私有云数据中心容量环境下的跨数据中心传输时间。1 个公有云数据中心和 3 个私有云数据中心的混合云环境,随着私有云数据中心容量的不断增加,使更多数据可以放置在私有云数据中心,私有云数据中心之间带宽较大,跨数据中心传输时间整体上呈不断下降的趋势。

图 3-34(a)所示是 Epigenomics 科学工作流数据布局的数据传输时间。实验数据表明,当数据中心容量达到基准容量的 3 倍以上时,Epigenomics 的全部数据集在 GA-DPSO 布局算法环境下仅放置于私有云数据中心,不需要再转移至公有云数据中心,大大压缩跨数据中心传输时间。但是,Epigenomics 的数据集在 DCO-K-means 布局算法环境下,在数据中心容量达到基准容量的 8 倍时,才能完全放置在私有云数据中心。因为 DCO-K-means 布局算法首先采取聚类方法,先放置原始输入数据,然后再放置生成的数据集,导致 Epigenomics 的两个大数据量的生成数据集在基准容量倍数较小时无法放置在私有云数据中心,所以在达到基准容量 8 倍时,DCO-K-means 布局算法的跨数据中心传输时间出现骤降现象。图 3-34(b)所示是 Sipht 科学工作流数据布局的数据传输时间。从中可以看出,DCO-K-means 布局算法的性能优于 GS 布局算法,主要原因是 Sipht 数据集较多(1049个),且每个数据集的数据量不会差距太大,不会对 DCO-K-means 布局算法带来太大冲击。然而,较多的数据集增加了 GS 搜索最优解的难度,并使 GS 易陷入局部最优搜索。

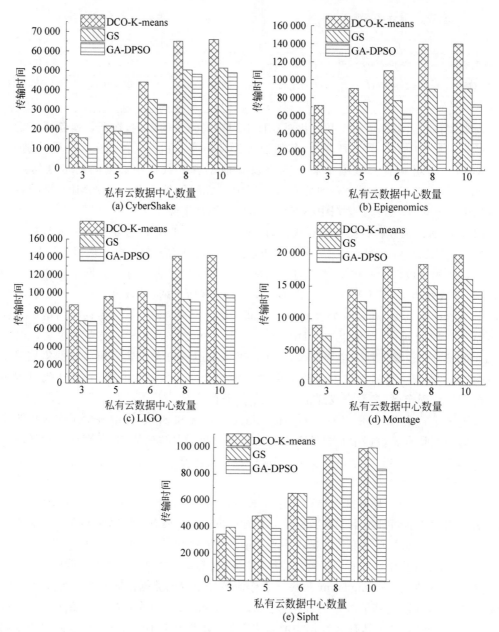

图 3-33　3 种数据布局算法在不同私有云数据中心数量的数据传输时间

　　为观察数据中心之间带宽变化对 3 种不同布局算法的影响,在默认实验环境设置下仅对数据中心之间带宽进行变更,其他设置保持不变。数据中心之间带宽变化相对于默认实验环境带宽的倍数分别为{0.5,0.8,1.5,3,5}。

　　图 3-35 所示是 3 种数据布局算法针对 Epigenomics 和 Sipht 中型科学工作流,在不同数据中心之间带宽大小环境下的跨数据中心传输时间。随着数据中心之间的带宽增大,数据中心之间的数据移动速度得到有效提升,跨数据中心之间的数据传输时间显著降低。实验表明,带宽的增大并没有显著改变各个算法对科学工作流数据集的最终布局。关于子图的分析可参考图 3-33 和图 3-34 的相关分析,这里不再赘述。

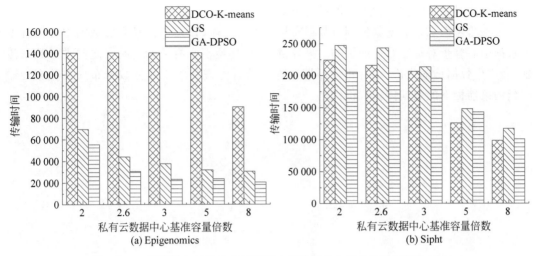

图 3-34　3 种数据布局算法在不同私有云数据中心容量的数据传输时间

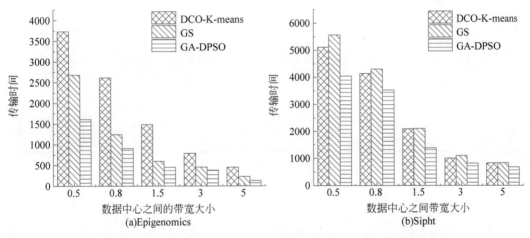

图 3-35　3 种数据布局算法在不同数据中心之间带宽大小的数据传输时间

3.4.6　总结

针对混合云环境下包含隐私数据的科学工作流数据布局传输时延严重的问题,本节考虑混合云环境下数据布局特点,结合科学工作流数据间的依赖关系,提出一种基于遗传算法算子的自适应离散粒子群优化算法(GA-DPSO)。该方法考虑了云数据中心间的带宽、私有云数据中心个数和容量等因素对传输时延的影响;通过引入遗传算法的交叉算子和变异算子,避免粒子群优化算法的过早收敛问题,提高种群进化的多样性,有效压缩数据传输时延。实验结果表明,相比于其他算法,基于 GA-DPSO 的数据布局策略可以更有效地降低混合云环境下的科学工作流数据传输时延。在保持私有云数据中心总容量不变的前提下,增加私有云数据中心数量将使数据整体布局更加分散,增加跨数据中心的数据传输时间;整体提高私有云数据中心容量,可以有效增加单个私有云数据中心的布局数据集,甚至可以保证数据集均在私有云数据中心上布局,优化混合云资源,降低跨数据中心的数据传输时间;整体扩大数据中心之间的带宽,跨数据中心的数据传输时间随之降低,但不会显著改变布局算法对科学工作流数据集的最终布局。

　　未来将考虑隐私数据集比例对数据布局算法的影响,以及不同私有云数据中心拥有不同数据中心容量对最终布局的影响。另外,混合云环境下私有云和公有云之间进行数据传输,会产生数据传输代价,笔者将在后期工作中综合考虑科学工作流数据布局在数据传输时延约束前提下的数据传输代价优化。

第 4 章　面向能源优化的资源管理

4.1　光储充电站多目标自适应能量调度策略

针对光储充电站运营中利润过低、充电桩降功率供电易发和光伏弃光严重的问题,提出了一种基于参考点的非支配排序自适应遗传算法的能量调度策略,目的是提高充电站的运营效益。首先,以最大化充电站利润、充电桩满足率和光伏消纳度为目标建立多目标优化模型;其次,为避免传统 NSGA-Ⅲ 算法早熟问题,构建了一种自适应的二进制变异算子,以提高其种群多样性;最后,针对多目标优化求解所得的 Pareto 最优解集难以筛选问题,采用模糊层次分析法从中选出唯一最优解。实验结果表明,该策略在满足 100% 光伏消纳度的同时,相比其他多目标优化策略提高了 0.45%～9.55% 的充电站利润和 0.42%～5.64% 的充电桩满足率。另外,超体积指标表明所改进的算法有更好的收敛性和分布性。

4.1.1　引言

与传统汽车相比,电动汽车(Electric Vehicle,EV)在减少碳排放、降低人类社会对化石能源的依赖、降低交通污染等方面具有不可替代的优势,因此汽车电动化将成为主流趋势。但随着 EV 保有量的增加,EV 充电需求功率将十分巨大,在时空分布上具有突发性、随机性和瞬态性,尤其是波峰波谷特征明显,这给电网带来了极大的冲击,影响电网安全可靠运行。光储充电站集成光伏系统和储能系统(Energy Storage System,ESS),保障能量供应的经济性和持续性,光储系统也缓和了 EV 并网对电网的冲击。而优化光储充电站能量调度能更好地利用光伏和储能以平滑和转移用电需求,从而进一步缓解 EV 高渗透对电网造成的冲击。

良好的光储充电站能量调度策略能极大地发挥光伏和储能的作用能力,对光储充电站的运营优化有着至关重要的作用。能量调度策略通过改变储能系统电量状态,影响储能系统的充放电能力。若储能系统放电能力不足,将导致 EV 充电需求峰期到来时充电桩供电功率不足,从而充电桩需降功率供电,影响 EV 的充电质量。另外,若储能系统充电能力弱,将导致光伏出力峰期时其无法完全消纳光伏出力,即发生光伏弃光现象,浪费光伏的出力能力。关于光储充电站普遍存在光伏弃光严重和充电桩降功率供电易发的问题,目前还没有相关研究工作提出兼顾优化两者的能量调度解决方案。而其中最具相关性的研究工作是关于提高利润或降低成本的光储充电站能量调度方案。此类方案以最大化利润或最小化成本为目标,仅解决了运营利润问题,但其并未直接解决弃光和充电桩降功率供电问题。针对上述问题,本节综合考虑降低弃光量、避免充电桩降功率并兼顾提高充电站的利润,以这三者为目标提出了一种基于多目标优化的光储充电站自适应能量调度策略。

本节的主要贡献如下:

(1)本节提出了一种综合考虑充电站利润、充电桩满足率和光伏消纳度的多目标优化模型,基于该模型的能量调度方案能兼顾提高充电站利润、减少充电桩降功率供电的发生和减少光伏弃光。

（2）本节提出一种改进的基于参考点的自适应非支配排序遗传算法（Adaptive Non-dominated Sorting Genetic Algorithm Ⅲ，AD_NSGA-Ⅲ），可根据当前个体多维度目标函数值自适应地调整变异概率，以达到更好的探索效果。并利用模糊层次分析法确定多个目标值归一化后的权重系数，以从 Pareto 最优解集中选出唯一最优解，避免了直接采用固定权重系数的主观性。

（3）仿真实验表明，本节提出的 AD_NSGA-Ⅲ 算法对光储充电站能量调度的综合优化效果良好，有较高的参考价值。此外，仿真验证了所提出的方法在提高利润、改善降功率供电情况和减少光伏弃光等方面均优于现有方法。

4.1.2 相关工作

近年来，人们提出了大量的光储充电站运营优化方案，主要手段包括：①制定 EV 充电服务的单价，即定价；②安排储能的充放电时段和充放电量，即能量调度；③将 EV 当作可转移负荷，安排 EV 的充电时段，即需求响应。针对能量调度方面，现有研究大多基于分时电价、光伏发电功率和用户负荷等因素，利用需求响应、切换储能运行模式、调节储能充放电功率等方式，以充电站运营经济利益为目标制定能量调度方案。根据能量调度策略中对储能的调度方法是否为固定规则，可分为非自适应策略和自适应策略。

在非自适应策略方面，Chaudhar 等提出了一种用于储能管理的混合优化算法，根据分时电价进行分类，并结合实时计算的光伏发电量数据，切换不同的 ESS 的运行方式，以最小化光伏与 ESS 集成的 EV 充电站的运行成本。苏金树等根据 EV 电池的荷电状态的功率计算模型，提出了一种能量调度策略，兼顾了光伏出力、EV 充放电功率、电网的分时电价和储能能量状态几种因素。该方法以 EV 充放电功率为优化变量，采用基于遗传算法与粒子群算法的混合优化算法（GAPSO）来最小化微电网运行费用。禹威威等综合考虑功率平衡、储能的荷电状态、可转移负荷的时间范围、EV 的充电时间等约束条件，构建了在分时电价和需求侧响应机制下的光伏微电网多目标优化模型，提出了基于非支配排序遗传算法的优化求解策略。该方法能最小化系统的总运行费用，以及最小化与电网的交换电量，可以大幅度提高系统的运行经济性，同时也使得微电网对大电网所起的削峰填谷效果更加明显。上述静态的能量策略只是基于分时电价等条件的一系列固定规则，而无法根据 EV 需求波动和光伏出力波动等时变因素做出快速有效的策略调整，因此在充电站时变环境中的效果表现较差。

在自适应策略方面，Sarker 等考虑了 ESS 的损耗成本、EV 的随机能量需求和储能调度在电价波动下的鲁棒性，提出了一种充电站集群管理框架，以最小化 EV 充电站运营成本。该方法能够节省充电站集群的总体运营成本，有效地提升了充电站的运营效益。王守相等建立了配电网两阶段灵活性提升优化模型，构建了基于蒙特卡洛树搜索的 EV 有序充电模型。该方法建立了计及储能及可中断负荷的运行费用最小、灵活性、裕度最大的双目标优化调度模型，采用粒子群优化算法进行优化求解，通过对灵活性资源的合理调控，能够有效地提升配电网灵活性且经济性最优。罗洪林等提供一种光储充电站的储能充放电控制方法，建立一种混合整数线性规划模型，该算法可实现接近 100% 的储能利用率，同时降低用户的日运行成本。通过动态调整储能充放电功率，可实现跟踪负荷功率、降低负荷峰值避免变压器过载的功能，同时达到灵活应对复杂、多变的电力需求侧和供给侧的动态变化场景的目的。陈亭轩等以光储充电站的收益最大化为目标,考虑光储充电站中储能运行效率和寿命衰退过程,以及光伏发电出力、EV 充电负荷、电价的不确定性,建立了考虑储能运行效率和容量衰退的储能优化运行问题,并采用双延迟深度确定性策略梯度算法进行求解,得出可有效适应光伏发电、EV 充电负荷和电价的不确定性的模型。上述动态能量调度策略相较于静态策略能更好地响应光伏发电、EV 充电负荷和电价的波动,但其优化目标大多只片面地考虑利润,而未解决光伏弃光和充电桩降功率供电问题。

　　综上所述,基于固定规则的非自适应能量调度策略,在光储充电站的时变环境下表现不佳。而现有的自适应能量调度策略虽然比固定策略更能响应环境的变动,但由于其优化目标考虑较为片面,未对充电站实际运营中存在的 EV 需求峰期充电桩时常降功率供电和光伏弃光严重的问题提出良好的解决方案,而这也是当前光储充电站实际运营所关心的主要问题。因此,本节针对提高光储充电站的利润、减少充电桩降功率供电的出现、减少光伏弃光的综合优化问题,提出了综合考虑利润、充电桩满足率和光伏消纳度的多目标自适应能量调度方案。

4.1.3　问题模型

　　本节以光储充电站为研究对象,光储充电站微网结构如图 4-1 所示,其主要包括 5 个系统单元:光伏发电系统、储能系统、交流配电网系统、充电桩系统和能量调度系统。其中,光伏发电系统、储能系统、交流配电网系统与充电桩系统四个系统单元,经过 DC/DC 转换器或 AC/DC 转换器在直流母线(DC Bus)上完成能量输送。能量调度系统通过多目标能量调度策略,产生并下发控制指令到对应 DC/DC 或 AC/DC 单元执行相应模块的功率调控,调配直流母线上各系统单元的能量输送功率。本节将一天分为 48 个时段,假定每时段内各单元的功率近似恒定,且不考虑 DC/DC 和 AC/DC 的转换损耗以及线路的传输损耗。

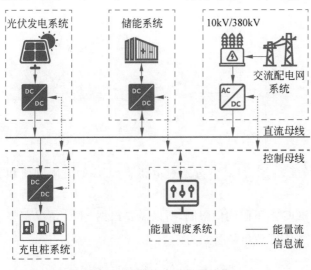

图 4-1　光储充电站微网结构

1. 充电站各实体系统单元

1) 光伏发电系统

由于电能回送配电网会给电网带来较大的不稳定波动,为配电网的稳定运行造成较大的冲击,因此配电网大多不接受用户回送电能,即多余的光伏发电量无法回送电网。光伏产生的电能通过 DC/DC 转换器输送到直流母线上,光伏发电最优先供给充电桩的需求,盈余部分储存在 ESS 中。若 ESS 由于容量限制而无法完全消纳光伏发电,则将光伏剩余的发电量丢弃,即发生弃光现象。光伏第 t 时段实际消纳功率 $p_t^{\mathrm{pv,real}}$ 为

$$p_t^{\mathrm{pv,real}} = \min(p_t^{\mathrm{cps,need}} - p_t^{\mathrm{ess}}, p_t^{\mathrm{pv,pd}}) \tag{4-1}$$

式中,$p_t^{\mathrm{cps,need}}$ 表示第 t 时段充电桩系统的需求功率,由式(4-6)确定,p_t^{ess} 表示第 t 时段的储能充放电功率;$p_t^{\mathrm{pv,pd}}$ 表示第 t 时段光伏的预测发电功率,本节中不对预测问题展开研究,假设其为已知。

2)储能系统

ESS 具有消化盈余的光伏发电、补充充电桩需求峰期的供能不足和削峰填谷降低从电网购电成本的作用。ESS 通过 DC/DC 转换器连接到直流母线上,储能的充放电功率 p_t^{ess} 为本节所要优化的变量,其取值为正表示储能放电,取值为负则表示储能充电,数值大小表示充放电功率的大小,即

$$p_t^{\mathrm{ess}} = \begin{cases} k_t p_{\max}^{\mathrm{dch}}, & k_t \geqslant 0 \\ k_t p_{\max}^{\mathrm{ch}}, & k_t < 0 \end{cases} \tag{4-2}$$

式中,$p_{\max}^{\mathrm{dch}}$ 表示储能最大放电功率;$p_{\max}^{\mathrm{ch}}$ 表示储能最大充电功率;k_t 表示第 t 时段的储能充放电功率系数,由多目标能量调度策略算法决策得出,满足 $k_t \in [-1, 1]$,优化变量 p_t^{ess} 等效于优化 k_t。

s_t^{soc} 表示储能第 t 时段末的荷电状态(state of charge,SOC),其更新是由原 SOC 减去放出的电量或加上充入的电量所占总容量的比重,且需要满足 SOC 的上下限阈值的限制,更新公式为

$$s_{t+1}^{\mathrm{soc}} = \begin{cases} s_{\min}^{\mathrm{soc}}, & s_t^{\mathrm{soc}} - \dfrac{p_t^{\mathrm{ess}} \Delta t}{v_c} \leqslant s_{\min}^{\mathrm{soc}} \\[2mm] s_t^{\mathrm{soc}} - \dfrac{p_t^{\mathrm{ess}} \Delta t}{v_c}, & s_{\min}^{\mathrm{soc}} < s_t^{\mathrm{soc}} - \dfrac{p_t^{\mathrm{ess}} \Delta t}{v_c} < s_{\max}^{\mathrm{soc}} \\[2mm] s_{\max}^{\mathrm{soc}}, & s_t^{\mathrm{soc}} - \dfrac{p_t^{\mathrm{ess}} \Delta t}{v_c} \geqslant s_{\max}^{\mathrm{soc}} \end{cases} \tag{4-3}$$

式中,Δt 表示时段长度;$s_{\min}^{\mathrm{soc}}$ 和 $s_{\max}^{\mathrm{soc}}$ 分别表示储能 SOC 的下限阈值和上限阈值;v_c 为储能总容量。

由于储能存在 SOC 上下限阈值限制,所以需要根据 SOC 情况调整 p_t^{ess} 以符合实际的储能充放电功率,p_t^{ess} 实际值更新公式为

$$p_t^{\mathrm{ess}} = \frac{(s_t^{\mathrm{soc}} - s_{t+1}^{\mathrm{soc}}) v_c}{\Delta t} \tag{4-4}$$

3)充电桩系统

受限于光伏、配电网和 ESS 的供给能力,充电桩第 t 时段实际获得功率 $p_t^{\mathrm{cps,get}}$ 可表示为

$$p_t^{\text{cps,get}} = \min(p_t^{\text{pv,real}} + p_{\max}^{\text{grid}} + p_t^{\text{ess}}, p_t^{\text{cps,need}}) \tag{4-5}$$

$$p_t^{\text{cps,need}} = p_t^{\text{cps,pred}} + p_{t-1}^{\text{cps,un}} \tag{4-6}$$

$$p_{t-1}^{\text{cps,un}} = p_{t-1}^{\text{cps,need}} - p_{t-1}^{\text{cps,get}} \tag{4-7}$$

式中，$p_t^{\text{cps,pred}}$ 为第 t 时段充电桩系统的预测新增需求功率，本节不对预测问题展开研究，假设其为已知；$p_{t-1}^{\text{cps,un}}$ 为第 $t-1$ 时段末未满足的需求功率。

4）交流配电网系统

交流配电网的 10kV 高压交流电经过变压器转换成 380V 的三相交流电，再由 AC/DC 连接到直流母线上。交流配电网系统第 t 时段接入直流母线的功率 p_t^{grid} 为

$$p_t^{\text{grid}} = p_t^{\text{cps,get}} - p_t^{\text{pv,real}} - p_t^{\text{ess}} \tag{4-8}$$

2. 能量调度系统

能量调度系统通过多目标能量调度策略，决策出各系统单元的能量传输功率，该策略的优化目标是最大化光储充电站的利润、充电桩满足率和光伏消纳度。

光储充电站的利润 r_1 由营业额扣除电力费用与储能衰退损耗成本得出，即

$$r_1 = \sum_t u_t^{\text{sell}} p_t^{\text{cps,get}} \Delta t - \sum_t u_t^{\text{tou}} p_t^{\text{grid}} \Delta t - \sum_t m_{\text{ess}} \mid p_t^{\text{ess}} \mid \Delta t \beta \tag{4-9}$$

式中，u_t^{sell} 为第 t 时段充电桩的充电服务收费单价；u_t^{tou} 为第 t 时段向配电网购电的单价；m_{ess} 为储能交换单位电量的衰退损耗成本，可由购置成本均摊到全周期放电量计算，即

$$m_{\text{ess}} = \frac{c_{\text{ess}}}{q_{\text{ess}}} \tag{4-10}$$

$$q_{\text{ess}} = 2N d_{\text{dod}} v_c \tag{4-11}$$

式中，c_{ess} 为储能的购置成本；q_{ess} 为储能全周期放电量；N 为全周期放电循环次数；d_{dod} 为放电深度。

另外，β 为储能的充放电转换系数因子，根据充电和放电设置为不同的因子，即

$$\beta = \begin{cases} \alpha_1, & p_t^{\text{ess}} \leqslant 0 \\ \dfrac{1}{\alpha_2}, & p_t^{\text{ess}} > 0 \end{cases} \tag{4-12}$$

式中，α_1 和 α_2 分别表示储能充电和放电转换效率。

充电桩满足率 r_2 为一天的充电桩累计实际获得功率与充电桩累计需求功率之比，可定义为

$$r_2 = \frac{\sum\limits_t p_t^{\text{cps,get}}}{\sum\limits_t p_t^{\text{cps,need}}} \tag{4-13}$$

光伏消纳度 r_3 为一天的光伏累计实际消纳的发电功率与光伏累计预期发电功率之比，可定义为

$$r_3 = \frac{\sum\limits_t p_t^{\text{pv,real}}}{\sum\limits_t p_t^{\text{pv,pd}}} \tag{4-14}$$

综上,该能量调度问题是一个带约束的多目标优化问题,可形式化表达为

$$\max \quad [r_1, r_2, r_3]$$

$$\text{s. t.} \begin{cases} p_t^{\mathrm{cps,get}} = p_t^{\mathrm{pv,real}} + p_t^{\mathrm{grid}} + p_t^{\mathrm{ess}} \\[2mm] \forall i, s_{\min}^{\mathrm{soc}} \leqslant s_{\mathrm{init}}^{\mathrm{soc}} - \sum_{t=0}^{i} \dfrac{p_t^{\mathrm{ess}} \Delta t \beta}{v_c} \leqslant s_{\max}^{\mathrm{soc}} \\[4mm] 0 \leqslant p_t^{\mathrm{cps,get}} \leqslant p_t^{\mathrm{cps,need}} \\[2mm] 0 \leqslant p_t^{\mathrm{grid}} \leqslant p^{\mathrm{grid,max}} \\[2mm] 0 \leqslant p_t^{\mathrm{pv,real}} \leqslant p_t^{\mathrm{pv,pd}} \\[2mm] \begin{cases} 0 \leqslant |p_t^{\mathrm{ess}}| \leqslant p^{\mathrm{ch},m} &, p_t^{\mathrm{ess}} < 0 \\[2mm] 0 \leqslant |p_t^{\mathrm{ess}}| \leqslant p^{\mathrm{dch},m} &, p_t^{\mathrm{ess}} \geqslant 0 \end{cases} \end{cases} \quad (4\text{-}15)$$

式中,$s_{\mathrm{init}}^{\mathrm{soc}}$ 表示储能的初始 SOC 值;$p^{\mathrm{ch},m}$ 表示储能充电功率需满足的限制条件,即 $p^{\mathrm{ch},m} = \min(|p_t^{\mathrm{cps,need}} - p_t^{\mathrm{pv,real}}|, p^{\mathrm{ch,max}})$;$p^{\mathrm{dch},m}$ 表示储能放电功率需满足的限制条件,即 $p^{\mathrm{dch},m} = \min(|p_t^{\mathrm{cps,need}} - p_t^{\mathrm{pv,real}}|, p^{\mathrm{dch,max}})$。

4.1.4　基于 AD_NSGA-Ⅲ 的能量调度策略

1. 问题编码

一个个体代表一个能量调度方案,个体 i 的染色体 X_i 为

$$X_i = (x_i^1, x_i^2, \cdots, x_i^m) \quad (4\text{-}16)$$

式中,$x_i^t(t=1,2,\cdots,m)$ 表示个体 i 在第 t 时段储能充放电功率系数,m 表示一天切分时段数。

利用式(4-2)可计算得储能充放电功率,再利用功率关系求得系统各单元各时段功率。

2. 适应度函数

根据系统各单元在各时段的功率,利用式(4-9)、式(4-13)和式(4-14)计算出三个维度的目标值 r_1、r_2 和 r_3,则个体 i 的第 j 维度的适应度值可定义为

$$f_j^i = \frac{r_j^{\max} - r_j^i}{r_j^{\max} - r_j^{\min}} \quad (4\text{-}17)$$

式中,r_j^i 表示个体 i 的第 j 维度的目标值;$r_j^{\min}$ 表示当前种群所有个体第 j 维度最小目标值;$r_j^{\max}$ 表示当前种群所有个体第 j 维度最大目标值。

每一维度适应度与其目标值呈负相关,适应度值越小,表征其目标值越大,个体越理想。

3. 个体更新策略

种群第 t 代的个体更新步骤如下。首先将种群大小都为 n 的父代 P_t 和子代 Q_t 合并为新种群 R_t,即 $R_t = P_t \bigcup Q_t$。从新种群 R_t 的 $2n$ 个个体中选取 n 个个体组成下一代的种群。为了实现此选择过程,需先对 R_t 进行非支配排序,将其划分为多个非支配层($F_1, F_2, \cdots$,F_n)。然后从第一层 F_1 开始构建一个新种群 S_t,逐步添加下一层到 S_t 中,直到其大小大于或等于 n。将此过程的最后一层记为第 l 层,则淘汰第 $l+1$ 层以上的所有个体。若 S_t

中个体数量大于 n,则需要从最后一个被接受层(第 l 层)中剔除部分个体以使种群个体数量保持为 n。此时,需衡量种群的多样性以从第 l 层选择要保留的个体。在 Deb 等提出的 NSGA-Ⅲ 中对第 l 层的选择采用基于参考点的选择机制。

在 NSGA-Ⅲ 算法中,使用交叉算子和变异算子产生新的个体以构建子代种群,个体根据固定概率进行交叉,然后根据固定概率进行变异。具有固定变异概率的基础 NSGA-Ⅲ 算法由于无差别的变异方式,即较优的个体和较差的个体的变异率一致,导致变异的方向具有随机性和盲目性,因此它并不总能找到最优的解。本节提出一种自适应变异概率的变异算子,可以根据个体的适应度值自适应地调整变异概率,使适应度较差的个体变异概率大,适应度较好的个体变异概率小,以解决这一问题。个体 i 的自适应变异概率可表示为

$$p_m^i = \frac{d_i}{\dim} \tag{4-18}$$

$$d_i = \sqrt{\sum_{j=1}^{j \leqslant \dim} (f_j^i - f_j^{\min})^2} \tag{4-19}$$

式中,p_m^i 表示个体 i 的自适应变异概率;d_i 表示个体 i 的适应度值与理想点的距离;$\dim$ 表示优化目标的维度。

自适应变异概率的多项式变异算子如算法 4.1 所示。

算法 4.1　自适应变异概率的多项式变异算子

输入:Pop,F,η

输出:子代种群 Child

1: 　初始化:Child=Pop
2: 　for i=1 to n do
3: 　　　　计算 p_m^i
4: 　　　　if $s_1 < p_m^i$ then
5: 　　　　　　X=Pop$_i$
6: 　　　　　　for j=1 to m do
7: 　　　　　　　　$\lambda_1 = (X_j - 1)/(h - 1)$
8: 　　　　　　　　$\lambda_2 = (h - X_j)/(h - 1)$
9: 　　　　　　　　u=1/(0.1+η)
10: 　　　　　　　if $s_2 < 0.5$ then
11: 　　　　　　　　　y=2*s_2+(1-2*s_2)*(1-λ_1)$^{\eta+1}$
12: 　　　　　　　　　$X_j = X_j + (h-1)*(y^u - 1)$
13: 　　　　　　　else if
14: 　　　　　　　　　y=1-2*s_2+2*s_2*(1-λ_2)$^{\eta+1}$
15: 　　　　　　　　　$X_j = X_j + (h-1)*(1-y^u)$
16: 　　　　　　　end if
17: 　　　　　　　$X_j = \max(1, \min(h, X_j))$
18: 　　　　　　end for
19: 　　　　　Child$_i$=X
20: 　　　　end if
21: 　end for
22: 　return Child

算法 4.1 的输入包括父代种群 Pop、父代种群的多维度适应度 $F = \{F_1, F_2, \cdots, F_m\}$ 和分布指数 η，其中个体 i 的多维度适应度值 $F_i = \{f_1^i, f_2^i, \cdots, f_{\dim}^i\}$。首先，初始化子代种群为父代种群(第 1 行)，初始化的目的是让未发生变异的个体的编码与父代一致。初始化后，遍历种群中的个体，根据 F_i 计算出个体 i 的变异概率 p_m^i(第 3 行)，若取值在 $[0, 1]$ 的随机小数 $s_1 < p_m^i$ 则执行变异操作，否则不进行变异操作(第 4 行)。

第 5~20 行是执行变异操作过程。首先，初始化变异后个体 X 为父代个体 Pop_i(第 5 行)。然后，对个体 X 遍历其 m 位的编码，并对每一位采用多项式变异算子进行变异操作(第 7~19 行)，其中 h 表示编码的最大值，l 表示编码的最小值。最后将子代种群第 i 个个体 Child_i 修改为变异后的个体 X。经过上述变异过程后，最终输出子代种群 Child。

4. 选取最优解策略

从 Pareto 最优解集中选取唯一的最优解的策略一般采用专家系统，具有较强的主观性。因此本节利用模糊层次分析法(Fuzzy Analytic Hierarchy Process，FAHP)以摆脱专家系统的主观性。本节使用的模糊层次分析法与 Qin 等的方法一致。本节利用 FAHP 确定多维度适应度值归一化后的权重，以从 Pareto 最优解集中选出加权和最小的解。

5. 个体到调度结果的映射

编码个体到调度结果的映射方法如下。首先，利用式(4-2)、式(4-3)和式(4-4)。计算更新 p_i^{ess}。其中，式(4-2)作用是把个体编码转化储能的充放电功率，式(4-3)和式(4-4)是根据储能电量限制，计算修正后的储能充放电功率。然后利用式(4-20)~式(4-22)可顺序求出 $p_t^{\text{pv,real}}$、$p_t^{\text{cps,get}}$ 和 p_t^{grid}：

$$p_t^{\text{pv,real}} = \min(\max(p_t^{\text{cps,need}} - p_t^{\text{ess}}, 0), p_t^{\text{pv,pd}}) \tag{4-20}$$

$$p_t^{\text{cps,get}} = \min(p_t^{\text{pv,real}} + p_{\max}^{\text{grid}} + p_t^{\text{ess}}, p_t^{\text{cps,need}}) \tag{4-21}$$

$$p_t^{\text{grid}} = p_t^{\text{cps,get}} - p_t^{\text{pv,real}} - p_t^{\text{ess}} \tag{4-22}$$

最终，可得到各时段储能充放电功率 p_t^{ess}、各时段光伏实际消纳功率 $p_t^{\text{pv,real}}$、充电桩各时段实际获得功率 $p_t^{\text{cps,get}}$、交流配电网接入直流母线的功率 p_t^{grid}。上述过程得到了各时段各单元的功率策略，即形成了各时段能量调度策略。

6. 总体算法流程

AD_NSGA-Ⅲ算法流程如图 4-2 所示，具体步骤如下。

步骤 1：初始化 AD_NSGA-Ⅲ中种群大小、最大迭代次数等各项参数，创建参考点集，并生成初始种群。

步骤 2：根据 3.3 节的粒子更新策略，对种群采用二进制交叉算子进行交叉，并采用算法 4.1 中改进的自适应多项式变异算子对种群进行变异，生成子代种群。

步骤 3：合并父代和子代，组成新种群，根据第 3.1 节的非支配排序方法，对初始种群进行非支配排序。

步骤 4：根据 3.3 节的更新算法对种群进行标准化，寻找关联个体的参考点，并利用参考点构建 Pareto 最优解集。

步骤 5：执行精英保留操作，将精英个体保留到下一代。若达到最大次数，则进入步骤 6，反之，则跳转到步骤 3。

步骤 6：根据本节的 FAHP 方法从 Pareto 最优解集中选取加权和最小的最优解。再根据本节中个体到调度结果的映射，形成最优的能量调度策略。算法到此终止。

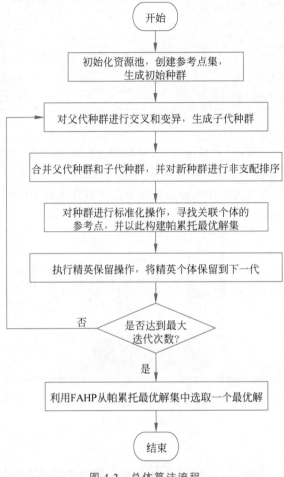

图 4-2　总体算法流程

4.1.5　实验

本节模拟实验是在 64 位 Windows 11 系统环境下，其配置是 32GB 内存和 2.1GHz 的 Intel i7 12700 处理器。基于文献，AD_NSGA-Ⅲ 的参数设置如表 4-1 所示。种群大小为 100，最大迭代次数为 3000，交叉参数为 2，变异参数为 5，交叉概率为 0.9，变异概率根据种群适应度自适应计算，计算过程如算法 4.1 所示。

表 4-1　参数设置

参　　　数	取　　　值
时段长度 Δt	0.5h
储能容量 v_c	500kW·h
储能购置成本 c_{ess}	500 000 元
全周期放电循环次数 N	6000 次
放电深度 d_{dod}	0.94

续表

参　　数	取　　值
储能的充电效率 α_1，放电效率 α_2	0.95,0.95
储能 SOC 初始值 $s_{\text{init}}^{\text{soc}}$	0.03
储能 SOC 上限阈值 $s_{\text{max}}^{\text{soc}}$，下限阈值 $s_{\text{min}}^{\text{soc}}$	0.97,0.03
储能最大充电功率 $p_{\text{max}}^{\text{ch}}$	250kW
储能最大放电功率 $p_{\text{max}}^{\text{dch}}$	250kW
电网接入直流母线的最大功率 $p_{\text{max}}^{\text{grid}}$	250kW

1. 实验设置

模型输入为一天 48 时段的分时电价、充电桩的分时售电单价、充电桩预测需求功率和光伏预测发电功率，如图 4-3 所示。本节不对预测问题展开研究，采用了福建时代星云科技有限公司的某 EV 充电站点的单日实际数据经过处理后作为预测值输入。

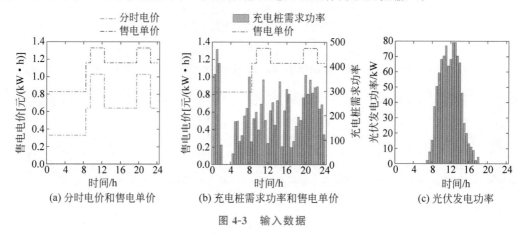

图 4-3　输入数据

2. 对比算法

为了验证本节提出的基于 AD_NSGA-Ⅲ 的能量调度策略的有效性，采用了 NSGA-Ⅲ、NSGA-Ⅱ 和 MOEA/D 这三种经典的多目标优化算法作为对比算法。另外，引入进化算法中被广泛运用的遗传算法（GA）作为对比的元启发式算法。其中，NSGA-Ⅲ 采用固定概率的二进制交叉和多项式变异，交叉参数设为 2，变异参数设为 5。NSGA-Ⅲ、NSGA-Ⅱ、MOEA/D 和 GA 统一设置交叉概率为 0.9，变异概率为 0.03。同时，MOEA/D 的邻域大小设置为 20。所有算法的迭代次数均设置为 3000 次。所研究的多目标优化调度模型基于日前调度（即 24h），这意味着所提出算法的计算时间可接受。

4.1.6　结果评价

为了降低实验的偶然性，本节的所有结果都是经过 100 次反复实验的均值。图 4-4 所示是本节模型下不同算法（AD_NSGA-Ⅲ、NSGA-Ⅲ、NSGA-Ⅱ 和 MOEA/D）在不同迭代次数下的目标值。从图 4-4 可以发现，随着迭代次数的增加，基于 AD_NSGA-Ⅲ、NSGA-Ⅱ 和 MOEA/D 算法策略的利润均呈上升趋势，充电桩满足率呈波动上升趋势。基于 GA 算法策略的利润呈波动较大的缓慢上升趋势，充电桩满足率波动巨大，这是由于 GA 采用对多目标加权和为单目标优化的处理方式,且利润的影响权重高于充电桩满足率。而基于 NSGA-Ⅲ算法策略的利润和充电桩满足率基本保持不变,主要是因为该算法很快就陷入局部最优而无法跳出,表明在本节模型下,NSGA-Ⅲ 的搜索能力较差。由于本节模型对不满足限制条件的解采用修改为使其恰好满足边界条件,因此在解空间之外的劣解会集中分布在边界附近,因此若算法搜索能力较弱,容易陷入局部最优。

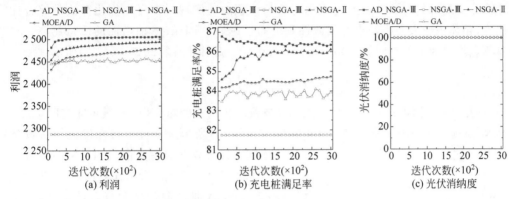

图 4-4 不同算法在不同迭代次数下的目标值

图 4-4(a)所示是 5 种算法策略在不同迭代次数下的利润。AD_NSGA-Ⅲ 在不同迭代次数下的利润高于其他算法策略 $0.45\% \sim 9.55\%$,其次是 NSGA-Ⅱ,次之是 MOEA/D,再次之是 GA,利润最低的是 NSGA-Ⅲ。这是由于 AD_NSGA-Ⅲ 改进了变异概率的自适应调节,极大地加强了对解空间的探索能力,从而找到更优的解。同时,在 AD_NSGA-Ⅲ 中基于FAHP 的最优解选择策略,能更好地筛选出综合表现更好的解。基于 GA 算法策略的利润呈波动较大的缓慢上升趋势,这是由于其精英保留策略会保留多目标加权和最大的个体,因此利润在迭代过程中会发生波动,而整体呈上升趋势。除了 NSGA-Ⅲ 很快陷入局部最优以外,其他 3 种多目标优化算法策略的利润均随迭代次数增加而上升,AD_NSGA-Ⅲ 在迭代 1500 次左右逐渐收敛,NSGA-Ⅱ 则是在迭代 2000 次左右收敛,MOEA/D 在迭代 2700次左右收敛。

图 4-4(b)所示是 5 种算法策略在不同迭代次数下的充电桩满足率。AD_NSGA-Ⅲ 在不同迭代次数下的充电桩满足率高于其他算法策略 $0.42\% \sim 5.64\%$,其次是 NSGA-Ⅱ,次之是 MOEA/D,再次是 GA,最低的是 NSGA-Ⅲ。基于 GA 算法策略的充电桩满足率波动巨大,这是由于权重不同,其在迭代过程中若利润与充电桩满足率冲突时,倾向于牺牲充电桩满足率,以提高利润。随着迭代次数的增加,AD_NSGA-Ⅲ 的充电桩满足率略有降低,这是由于充电桩满足率和利润在需求峰期且处于高电价等情况下有冲突关系,因此在 AD_NSGA-Ⅲ 基于 FAHP 的最优解选择策略下,算法会选择牺牲少量充电桩满足率以换取更高的利润,即选择一个较为均衡的方案。

从图 4-4(c)可知,所有测试样例中,5 种算法策略的光伏利用率均达到了 100%,主要原因是光伏消纳度与利润和充电桩满足率均为正相关关系,提高光伏利用率不会与其他维度的目标产生冲突,所以 5 种算法策略都倾向于极大的消纳光伏。因此,本节的多目标优化问题在特定条件下,近似于在满足光伏利用率限制条件下优化利润和充电桩满足率的双目标优化问题。而本节模型下,NSGA-Ⅲ 在构建非支配解集时采用基于三维的参考点选取,显然不如基于拥挤度(与相邻解的欧氏距离成反比)的 NSGA-Ⅱ。即 NSGA-Ⅲ算法在低维目标问题的表现一般差于 NSGA-Ⅱ,但在高维目标问题的表现显著优于 NSGA-Ⅱ。

综上所述,在所有测试样例中,AD_NSGA-Ⅲ的利润和充电满足率均优于其他对比算法,光伏消纳度达到了 100%,即 AD_NSGA-Ⅲ相对于其他对比算法达到更好的优化效果。此外,本节使用详细的度量来显示改进的 AD_NSGA-Ⅲ算法的优越性。超体积评价指标通过计算非支配解集与参考点围成的空间的超体积的值实现对多目标优化算法的综合性能的评价,超体积越大表明解集的收敛性和分布性越好,即 Pareto 前沿面的质量越高。本节的参考点设置为最差点向量$[5000, 120\%, 120\%]$。超体积计算式如式(4-23)所示。

$$\mathrm{HV} = \lambda\left(\bigcup_{i=1}^{|S|} v_i\right) \tag{4-23}$$

式中,λ 表示勒贝测度;v_i 表示参考点和非支配个体构成的超体积;S 表示非支配集。

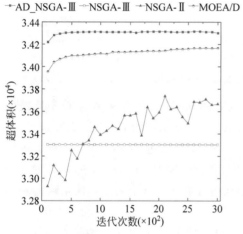

图 4-5 不同迭代次数下的超体积

图 4-5 所示是 4 种多目标优化算法策略在不同迭代次数下的超体积。AD_NSGA-Ⅲ的超体积明显高于其他 3 种对比算法,进一步验证了 AD_NSGA-Ⅲ的收敛性和分布性更好,产生了更好的 Pareto 前沿面。由于 MOEA/D 存在分解操作,可通过分析相邻问题的信息来优化进化,因此该方法在保持解的分布性方面有较大的优势,因此 MOEA/D 的超体积优于 NSGA-Ⅱ 和 NSGA-Ⅲ。而 AD_NSGA-Ⅲ优于 NSGA-Ⅲ的原因是本节自适应地调整了变异概率,能更好地探索解空间,从而使种群产生了更好的 Pareto 前沿面。

图 4-6 所示是 5 种算法策略在不同迭代次数下的运算时间。基于单一最优化目标的 GA 的运算时间显著少于多目标优化算法,因为其每轮迭代的时间复杂度约为 $O(MN)$,远低于其他 4 种多目标优化算法。基于分解的 MOEA/D 的运算时间少于基于支配的其他 3 种多目标优化算法,因为其时间复杂度更低。MOEA/D 的计算复杂度主要集中在更新领域解步骤,其时间复杂度为 $O(MNT)$。NSGA-Ⅱ的计算时间花销主要是快速非支配排序,其时间复杂度为 $O(MN^2)$。非支配排序和关联参考点操作在 NSGA-Ⅲ 的时间复杂度中占主导地位。其中,非支配排序的时间复杂度为 $O(\lg^{M-2} N^3)$,关联参考点操作的时间复杂度为 $O(MN^2)$。因此,NSGA-Ⅲ的时间复杂度为 $\max(O(\lg^{M-2} N^3), O(MN^2))$。对于 AD_NSGA-Ⅲ,本节改进了自适应的变异概率,该自适应操作的时间复杂度为 $O(N)$,相对于 NSGA-Ⅲ的时间复杂度可以忽略不计。因此,AD_NSGA-Ⅲ的时间复杂度和 NSGA-Ⅲ相同。AD_NSGA-Ⅲ优于 NSGA-Ⅲ的原因是本节自适应地调整了变异概率,由于自适应变异概率的改动可以使种群产生分布更好的 Pareto 前沿面,从而使得 AD_NSGA-Ⅲ的实际运算花销时间更低。

综上所述,相对于其他 4 种对比算法,AD_NSGA-Ⅲ表现最优,产生了更好的 Pareto 前沿面,其各维度目标值均更优,有着更好的分布性和收敛性,并且有着较好的计算性能。

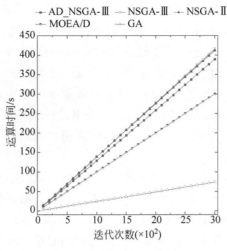

图 4-6　不同算法的运算时间

4.1.7　结论

本节提出一种基于 AD_NSGA-Ⅲ 的光储充电站能量调度优化策略,以满足光储充电站的运营效益优化的需要。研究表明,本节对 AD_NSGA-Ⅲ 的自适应变异概率改进取得了良好的优化效果,产生了更好的 Pareto 前沿面,有着更好的分布性和收敛性,并且有着较好的计算性能。另外,基于模糊层次分析法的最优解选择策略能有效地从解集中筛选出表现更好的最优解。因此,本节所提出的方法能显著地提高光储充电站的利润、减少降功率供电的发生和减少光伏弃光量,可以为光储充电站的能量调度提供科学有效的参考方案。

未来工作中,在模型构建方面,将引入 V2G,并考虑 EV 放电激励的成本和收益对能量调度的影响,以达到更好的综合优化效果。同时,在优化算法方面,本节也考虑了结合机器学习,即引入多任务学习,以进一步提高算法对解空间的探索能力。

4.2　面向用户满意的 PSCS 能量调度策略

本节从面向用户满意的角度出发,实施光储充能量调度策略,对 PSCS 的能量调度策略进行分析和优化,具体内容为:在面向用户满意的运行场景下,考虑用户充电特征提供快充和慢充两种充电方式,根据汽车充电需求和剩余停车时长等因素,决策相应 EV 的充电方式,并动态调整站内的充电计划。在满足用户充电满意的前提下,建立了一种受限于分时电价下的能量优化模型,调度负荷进行削峰填谷,并设计了一种基于带精英策略的遗传混合递推算法(Elitist Genetic Algorithm Hybrid Recursive,EGAHR)进行能量优化调度,最小化电网取电费用。实验结果表明,实行分时电价下的多方能量互补策略能够避免电网取电峰值过高,改善能量流动结构,同时满足用户充电需求,系统整体运行成本减少 2%～21.9%,具有明显的优化效果。

4.2.1　引言

近年来,全球温室气体排放和能源消耗的增加引起了对可持续能源的需求。在这种情况下,PV 和 ESS 成了绿色能源应用的重要选择。然而,PV 具有间歇性和波动性,这意味着能量存储和调度将成为 PV 和 ESS 中必不可少的部分。因此,PSCS 能量调度策略的研究成为当前能源领域的热点问题之一。传统的 PSCS 能量调度策略主要关注电网调度和能量管理方面的问题,忽视了用户需求的重要性。然而,随着新能源汽车的发展和应用,EV 用户数量的不断增加,混乱充电供电市场对电力质量和电网整体稳定性构成重大冲击的同时,用户的充电需求日渐紧张、充电时间不自由、充电效率拥挤等需求障碍凸显,用户需求成了 PSCS 能量调度中不可忽视的因素。因此,面向用户满意的 PSCS 能量调度策略受到了越来越多的关注。

与此同时,PSCS 能量调度技术不断革新,用户层面上,优化硬件设备,提高用户服务满意度,同时制定考虑需求灵活度的能量调度策略很有必要。随着信息化集成软件的不断升级,PSCS 运营商主体可以在用户到来之前,获得 EV 需求时间基础信息,从而提前感知需求市场,对需求灵活性提供有效信息支撑。面向用户满意的 PSCS 能量调度策略旨在通过灵活地配置充电桩和 ESS 设备的电力输出,以实现用户需求和电网调度的双重目标。在这种策略中,用户需求作为一个重要的因素被纳入能量调度中,以确保 PSCS 的使用符合用户的期望和需要。因此,本节提出了一种面向用户满意的带预约机制的 PSCS 能量调度策略,以满足用户需求和提高 PSCS 的效率。这里的用户满意指从能量角度得到满足,不考虑大众逐利心理与电价的影响(用户满意度普遍定义为用户对于需求和欲望是否满足的感知程度。在电力市场中,为了保证运行可靠性和经济性,常对用户采取需求响应策略引导用户分时段合理用电)。

在 PSCS 接入电网的运行中,大规模的 EV 充电会给电网带来负荷波动的影响,而如何在保证 EV 充电负荷需求的前提下提高 PSCS 的经济效益是当前充电站运行建设面临的一个重要问题。本节针对这一问题进行研究,首先对充电站内部的能量流模式进行分析,然后考虑分时电价对该能量流策略的补充,并探讨充电站的经济运行效益。目前关于 PSCS 的能量管理研究较多,其中部分针对 EV 需求侧进行优化调度,也有一些针对 PV 产量预测和系统约束优化,相比,较少人在能量优化过程中,针对充电规划进行优化调度,关于需求端和能源端前后配合优化工作也比较少。因此,考虑到今后大规模的充电需求和时间约束,在满足 EV 充电需求的情况下,实现预约机制下 PSCS 的 EV 充电负荷调度和能量管理愈发重要。基于上述研究现状,我们对 ESS 调度和充电策略展开研究。本节主要贡献有以下几点:

(1) 研究了 PSCS 模型,考虑了预约车辆充电的时机、功率调配和能量调度,通过充电形式和能源调配的协作来实现能量调度的流动性。

(2) 提出了基于带精英策略的遗传算法的混合递推优化策略(EGAHR),即一种在 PSCS 中考虑充电规划的能量调度优化的机制。采用贪婪决策方法对系统能源进行调度,为满足 EV 的充电要求,并最小化电网侧成本。同时,EGAHR 利用最佳拟合的思想来优化调度,以保证系统可以找到最佳能量调度策略。

(3) 基于 PSCS 历史数据和数据集,通过模拟不同系统配置下的能量调度和效果变化进行仿真实验,验证了 EGAHR 的效果。

4.2.2　相关工作

PSCS 是指通过太阳能 PV 系统和 ESS 系统实现对 EV 进行充电的充电站,其具有减少碳排放、提高充电效率等优点。近年来随着能源结构转型的大力推广,作为时效性高的可再生能源微电网,PSCS 的相关建设和落地实施逐渐成一定规模,而光储充能源管理系统的优化也不断受到国内外的广泛关注。其能源供给调度技术研究主要包括三方面:PV 和 ESS 的联合调度技术、充电负荷的预测和调度技术、能源互联网的微网集成调度技术。

随着 PV 技术和 ESS 技术的不断发展,PSCS 的技术成熟度逐渐提升,PV 和 ESS 的联合调度技术不断成熟,使系统运行成本逐步降低。有相关研究基于双层混合整数规划(BiMIP)模型,提出了使系统容量规划和运行成本最小化以及基站运行成本最小化的双层联合优化问题,提出了一种具有 ESS 规划需求的大型 PV 集成 5G 基站 SES 系统容量规划与运行联合优化方法。充电负荷的预测和调度技术涉及多种模型和状态的考量,由于用户的出行习惯与路径差异,导致阶段性充电负荷信息不稳定,相关研究用起止矩阵结合最短路径算法解决 EV 出行位置的不确定性,利用出行链确定在多位置充电场景下的 EV 出行规律,从而对充电需求进行预测。对于能源互联网的微网集成调度技术的研究,也是 PSCS 调度系统的重点,面向供给侧和需求侧的能量调度,是"源网荷储"全环节低碳化的考量因素。面对多种能源和 EV 的聚合场景,需要高效灵活的能源管理策略。现有研究考虑到潜在的不确定性,最大限度地降低涉及客户满意度的运营成本,在降低成本的同时可靠地为客户服务。

PSCS 已经开始在一些地区得到规模化应用,如中国、欧洲和美国等地。并且在一些城市和社区中,已经出现了大量的 PSCS,且开始向智能化方向发展。在 PSCS 的相关领域,如 PV、ESS 技术、EV 充电设施等方面,各国的科研机构和企业都在积极开展研究,并不断推出新的技术和产品。

PSCS 的能源管理是一个复杂的问题,需要充分考虑 PV 的波动性、ESS 的容量、EV 的充电需求等多方面因素,从而进行能量调度。国内外的研究者对此进行了深入探讨,提出了多种优化策略,如基于 GA 的优化调度算法、基于模糊逻辑的充电调度方法等。充电需求规律情况下,为了对充电站、电网和需求之间的能量进行聚合管理,可将充电站和电网间的功率分配问题与 EV 的充电需求调度问题进行分阶段顺序执行,也可综合上下端进行联合优化。Rajani 等提出了一种电动汽车充电站与配电系统能量管理的混合策略,应用吉萨金字塔建造算法和增强递归神经网络的混合算法,使能量调度高效运行。

在解决 PSCS 能量调度方法研究中,大体分两类。

第一类基于负荷需求和分时电价先验知识,在不建立目标函数情况下,直接设计针对特定场景的优化策略来规划 ESS 的充放电行为,在优化周期结束后评价策略效果,较少考虑预测误差给优化调度情况带来的影响。这类方法通常设计启发式算法对 ESS 进行调度,且均为日前规划,用电需求负荷情况一般为预测值,在所需优化日真正优化时,预测值与真实值的差距会影响算法的表现。如有相关文献基于用户用电负荷的特点,采取了在特定时段对电池 ESS 分别进行充放电操作的调度策略,并分析了该策略的效果,但未考虑预测误差。面对 ESS 辅助服务、调峰、负载转移,有研究提出了一种新型的双向部分功率转换器(PPC),作为 PSCS 之间的接口,建立变频器的数学模型,为充电站提供调峰能力,同时提供高效的 ESS。

第二类是根据需求建立目标函数与约束条件,构造优化问题,并根据问题性质和数据特征选用对应的优化算法来求解。此类研究一般根据研究场景的不同,构造不同的目标函数(目标一般以用户用电收益为主,以及一些设备使用成本),约束条件一般包括 ESS 自身硬件带来的约束和用户用电习惯的约束。如 Yann 等结合用户的 PV 和 ESS,提出了一个非线性的优化问题,目标是优化用户的用电成本,并使用了动态规划进行求解,在该问题中,用户的用电峰值被预先设定。Rodolfo 等结合电价变化情况来决定电池 ESS 的充放电功率,并分析了引入 ESS 的经济性,开发新的优化模型以获得在 RTP 电价下的最佳存储大小和充放电过程控制,使系统的净当前成本最小化。有的相关研究中首先依据用户电力负荷情况,得到需求峰值,并按照需求峰值进行充放电操作,缺乏对误差的控制。Ehsan 等在包含新能源的场景中,首先设计了削减用户峰值的优化问题,求解后再根据优化结果设计了一个平滑电网电力负荷波动的优化问题,但在解出第二个优化问题后,就无法保证第一个优化问题的目标函数最优。Hopkins 等则是考虑了向电网卖电的场景,构造一个线性规划问题来最大化用户的收益。Deboever 等同样考虑了与电网交易的场景,不同的是其构造的是一个凸优化问题,通过凸优化方案解决 ESS 的最优调度问题和 ESS 业主的收益最大化问题。总体来说,针对某个具体问题,可以根据目标函数和约束条件的性质,设计出一个优化问题,再根据问题本身的性质,可以分成两类:凸优化和非凸优化。此外,优化变量的性质也是进行分类的一种方法,包括连续变量优化、整数优化和混合整数优化。根据问题性质的不同,凸优化可以采用标准的求解流程进行求解。而非凸优化问题,除了使用数学工具将其近似为凸优化问题以外,还可以使用进化算法、GA 或 PSO 等启发式的算法进行求解。

4.2.3 问题模型

1. 系统模型

PSCS 系统主要由电网、ESS、PV、负荷单元和其他电子设备组成。其中,负荷单元包含基础负荷和 EV 充电负荷,这些负荷可以通过 PV、ESS 和电网的协同供电得到满足。充电桩是系统中承担 EV 充电任务的关键设备,同时也能够收集 EV 充电信息,为后续的负荷预测和优化调度提供参考。如图 4-7 所示,PV 通过 DC/DC 转换器连接到母线,电网和 ESS 通过 AC/DC 转换器接入。能量管理系统(Energy Management System,EMS)基于 EGAHR 算法设定能量调度策略,管理 EV 的充电过程,确保 EV 充电服务质量,假设每阶段 EV 数不大于充电桩数。

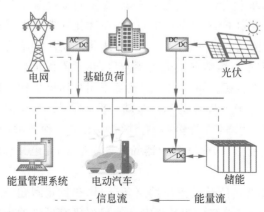

图 4-7　PSCS 系统架构

EMS 获取 PV 发电、ESS 状态、电价和 EV 等相关信息，PV 输出优先服务需求负荷，过剩能量存储到 ESS 或反馈到电网。当 PV 输出不足时，由电网或 ESS 来供给负荷。ESS 在低电价时期存储电网电力或多余的 PV 发电，并在高电价时放电，利用峰谷差，进一步降低成本。图 4-8 进一步展示了 PSCS 系统能量流调度细节。为避免 PV 波动性的影响，上述运行假设 PV 已知，而考虑充电规划的能量调度策略和算法将在 4.3 节介绍。

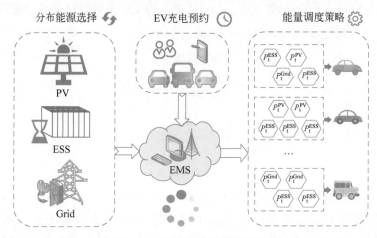

图 4-8　PSCS 系统能量流调度

2. 预约需求充电模型

对于 EV 预约数据，我们根据工作场所停车场 PSCS 日常统计数据计算，发现其历史数据到达时间的分布可以近似为正态分布，其中均值和标准差分别为 μ_A 和 σ_A，而其离开时间可以近似为一种对数正态分布，均值和标准差分别为 μ_L 和 σ_L。我们有

$$M_t^A = I \int_t^{t+1} f_A(x) \mathrm{d}x = I(F_A(t+1) - F_A(t)) \tag{4-24}$$

式中，$f_A(x)$ 为到达时间的概率密度函数；$F_A(t)$ 为相应的累积分布函数；M_t^A 为 t 现存的车辆数，$M_t^A \in (0, I)$。

根据对数正态分布函数 μ_D 和 σ_D 两个参数，可以近似得到 EV 行驶距离的概率密度函数，有

$$f_A(x : \mu_D, \sigma_D) = \frac{1}{x\sigma_D \sqrt{2\pi}} \exp \frac{(\ln x - \mu_D)^2}{2\sigma_D^2} \tag{4-25}$$

式中，μ_D、σ_D 分别为函数的均值和标准差。

每辆即将到来的 EV 的预约充电需求可由 $E_D \exp\left\{\mu_D + \dfrac{\sigma_D^2}{2}\right\}$ 给出。调查数据显示，早晨 8 点左右为上班用车期，18 点左右为下班用车期，在此 EV 的到达时间和离开时间分布参数依次为 $(\mu_A = 7{:}30, \sigma_A = 3)$ 和 $(\mu_L = 17{:}30, \sigma_L = 3)$。

EMS 能够根据 EV 预约信息，如充电需求、到达时间和离开时间，制定合适的充电计划，以实现 PSCS 系统的削峰填谷目标。同时考虑当前电价、PV 发电量、ESS 状态等因素，选择合适的充电模式，以降低车主的充电费用并降低运营商的成本。在充电过程中，为了简化实际模型，假设 EV 离开前的 SOC 达到 100%，并忽略 EV 和 ESS 中电池的效率和寿

命所带来的成本影响。

本研究将一天平均划分为 T 个时段，Δt 为单个时段的长度，t 表示当前时段。设 I 为一天内需要充电的 EV 的期望集，$\bar{I}(t)$ 为 t 时段内接入充电系统的 EV 的期望集，$t \in [A_i,$ $D_i]$（A_i 和 D_i 分别表示 EV_i 的接入时间和断开时间），充电桩个数为 m。因此，有 $|\bar{I}(t)| < m$ 和 $\bar{I}(t) \subset I$，且 $I = \bigcup\limits^{T} \bar{I}(t)$ 始终成立。图 4-9 所示为 EV 充电时段关系示意图。由于 EV_1 已经在当前第 3 时段完成充电，所以 $\bar{I}(3) = 2$。

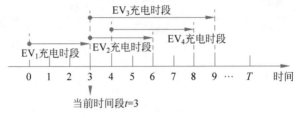

图 4-9　EV 充电时段关系示意图

EV 的充电模式分快充 P_1 和慢充 P_2 两种，同时采取智充策略。若平行充电车辆过多导致用电紧张，达到上限而采取错峰供电，则阶段性调节慢充为第三种零功率 P_0 充电。EV_i 的停车时间和充电需求分别表示为 $t_{\text{p},i}$ 和 $R_{\text{o},i}$，快充和慢充的充电时间分别由 t_1 和 t_2 表示，充电桩的输出功率 $\bar{P}$ 决定于停车时间和满足需求用快慢充电方式所用时间的关系。当一段时间需求能量负荷达到最大限制，使得充电设施被饱和占用，或 EV 充电时间过少等情况统称为其他状态。有

$$\bar{P} = \begin{cases} P_1, & t_1 \leqslant t_{\text{p},i} \leqslant t_2 \\ P_2, & t_2 < t_{\text{p},i} \qquad \forall i \in I \\ P_3, & \text{其他} \end{cases} \tag{4-26}$$

$$t_{\text{p},i} = D_i - A_i \qquad \forall i \in I \tag{4-27}$$

$$t_1 = \frac{R_{\text{o},i}}{P_1}, \quad t_2 = \frac{R_{\text{o},i}}{P_2} \qquad \forall i \in I \tag{4-28}$$

对于慢充的 EV，EMS 可以通过间断控制将充电时间调整到低电价时段。对于快充的 EV，一旦开始充电，过程将不会中断，EMS 在优化调度中只需要确定何时开始充电即可。客户满意度指标决定了负荷损失是最不希望发生的情况。EV 的电价、充电价格和参与放电价格之间的关系决定了 EV 充放电和电网供电的最优调度。

3. 需求计算模型

对于 EV_i，假设 EV 的充电完成时间可以早于其断开时间，但不能超过用户定义的断开时间。图 4-10 所示为 EV 停车时间和充电时间关系示意图。

设 I 表示整个期间预约充电 EV 的预期总量。我们用 $I \times T$ 的逻辑矩阵 $\boldsymbol{W}(0-1)$ 去记录在不同时段 EV 的充电状态。图 4-11 所示为 EV 充电状态示意图。下式表示 EV 充电状态的二元变量 $w_{i,t}$：

$$w_{i,t} = \begin{cases} 1, & \text{EV}_i \text{ 在 } t \text{ 时间片处于充电状态} \\ 0, & \text{EV}_i \text{ 在 } t \text{ 时间片处于放电状态} \end{cases} \tag{4-29}$$

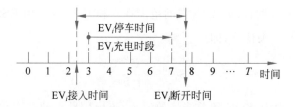

图 4-10　EV 停车时间和充电时间关系示意图

图 4-11　EV 充电状态示意图

$[A_i, D_i]$ 表示 EV_i 的接入时段范围，n_i^c 表示 EV_i 完成充电任务的时段个数。n_i^c 的计算过程为

$$\left\lceil \frac{R_i^o}{\bar{P}} \right\rceil = n_i^c \tag{4-30}$$

EV_i 的充电时间限制应该满足

$$n_i^c = \sum_{t=A_i}^{D_i} w_{i,t} \tag{4-31}$$

t 时段 EV_i 的充电能量 $P_{i,t}^{\text{EV}}$ 可以表示为

$$P_{i,t}^{\text{EV}} = w_{i,t} \bar{P} \tag{4-32}$$

此时，考虑到包括空调散热、设备运转等的基础负荷 L_t^{base}，在 t 时段用电总负荷 P_t^{EVA} 计算如下：

$$P_t^{\text{EV}} = \sum_{i \in \bar{I}(t)} P_{i,t}^{\text{EV}} = \sum_{i \in \bar{I}(t)} w_{i,t} \bar{P}, \quad \forall t \tag{4-33}$$

$$P_t^{\text{EVA}} = L_t^{\text{base}} + P_t^{\text{EV}} \tag{4-34}$$

式中，P_t^{EV} 表示 t 时段的 EV 负荷，通常情况下，由于 EV 预约信息的差异性，智充策略的充电决策受直接影响。

4. 能量供应模型

为满足 EV 的充电需求，在 PSCS 内部由能源相互调度供应。因此，根据功率守恒约束，在 t 时段内有

$$P_t^{\text{EVA}} = P_t^{\text{ESS,EVA}} + P_t^{\text{PV,EVA}} + P_t^{\text{Grid,EVA}}, \quad \forall t \tag{4-35}$$

式中，P_t^{EVA} 表示包含 EV 负载的总负荷；$P_t^{\text{ESS,EVA}}$ 表示由 ESS 供电；$P_t^{\text{PV,EVA}}$ 表示由 PV 供电；$P_t^{\text{Grid,EVA}}$ 表示由电网供电。

设 S_t^{SOC} 为 ESS 在 t 时段的 SOC,它的范围在 0 和 1 之间,可由 ESS 在 t 时段的剩余电量 E_t^{Rem} 和总容量 E^{Total} 来计算,即

$$S_t^{\mathrm{SOC}} = \frac{E_t^{\mathrm{Rem}}}{E^{\mathrm{Total}}} \tag{4-36}$$

在 ESS 充放电过程中,SOC 随着能量的流入/流出而呈现动态变化。我们用 $\Delta P_t^{\mathrm{ESS}}$ 表示 ESS 输入功率 $P_t^{\mathrm{c,ESS}}$ 和输出功率 $P_t^{\mathrm{d,ESS}}$ 之差。另外,ESS 的输入/输出功率由于化学能与电能转化,存在一定的损耗,我们用 $\mu_{\mathrm{c}}^{\mathrm{ESS}}$ 表示输入的损耗系数,$\mu_{\mathrm{d}}^{\mathrm{ESS}}$ 表示输出的损耗系数。因此,ESS 充放电过程中,SOC 的动态调整为

$$S_t^{\mathrm{SOC}} = S_{t-1}^{\mathrm{SOC}} + \frac{\Delta P_t^{\mathrm{ESS}} \cdot \Delta t}{E^{\mathrm{Total}}}, \quad \forall t \tag{4-37}$$

$$\Delta P_t^{\mathrm{ESS}} = P_t^{\mathrm{c,ESS}} - P_t^{\mathrm{d,ESS}}, \quad \forall t \tag{4-38}$$

$$p_t^{\mathrm{c,ESS}} = (P_t^{\mathrm{PV,ESS}} + P_t^{\mathrm{Grid,ESS}}) \cdot \mu_{\mathrm{c}}^{\mathrm{ESS}}, \quad \forall t \tag{4-39}$$

$$p_t^{\mathrm{d,ESS}} = (P_t^{\mathrm{ESS,EV}} + P_t^{\mathrm{ESS,Grid}})/\mu_{\mathrm{d}}^{\mathrm{ESS}}, \quad \forall t \tag{4-40}$$

式中,$P_t^{\mathrm{PV,ESS}}$、$P_t^{\mathrm{Grid,ESS}}$ 分别表示 t 时段 PV、电网给 ESS 的电能;$P_t^{\mathrm{ESS,Grid}}$ 表示 ESS 给电网的电能。

由于 PV 在未来很难采集到太阳能的准确值,EMS 通过历史数据估算的 PV 数据进行调度管理。PV 首先可以为 EV 供电,多余电力存储在 ESS 中,或在适当时候出售给电网。它们之间的能量平衡式为

$$P_t^{\mathrm{PV}} = P_t^{\mathrm{PV,EV}} + P_t^{\mathrm{PV,ESS}} + P_t^{\mathrm{PV,Grid}}, \quad \forall t \tag{4-41}$$

式中,P_t^{PV} 为 t 时段 PV 的总发电量;$P_t^{\mathrm{PV,EV}}$ 为 t 时段 PV 给 EV 的能量;$P_t^{\mathrm{PV,ESS}}$ 为 t 时段 PV 给 ESS 的能量;$P_t^{\mathrm{PV,Grid}}$ 为 t 时段 PV 给电网的电量。

EV 或 ESS 可以直接由电网供电,ESS 和 PV 也可以将多余的电力在适当的时段出售给电网。因此,t 时段的电网侧能量可表示为

$$P_t^{\mathrm{Grid}} = P_t^{\mathrm{Grid,b}} - P_t^{\mathrm{s,Grid}}, \quad \forall t \tag{4-42}$$

$$P_t^{\mathrm{Grid,b}} = P_t^{\mathrm{Grid,EV}} + P_t^{\mathrm{Grid,ESS}}, \quad \forall t \tag{4-43}$$

$$P_t^{\mathrm{s,Grid}} = P_t^{\mathrm{ESS,Grid}} + P_t^{\mathrm{PV,Grid}}, \quad \forall t \tag{4-44}$$

式中,$P_t^{\mathrm{Grid,b}}$ 和 $P_t^{\mathrm{s,Grid}}$ 表示 t 时段从电网购买和向电网出售的功率。

5. 问题形式化定义

在本次工作中,EMS 的目标是为平滑电网充电负荷,基于分时电价满足所有 EV 充电需求的同时,使 PSCS 效益最大化。PSCS 的效益取决于能源成本和收益。根据预约机制 EV 信息的收益确定为常量,我们考虑减少成本使效益最大化。由于 PV 安装后太阳能的收集成本较低,只考虑来自电网的电能成本。

我们寻找一个最优的智充策略,使来自电网的能量成本最小。让 $W_T^I = \{w_1^i, w_2^i, \cdots, w_T^i, \forall i\}$ 表示调度 EV 所有时段的充电决策。EV 充电的调度优化问题可表示为

$$
\begin{cases}
\min f_{\text{COST}} = \displaystyle\sum_{t=1}^{T} (P_t^{\text{Grid},\text{b}} Y_t^{\text{b}} - P_t^{\text{s},\text{Grid}} Y_t^{\text{s}}) \cdot \Delta t \\
\text{s. t.} \ 0 \leqslant P_t^{\text{ESS}} \leqslant P_{\max}^{\text{ESS}} \\
0 \leqslant P_t^{\text{Grid}} \leqslant P_{\max}^{\text{Grid}} \\
0 \leqslant P_t^{\text{ch}} \leqslant P_{\max}^{\text{ch}} \\
\text{SOC}_{\min}^{\text{ESS}} \leqslant \text{SOC}_t^{\text{ESS}} \leqslant \text{SOC}_{\max}^{\text{ESS}} \\
Q_{\min}^{\text{ESS}} \leqslant Q_t^{\text{ESS}} \leqslant Q_{\max}^{\text{ESS}} \\
0 \leqslant P_t^{\text{c},\text{ESS}} \leqslant P^{\text{ESS}} \\
0 \leqslant P_t^{\text{d},\text{ESS}} \leqslant P^{\text{ESS}} \\
P_t^{\text{c},\text{ESS}} + P_t^{\text{d},\text{ESS}} \leqslant \max\{P_t^{\text{c},\text{ESS}}, P_t^{\text{d},\text{ESS}}\} \\
L_t^{\text{base}} + \displaystyle\sum_i P_{i,t} w_{i,t} \leqslant z_t
\end{cases}
\tag{4-45}
$$

式中，f_{COST} 表示需优化的总成本；Y_t^{b} 和 Y_t^{s} 分别表示 t 时段从电网购电和向电网售电的电价；电网、ESS、充电桩可用功率的上限，分别用 $P_{\max}^{\text{Grid}}$、$P_{\max}^{\text{ESS}}$、$P_{\max}^{\text{ch}}$ 表示；$Q_{\max}^{\text{ESS}}$ 表示 ESS 的存储容量最大限制；$w_{i,t}$ 为决策变量；z_t 表示基础负荷变量。

限制包括 ESS 充放电约束条件、电网的功率约束、充电桩的功率约束、ESS 运行 SOC、存储容量、功率等的限制以及 ESS 充放电动作的互斥约束、负载约束。已知预测 PV 发电量与基于预约机制的所有 EV 的充电需求和接入时段范围，充电调度优化问题为凸优化问题，通过现有的集中算法和策略进行求解。

4.2.4　算法设计与分析

1. 基于 EGA 的混合递推优化策略

基于带精英保留策略的遗传算法（Elitist Genetic Algorithm，EGA），以最小化电网成本 f_{COST} 为目标制定适应度函数，考虑 EV 充电规划，通过混合递推优化策略进行能量调度。优化调度算法机制流程如图 4-12 所示，依据传统 GA 算法，调整优化参数以适应模型，将改动的代码代入寻优更新即可。

1）问题编码

问题编码影响了 EGA 算法的可搜索性，要求 EGA 算法满足三个基本条件：完整性、非冗余、可行性。受相关文献的启发，采用离散编码方式来构建 $I \times T$ 维候选解染色体，每个染色体代表问题的一个候选解，即一个调度结果。染色体在问题空间中迭代更新，得到更优的染色体。

假设染色体个体数量为 C，迭代次数为 N，则迭代 n 次时，第 c 个体 EV_i 的充电状态表示为 $w_{t,c}^{i,n}$，矩阵可以表示为 $\boldsymbol{W}_c^n$，即

$$
\boldsymbol{W}_c^n = \begin{bmatrix}
w_{1,c}^{1,n} & w_{1,c}^{2,n} & \cdots & w_{1,c}^{T,n} \\
w_{2,c}^{1,n} & w_{2,c}^{2,n} & \cdots & w_{2,c}^{T,n} \\
\vdots & \vdots & \ddots & \vdots \\
w_{I,c}^{1,n} & w_{I,c}^{2,n} & \cdots & w_{I,c}^{T,n}
\end{bmatrix}
\tag{4-46}
$$

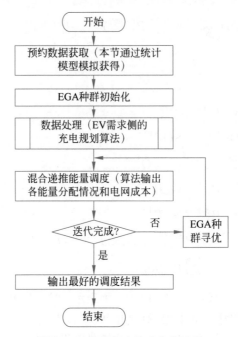

图 4-12　优化调度算法机制流程

2）适应度函数

为了评价个体的绩效，我们使用式（4-47）计算每个个体的适应度值，即 F_{fitness}。其中，μ 为防止适应度值为负的系数。φ 和 ζ 是惩罚因子，当 $P_t^{\text{Grid}} > P_{\max}^{\text{Grid}}$，$\varphi$ 是一个大正数。当 $P_t^{\text{Grid}} \leqslant P_{\max}^{\text{Grid}}$，$\varphi$ 等于 1。同理，当 $P_t^{\text{EV}} > P_{\max}^{\text{EV}}$，$\zeta$ 是一个大正数。当 $P_t^{\text{EV}} \leqslant P_{\max}^{\text{EV}}$，$\zeta$ 等于 1。通过设置惩罚因子 φ 和 ζ，可以在搜索过程中有效地排除不符合限制条件的个体。

$$F_{\text{fitness}} = \frac{1}{\varphi \cdot \zeta + (f_{\text{COST}} + \mu)} \tag{4-47}$$

3）更新策略

采用锦标赛选择法对遗传基因进行选择。从种群中随机选择大小为 k 的个体群（个体被选择的概率相同），选择适应度最好的个体作为生成下一代的父体，重复操作直到新的种群规模达到原来的种群规模。通过单点交叉对选出个体进行交叉操作，发生概率为 P_c，一般 P_c 范围设置为 0.7～0.9。变异概率为 P_m，由于实际中变异的可能性非常小，一般将 P_m 范围设置为 0.01～0.20。图 4-13 所示为变量变异示意图。通过变异来随机改变这些个体中 0 和 1 的数量，为不在当前种群中的个体提供了一个机会，可以有效地避免局部最优，扩大种群范围使算法的全局优化功能提升。

图 4-14 所示为 EGA 算法流程。将每代种群进化中搜索到的最优适应度值的个体 best 保存为精英个体，再对剩下的个体进行遗传操作，以此避免目前种群中最好的基因受到丢失和破坏。采用 EGA 拟合模型参数具有如下优点：①保留传统 GA 的可并行性，算法效率高，节省了寻优的时间；②精英保留策略的引入，提高了传统 GA 的搜索速度，全局收敛性更快。

2. 混合递推策略

混合递推策略即考虑充电规划的能量调度策略，包含 EV 需求侧的充电规划和能量调

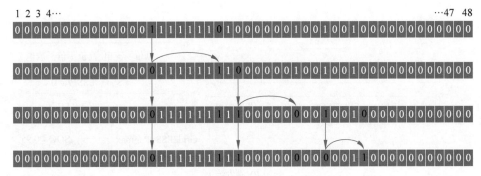

图 4-13　变量变异示意图

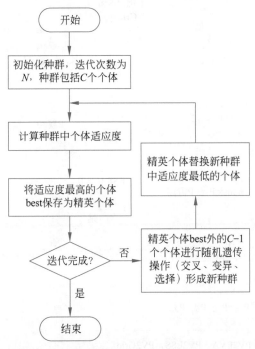

图 4-14　EGA 算法流程

度过程。不同的时段内,PSCS 的能量调度将发生变化,有以下变化情况:

(1) EV 的充电时段

(2) ESS 的充放电数据

(3) PV 流向数据

(4) 电网取电数据

图 4-15 所示为多种分布能量调度流程。初始化 EV、PV、ESS、电网等主要模块,输入基础信息,按时段进行能量调度。

下面介绍 EV 需求侧的充电规划算法。

基于预约信息进行充电规划初步设定(充电功率的快慢和时段),在算法 4.2 中给出。首先根据预约信息,按照 EV 需求充电量和停车时间,根据充电桩供电功率,分别计算车辆采取快充和慢充两种充电方式的时间情况,进行二进制编码排列,生成 EV 的充电状态逻辑矩阵,为确定车辆的最佳充电方式做基础准备。

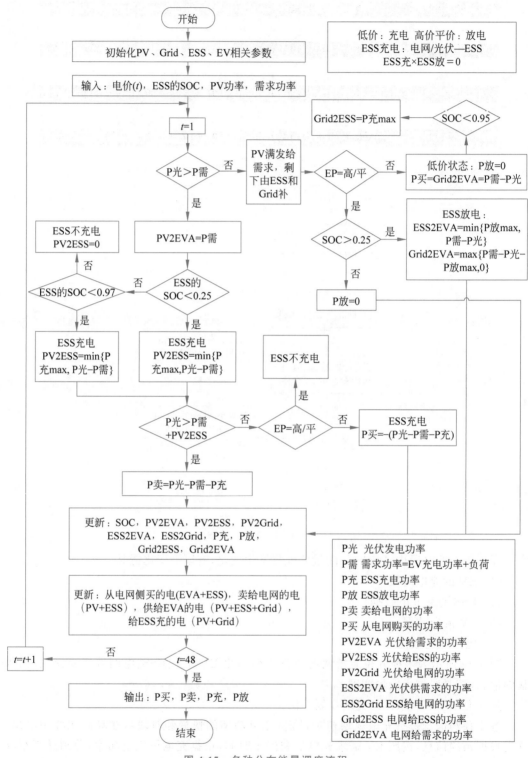

图 4-15 多种分布能量调度流程

算法 4.2　目标函数算法

/ * 预约信息形成编码片段的映射 * /

输入：EV 预约信息(R_i^o, A_i, D_i)

输出：W_T^I

初始化：$I \leftarrow 0$、$\Delta t \leftarrow 0$、$P_1 \leftarrow 19.2$、$P_2 \leftarrow 7.68$、P_0、m、W_T^I

1：　**for** $EV_i \leftarrow 1$ to EV_I **do**

2：　　根据式(4-27)、式(4-28)分别计算 $t_{p,i}$、t_1 和 t_2

3：　　　根据式(4-29)判断充电模式 CM

4：　　　根据式(4-30)计算完成充电任务的时段数

5：　　　**if** CM＝快充

6：　　　　更新充电桩供电功率 $\overline{P} \leftarrow P_1$

7：　　　　根据式(4-31)生成连续充电的二进制编码

8：　　　**else** CM＝慢充

9：　　　　更新充电桩供电功率 $\overline{P} \leftarrow P_2$

10：　　　　根据式(4-32)生成可中断的二进制编码

11：　　　**end if**

12：　**end for**

13：　W_T^I / * 生成 EV 的充电状态编码 * /

能量调度算法设计采用贪婪决策方法对系统能源进行调度，考虑到最小化弃光，在决策时优先决策 PV，基于 PV 发电数据已知进行后续策略动作，结合算法 4.2 中 EV 需求侧充电规划，在算法 4.3 给出系统内部能量调度策略。首先进行无 ESS 下的充电优化，确保使用 PV 为 EV 充电。其次，找出优化区间内是否有多余 PV 功率，多余功率将在合适的充电时段向 ESS 充电或在合适的销售时段向电网出售。接着，根据电价确定 ESS 充放电周期，高电价时期放电，低电价时期充电。然后，基于更新后的 P_{Grid} 和 P_{ESS}，采用 EGA 求解优化问题。最后，根据输出的最优个体更新 EV 充电规划。EMS 控制每台 EV 的运行并记录其工作状态。

算法 4.3　能量调度算法

/ * 编码染色体到能量调度结果映射 * /

输入：W_c^n、Y_t^b、Y_t^s、S^{ESS}、P_t^{PV}、E_t^{Rcm}、L_t^{base}

输出：T 时段对应的能量调度情况

初始化：部署 ESS、EV、电网、PV 模型相关参数

1：　**for** $t \leftarrow 1$ to T **do**

2：　　根据式(4-33)计算 EV 用电总功率

3：　**end for**

4：　根据式(4-34)计算总用电负荷 P_t^{EVA}（EV 用电功率＋基础负荷）

5：　根据式(4-36)初始化 ESS 的 SOC 值 S_t^{SOC}

6：　**for** $t \leftarrow 1$ to T **do**

7：　　更新输入：Y_t^b、P_t^{PV}、P_t^{EVA}

8：　　根据式(4-38)更新 ESS 的剩余 SOC

9：　　**if** $P_t^{PV} \geqslant P_t^{EVA}$ **then**

10：　　　判断 ESS 是否需要充电

11：　　　**if** ESS 不用充电 **then**

12：　　　　P_t^{PV} to P^{Grid}

13:	更新 ESS 和电网
14:	**else** PV 发电不够满足 P_t^{EVA},则 PV 电能满发给 P_t^{EVA},
15:	剩下由 ESS 和电网补充
16:	**if** 电价为高价或平价 **then**
17:	ESS 为放电状态
18:	**else**
19:	P^{Grid} 给 P_t^{EVA} 供电
20:	判断 ESS 是否需要充电,需要则电网给 ESS 充电
21:	更新 ESS 和电网
22:	根据式(4-39)更新 ESS 充放电情况
23:	根据式(4-40)更新电网买电、卖电情况
24:	**end if**
25:	**end for**

4.2.5　仿真实验与分析

1. 实验基本设置

在实验中,我们考虑一个工作区域停车场智能 PSCS 由 PV 发电系统和上限 $P_{\max}^{\mathrm{Grid}}=40\mathrm{kW}$ 的电网供电。设一天为研究范围,有 $\Delta t=30\mathrm{min}$,使 $T=48$。图 4-16 所示为 EV 的 SOC 分布图。从中可见输入 EV 的荷电数据。假设 EV 的规格相同,我们采用蔚来汽车 ES6/ES8/EC6 等常用 EV 容量,电池容量设置为 $70\mathrm{kW}\cdot\mathrm{h}$。EV 初始 SOC 值均匀地从区间 $[0,1]$ 随机设置,目标 SOC 设为 1。基本负荷信息以负荷预测的结果为基础,分时电价如表 4-2 所示,EV 预约充电信息列于表 4-3,具体的系统参数列于表 4-4。假设:出售给电网的电价是购买电价的 $1/5$。

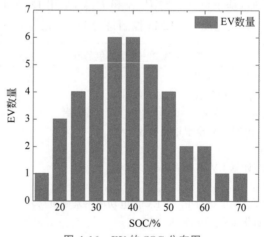

图 4-16　EV 的 SOC 分布图

表 4-2　分时电价

时　　段	价格/[元/(kW·h)]
22:00—6:00	0.364
6:00—8:00,11:00—18:00,21:00—22:00	0.752
8:00—11:00,18:00—21:00	1.222

表 4-3　EV 预约充电信息

编　号	到达时间	离开时间	充电需求	编　号	到达时间	离开时间	充电需求
1	5:00	8:30	28	21	10:30	19:30	31.5
2	6:30	12:30	59.5	22	10:30	18:30	35
3	6:30	12:00	52.5	23	10:30	19:00	49
4	7:00	16:30	56	24	11:00	18:00	42
5	7:00	15:30	49	25	11:00	20:00	38.5
6	7:30	15:00	52.5	26	11:30	19:30	52.5
7	7:30	14:00	45.5	27	11:30	20:30	45.5
8	7:30	17:30	56	28	11:30	17:30	35
9	8:00	17:30	49	29	12:00	19:00	38.5
10	8:00	18:00	45.5	30	12:00	17:00	42
11	8:30	15:00	38.5	31	12:30	20:30	28
12	8:30	11:30	42	32	12:30	20:00	24.5
13	8:30	18:30	45.5	33	13:00	16:00	21
14	8:30	18:00	31.5	34	13:30	20:00	42
15	9:00	18:30	38.5	35	14:30	21:30	45.5
16	9:00	17:00	56	36	16:00	21:00	42
17	9:30	19:30	49	37	17:00	22:30	35
18	9:30	19:00	38.5	38	17:30	21:00	42
19	10:00	18:30	52.5	39	18:00	22:30	35
20	10:00	20:00	45.5	40	20:30	23:30	49

表 4-4　系统参数

参　数	值	参　数	值
$\mu_{\mathrm{ESS,c}}$	0.96	m	30
$\mu_{\mathrm{ESS,d}}$	0.96	I	40
$\mathrm{SOC_{min}}$	0.25	$L_{\mathrm{base},t}$	40
$\mathrm{SOC_{max}}$	0.97	$Q_{\mathrm{ESS,max}}$	720
$P_{\mathrm{c,max}}$	200	$P_{\mathrm{Grid,max}}$	600
$P_{\mathrm{d,max}}$	200	$P_{\mathrm{ch,max}}$	200
P_1	19.2	P_2	7.68

　　本节的 PV 发电数据由宁德时代示范点提供,鉴于该示范点为全国优先示范点,光储充电站运行模式和结构相对完善,根据此数据进行模型参数建立,具有普遍适用性。而仿真实验平台使用 Python 语言搭建,运行于 Intel Core i5(2.3GHz)处理器和 8GB 内存的计算机中,部分相关实验在 64 位的 Ubuntu 18.04.5 LTS Server 操作系统上进行,主要硬件配置:CPU 为 Intel Xeon Gold 6244,96GB 内存。编程语言版本为 Python 3.6.9。

　　根据前面设置的参数,设定几个测试案例:

　　案例 1:没有 ESS 和 PV 的 EV 充电站。生成此案例场景是为了获取在没有 ESS 和 PV 的情况下,EV 充电站的运行成本。EV 的总充电功率来自电网。仅接电网的停车场,EV 从到达时开始充电,充电过程不间断。需要注意的是,满足 EV 充电需求的电网供电没有限制。本案例的表现是评价其他研究案例的基础。后增加算法和策略进行优化,得到停车场的运行状态和用电成本。

案例 2：有 ESS 没有 PV 的 EV 充电站。本测试案例的生成是为了评估在 EV 充电站部署 ESS 的算法，测试 ESS 在 EV 充电站发挥作用的情况。当附近没有可用的可再生资源时，ESS 可调控不同电价时刻的购电卖电情况，从而为 EV 充电站运营商提供购电差利润。

案例 3：基于 ESS 和 PV 的 EV 充电站。本测试案例的产生是为了评估我们提出的算法在基于 PV 的 EV 充电站中部署 ESS 的有效性。

案例 4：考虑到充电汽车数量大幅减少的情况，采用此案例测试基础运营情况下的调度。对其整体运行负荷进行评估。

图 4-17 所示为 EV 需求充电分布图。从中可以看出，前 3 种情况下充电站最终需求充电负荷分布情况，其中充电站的 EV 充电负荷分布趋势明显不同。在所有情况下，案例 3 的高峰时段的充电需求明显向其他时段进行转移。这是因为有了 PV 和 ESS 的联合优化使得需求的可转移空间变大，从而有利于案例 2 向低峰时段转移。而案例 1 的可转移灵活性较差。

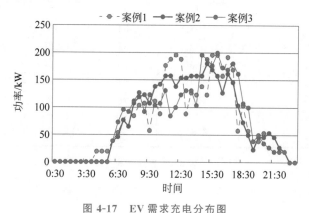

图 4-17　EV 需求充电分布图

2. 对比策略

为了验证前面所提出的方案的性能，我们通过几个仿真案例进行了研究分析，根据前期相关研究工作和实验仿真测试，对比算法采用常规参数设置值进行计算。选择原始 GA、GWO、PSO 作为对比算法，考虑不同算法的迭代性能，由于不同算法的个体数和寻优策略不同，EGA、GA、PSO 个体数分别采用 20、50 来进行实验，而 GWO 采取 50、100 个体数的设置值，而设置迭代次数为 100、200、1000 进行模拟，并对相关结果进行了讨论。

3. 仿真结果与分析

1）不同测试案例下的能源管理情况

我们通过研究不同测试案例下的能量调度情况来验证针对 PSCS 系统设置的能量管理策略。

图 4-18 表示不同案例下电网供电和能源动态情况。其中，图 4-18(a)和图 4-18(b)表示案例 1 使用算法和策略前后的 EV 充电功率，可以看出 EV 从到达时间开始充电，峰值负荷将大幅度上升，对电力系统的安全运行产生一定的威胁，同时面临高峰用电罚款，这显然不是停车场经营者想要的。停车场经营者在建造初期就会设定好每个车位都开始充电时的最高额定功率，所以是允许所有车开始充电的。为实现削峰填谷，控制峰值负荷，本节设计

需求策略和算法来完成 EV 充电的简单调度。通过 EV 充电功率曲线对比,算法和需求策略可以在不超过电网功率限制的情况下,有效地将 EV 负载转移到低电价时段。由于停车场内只有电网提供电力,在这种情况下,EV 充电负荷等于电网的电力。

图 4-18(c)和图 4-18(d)展示了 ESS 加入下的电网供电趋势和 ESS 的动态变化情况,可以看到由于 ESS 的加入,来自电网的功率在高电价期间大幅降低,很好地将电网的大部分负载需求转移到 ESS。ESS 在高电价期间释放存储的能量给 EV 充电,与图 4-18(a)和

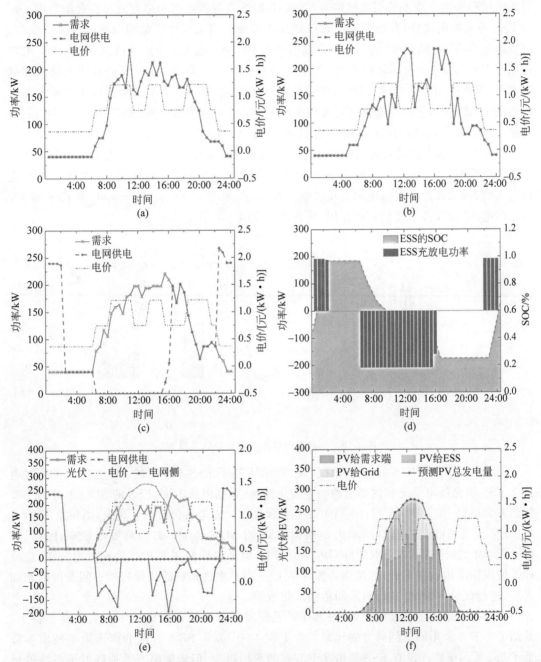

图 4-18　不同案例下电网供电和能源动态情况

图 4-18(b)相比,充分利用低电价期间以最电网功率限制对 ESS 进行充电,并为下一个高电价时间储存能量,获得最大的经济效益。在高电价周期结束时,ESS 将放电到最小容量限制。因此,在这种情况下,ESS 被充分利用来为 EV 充电,其总输出功率受其最大容量的限制。

图 4-18(e)和图 4-18(f)表示兼备 ESS 和 PV 的能源动态趋势和 PV 能量分配情况,在 PV 和 ESS 的配合下,用电需求在低电价时期更加集中。由于 PV 的作用,在高电价期间,只从电网购买少量或不购买电网电力。PV 和 ESS 在降低电网功率方面起着重要作用。减少 ESS 的充放电次数,有利于延长 ESS 的使用寿命。当未来优化范围内充电负荷较低时,可以明显看出,从 9:00 到 16:00,优化范围内的 PV 功率远大于 EV 负载。多余的 PV 电能存储在 ESS 中,用于为即将到来的 EV 充电或根据电价出售给电网,当 ESS 达到最大容量限制时,则直接出售给电网。同时,在保证 ESS 存储足够电量满足未来到达 EV 充电需求的前提下,EMS 可选择在高电价时段将多余的 PV 电力出售给电网,如图中 13:00 到 16:00 所示。与此相比,我们提出的策略具有更好的经济效益。

图 4-19 所示为能量管理后的各能源变化示意图。其中,图 4-19(a)表示总的需求功率供电分配情况,在 0:00 到 6:00 低电价期间,由于 PV 还未开始发电,EMS 设定减少 ESS 充放电次数,需求在此阶段由电网直接供电。在 6:00 到 22:00 中高电价期间,由 ESS 和 PV 协作供电,充分发挥二者的调度作用,从而减少充电站投资电力成本。

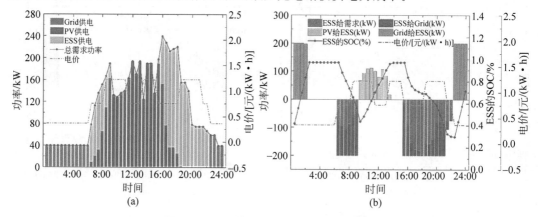

图 4-19　能量管理后的各能源变化示意图

图 4-19(b)表示 ESS 的动态变化情况,展示了基于 ESS 和 PV 的 EV 充电站在分时电价下 ESS 的充放电情况和内部能源动态变化情况,在低电价时期,ESS 的 SOC 上升的主要供给方为电网,在 9:00 到 14:00 期间,PV 在保证 EV 充电后仍有大量剩余,则供给 ESS 充电。EV 充电站的充放电口功率大小根据 ESS 的 SOE 和 PV 的预测发电量来计算。有 ESS 无 PV 的时候,可以采取低价买电高价卖电,但是这样会加大 ESS 的充放电频率,造成 ESS 使用期限内的提前衰化,所以需要评估 ESS 寿命电池损耗的代价和挣中间差价的利润大小,进行代价和利润的权衡,从而达到优化效果。

从这几个案例中可以看出,ESS 和 PV 系统对于降低整体充电成本至关重要。表 4-5 总结了本节 4 个不同案例研究的比较。在案例 1 中,采取 EGA 算法和需求策略使成本降低了 6.3%。虽然在没有 ESS 的情况下节省的费用很少,但该策略有效地降低了系统的运行成本。与案例 1 相比,案例 2 增加了 ESS 的部署,使其降低了 55.0% 的成本。与案例 2

相比,案例 3 在有 ESS 的情况下增加了 PV 的使用,成本在原先基础上又降低了 81.5%。当 PV 和 ESS 加入系统中时,大幅降低了运行成本。与案例 1 相比,案例 2 和案例 3 的成本分别降低了 55.0% 和 91.7%。案例 3 中,YB 指有大规模部署,结果表明,同比增大 ESS 的储电量,反而增大了 50.2% 的成本,由此看来,ESS 的部署不可盲目增大,需要与系统对应设施相匹配。同比增大 PV 的发电量,则成本为负,因为 PV 发电充裕,在满足 EV 负荷的前提下,将多余的电力卖给电网盈利。

表 4-5　不同案例的设置情况

案　　例	ESS	PV	EGA	充电规划	成本/元
1	NO	NO	NO	NO	2578.673
			YES	YES	2414.993
			YES	Y200	2430.333
2	YES	NO	YES	YES	1087.177
3	YES	YES	YES	YES	201.722
	YES	YES	YES	Y200	198.951
	YB	YES	YES	YES	303.003
	YES	YB	YES	YES	−153.048
4	YES	YB	YES	YES	−418.700
	YES	YES	YES	YES	102.362

本节基于现实场景下所建模型更好拟合实际场景下的电力动态情况,在精细化程度和逻辑可靠性方面优于简单框架,更符合当前环境下 PSCS 的应用环境。

2）与其他方法的比较

为更好证明所用算法解决所提问题的有效性,我们将算法与 GA、PSO、GWO 进行了比较,如表 4-6 所示。

表 4-6　案例性能比较

算　　法	参数(个体/迭代)	算法平均	平均成本/元	最佳成本/元
EGA	个体 20/迭代 200	187.147	185.045	196.643
	个体 50/迭代 200			182.609
	个体 50/迭代 1000			175.884
GA	个体 20/迭代 200		189.248	198.951
	个体 50/迭代 200			188.961
	个体 50/迭代 1000			179.834
GWO	狼 50/迭代 100	220.751	218.824	233.745
	狼 50/迭代 200			228.036
	狼 100/迭代 1000			208.551
	狼 100/迭代 10 000			204.964
PSO	粒子数 20/迭代 200		222.678	228.023
	粒子数 50/迭代 200			225.641
	粒子数 50/迭代 1000			214.369

针对参数对实验结果的影响,可以看出随着个体数的增大,EGA 和 GA 寻优效果分别提升了 7.1% 和 5.1%,将迭代次数增加,则分别提升了 3.7% 和 4.8%。我们从平均成本和最优成本的比较可以看出,EGA 比 GA 算法和 GWO 得到了更好的结果。与 GA 相比,

EGA 的平均成本和最佳成本分别降低了 2.2% 和 2.1%。与 GWO 相比,所用算法则分别降低了 15.4% 和 14.2%;与 PSO 相比,EGA 的平均成本和最佳成本分别降低了 20.3% 和 21.9%,具有明显的优化效果。

其次,数据表明,EGA 和 GA 算法在实验结果上比 GWO 和 PSO 算法优越 20.0%。从算法特性分析,EGA 和 GA 算法等 GA 对连续性和离散型数据模型均友好,算法复杂度不会产生较大波动,GWO 和 PSO 算法模拟自然界群体收敛目标行为,收敛行为多用于衡量连续性动作和变化,且会有比较好的结果,算法复杂度不会有量级变化。本节所针对解决的场景模型特征,建立为离散数据模型,更适合采用匹配离散型数据的算法,适应度会使结果表现更好,取得比较好的优化效果。

图 4-20 所示为算法性能对比图。从中可以看出算法性能随着个体数和迭代次数的调整,有明显的优化效果,由于受到时间复杂度的制约,参数继续上调算法的优化效果不明显。GWO 和 PSO 相比,由于 GWO 更适用于狼数较少的(10~50),而 PSO 的粒子数相对较多(100~20/50),实用性的差别导致在选用统一参数相对比时,两者的结果与理论所阐述效果符合程度不高,总体效果没有 GA 在本节所建模型表现效果好。因此,实验证明,本节使用的算法和提出的改进策略可以很好地提高求解的稳定性和效率,大幅提高了在解决实时调度问题中的实用性。

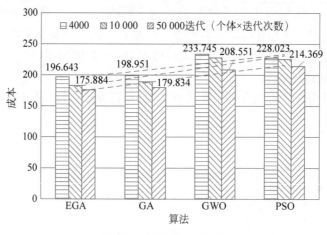

图 4-20　算法性能对比图

4.2.6　总结

本节提出一种基于 EGAHR 算法面向汽车充电预约的 PSCS 系统上下层优化调度方法,目的为优化调度主次使 EMS 在电网侧取电时的成本消耗最小。研究表明,在调整参数的模型下基于 EGAHR 算法的调度方法依旧有效,并随着个体数和迭代次数的增加,优化效果分别提高了 7.1% 和 3.7%。另外,加入贪心依序递推机制,可有效在光伏和 EV 负荷不确定的情况下合理规划充电供电来源和时段,所提出的 EGAHR 策略比基于遗传算法、灰狼算法和粒子群算法等经典算法的能量调度策略节约了 2.1%~21.9% 的充电成本。因此,本节所提方法可以为多种不同的 EV 充电模型和差异化电价趋势模型提供参考,能为 PSCS 合理配备 ESS 和 PV 提供科学经济的部署方案。

4.3　面向运营商效益的 PSCS 能量调度策略

本节从面向运营商效益的角度出发,实施光储充能量调度策略,对 PSCS 的能量调度策略进行分析和优化,具体内容为:在运营商效益优先的运行场景下,根据负荷需求量、最差 PV 量、ESS 充放电特征和电网之间的功率输出,将面向供给侧的站内能量调度建模为运营商效益优先、电网友好、PV 需求匹配度高的分阶段优化问题,并设计一种基于带精英保留策略的遗传差分进化算法(Elitist Genetic Differential Evolution Algorithm,EGDEA)的分时电价分布式能量贪心调度求解策略,形成最大化 PV 和 ESS 使用率,分布优化能量结构的能量调度策略,实现 ESS 充放电、电网供电、PV 需求规划的合理分配。通过对该模型进行求解和仿真实验,目标优化调度后的运行策略充电站的运行费用比起仅分时电价和优化调度前的运行分别减少了 1.5% 和 44.1%,对于充电站运行效益的改善有一定成效,分析运行结果可知该模型确实能降低站内面向电网的负荷波动,提高运营商效益的同时尽可能匹配光伏消纳,为 PSCS 的能量调度及其调度优化问题提供了新的解决方案。

4.3.1　引言

随着 PSCS 的不断发展和应用场景的不断扩展,PSCS 的能量调度问题已经成了研究的热点之一。在传统的优先于满足用户充电需求的视角下,大部分充电站的设置和配置运行策略由车辆出行和用户习惯建立满意度来主导,由于充电任务之间存在强随机性,用户的充电需求会随着场景的变化而动态更改,基于用户习惯建立的 PSCS 能量运行模式,往往难以最大化运营商的整体效益,造成“单方满足、另方亏损”状态,考虑到在前期针对需求建立供给市场,到后期,供给可通过电价区位调度用户充电计划,建立在优先运营商效益的场景下,考虑电网友好的运行模式。然而,由于 PV 的不确定特征和系统部件的自损耗性质,我们需要构建合理鲁棒的策略,最大化运营商效益的同时,容忍动态伸缩空间,多因素耦合考虑使得原本能量调度问题更加复杂和困难。由于 PSCS 的能量调度由多个分布式关联性能量组块构成,能量组块之间存在并行与先后调用关系,因此能量调度对整个 PSCS 运行的性能和效率至关重要。由于不同能量流动方向受到线路约束和容量限制,加之充电需求结构的复杂性和可再生资源的不确定性,使得在 PSCS 优先运营商效益的运行场景下进行能量调度更加复杂和困难。

在一些微电网中,为了减少 PV 向国家电网输送电量变化的影响,即达到电网友好状态,EV 充电和 PV 可能会部分相互抵消。但是,由于预测误差的存在,针对 PV 最坏情况下的充电需求进行调度仍然具有重要的现实意义。

因此,本节在优先运营商效益的运行场景下,考虑到 PSCS 对电网友好的运行模式,提出一种在分时电价下最大化 PV 和 ESS 使用率的优化运行策略,在此基础上建立最小化运行费用的优化模型,优化系统充电和放电策略,最大限度利用太阳能发电和储存能量。算例表明,该策略可以为 PSCS 预测效益最大时的需求分布情况,为其定价引客提供数量指导。通过实验验证,本节提出的调度策略具有较高的可行性和有效性,为在优先运营商效益的运行场景下 PSCS 的能量调度问题提供了一种解决方案。

本节的主要工作内容如下:

（1）搭建了面向运营商效益的 PSCS 能量调度模型，能量分层后可以分配给不同充电需求的 EV 负荷和基础负荷调节。考虑充放电次数对 ESS 的寿命的影响，建立 EMS 能量调度策略。

（2）能量调度过程中，综合考虑了负荷均方差、节点线路损耗效率和不同能量端的容量能力，通过鲁棒能量调度问题模型，将面向运营商效益的 PSCS 能量调度问题建模为一个基于贪心策略的启发式寻优模型，设计了一种基于 EGDEA 算法的鲁棒贪心能量调度策略。

（3）仿真实验基于真实的光储充统计数据，对所提出的能量调度策略进行对比评估。仿真结果表明，本节所提出的能量调度策略能有效降低调度过程中的能量损耗和运行总代价，并为系统的安全稳定调度提供一定参考依据。

4.3.2 相关工作

PSCS 是指通过太阳能 PV 系统和 ESS 系统实现对 EV 进行充电的充电站，在大力推广能源结构转型的背景下，PSCS 由于其具有减少碳排放、提高充电效率等优点，相关建设和落地实施逐渐成一定规模。如今，PSCS 能源供给调度发展正处于蓬勃期，其中能源供给调度技术研究主要包括三方面：PV 和 ESS 的联合调度技术、充电负荷的预测和调度技术、能源互联网的微网集成调度技术。

随着 PV 技术和 ESS 技术的进步，PSCS 技术水平逐渐提高，光伏和储能系统的联合调度技术不断成熟，这有助于逐步降低系统运行成本。现有研究开发了一种具有均衡充放电控制的 ESS 的 PV 组件阵列，以调节对电网的供电。充电负荷的预测和调度技术涉及多种模型和状态的考量，由于用户的出行习惯与路径差异，导致阶段性充电负荷信息不稳定，有研究针对高不确定性插电电动汽车车队、可再生能源和负荷集成的微电网，提出了一种基于车辆行程链信息的分层随机能源管理系统（Hi-SEMS），利用随机行程链信息对 PEV 车队的实际行为进行建模，以驾驶员行为为基础准确预测充放电需求。能源互联网的微网集成调度技术研究，同样是 PSCS 调度系统的核心内容，致力于在供给侧和需求侧进行能量调度，为实现"源网荷储"全流程低碳化提供关键支持。面对多种能源和 EV 的聚合场景，需要高效灵活的能源管理策略，相关研究提出了一种解决插电式 EV 功率分配和充电协调的两阶段方案，对充电站能量管理的两个问题进行了顺序解决。第一阶段确定 PV、电池、电网的功率分配和 EV 的总充电功率。在第二阶段，根据第一阶段确定的可用总充电功率，协调各 EV 之间的充电功率分配。

PSCS 已经开始在一些地区得到规模化应用，随着智能控制技术的发展，PSCS 也开始向智能化方向发展，通过智能控制技术和大数据分析技术，实现对电力系统的高效运行和优化调度。新型 ESS 技术、智能充电技术、车联网技术等新技术在 PSCS 中得到了应用，进一步提升了系统的性能和效率。

PSCS 的能源管理问题复杂多样，需要全面考虑 PV 的波动性、ESS 的容量和 EV 的充电需求等多个方面因素，以便有效进行能量调度。为了更好地实现光储充一体化充电站的能源供给调度，研究者利用数据分析技术对太阳能 PV 系统和电池 ESS 进行建模，并对其进行实时监测和预测。这种方法能够更好地预测充电站未来的能源需求和供给情况，从而实现更加准确和高效的能源调度。此外，还有一些研究者对光储充一体化充电站的能源管理进行了仿真和实验研究，以验证各种优化策略的有效性和可行性。这些研究成果可以为实际光储充一体化充电站的设计和运营提供重要的参考依据。

针对能量调度管理,有研究者对 EV 日常运行和 PV 产量预测的运营成本进行了研究,提出了一种供 EV 的直流微电网运行优化规划的方法。Dicorato 等考虑模块化 EV 供应基础设施的结构,进行协调控制、双向充电功能,但没有考虑 EV 充电规划。Rafique 等提出一种基于实编码 GA 算法的优化模型来优化能源的调度。作为凸规划问题,Yan 等考虑 EV 充电需求、PV 的不确定性,使用随机规划模型,但对于 EV 充电规划没有进行具体研究。Luo 等重点从多类型充电设施出发考虑其年社会成本,建立了混合整数二阶段规划优化问题。Biya 等采用基于最大功率跟踪、PID 和电流控制策略的充电站设计方法,实现分布能量管理。Zheng 等重点关注配电网潮流和母线电压约束的多 EV 充电站在线最优充电策略,未考虑需求端充电规划。张丽娜等构建以系统总运行成本最小为目标的优化模型,用 PSO 进行求解。王守相等建立了配电网两阶段灵活性提升优化模型,构建了基于蒙特卡洛树搜索的 EV 有序充电模型,采用 PSO 进行优化求解。Sarker 等考虑了 ESS 的损耗成本、EV 的随机能源需求和 ESS 调度的鲁棒性,提出集群管理框架,最小化 EV 充电站运营成本。陈刚等针对系统分散分布的特点,考虑 ESS 电池的寿命损耗成本,提出基于多智能体一致性算法的 ESS 单元分布式协同控制策略。Luo 等采用随机动态规划和贪婪算法计算充分充电价格。郝越等对于调度模型采用 GA 对以单日利润最大为目标函数求解。舒恺等提出了一种基于系统功率状态的能量管理策略,该策略根据系统功率状态,将直流微电网划分为多种不同的运行模式,不同的运行模式下系统内各单元对应于不同的运行状态。米阳等为最大化利用 PV,提出了一种基于 ESS 装置充放电功率的能量管理策略。之后胡向阳在此基础上考虑到多种模式场景下的协调控制,对独立运行的光储直流微电网提出三种工作模式,即 ESS 装置放电控制直流母线电压模式、ESS 装置充电控制直流母线电压模式和 PV 控制直流母线电压模式。继而张超等对独立式的光储直流微电网调度展开分析,提出了一种基于自抗扰的混合 ESS 控制策略,通过利用扩张状态观测器和非线性误差反馈控制律对系统扰动进行实时估计并产生反向补偿信号,以实现对系统扰动的直接整体削减。Xu 等提出了一种分布式协同控制策略,用于协调 ESS 以维持供需平衡并最大限度地减少与充电/放电效率低下相关的总功率损失,仿真结果验证了所提方法的有效性。Chen 等提出了一种基于无领导共识协议的多蓄电池分布式控制方案,实现蓄电池和蓄电池之间的功率分配,从而调节直流母线电压。Ali 等提出了一种中央控制微电网中分布式电 ESS 的控制策略,以提高 ESS 的日均消耗寿命。所提出的策略基于充电状态、健康状态和最大容量来控制单个电池的充电和放电。有文献对于能源密集型负荷,提出利用 ESS 的两阶段互补调峰策略,建立了以系统运行成本和弃风成本最小为目标函数的优化模型,模型中考虑密集负荷运行约束和 ESS 功率能量平衡约束,利用神经网络算法求解该优化问题。

4.3.3　问题模型

根据目标和问题,设计系统框架和功能模块,包括 PV 模块、ESS 模块、充放电模块等。EMS 控制主要包括能量管理策略、能量优化调度和能量平衡控制等,需要考虑能量储存和转移的优化配置、充电桩和 ESS 的控制策略,以及实时监控和管理等。在布设模型时,需要考虑不同模块之间的关系和交互,并确保模型的精度和可靠性。同时,也需要结合实际应用场景,对模型进行优化和调整,以满足不同的应用需求和环境要求。

1. 系统模型

我们考虑一个由分布式 PV 阵列和 EV 组成的微电网,中间由 ESS 单元调控,该微电网也与传统电网相连。稳健调度问题的系统结构如图 4-21 所示。考虑到 PV 参数概率密度函数的不确定性,我们感兴趣的是在光伏发电最坏情况下控制 EV 的充电过程,使充电成本最小化,提高光电供需的匹配程度。

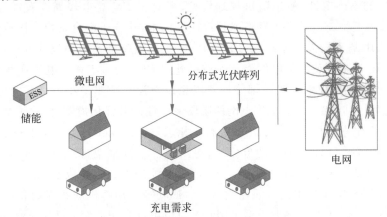

图 4-21　稳健调度问题的系统结构

下面会提供详细的 PV 模型、EV 充电需求模型。为了简化讨论,本节的其余部分都做了以下假设:①每辆 EV 的充电功率不变且相同;②电网有足够的电力供应;③PV 是免费的,传统电网的电价是确定性的,是先验已知的;④一旦到达充电点,每辆 EV 的停车时间和离开充电点的时间都是已知的。

当一个充电点有多个充电电源时,我们的方法可以很容易地适应。假设②确保 PV 无法满足 EV 充电需求时的负载平衡。假设③表示优化 EV 充电过程时电价已知。假设④的动机是许多充电站允许用户设置充电时长。

2. PV 模型

PV 主要是通过 PV 板将光能转化为电能。发电系统由 PV 单元集成增大输出功率,在 PV 较强时,可买电入网。考虑一个 T 时段的调度问题。使用如下高斯 PV 模型,高斯 PV 模型仅适用于特定的光照条件,对于不同的光照条件需要选择不同的模型。同时,模型的参数也需要定期更新和调整,以确保模型的准确性和可靠性。

$$P_{\mathrm{PV},t} = \hat{P}_{\mathrm{PV},t} + \varepsilon_t, \quad t = 1, 2, \cdots, T \tag{4-48}$$

式中,$P_{\mathrm{PV},t}$ 为 t 阶段的 PV 功率;$\hat{P}_{\mathrm{PV},t}$ 为 t 阶段的预测 PV 功率;$\varepsilon_t \sim N(0, \sigma_t^2)$,表示服从零均值高斯分布的不确定性,标准差 σ_t 通常为 $\hat{P}_{\mathrm{PV},t}$ 的所占百分比,称为 t 时段 PV 功率的波动率。

可见,PV 功率 $P_{\mathrm{PV},t}$ 也服从正态分布。因此,为了生成 PV 功率 $P_{\mathrm{PV},t}$ 的样本路径,需要预测 $\hat{P}_{\mathrm{PV},t}$ 的值,该值应基于历史光数据进行预测,可采用自回归方法或马尔可夫方法求得。预测误差可以表示为

$$\frac{|\hat{P}_{\mathrm{PV},t} - \overline{P}_{\mathrm{PV},t}^a|}{P_{\mathrm{PV},t}^a} \leqslant \xi \tag{4-49}$$

式中，$P_{\mathrm{PV},t}^a$ 为 t 阶段的实际 PV 功率；ξ 为最大的预测错误率。

ξ 值取决于预测的时间尺度，预测日前则为 PV 装机容量的 20%。如此大的预测误差可能会导致调度策略次优，所以通常更容易预测未来平均 PV 功率的界，即

$$D = \{(\hat{P}_{\mathrm{PV},1}, \hat{P}_{\mathrm{PV},2}, \cdots, \hat{P}_{\mathrm{PV},T}) \mid \hat{P}_{\mathrm{PV},t} \in [\hat{P}_{\mathrm{lb\_PV},t}, \hat{P}_{\mathrm{ub\_PV},t}]\}, \quad t = 1, 2, \cdots, T \quad (4\text{-}50)$$

式中，角标 lb 和 ub 分别表示平均 PV 功率的下界和上界。

在进行充电决策时，我们应该考虑未来平均 PV 量的最坏情况。在每个阶段，我们知道 PV 功率 $P_{\mathrm{PV},t}$ 的平均值在一个范围内，如式(4-50)。在这个范围内，应该考虑最坏的情况，以获得一个稳健的充电策略。

单时段内系统各部分功率近似恒定。PV 在单时段内会产出平均功率为 $P_{\mathrm{PV},t}$ 的电能，其中供给需求端的功率为 $P_{\mathrm{PV2Load},t}$，供给 ESS 的功率为 $P_{\mathrm{PV2ESS},t}$，供给电网的功率为 $P_{\mathrm{PV2Grid},t}$，满足关系

$$P_{\mathrm{PV},t} = P_{\mathrm{PV2Load},t} + P_{\mathrm{PV2ESS},t} + P_{\mathrm{PV2Grid},t} \quad (4\text{-}51)$$

PV 优先供给需求侧，若有剩余且 ESS 处于充电状态就给 ESS 充电；最后剩余部分卖给电网。

3. ESS 模型

ESS 模型是一个重要的部分，它主要描述了 ESS 的充电和放电特性，包括 ESS 的功率、容量等参数。ESS 的功率、容量、SOC 等必须满足安全阈值范围。拟通过优化算法决策得到每个时段的 ESS 充放电系数 $k \in [-1,1]$，则 ESS 的充电/放电功率 $P_{\mathrm{ESS},+,t}$ 和 $P_{\mathrm{ESS},-,t}$ 分别为

$$P_{\mathrm{ESS},+,t} = \begin{cases} \max(P_{\mathrm{ESS},+,t}, P_{\mathrm{ESS,max},t} \times k), & k < 0 \\ 0, & \text{其他} \end{cases} \quad (4\text{-}52)$$

$$P_{\mathrm{ESS},-,t} = \begin{cases} \max(P_{\mathrm{ESS},-,t}, P_{\mathrm{ESS,max},t} \times k), & k > 0 \\ 0, & \text{其他} \end{cases} \quad (4\text{-}53)$$

式中，$P_{\mathrm{ESS,max},t}$ 为最大充放电功率。

ESS 的运行限制有

$$S_{\mathrm{ESS},t} = S_{\mathrm{ESS},t-1} + \frac{P_{\mathrm{ESS},\pm,t}}{E_{\mathrm{Total}}} \cdot \Delta t \quad (4\text{-}54)$$

$$Q_{\mathrm{ESS},t+1} = Q_{\mathrm{ESS},t} + \left[\eta_c P_{\mathrm{ESS},+,t} + \frac{P_{\mathrm{ESS},-,t}}{\eta_d}\right] \cdot \Delta t \quad (4\text{-}55)$$

式中，$S_{\mathrm{ESS},t}$ 为 t 阶段 ESS 的 SOC；E_{Total} 为 ESS 的装机总容量；$Q_{\mathrm{ESS},t}$ 为 t 阶段 ESS 的容量大小；η_c 和 η_d 分别为 ESS 的充放电效率。

ESS 存储容量、变化功率限制和充放动作约束分别为

$$\underline{Q}_{\mathrm{ESS}} \leqslant Q_{\mathrm{ESS},t} \leqslant \overline{Q}_{\mathrm{ESS}} \quad (4\text{-}56)$$

$$0 \leqslant |P_{\mathrm{ESS},\pm,t}| \leqslant P_{\mathrm{ESS,max}} \quad (4\text{-}57)$$

$$P_{\mathrm{ESS},+,t} + P_{\mathrm{ESS},-,t} \leqslant \max\{P_{\mathrm{ESS},-,t}, P_{\mathrm{ESS},+,t}\} \quad (4\text{-}58)$$

式中，$\underline{Q}_{\mathrm{ESS}}$ 和 $\overline{Q}_{\mathrm{ESS}}$ 为 ESS 容量安全阈值上下界。

ESS 的寿命随着电池充放电次数的增加而降低，ESS 的容量成本与电池的使用寿命有

关,电池充放电行为会降低电池的容量。

4. 电网供给模型

t 时刻电网功率 $P_{\mathrm{Grid},t}$,满足 $P_{\mathrm{Grid},t} \leqslant P_{\mathrm{Grid,max},t}$,$P_{\mathrm{Grid,max},t}$ 为电网最大输出功率。其中从电网侧供给 ESS 的功率为 $P_{\mathrm{Grid2ESS}} = P_{\mathrm{ESS},+,t} - P_{\mathrm{PV2ESS}}$,供给需求侧的功率为 $P_{\mathrm{Grid2Load}}$。

PV 优先供给需求侧,若需求侧还未满足,则电价权衡后,考虑是否 ESS 介入,最后则由电网供给需求,有

$$P_{\mathrm{Grid2Load}} = P_{\mathrm{Load},t} - P_{\mathrm{PV},t} - P_{\mathrm{ESS2Load},t} \tag{4-59}$$

ESS 补电时,优先从 PV 获取,然后由电网尽最大努力补充功率:

$$P_{\mathrm{Grid2ESS}} = \min(P_{\mathrm{ESS},+,t} - P_{\mathrm{PV2ESS}}, P_{\mathrm{Grid,max}}) \tag{4-60}$$

电网尽最大努力供给需求:

$$P_{\mathrm{Grid},t} = \min(P_{\mathrm{Grid2ESS}} + P_{\mathrm{Grid2Load}}, P_{\mathrm{Grid,max}}) \tag{4-61}$$

当 PV 不能满足 EV 和基础负载需求时,先考虑用 ESS 的能量,若无法提供则需要使用传统电网,而传统电网的电量为

$$P_{\mathrm{Grid},t} = P_{\mathrm{ESS},+,t} - P_{\mathrm{ESS},-,t} + P_{\mathrm{Load},t} - P_{\mathrm{PV},t}, \quad \forall t \tag{4-62}$$

$$P_{\mathrm{Grid},t} = \begin{cases} P_{\mathrm{Grid},b,t}, & P_{\mathrm{Grid},t} \geqslant 0 \\ P_{\mathrm{Grid},s,t}, & P_{\mathrm{Grid},t} < 0 \end{cases} \tag{4-63}$$

当 $P_{\mathrm{Grid},t} \geqslant 0$ 时,表示 EMS 从配电系统(电网)购买电力,$P_{\mathrm{Grid},b,t} = P_{\mathrm{Grid},t}$;当 $P_{\mathrm{Grid},t} < 0$ 时,表示 EMS 向配电系统出售电力,$P_{\mathrm{Grid},s,t} = P_{\mathrm{Grid},t}$。

5. EV 充电负荷聚合模型

基于前面的研究,EV 充电行为由车主主观意愿决定,后充电站充电规划聚合负荷总量,在此 EV 充电仅作为负荷,不考虑其充放电模式和车主行为约束。

由于 EV 只有在停车时才能充电,所以当第 i 辆 EV 停在阶段 t 时,设 $I_i(t) = 1$,如果没有停车,则设 $I_i(t) = 0$。在 t 阶段,$T_{\mathrm{p},i,t}$ 和 $E_{\mathrm{R},i,t}$ 分别表示第 i 辆 EV 剩余停车时间和剩余所需充电能量。当 $I_i(t) = 1$ 时,$T_{\mathrm{p},i,t}$ 设为正,$E_{\mathrm{R},i,t}$ 设为非负。当 $I_i(t) = 0$ 时,$T_{\mathrm{p},i,t}$ 和 $E_{\mathrm{R},i,t}$ 均设为 0。如果第 i 辆 EV 在 t_p 阶段开始停车,则剩余所需充电能量 E_{R,i,t_p} 与 EVSOC(SOC)之间的关系为

$$E_{\mathrm{R},i,t_p} + S_{\mathrm{soc},i,t_p} \cdot E_{\mathrm{cap}} = E_{\mathrm{req},i,t_p} \tag{4-64}$$

式中,S_{soc,i,t_p} 为第 i 辆 EV 在 t_p 阶段的 SOC;E_{cap} 为电池容量;E_{req,i,t_p} 为第 i 辆 EV 在 t_p 开始停车后行驶所需的能量。注意式(4-64)不要求 EV 在出发时充满电。

我们可以决定是否给每辆 EV 充电。如果第 i 个 EV 被选中充电,则设 $z_{i,t} = 1$;如果未被选中,则设 $z_{i,t} = 0$。受下式方程约束:

$$z_{i,t} = \begin{cases} 1 \text{ 或 } 0, & I_i(t) = 1 \\ 0, & I_i(t) = 0 \end{cases} \tag{4-65}$$

第 i 辆 EV 在 t 阶段的充电能量为 $z_{i,t} P \Delta t$,其中 Δt 为时间间隔,P 为恒定充电功率。剩余停车时间 $T_{\mathrm{p},i,t}$ 和剩余负荷 $E_{\mathrm{R},i,t}$,在做决策时,会演化为

$$T_{\mathrm{p},i,t+1} = \begin{cases} T_{\mathrm{p},i,t} - \Delta t, & I_i(t) = 1 \\ \tau_{\mathrm{p},i,t+1}, & (1 - I_i(t)) \cdot I_i(t+1) = 1 \\ 0, & (1 - I_i(t)) \cdot (1 - I_i(t+1)) = 1 \end{cases} \tag{4-66}$$

$$E_{\mathrm{R},i,t+1} = \begin{cases} E_{\mathrm{R},i,t-z_{i,t}} P \Delta t, & I_i(t) = 1 \\ \eta_{\mathrm{R},i,t+1}, & (1 - I_i(t)) \cdot I_i(t+1) = 1 \\ 0, & (1 - I_i(t)) \cdot (1 - I_i(t+1)) = 1 \end{cases} \tag{4-67}$$

式中,$\tau_{\mathrm{p},i,t+1}$ 和 $\eta_{\mathrm{R},i,t+1}$ 为非负随机变量,分别表示当第 i 辆 EV 在 t 时刻到来且于 $t+1$ 开始停车时,在 $t+1$ 阶段的停车持续时间和所需的充电能量。

由于每辆 EV 的需求都要在出发时得到满足,因此存在约束

$$0 \leqslant E_{\mathrm{R},i,t} \leqslant P \cdot T_{\mathrm{p},i,t} \tag{4-68}$$

在停车开始时 $(t = t_p)$,式(4-68)指出充电需求不应超过停车期间所能提供的最大能量。在停车结束时,$T_{\mathrm{p},i,t}$ 为 0,在式(4-68)中则迫使 $E_{\mathrm{R},i,t}$ 为 0,这意味着 EV 的需求已经得到满足。

假设有 I 个 EVs,则 t 阶段 EV 充电总功率为

$$P_{\mathrm{EV},t} = P \cdot \sum_{i=1}^{I} z_{i,t} \tag{4-69}$$

t 阶段 EV 充电总功率 $P_{\mathrm{EV},t}$ 和基础负载 $P_{\mathrm{B\_load},t}$ 之和则为需求端总功率,即

$$P_{\mathrm{EV},t} + P_{\mathrm{B\_load},t} = P_{\mathrm{Load},t} \tag{4-70}$$

据 PSCS 实际统计和数据,基础负载与 EV 充电总功率之间存在线性关系,Ψ 为线性系数,则有

$$P_{\mathrm{B\_load},t} = \Psi \cdot P_{\mathrm{EV},t} \tag{4-71}$$

$$P_{\mathrm{EV},t} + P_{\mathrm{B\_load},t} = P_{\mathrm{Load},t} = (1 + \Psi) \cdot P_{\mathrm{EV},t} \tag{4-72}$$

在一个时段内,可供需求端的能量受 PV、ESS 和电网输出能力制约。EMS 的实际需求必须满足系统能量平衡约束,等于现场 PV、从电网购买的电量和 ESS 的放电功率之和。从 PV 处获取的功率为 $P_{\mathrm{PV2Load},t}$,从 ESS 处获取的功率为 $P_{\mathrm{ESS2Load},t}$,从电网处获取的功率为 $P_{\mathrm{Grid2Load},t}$,满足关系

$$P_{\mathrm{Load},t} = P_{\mathrm{PV2Load},t} + P_{\mathrm{ESS2Load},t} + P_{\mathrm{Grid2Load},t} \tag{4-73}$$

6. 问题形式化定义

充电站系统效益为运营收益 E 与成本 C 的差值,我们研究的问题目的在于考虑 PV 最差情况下的充电站效益最大化,即最大化运营收益、最小化成本。PSCS 收益 E 来源于 PV 板转化自然能量产生能量收益,卖电到电网且卖电给用户,两项交易对象产生收益,电网卖电收益 E_{Grid} 为卖电量与电网侧电价 $Y_{\mathrm{Grid},s,t}$ 之积,用户交易收益 E_{Load} 为用户充电量与充电电价 $Y_{\mathrm{Load},t}$ 之积,即

$$E_{\mathrm{Grid}} = \sum_{t=1}^{T} P_{\mathrm{Grid},s,t} \cdot Y_{\mathrm{Grid},s,t} \cdot e_{\mathrm{Grid}} \cdot \Delta t \tag{4-74}$$

$$E_{\mathrm{Load}} = \sum_{t=1}^{T} P_{\mathrm{Load},t} \cdot Y_{\mathrm{Load},t} \cdot \Delta t \tag{4-75}$$

总成本 C 包含从电网取电供需成本 C_{Grid}、ESS 耗电补电的代价 C_{ESS} 和 ESSPV 消耗成本 C_{EPV}，其中 $f_{\text{Grid,Cost}}$ 为电网侧净成本，由充电站从电网取电成本减去卖电取得的效益计算所得，即

$$f_{\text{Grid,Cost}} = C_{\text{Grid}} - E_{\text{Grid}} = \sum_{t=1}^{T} \left(\frac{P_{\text{Grid,b},t}}{e_{\text{Grid}}} \cdot Y_{\text{Grid,b},t} - P_{\text{Grid,s},t} \cdot e_{\text{Grid}} \cdot Y_{\text{Grid,s},t} \right) \cdot \Delta t$$

(4-76)

式中，e_{Grid} 是电网的能源转化率；$Y_{\text{Grid,b},t}$ 和 $Y_{\text{Grid,s},t}$ 分别是第 t 个时段的充电站购电的实时电价和卖给电网的实时电价。

最小化电网取电同时减少 ESS 使用的代价，因此 ESS 耗电/补电的代价 C_{ESS} 如下：

$$C_{\text{ESS}} = \sum_{t=1}^{T} \left(P_{\text{ESS},-,t} \cdot e_{\text{ESS}} \cdot Y_{\text{Grid,b},t} - \frac{P_{\text{ESS},+,t}}{e_{\text{ESS}}} \cdot Y_{\text{Grid,s},t} - \frac{P_{\text{PV2ESS}}}{e_{\text{ESS}}} \cdot Y_{\text{Load},t} \right) \cdot \Delta t$$

(4-77)

式中，e_{ESS} 表示 ESS 转化率。

ESS 和 PV 消耗成本 C_{EPV} 为 ESS 运行损耗成本和 PV 损耗成本，可评估为 ESS 使用代价 f_{ESS} 和和 PV 发电过程代价之和 f_{PV}，即

$$C_{\text{EPV}} = f_{\text{ESS}} + f_{\text{PV}}$$

(4-78)

$$f_{\text{ESS}} = \sum_{t=1}^{T} m_{\text{ESS}} \cdot P_{\text{ESS},t} \cdot \Delta t$$

(4-79)

$$P_{\text{ESS},t} = |P_{\text{ESS},+,t}| + |P_{\text{ESS},-,t}|$$

(4-80)

$$f_{\text{PV}} = \sum_{t=1}^{T} \eta_{\text{PV}} \cdot P_{\text{PV},t} \cdot \Delta t$$

(4-81)

式中，m_{ESS} 表示充放电过程中能量流动损耗；η_{PV} 是 PV 板发电的损耗系数。

拟确定的优化目标是最大化系统收益，即

$$\max\{E_{\text{Grid}} + E_{\text{Load}} - (C_{\text{Grid}} + C_{\text{ESS}} + C_{\text{EPV}})\}$$
$$= \min\{C_{\text{Grid}} + C_{\text{ESS}} + C_{\text{EPV}} - (E_{\text{Grid}} + E_{\text{Load}})\}$$
$$= \min f_1$$

(4-82)

平滑的充放电负荷曲线有利于配电系统安全可靠运行。f_{LF} 为负荷峰谷差，这一考虑反映在下式中，使系统负载曲线的均方误差最小化。

$$\min f_2 = \min f_{\text{LF}} = \min \left[\frac{1}{T} \sum_{t=1}^{T} (|P_{\text{Grid},t}| - P_{\text{Grid,av}})^2 \right]^{0.5}$$

(4-83)

$$P_{\text{Grid,av}} = \frac{1}{T} \sum_{t=1}^{T} |P_{\text{Grid},t}|$$

(4-84)

PV 供应与 EV 充电需求匹配度 M 的提高使系统运营商受益。其中，M_t 为 PV 供应与负荷需求之间的不平衡归一化。我们尽量使得匹配度最大，达到效益适合。

$$M_t = 1 - \frac{|P_{\text{PV},t} - P_{\text{Load},t}|}{\max(P_{\text{PV},t}, P_{\text{Load},t})}$$

(4-85)

通过上述目标函数寻优，即可得到最优的 ESS 充放电策略，从而确定最优的充电站能源供给调度机制。

4.3.4　算法设计与分析

1. 问题分析

基于前面所提出的系统模型,我们将 PSCS 面向运营商效益的能量调度问题定义为:以上述目标确定最优的 ESS 的充放电策略,从而可确定电能供给策略机制并在考虑运营商效益最大化,同时选择服务用户的状况。ESS 充放电策略寻优过程如图 4-22 所示,拟采用 EGDEA 算法得出 ESS 的充放电功率 $P_{\text{ESS},+,t}$ 和 $P_{\text{ESS},-,t}$,其影响 C_{Grid}、C_{ESS}、C_{EPV} 和 E_{Grid},从而决定充电站系统效益。

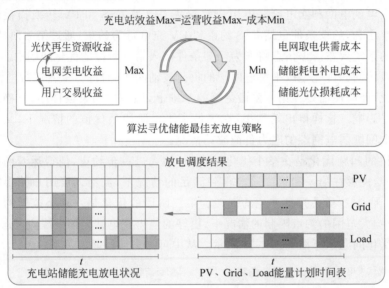

图 4-22　ESS 充放电策略寻优过程

考虑到电价对用户用电行为的影响以及对 ESS 充放操作的调节作用,同时提高可调控分布式能源目标优化调度模型的有效性和 ESS 运行的安全性,本节提出两点协调调度策略:

(1) 供给侧 ESS 的充放电应基于电网分时电价的影响,即在电价谷值时对 ESS 进行充电,在电价峰值时利用 ESS 进行放电,以减少运营商用电成本。

(2) 供给侧 ESS 充放电应避免越限情况发生,即当 $t-1$ 时刻 ESS 的 SOC 已达最大值,则 t 时刻不再进行充电操作,当 $t-1$ 时刻 ESS 的 SOC 已达最小值,则 t 时刻不再进行放电操作。

基于上述策略,有如下具体实施方案:当新能源出力满足负荷需求时,优先给 ESS 充电,当 ESS 达 SOC 上限时,若有余量,则出售给电网获利。当新能源出力不能满足负荷需求时,分以下 3 种情况:① 当分时电价处于谷值时,用户侧从电网购电补齐负荷差额,同时购电为 ESS 充电直至 SOC 上限;② 当分时电价处于平值时,用户侧从电网购电补齐负荷差额,ESS 不动作;③ 当分时电价处于峰值时,优先利用 ESS 放电来满足负荷需求,当 SOC 到达最小值且仍供不应求时,再从电网处购电。

2. 三阶段的问题优化

为了实现充电站和电网的双赢,我们提出了一个三阶段的优化问题。在第一阶段,使用线性规划(Linear Programming,LP)来最大化充电站的综合收益。在第二阶段,使用混合整数规划(Mix Integer Programming,MIP)来平滑电网端得到的电力负荷波动,同时满足第一阶段得到的充电站综合收益。在第三阶段,再次使用 MIP 来提高 PV 供应与 EV 充电需求的匹配度,使系统运营商受益,同时满足第一和第二阶段的约束条件。这个三阶段的优化问题可以在保证充电站利益不受影响的前提下,帮助电网平滑电力负荷的波动,同时使得充电站尽可能在 PV 充足的情况下服务负荷需求。

第一阶段的问题优化是一个典型的利用 ESS 充放电调节,最大化运营商效益的问题,通过转化 PV 需求电网三者在分时电价背景下的能量关系达到平衡,该问题的目标函数由充电站卖多余电到电网和卖电给充电用户效益减去电力 ESS 和 PV 转换损耗成本以及在谷价进电成本之和,约束条件包括 ESS 约束和 EV 充电行为约束,通过第一阶段优化,得到效益最大时的系统效益。该信息将作为已知条件代入第二阶段的优化问题中。

第二阶段的问题优化是以平滑电网端的负荷波动曲线为目的,重新进行电池 ESS 充放电行为的优化,此阶段需要在第一阶段运算的基础上,融合进约束条件中,以确保充电站的运营利益不受影响。这样得出的结果,在满足了第一阶段最优值的情况下,又能够在一定程度上帮助电网削弱电网端的电力负荷波动情况。

第三阶段的问题优化是在整个优化过程中,加入进一步约束,使得运营商充电站的效益进一步匹配,能够在第一和第二阶段得到满足的情况下,灵活调度用户使得需求尽量在 PV 产出时匹配,减少资源挪动产生的损耗。第三阶段的优化是一种小范围的基于系统双端优化,不影响大范围的约束限制的情况下,更好的使得充电站内部系统协调运行。

三阶段优化问题示意图如图 4-23 所示。从中可见三阶段间的关系。

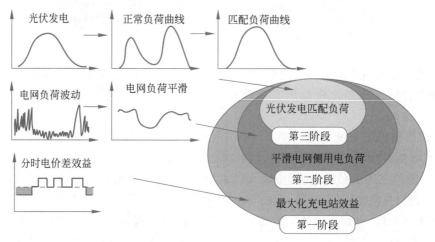

图 4-23　三阶段优化问题示意图

3. EGDEA 算法分析求解

EGDEA 算法是基于带精英策略的遗传算法和差分进化算法的结合,通过两者的优势,对问题进行求解。其中,差分进化(Differential Evolution,DE)算法是一种基于种群的搜索算法,可用于求解优化问题。该算法从一个随机产生的初始种群开始,通过一系列的交叉和变异操作产生新个体,把种群中任意两个个体的向量差与第三个个体求和来产生新个体,然后将新个体与当代种群中相应的个体相比较,并与原有个体进行比较,如果新个体的适应度优于当前个体的适应度,则在下一代中就用新个体取代旧个体,否则仍保存旧个体,以选择适应度更高的个体进行保留和进化。通过不断地进化,保留优良个体,淘汰劣质个体,引导搜索向最优解逼近。这种算法能够有效地处理复杂的优化问题,具有高效、鲁棒性强、易于并行化等优点。结合带精英保留策略的遗传算法(EGA),能够更加有效地搜索全局最优解,找到更优的解空间。算法求解流程如图 4-24 所示。

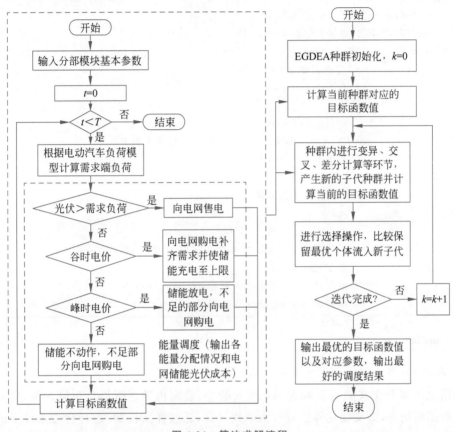

图 4-24　算法求解流程

4. 分时电价分布式能量贪心调度算法

在分时电价情况下,多分布式能量采取贪心调度,进行内部能量逻辑调度,如算法 4.4。决策者知道平均 PV 量的上界和下界、剩余停车时间和该阶段 EV 的需求。在此基础上,利用一组正态分布对 PV 功率 $P_{PV,t}$ 进行预测。PV 服从高斯分布,分布取决于以 $[\hat{P}_{lb\_PV,t},\hat{P}_{ub\_PV,t}]$ 为边界的平均值 $\hat{P}_{PV,t}$。如果将这个边界离散为 m 个值,则 PV 的高斯分布将有 m 个数学表达式。特定离散值下的高斯分布将决定各阶段 PV 的变现情况。这里考虑的目标是在 PV 最坏的情况下,找到一个期望路径成本最小的策略。

算法 4.4　分时电价分布式能量贪心调度算法

输入:I、$z_{i,t}$、$P_{PV,t}$、$\hat{P}_{lb\_PV,t}$、$\hat{P}_{ub\_PV,t}$、$T_{p,i,t}$、$E_{R,i,t}$
输出:T 时段对应的能量调度情况
初始化:部署分布式模型相关参数

```
1：  for t←1 to T do
2：      根据式(4-69)计算 EV 用电总功率 P_EV,t
3：  end for
4：  计算 EV 用电功率和基础负荷的总用电负荷 P_Load,t
5：  初始化 ESS 的 SOC 值 S_t^SOC
6：  for t←1 to T do
7：      更新输入：Y_Grid,b,t、P_PV,t、P_Load,t
8：      根据式(4-54)更新 ESS 的剩余 SOC
9：      if P_PV,t >= P_Load,t then
10：         判断 ESS 是否需要充电
11：             if ESS 不用充电 then
12：                 P_PV,t to P_Grid,t
13：                 更新 ESS 和电网
14：             else PV 发电不够满足 P_Load,t，则 PV 电能满发给 P_Load,t，
15：                 剩下由 ESS 和电网补充
16：                 if 电价为高价或平价 then
17：                     ESS 为放电状态
18：                 else
19：                     P_Grid,t 给 P_Load,t 供电
20：                     判断 ESS 是否需要充电，若需要，则电网给 ESS 充电
21：                 更新 ESS 和电网
22：                 根据式(4-52)更新 ESS 充放电情况
23：                 根据式(4-63)更新电网买电、卖电情况
24：             end if
25：  end for
```

5. 基于 EGDEA 算法的能量调度方法

应用上述多分布式能量采取贪心调度过程中，会对内部进行能量逻辑调度，但随着基础体量数据的增多，需要优化算法进行大规模寻优，通过算法机制，进行合理条件下的能量优化筛选。这些启发式算法根据相应的参数契合，在初始化种群之后，在群体内进行带精英留存的遗传进化，其中种群个体交叉则为差分计算交叉，从而扩大求解空间，在一定迭代次数的计算后，将进行结果整合，找到最终的能量调度方法进行决策，相关求解过程如算法 4.5 所示。

算法 4.5　基于 EGDEA 的调度优化算法

输入：种群大小 M、迭代次数 D、I、$z_{i,t}$、$P_{PV,t}$、$\hat{P}_{lb\_PV,t}$、$\hat{P}_{ub\_PV,t}$、$T_{p,i,t}$、$E_{R,i,t}$
输出：能量调度状态、最优适应度值
初始化：部署分布式模型相关参数

```
1：  for m←1 to M do
2：      for n←1 to N do
3：          产生初始种群，生成 ESS 充放电决策 k_t
4：      end for
5：  end for
6：  根据算法 4.3 更新能量调度
```

7：　**for** m←1 to M **do**

8：　　**for** n←1 to N **do**

9：　　　　根据式(4-52)和式(4-53)更新 ESS 状态

10：　　　　更新需求侧匹配状态

11：　　　　计算适应度值的大小和每个个体的适应度值

12：　　**end for**

13：　**end for**

14：　获取初始的最优适应度值和每个个体的最优适应度值

15：　**while** i<D **do**

16：　　**for** m←1 to M **do**

17：　　　　**for** n←1 to N **do**

18：　　　　　　从种群中选择适应度值大的进入下一代

19：　　　　　　计算下一代种群和每个个体的适应度值

20：　　　　　　比较更新前后的适应度值,选择适应度值较大的加入新种群

21：　　　　**end for**

22：　　**end for**

23：　　**for** m←1 to M **do**

24：　　　　**for** n←1 to N **do**

25：　　　　　　进行差分变异操作

26：　　　　　　以变异概率进行遗传变异更新

27：　　　　**end for**

28：　　**end for**

29：　**end while**

30：　返回最优的能量充放策略

4.3.5　仿真实验与分析

1. 参数设置

模拟仿真环境为 64 位服务器操作系统,使用 Python 语言搭建,运行于 Intel Core i5 (2.3GHz)处理器和 8GB 内存的计算机中。相关实验在 64 位的 Ubuntu 18.04.5 LTS Server 操作系统上进行,主要硬件配置:CPU 为 Intel i5-11400H,内存为 16GB。编程语言版本为 Python 3.6.8。

在实验中,同样考虑一个工作区域停车场智能 PSCS,由 PV 发电系统和上限 $P_{\max}^{\text{Grid}} =$ 40kW 的电网供电。设一天为研究范围,有 $\Delta t = 30\text{min}$,使 $T = 48$。本节中的 EV 停车事件是基于数据由宁德时代示范点数据生成的,我们关注的是在工作场所发生的停车事件。我们可以根据这些数据计算出停车事件发生的概率分布。图 4-25 所示为工作场所 EV 停车事件概率分布。

图 4-25 中的两个峰值说明人们通常在早上 8 点去上班,下午 5 点左右回家。每小时停车行为的持续停车时间如图 4-26 所示。上午工作时的停车时间约为 8h,而下午晚些时候在家停车时间会变长。假设 EV 的规格相同,采用蔚来汽车 ES6/ES8/EC6 等常用 EV 容量,电池容量设置为 70kW·h。EV 需求充电状态下 SOC 分布情况如图 4-27 所示。从中可以看出,EV 初始 SOC 值均匀地从区间[0,1]随机设置,目标 SOC 设为 1。基本负荷信息以负荷预测的结果为基础。假设:出售给电网的电价是购买电价的 1/5。数据中每小时 PV

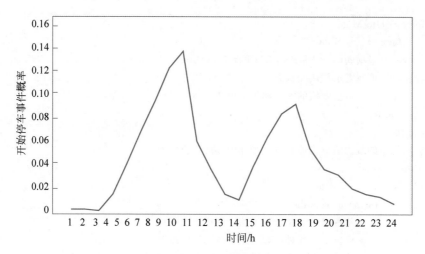

图 4-25　工作场所 EV 停车事件概率分布

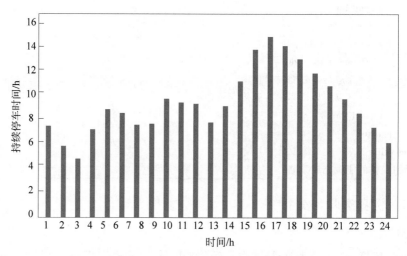

图 4-26　每小时停车行为的持续停车时间

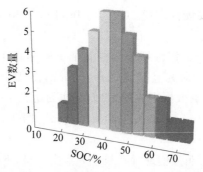

图 4-27　EV 需求充电状态下 SOC 分布情况

功率 $P_{\mathrm{PV},t}^a$ 用于计算预测 PV 功率的界，并根据 EV 的总充电需求进行缩放。如前面所述，每个阶段的边界被离散为 3 个值，即 $\hat{P}_{\mathrm{PV},t} \in \{0.8P_{\mathrm{PV},t}^a, P_{\mathrm{PV},t}^a, 1.2P_{\mathrm{PV},t}^a\}$，分别表示低、中、高 PV 功率（空气折射率导致光照强度不同）。假设 t 阶段的不确定 PV 功率服从正态分布，$\hat{P}_{PV,t}$ 为期望值，$\hat{P}_{PV,t}$ 的 10% 为其波动率。预测 PV 功率如图 4-28 所示。其基于不同的预测值 $\hat{P}_{PV,t}$，产生 50 条 PV 样本路径时 40 个 EVs 的平均 PV 功率。在 PV 供应不足的情况下，分时电价如表 4-7 所示，系统参数如表 4-8 所示。

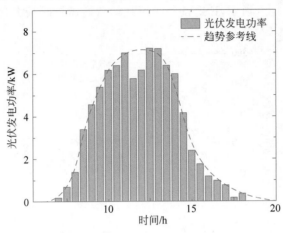

图 4-28　预测 PV 功率

表 4-7　分时电价

时　段	价格/[元/(kW·h)]
22:00—6:00	0.364
6:00—8:00,11:00—18:00,21:00—22:00	0.752
8:00—11:00,18:00—21:00	1.222

表 4-8　系统参数

参　数	值	参　数	值
e_{ESS}	0.96	m	30
$\mu_{ESS,d}$	0.96	I	40
SOC_{min}	0.25	Δt	30min
SOC_{max}	0.97	$L_{base,t}$	40
$P_{ESS,max}$	200kW	$Q_{ESS,max}$	720
P	20kW	$P_{Grid,max}$	600

　　根据上述基础数据集，为了降低误差性并提高普适性，调度模型经过充分的训练和验证。模型的训练过程通过模拟使用多样化的数据集，涵盖各种场景和约束条件，以尽可能准确地捕捉真实世界的特征。同时，模型的评估和验证应该基于真实数据和实际应用环境，以评估模型在实际场景中的性能和效果，调度模型的普适性和误差性是相互关联的。普适性的提高可以降低误差性，而误差性的控制和减少可以增强模型的普适性。通过合理的模型设计、充分的数据训练和验证，可以尽可能提高调度模型的普适性，并降低误差性的影响。模型在预测和决策过程中可能出现偏差或错误。这些误差可能由多种因素引起，如模型的局限性、数据的不完整性或噪声、算法的近似性等。误差性可能导致模型对任务需求的不准确理解，或者在资源分配和优化过程中产生次优的决策。

2. 能量管理情况分析

这里从 ESS 充放电状态、电网侧功率曲线、PV 分配比例进行能量管理分析,评估不同调度方案的性能表现情况。基于以上参数,求解阶段 1 的优化问题,得到结果。不同情境下 ESS 充放电情况如图 4-29 所示,ESS 的行为可在运营商运行时最大化效益,寻优内部分配与调度。

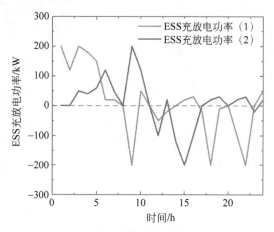

图 4-29　不同情境下 ESS 充放电情况

在 PSCS 中,由于 PV 消纳量的变化,导致 ESS 的运行状态也发生了改变,形成了最优的两充两放状态,其具体容量变化可参见图 4-30。图 4-30 所示为 ESS 的 SOC。目标优化后得到的 ESS 的 SOC 变化相较于优化调度之前的,其充放电行为更具有主动性。ESS 单元基本上选择在 1:00—6:00 时段的电价低谷时段和 11:00—15:00 时段的电价平时段进行充电蓄能以减少购电成本;然后在电价高峰时段,由于 10:00—13:00 时段 PV 较为充足,ESS 单元进行适当的充放电,无须释放大量电能供应给 EV 充电,而在 18:00—20:00 时段,PV 单元出力不足且 EV 充电需求负荷较高,这时 ESS 单元能够大量放电以满足 EV 充电需求,达到优化能量利用、减少购电成本、提高能源利用效率的目的。在充放状态中,始终保持在最佳充放电范围内(ESS 的 SOC 的 20%～80%),最低 ESS 时刻为 21:00 时段,相较电价变化前,低 ESS 时段频率降低了 32.4%,这是由于 PSCS 与 EV 的协同运行使得 ESS 实现了与 PV 系统的有效互动,其中,ESS 在高峰时段储存 PV 电力能量 873.8kW·h,有效减少了弃光率,提高了 EV 电力的清洁性。在满足负荷需求的前提下,ESS 单元积极参与充电站内的经济运行,并起到了削峰填谷的作用。在日常应用场景中,ESS 常被部署在电网电价的谷时段进行充电,即在时段 22:00—6:00 中进行充电。由图 4-30 可以看出,在经历电价优化后,ESS 约有 50% 的时段处于充满状态,其中,65% 以上的时段为日间时刻,因此,在此系统中 ESS 设备可以提供充足的应急充电需求。值得关注的是,与进行能量管理前相比,在此次 ESS 运行过程中,通过协同运行调度,使得 ESS 在正午时段仅通过对于 PV 电量的存储即形成饱和状态,减少了 ESS 与电网的频繁交易,有效提高了 ESS 的利用率,减少了 ESS 的损耗,实现了 ESS 的最优运行。

基于以上参数,求解阶段 2 的优化问题,计算电网取电负荷运行情况,得到的结果如图 4-30 所示。图 4-31 所示为平滑电网曲线对比。

基于以上参数,求解阶段 3 的优化问题,得到结果如图 4-32 所示。图 4-32 所示为最坏

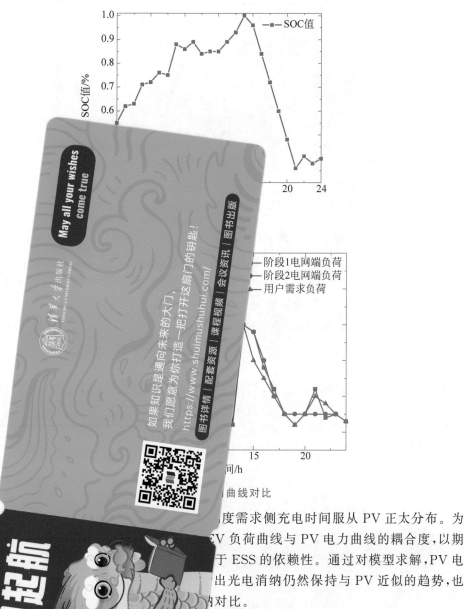

PV 预测下□□□□□□□□□□□□□度需求侧充电时间服从 PV 正太分布。为实现最小□□□□□□□□□□□□□EV 负荷曲线与 PV 电力曲线的耦合度,以期更好地实□□□□□□□□□□□□□于 ESS 的依赖性。通过对模型求解,PV 电力的消纳□□□□□□□□□□□□□出光电消纳仍然保持与 PV 近似的趋势,也可看出 □□□□□□□□□□□□□的对比。

(1)□□□□□□□□□□□□□采取初始常规的消纳方式。

(2)□□□□□□□□□□□率后,采取的传统的在谷时段中系统的 ESS 固定执行□□□□□□□□□□用。

(3)经济策略□□□□□□□□□□,在电价未优化的背景下,采取优先储存 PV 多余电量的策略,使得自然资源经济化最大。

(4)优化策略,指采取经济策略的运行方式,按照前面的设计,背景为在电价优化后。

PV 和 ESS 的配合可实现经济、环保和可持续的能源管理。通过 PV 和需求之间的调度,可以在光伏富裕时期实现更多充电,提高能源利用效率,减少对电网的依赖,并降低成本。同时,调度还有利于延长 ESS 使用寿命,并确保未来充电需求得到满足。PV 在高电价时期发挥作用,减少从电网购电需求或不购电。ESS 储存多余 PV 电能,用于即将到来的

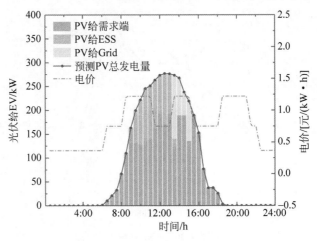

图 4-32　最坏 PV 预测下调度情况

EV 充电或卖给电网。当 ESS 达到最大容量限制时,多余 PV 电能直接卖给电网。在保证 ESS 存储足够电量的前提下,EMS 可选择在高电价时段将多余的 PV 电力出售给电网,如图 4-32 中 13:00—16:00 所示。如果总是优先给 ESS 充电,很有可能在 ESS 达到容量限制后,在低电价期内会有多余的 PV 电量,不得不低价卖给电网。与此相比,我们提出的策略具有更好的经济效益。

不同情景下的运行费用如表 4-9 所示。通过对比分析得知,目标优化调度后的运行策略显著降低了充电站的运行费用,费用比仅分时电价和优化调度前的运行分别减少了 1.5% 和 44.1%,对于充电站运行效益的改善见效明显。

表 4-9　不同情景下的运行费用

情　　景	运行费用/元
优化调度前	1421.718
分时电价下	1001.523
目标优化调度后	986.663

3. 与其他方法的比较

为更好证明所用算法解决所提问题的有效性,我们将 EGDEA 算法与 GA、GWO 进行了比较,如表 4-10 所示。

表 4-10　案例性能比较

算　　法	参数(个体/迭代)	平均成本/元	最佳成本/元
EGDEA	个体 20/迭代 200	986.663	993.611
	个体 50/迭代 200		990.105
	个体 50/迭代 1000		976.273
GA	个体 20/迭代 200	1001.033	1004.394
	个体 50/迭代 200		1000.872
	个体 50/迭代 1000		997.834
GWO	狼 50/迭代 200	1310.468	1336.258
	狼 100/迭代 1000		1301.034
	狼 100/迭代 10 000		1294.112

针对参数对实验结果的影响,可以看出随着个体数的增大和迭代次数增加,EGDEA 和 GA 寻优效果分别提升了 1.7% 和 0.7%。从平均成本的比较可以看出,EGDEA 比 GA 和 GWO 算法得到了更好的结果。与 GA 相比,EGA 的平均成本降低了 1.4%。与 GWO 相比,所用算法则降低了 24.7%,具有明显的优良效果。其次,从算法特性分析,EGDEA 和 GA 算法在处理连续性和离散型数据模型方面都表现出良好的适应性。它们的算法复杂度相对稳定,不会产生大幅波动。另外,GWO 算法模拟了自然界灰狼群体捕食的收敛行为,适用于连续性动作和变化的衡量,并且通常能够产生良好的优化结果,这些算法的复杂度在数量级上保持相对稳定。根据本节所解决的场景模型特征,我们建立了一个离散数据模型。因此,更适合选择与离散型数据匹配的算法。使用适应度来评估结果可以使优化过程更加高效,并取得较好的优化成果。通过选择适合离散数据的算法,可以更好地适应问题的特点,以获得比较好的优化成果。

4. 算法收敛性

下面进行算法收敛性分析。为了验证所提 EGDEA 算法的寻优效果,对比 GA 和 GWO 算法,从平均适应度角度来分析不同算法对于 PSCS 能量调度策略的可行性与适配性。

图 4-33 所示为迭代更新变化收敛图。为了验证不同算法寻优过程中变化趋势和迭代性能,在固定最大迭代次数为 700 次的情况下,对本节所建目标函数进行算例运算,分别独立求解 10 次并计算平均分布值。图 4-33 给出了目标函数求解最优值的迭代收敛过程,EGDEA 算法寻优效果良好,由最开始的 0.2136,经过 700 次迭代收敛到最后的 0.7865,由一开始到最终的迭代处于探索(explore)与开拓(exploit)双向搜索,面向的解空间范围更大,结果更具有说服力。GA 算法寻优效果一般,经过 700 次迭代收敛到最后的 0.7513,算法初期迭代速度较快,紧接着趋于平缓,有过收敛倾向。GWO 算法寻优效果不佳,由最开始的 0,在前 20 次迭代直跃 0.5123,后经过 700 次迭代收敛到最后的 0.5814,之间的适应度优化空间变化不大,GWO 算法在寻优初期没有探索就直接收敛,相比于 GA 和 EGDEA 算法,收敛速度过快,探索空间不足,寻得的最优解解释为全局最优解的可靠性较小。相比 GA 和 GWO 算法,EGDEA 算法能够在较快的时间内收敛到接近理论最优值。综上所示,以上对比算法仿真结果验证了本节所提算法的有效性。

4.3.6 总结

在该模型中,我们搭建了面向运营商效益的 PSCS 能量调度模型,能量分层后可以分配给不同充电需求的 EV 负荷和基础负荷调节,考虑充放电次数对 ESS 寿命的影响,针对提高充电站整体运行的经济性并减少对电网造成的负荷冲击等需求,在优先运营商效益的运行场景下,考虑到 PSCS 对电网友好的运行模式,建立最小化运行费用的优化模型,优化系统充电和放电策略,最大限度利用太阳能发电和储存能量,提出一种在分时电价下最大化 PV 和 ESS 使用率的优化运行方式,设计了一种基于 EGDEA 算法的鲁棒贪心能量调度策略。通过实验验证,目标优化调度后的运行策略显著降低了充电站的运行费用,费用比仅分时电价和优化调度前的运行分别减少了 1.5% 和 44.1%,提出的调度策略具有较高的可行性和有效性,能有效降低调度过程中的能量损耗和运行总代价,并为系统的安全稳定调

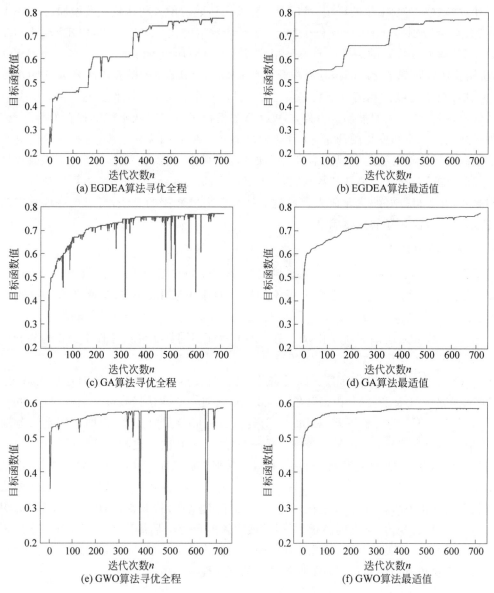

图 4-33　迭代更新变化收敛图

度提供一定参考依据。

4.4　单一充电模式的电动汽车充电调度策略

　　针对单一充电模式场景下的电动汽车充电调度问题。首先,提出了一种车辆准入机制,以确保准入车辆能够在预定时间内完成充电需求。其次,考虑充电等待时间对车主充电体验的影响,以精准定义车主的充电满意度函数。最后,基于遗传算法框架,在变异操作中引入模拟退火算法的 Metropolitan 准则以提高算法收敛性,并采用熵权法确定适应度函数中各指标的权重以降低人为因素的影响,从而提出了一种基于遗传模拟退火算法(Genetic Algorithm Simulated Annealing,GASA)的电动汽车充电调度策略,旨在联合优化停车场运营商利润和车主充电满意度。实验结果表明,与极端情况(车辆数为 600 的无序充电)相比,该策略的综合适应度函数值增加了 35.2%。同时,该策略可有效平缓电网的负荷分布,在保障电网安全前提下,实现运营商和车主的双赢。

4.4.1　引言

近年来,电动汽车因其环保、节能等优点逐渐成为社会关注的焦点,推动了其普及和市场份额的增加。然而,随着电动汽车数量的快速增长,相应的充电需求也呈现逐步上升的趋势。这种现象引发了人们对电动汽车充电行为管理的关切,因为若不对充电行为进行有效控制,可能直接损害电动汽车车主的使用体验,并对电力网络造成潜在的不良影响。

在这一背景下,电动汽车充电调度策略的研究引起了广泛的关注。重点在于如何制定合理的充电计划,使得涉及的各方主体(如电力网络、电动汽车车主和充电站运营商)均能够获益,从而促进电动汽车在日常使用中的便捷性和可行性。然而,由于各主体之间的利益可能存在本质上的冲突,许多现有研究集中于单一主体的利益最大化,而忽略了其他参与者的权衡,这对电动汽车未来的全面发展带来了不利因素。

因此,为了解决当前研究中优化目标相对单一的问题,实现电动汽车车主与停车场运营商之间的双赢局面,本节提出了一种面向多目标优化的电动汽车充电调度策略。首先,引入一种车辆准入机制,其目标在于最大程度提高运营商的充电服务质量,并缩短大规模车辆驶入后车主的充电等待时间。其次,对车主的充电满意度函数进行进一步细化,将车主的充电急迫性纳入考虑范围,以提升车主的充电体验。最后,采用 GASA 算法进行求解,通过引入 SA 算法的 Metropolitan 准则对 GA 算法的变异操作进行改进,以有效提高算法的性能。同时,利用熵权法计算运营商利润与车主充电满意度的信息熵大小,从而确定适应度函数中各指标的权重系数,降低人为因素的影响。这一综合考虑多方利益的充电调度策略有望成为未来研究的主要趋势,为电动汽车行业的可持续发展提供了有益的参考和指导。

4.4.2　相关工作

电动汽车作为一种使用电能的绿色交通工具,其普及虽然有助于解决燃油汽车使用化石能源和大量排放温室气体造成的能源短缺、环境污染问题,但是,电动汽车群体强随机性的充电方式也造成了电网供电压力的急剧增长。基于此,如何引导电动汽车合理地充电逐渐成为一个研究热点,国内外研究学者对此展开广泛的讨论。其中,电动汽车充电调度过程主要涉及两个利益主体,分别是充电服务提供者(包含电网和充电场所运营商)和电动汽车车主。因此,可从维护电网的运行安全、保障充电场所运营商的利润和增强电动汽车车主的充电体验等目标对调度策略进行评估,故本节从电动汽车充电调度策略研究的优化目标出发,对目前的国内外研究现状进行总结与分析。

目前,已有大量的研究工作以保障充电服务提供者的利益为出发点,并多以优化电网的负荷波动或充电场所的经济效益来解决充电调度问题,如武小梅等提出基于双层优化的有序充电策略,实现充电负荷转移及方差最小化。陈奎等构建基于多种群遗传算法的两阶段多目标优化模型,以电网的负荷波动最小和充电站运营商利润最大为优化目标进行求解。周美玲等提出基于负荷平衡的多目标充电调度策略,采用改进的非支配排序遗传算法进行求解,有效平抑负荷峰谷差并降低三相不平衡度。陈明强等采用模糊控制算法优化充电调度策略,实现电网侧的削峰填谷且减少充电站设备供电时的线路损耗。梁士栋等采用改进动态概率遗传算法以实现充电桩使用时间与充电负荷的均匀分布。邵炜晖等采用粒子群优化算法求解电动汽车充电调度模型,旨在提高运营商利润的同时实现电网侧的削峰填谷。Abdalrahman 等考虑定价策略对车主充电行为的引导作用,提出基于区域差异化的动态定价机制以最大限度提高区域内充电设备的综合利用率,同时减少部分设备过度使用的损耗现象。Ding 等引入马尔可夫决策过程以描述车主到达时间的不确定性,旨在保证电网系统运营商利润最大化的同时减轻潜在的电压问题。可以看出,上述工作均未考虑车主的利益,而充电调度问题的最终目标是确保电动汽车能够进一步普及与发展。因此,只有为车主带来良好的电动汽车使用体验,在制定充电调度策略时将保障车主利益纳入考虑范围,提高其充电过程的满意度,才能保证电动汽车获得长久青睐,进而得以快速发展并实现节能减排等要求。

基于最大化电动汽车车主利益的现有研究主要从缩短车主充电时间、减少其充电费等目标出发。例如,Wan 等提出一种基于深度强化学习的无模型方法,在满足车主驾驶需求的同时有效降低其充电费用。蒋怡静等建立时空尺度上的满意度函数,减少车主的充电费用和在道路上的行驶时间。Liu 等构建一个双层规划模型:上层确定各车的充电位置和可用充电时间,下层确定车辆的充电功率,从而有效降低了车主的充电成本。Yao 等将电动汽车的充电时间与电量消耗纳入优化目标中,并提出了一种改进的启发式算法对模型进行求解。Cao 等基于停车时长提出了一种智能电动汽车充电推荐策略,有效提高充电站的充电性能进而满足车主的充电需求。Li 等引入强化学习方法对电动汽车的充放电时间表进行优化,在满足车辆充电需求的前提下最小化车主的充电成本。分析可知,上述研究均以优化电动汽车车主该单一主体的利益为目标,侧重于减少车主支付的充电费用,未考虑大规模车辆充电时对电网的冲击,易导致电网超载或用电负荷急剧增长等问题,进而损害电网的运行安全和电能质量,这对提高车主与充电服务提供者双方利益的作用十分有限。

针对以上研究内容,本节研究考虑到单一充电模式的停车场充电调度场景,构建了一种兼顾停车场运营商利润与电动汽车车主充电满意度的电动汽车充电调度模型。首先,提出了一种车辆准入机制,并考虑充电等待时间对车主充电满意度的影响,以精准定义充电满意度函数。其次,为提高算法的收敛精度与收敛速度,引入模拟退火算法对遗传算法的变异操作进行改进,并通过熵权法确定适应度函数中各指标的权重,从而提出了一种基于遗传模拟退火算法(GASA)的充电调度策略。最后,通过实验结果验证了所提策略与方法在均衡运营商利润和车主满意度方面的有效性。

4.4.3　建模需求分析与权重计算

本节针对充电过程中主要涉及的停车场运营商与电动汽车车主进行需求分析,并探讨其在目标函数中的权重问题,为构建完善的电动汽车充电调度模型奠定基础。

1. 电动汽车车主需求分析

电动汽车车主的出行计划是相对固定的,往往需要在一定时间内到达目的地,若在出行途中因电量不足而无法如期完成计划,会造成较差的车主使用体验。值得注意的是,较高的充电时间成本和费用成本也将进一步制约车主对于电动汽车的使用意愿。因此,对于车主而言,能否在车辆离开前完成充电任务是影响其使用体验的关键因素。与此同时,车主希望尽可能降低充电过程中所产生的费用,又希望能够在最方便、最合理的时段内进行充电,从而减少时间成本。为此,需要针对车主需求制定一种充电策略,在保证完成车主充电任务的前提下,最小化其充电费用和时间成本,具体描述如下所示。

1) 车主充电费用

现实场景中,停车场运营商采用分时定价为电动汽车提供充电服务,即不同时间段内的电价不同。因此,车主的充电费用如式(4-86)所示,其中,T 表示总调度时间,l_t 表示该车在 t 时段的充电功率,c_t^c 表示 t 时段的车主向运营商支付的充电费用,Δt 表示单位调度间隔。

$$c = \sum_{t=1}^{T} l_t c_t^c \Delta t \qquad (4\text{-}86)$$

2) 车主时间成本

停车场环境下,电动汽车车主充电过程的时间成本包括实际充电时间和等待时间两部分。其中,实际充电时间可通过当前车辆的荷电状态、充电需求和充电设备提供的充电功率获取,等待时间可通过车主的到达时间和开始充电时间获得。

因此,车主的时间成本如式(4-87)所示,其中,t_c 表示该车实际充电所花费的时间,t_w 表示其充电等待时间,可分别由式(4-88)与式(4-89)得到,r_e 表示该车离开时的电量,r_s 表示其充电前的电量,e 表示单位时间内充电桩的供给电量,t_s 表示车辆开始充电的时刻,t_a 表示其到达时间。

$$t = t_c + t_w \qquad (4\text{-}87)$$

$$t_c = \frac{r_e - r_s}{e} \qquad (4\text{-}88)$$

$$t_w = t_s - t_a \qquad (4\text{-}89)$$

3) 充电需求完成度

电动汽车只有得到良好的充电服务,才能保障其出行计划,从而提高车主使用电动汽车的积极性。因此,本节通过车辆离开时的充电量 r_e 与其预期充电量 r 的比值来表示车辆个体的需求完成度,可表示为

$$\rho_c = \frac{r_e}{r} \qquad (4\text{-}90)$$

2. 停车场运营商需求分析

停车场运营商作为电动汽车充电的服务提供者,有必要不断优化其服务质量以应对不断增长的电动汽车。然而,不同时段内,停车场可能存在分配不均的现象,即部分时段内车辆集中充电将导致车辆排队时间过长,而部分时段未有车辆进行充电则会造成较大的负荷波动。对于停车场运营商而言,一方面,为了促进停车场的稳健发展,希望尽可能多的电动汽车到其停车场内进行充电,从而提高自身经济效益;另一方面,为了自身运营的安全性,希望尽可能减少负荷波动并均衡各时间段内的充电负载。因此,可从运营商利润、负荷波动和充电服务质量三个方面量化分析停车场运营商的需求。

1）运营商利润

停车场运营商的利润主要包括电动汽车群体向停车场运营商支付的充电费用和运营商向电网支付的购电费用两部分。因此，某个停车场在总调度时间内的利润表示为

$$p = \sum_{i=1}^{n} c_i - \sum_{i=1}^{n} \sum_{t=1}^{T} l_t c_t^g \Delta t \tag{4-91}$$

式中，c_t^g 表示 t 时段运营商向电网支付的购电费用。

2）负荷波动

电网的负荷波动是指电网中因用电需求等变化而引起的负荷瞬时变化或周期性变化。较大的负荷波动将降低电网的运行稳定性，其计算公式为

$$\varepsilon = \sum_{t=1}^{T} \left(\sum_{i=1}^{n} l_i - \frac{\sum_{t=1}^{T} \left(\sum_{i=1}^{n} l_i \right)}{T} \right)^2 \tag{4-92}$$

式中，l_i 表示第 i 辆车在该时段内的充电功率。

3）运营商的充电服务质量

停车场运营商通过为尽可能多的车辆提供高质量的充电服务，吸引电动汽车前来充电。一般情况下，如果前往某停车场的待充电车辆数增加，该停车场的营利能力也将随之增强。然而，现实场景中，受停车场内供电能力的限制，车辆数的增加可能导致部分车主在其预计离开时间前无法完成充电，影响停车场的服务质量。因此，使用电动汽车群体的充电需求完成度表示运营商的服务质量，具体通过完成充电需求的车辆数 n_f 与进入停车场的待充电车辆总数 n 的比值来表示。该数值越大，说明该停车场的服务质量越高，则运营商利润也将越大。

$$\rho_s = \frac{n_f}{n} \tag{4-93}$$

3. 多目标优化思想和权重分析

通过上述针对电动汽车车主和停车场运营商的需求分析，可以看出：保障运营商利益有利于完善停车场的充电服务，为推广电动汽车提供技术支撑；保障车主利益可提高车主使用电动汽车的意愿，是电动汽车持续发展的关键。因此，有必要以兼顾车主与运营商双方利益为目标开展面向多目标优化的电动汽车充电调度策略研究。用本节问题举例说明多目标优化问题与单目标优化问题的差异性：单目标优化存在一个全局最优的解，它们或满足运营商利润最大化，或满足车主利益最大化；而多目标优化问题难以找到一个最优解，使得双方的利益均最大化。因为运营商利润大意味着充电费用高，那么很可能为了较高的利润，让较多的车辆在电价峰值时进行充电，与车主利益最大相悖。为此，考虑借助其他思路以解决本节的多目标优化问题。

线性加权法根据各目标的相对重要程度为其赋予不同的权重系数，不受目标函数间单位和范围的差异影响，从而实现多目标优化问题向单目标优化问题的转化。为避免主观赋权法等人为制定权重方法对算法效果的影响，本节采用熵权法，为有效信息量较大的指标分配较高的权重。具体步骤如下：

（1）构建由 m 个评价对象和 n 个评价指标构成的原始矩阵 $\boldsymbol{A}=(a_{i,j})_{mn}$，对 $a_{i,j}$ 进行归一化处理：

$$b_{i,j}=\frac{a_{i,j}-\min\{a_{1,j},a_{2,j},\cdots,a_{m,j}\}}{\max\{a_{1,j},a_{2,j},\cdots,a_{m,j}\}-\min\{a_{1,j},a_{2,j},\cdots,a_{m,j}\}} \tag{4-94}$$

（2）计算每个指标的信息熵：

$$e_j=-\frac{1}{\ln m}\sum_{i=1}^{m}\frac{b_{i,j}}{\sum\limits_{i=1}^{m}b_{i,j}}\times\ln\frac{b_{i,j}}{\sum\limits_{i=1}^{m}b_{i,j}} \tag{4-95}$$

（3）计算每个指标的权重：

$$\omega_j=\frac{1-e_j}{\sum\limits_{j=1}^{n}1-e_j} \tag{4-96}$$

本节针对停车场运营商和电动汽车车主的各方利益进行需求分析，以获取影响电动汽车车主充电体验和停车场运营商效益的指标。最后，阐述了使用熵权法制定指标权重的科学性，为后续问题模型的构建奠定基础。

4.4.4　问题模型

本节针对具备单一充电模式的停车场环境，开展电动汽车充电调度策略研究，其调度框架如图 4-34 所示，主要包括拥有充电设备的停车场运营商、带充电需求的电动汽车和充电调度中心三个组成部分。车辆到达后，充电调度中心将依据准入机制与调度策略，通过控制单个时间片内充电设备的开关实现电动汽车群体的充电控制。当电源开启时，以恒定功率为车辆进行充电。与此同时，针对电动汽车停车时间较长、充电时间较为灵活的特征，充电时不需要一次性充满，只需在车主离开前完成即可。

图 4-34　停车场环境下的电动汽车充电调度框架

1. 问题定义

停车场环境下的充电调度问题可描述为：假设停车场内共有 h 个停车位，m 个车位上配备充电桩，n 辆电动汽车进入停车场；设置调度间隔 Δt，将总调度时间 T 划分为若干相等的时间片。因此，当电动汽车进入停车场后，充电调度中心根据获取的车辆信息（电动汽

车的到达时间 t_i^a、预计离开时间 t_i^l 和日行驶里程数 d_i)、停车场运营信息(充电桩数 m、额定充电功率 l)和电网侧电价,基于准入机制与调度算法,每 Δt 后调整充电计划,从而设计一种可行的充电调度方案,在保障完成电动汽车充电需求的前提下,最大化运营商利润和车主的充电满意度。

值得注意的是,第 i 辆电动汽车的 t_i^a、t_i^l 可转换为相应的到达时间片 k_i^a 与预计离开时间片 k_i^l,d_i 可转换为车辆的耗电量,即其离开时希望达到的充电需求量 r_i,同时,可由 r_i 进一步求得该车所需的充电时间片数 k_i^r。具体表示为

$$k_i^a = \lceil t_i^a / \Delta t \rceil \tag{4-97}$$

$$k_i^l = \lfloor t_i^l / \Delta t \rfloor \tag{4-98}$$

$$r_i = \lambda d_i \tag{4-99}$$

$$\lambda = r_h / d_h \tag{4-100}$$

$$k_i^r = \left\lceil \frac{r_i}{e} \right\rceil \tag{4-101}$$

$$e = \Delta t \cdot \frac{l}{60} \cdot \eta \tag{4-102}$$

式中,λ 为单位里程的耗电量;r_h 与 d_h 分别为一定时间内单辆电动汽车的耗电量与行驶里程;e 为充电桩在一个时间片 Δt 内的供给电量;η 为充电效率。

假设由准入机制判断后,共有 n_a 辆电动汽车可进入停车场充电,X_i 表示第 i 辆车的充电状态,则 $X_i = [x_i^1 \quad x_i^2 \quad \cdots \quad x_i^k]$,并可进一步表示为

$$x_i^k = \begin{cases} 0, & k < k_i^a \\ 0 \text{ 或 } 1, & k_i^a \leqslant k \leqslant k_i^l \\ 0, & k > k_i^l \end{cases} \tag{4-103}$$

式中,x_i^k 的值在车辆到达之前或离开之后均为 0,停车期间,其值由调度算法确定,若车辆 i 在时间片 k 内充电,则为 1,否则为 0。

2. 目标函数

本节同时考虑两个优化目标,在增加停车场运营商利润的同时,将提高车主的充电满意度纳入目标函数内,具体说明如下。

1) 运营商利润最大化

停车场运营商的利润由其向电网支付的购电费用和车主向其支付的充电费用两部分组成,具体表示为

$$p = \sum_{i=1}^{n_a} [k_i^v \quad k_i^n \quad k_i^p] \begin{bmatrix} c_v^c - c_v^g \\ c_n^c - c_n^g \\ c_p^c - c_p^g \end{bmatrix} \tag{4-104}$$

式中,c_p^c、c_n^c、c_v^c 分别表示峰、平、谷时期单个时间片内车主需向运营商支付的充电费用;c_p^g、c_n^g、c_v^g 分别表示峰、平、谷时期单个时间片内运营商需向电网支付的购电费用;k_i^p、k_i^n、k_i^v 表示第 i 辆车分别在峰、平、谷时期充电的时间片个数。

2）车主充电满意度最大化

本节所提模型中，车主的充电满意度由费用满意度、时长满意度和惩罚函数三部分组成，具体表示为

$$s = \sum_{i=1}^{n_a} \frac{k_i^v + k_i^n}{k_i^r} + \sum_{i=1}^{n_a} \frac{k_i^r}{k_i^e - k_i^a} + f_s^{\text{penalty}}(n_a) \tag{4-105}$$

$$f_s^{\text{penalty}}(n_a) = \begin{cases} 0, & n = n_a \\ \sigma(n - n_a), & \text{其他} \end{cases} \tag{4-106}$$

式中，k_i^e 为实际完成充电的时间片；σ 为预设的惩罚系数，该惩罚函数使得策略优先考虑完成全体电动汽车的充电需求。

由式（4-105）与式（4-106）可知，当电动汽车在非电价峰值时进行充电的比例越高或电动汽车充电时的等待时间越短，又或是能够完成充电的电动汽车总数越大，则满意度越大。

由于存在两个目标函数，故对上述目标函数进行线性加权，从而将多目标问题转换为单目标问题，因此最终的目标函数可以表示为

$$\max \omega_1 \frac{p_{\text{now}}}{p_{\text{max}}} + \omega_2 \frac{s_{\text{now}}}{s_{\text{max}}} \tag{4-107}$$

式中，p_{now} 和 s_{now} 分别表示当前的利润和充电满意度；p_{max} 和 s_{max} 分别表示利润和充电满意度的最大可能值。具体表示为

$$p_{\text{max}} = \sum_{i=1}^{n_a} (c_p^c - c_p^g) k_i^r \tag{4-108}$$

$$s_{\text{max}} = 2n \tag{4-109}$$

式（4-108）表示利润的最大可能值，即所有允许进入充电的车辆均在高峰时段进行充电；式（4-109）表示充电满意度的最大可能值，即所有到达停车场的车辆都能进入充电，均不需要等待且未在高峰时段进行充电。

3. 约束条件

（1）同时充电的车辆数不可超过充电桩数 m。

$$\sum_{i=1}^{n_a} x_i^k \leqslant m \quad k = \{1, 2, \cdots, T\} \tag{4-110}$$

（2）对于允许进入停车场充电的车辆，该车的最终充电量需满足其充电需求。

$$\sum_{k=k_i^a}^{k_i^l} x_i^k = k_i^r \quad i = \{1, 2, 3, \cdots, n_a\} \tag{4-111}$$

由于在充电桩功率已知的情况下，不同时段内的充电负荷取决于同时进行充电的电动汽车数量。因此，式（4-110）表示每个时间片内可同时进行充电的最大车辆数，即充电调度中心通过协调每个充电桩上每个时间片内的充电车辆数，均衡不同时间片下的充电负荷，使得各个时间片内的充电负荷不超过此时电网的供电容量，从而有利于维护电网的运行安全。

4.4.5　基于准入机制的 GASA 算法

1. 准入机制

由于停车场内充电设备的数量是有限的，若不加调控地将其进行随机分配，例如，依据

车辆到达时间将充电设备分配给充电所需时间过长或无法在当前充电功率下完成充电任务的车辆,可能造成充电拥堵现象,从而无法为后续到达的车辆提供充电服务。然而,为进一步提高车主的充电满意度,应保障尽可能多的车辆能够在离开前完成充电任务。因此,提出一种准入机制,对进入停车场的所有电动汽车进行筛选,被允许进入停车场进行充电的电动汽车应满足以下限制:

$$k_i^l - k_i^a \geqslant k_i^r \tag{4-112}$$

式(4-112)表明充电调度中心允许停车时间不小于其充电所需时间的电动汽车进入充电区域,否则引导其进入停车区域。通过该准入机制,可避免不必要的充电拥堵现象引起的收入损失,并为尽可能多的潜在电动汽车车主提供充电服务。与此同时,借助准入机制的筛选过程,可获得进入充电的电动汽车编号及其信息,并作为 GASA 算法的输入数据。

2. GASA 算法

由于现实场景下的电动汽车充电调度问题属于 NP 难问题,通常可采用启发式算法进行求解。GA 算法是一种具备较快全局搜索能力的搜索启发式算法,已被广泛应用于求解电动汽车充电调度问题。然而,在停车场环境下,随着车辆数目的不断增长,其获得最优解的时间将呈指数级增长,且其收敛能力差和易陷入局部最优解的缺陷仍无法避免。因此,本节采用 GASA 算法,根据适应度函数值,对个体进行选择、交叉操作,引进 SA 算法的 Metropolitan 准则对 GA 算法的变异操作进行改进,克服了 GA 算法与 SA 算法的缺陷,有利于跳出局部最优解,更好地解决了大规模电动汽车充电调度这一 NP 难问题。

1)候选解编码

采用实数编码方式,种群中的个体分别对应一个电动汽车充电时间分配方案,个体 α 在第 β 次迭代的位置为

$$Z_\alpha^\beta = [z_{\alpha_1}^\beta, z_{\alpha_2}^\beta, \cdots, z_{\alpha_{n_a}}^\beta] \tag{4-113}$$

式中,α 有 n_a 个分位,$z_{\alpha_i}^\beta (i=1,2,\cdots,n_a)$ 表示 α 在第 β 次迭代时第 i 辆车充电时间片编号的集合,取值范围为 $[k_i^a, k_i^l]$,长度为 k_i^r。为了保证充电时间分配的正确性,即不能出现重复的时间片,$z_{\alpha_i}^\beta$ 需满足约束条件

$$z_{\alpha_i}^\beta = [k_i^a, k_i^{a+1}, k_i^{a+2}, \cdots, k_i^l] \tag{4-114}$$

$$\sum_{k=a}^{l} x_i^k = k_i^r \tag{4-115}$$

图 4-35 表示 4 辆电动汽车进入停车场后的编码个体。以第 3 辆电动汽车为例,其充电时间片分别为 32、34、67、70。

车辆	1	2	3	4
个体	[4,5,19,27]	[56,78,79,80]	[32,34,67,70]	[82,119,120]

图 4-35　问题编码

2）适应度函数

将目标函数视为适应度函数，具体定义为

$$F = \omega_1 \frac{p_{\text{now}}}{p_{\text{max}}} + \omega_2 \frac{s_{\text{now}}}{s_{\text{max}}} \tag{4-116}$$

3）更新策略

记录每次迭代时的最优个体 Z_{best}，并在迭代次数未达到 τ_{max} 前重复以下操作：

（1）选择操作。每次从 random$(0, \delta-1)$ 个个体中选取适应度函数值最高的个体，直至组成规模为 δ 的下一代种群，该操作可有效降低算法的复杂度。

（2）交叉操作。在 $[0,1)$ 范围内生成一个随机数，若该随机数小于交叉概率 P_{c}，则随机选择个体的 2 个分位，并将该分位间的数值与当前最优个体相应分位上的数值进行交叉。具体过程如图 4-36 所示，其中，v_1 与 v_2 为当前所选的交叉分位。

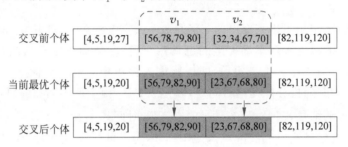

图 4-36　两点交叉操作

（3）变异操作。在 $[0,1)$ 范围内生成一个随机数，若小于变异概率 P_{m}，则进行变异操作，具体过程为：首先，选择变异位置，若当前个体为可行解，则随机选择一个分位 u 进行变异；若当前个体为不可行解，则该个体所对应的充电时间分配方案可能存在多个不满足充电桩数量约束的时间片，选择含有不满足约束的时间片最多的分位进行变异操作。随后，引入 SA 算法的 Metropolitan 准则改进变异操作，即在变异后依据概率 P_{m} 决定是否接受该变异个体进化到下一代。P_{m} 具体表示为

$$P_{\text{m}} = \begin{cases} 1, & f_2 \geqslant f_1 \\ \mathrm{e}^{-\frac{(f_2 - f_1)}{t_m}}, & f_2 < f_1 \end{cases} \tag{4-117}$$

$$t_m = t_0 / (1 + \tau) \tag{4-118}$$

式中，f_1 和 f_2 分别为变异前后的适应度函数值；t_0 为初始温度；τ 为当前迭代次数；t_m 为温度控制参数。

因此，当 f_2 不小于 f_1 时，接受该变异个体进化到下一代种群，如图 4-37 所示；当 f_2 小于 f_1 时，则在 $(0,1)$ 范围内生成一个随机数，仅当该随机数小于 P_{m} 时，接受此次变异，否则不接受此次变异。

由式（4-117）与式（4-118）可以看出，随着 τ 的增加，P_{m} 随着 t_m 的减少而逐渐减少，最终趋于 0。因此，算法执行初期，Metropolitan 准则以较高的概率接受较差的变异情况，有利于增加基因多样性进而跳出局部最优；而在算法后期降低接受劣解的概率，有利于加快种群的成熟速度，结束算法。

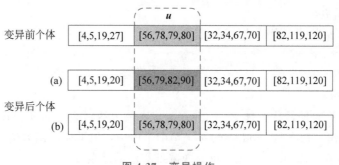

图 4-37　变异操作

4）个体到车辆充电时间分配方案的映射

编码个体对应电动汽车群体的充电时间分配方案,算法 4.6 为其到调度结果的具体映射过程。

算法 4.6 的输入包括可进入充电的车辆总数 n_a、充电桩数 m 和相关车辆信息。首先,根据准入机制判断能够进入停车场充电的电动汽车群体,从而确定算法的数据输入集合,随后,初始化种群过程如算法 4.7 所示,即按照进入停车场充电的车辆顺序和预计离开时间,在一定范围内为其随机分配充电时间片,以生成 Z_α^β。由上面的问题编码可以看出,个体的编码分位对应车辆编号,$z_{\alpha_i}^\beta$ 对应车辆的具体充电时间片集合。计算同一时间片内进行充电的车辆总数,若超过充电桩数量,则该编码个体为不可行解,记录该时间片内充电的车辆编号并作为后续变异操作的基础,否则依据更新策略继续执行算法。最后输出最优个体对应的充电时间分配方案 Z_α^β、运营商利润 p、车主的充电满意度 s 和适应度函数值 F。如果当前种群中所有个体均为不可行解,则输出之前记录的最优个体。

算法 4.6　个体到分配方案的映射

输入:$(n_a, m, t_i^a, t_i^l, d_i)$

输出:$(Z_\alpha^\beta, p, s, F)$

1:　初始化:δ、τ_{max}、P_c、P_m、t_0,令 $\tau=1$

2:　根据准入机制确定 n_a

3:　根据算法 4.7:第 i 辆电动汽车的充电时间分配为全体电动汽车分配充电时间片,从而生成规模为 δ 的初始种群

4:　**while** $\tau \leqslant \tau_{max}$ **do**

5:　　　**for** $j=1$ to $j=n_a$

6:　　　　　由式(4-104)、式(4-105)、式(4-116)计算当前的 p、s 及 F

7:　　　**end for**

8:　　　**for** $k=1$ to $k=144$

9:　　　if 当前时间片内的充电车辆数超过 m

10:　　　　　//该时间片不满足充电桩数量约束

11:　　　记录 k

12:　　　**end if**

13:　　**end for**

14:　对种群进行选择、交叉操作

15:　记录变异前后的解 Z_1、Z_2,及其适应度函数值 f_1 与 f_2,令 $t=t_0$

16:　若 $f_2 > f_1$,则 Z_2 为当前最优解,否则执行步骤 18

17：　　根据式(4-117)计算 P_m

18：　　　**if** P_m＞random(0,1)

19：　　　Z_2 为当前最优解

20：　　　**else**

21：　　　Z_1 为当前最优解

22：　　　**end if**

23：　**end while**

24：　返回电动汽车充电调度方案 Z_α^β

算法 4.7　第 i 辆电动汽车的充电时间分配

输入：第 i 辆电动汽车的车辆信息

输出：$z_{\alpha_i}^\beta$

1：　记录当前车辆的 t_i^a 和 t_i^l

2：　**for** i＝1 **to** i＝n_a

3：　　　k＝random(k_i^a, k_i^l)

4：　　　**if** k∈$z_{\alpha_i}^\beta$

5：　　　　k∈$z_{\alpha_i}^\beta$

6：　　　**end if**

7：　**end for**

8：　返回当前车辆的充电时间分配方案

5）基于 GASA 的电动汽车充电调度策略流程

基于前面所述,本节提出的基于 GASA 的电动汽车充电调度策略流程如图 4-38 所示。具体解释如下：

(1)为尽可能满足较多电动汽车车主的需求,根据准入机制筛选进入充电的车辆,以确定算法的输入数据。

(2)按照进入停车场充电的电动汽车顺序,随机为其分配充电时间表,生成初始种群,并记录当前最优个体 Z_{best}。

(3)计算同一时间片内进行充电的车辆总数,若超过充电桩数量,则该个体为不可行解,记录该时间片内充电的电动汽车编号并作为后续变异操作的基础,否则依据更新策略继续执行算法,更新 Z_{best}。

(4)判断是否达到最大迭代次数,若是,则结束算法,输出此时的最佳电动汽车充电调度方案 Z_{best},否则执行(3)。

4.4.6　仿真实验与结果分析

1. 仿真参数设置

为验证本节所提策略与方法在不同车辆规模下的实验效果,分别模拟 300、400、500 和 600 辆电动汽车进入停车场的情况进行实验。采用：①2009 年全美家庭出行调查(National Household Travel Survey,NHTS)的统计结果；②福建时代星云科技有限公司中大恒润站的真实车里程数 d_i。t_i^a、t_i^l、d_i 的概率密度表达式具体说明如下：

(1)t_i^a 服从正态分布,即 $t_i^a \sim N(8.92, 3.24)$。

(2)t_i^l 服从正态分布,即 $t_i^l \sim N(17.47, 3.41)$。

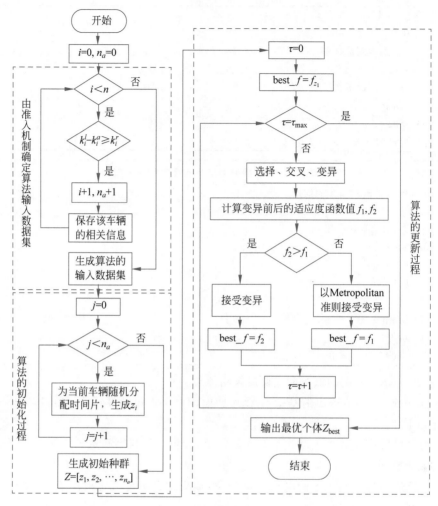

图 4-38　基于 GASA 的电动汽车充电调度策略流程

（3）d_i 服从对数正态分布，即 $d_i \sim \mathrm{LN}(2.8, 1.14)$，最小值和最大值分别为 30km 和 220km。

其余参数设置如下所示：

（1）每千米的单位耗电量为 0.16kW·h。

（2）充电功率为 3kW。

（3）设置一个调度周期为 24h，调度间隔 Δt 为 10min，即将 1 天分为 144 个时间片来进行分析。

（4）电动汽车的充电费用和运营商向电网购电的费用数据如表 4-11 所示。

（5）根据 4.4.5 节，得到式（4-116）中的 ω_1 和 ω_2 均为 0.5。

（6）算法的相关参数设置：δ 为 20，$\tau_{\max}$ 为 1000，P_m 为 0.1，P_c 为 0.9，t_0 为 1000。

（7）模拟实验使用 Python 3.8 实现，对相同的车辆规模进行 50 次实验，最终结果取 50 组重复实验的平均值。

表 4-11　电价参数设置

时　　段	c_t^c/[元/(kW·h)]	c_t^g/[元/(kW·h)]
00:00—08:00	0.4	0.3
08:00—12:00	2.4	1
12:00—17:00	1.2	0.6
17:00—21:00	2.4	1
21:00—24:00	1.2	0.6

2. 对比策略

为了验证本节所提策略和算法的性能,将表 4-12 中的 5 种策略作为对比策略,并将 GA 算法和遗传粒子群算法(Particle Swarm Optimization with Genetic Algorithm,GAPSO)作为对比算法。

表 4-12　对比策略表

对 比 策 略	与本节所提策略的差异
仅考虑利润的单目标优化策略(GA-P,GAPSO-P)	分别采用 GA 与 GAPSO 算法进行求解,且适应度函数中仅考虑优化运营商的利润
仅考虑充电满意度的单目标优化策略(GA-S,GAPSO-S)	分别采用 GA 与 GAPSO 算法进行求解,且适应度函数中仅考虑优化车主的充电满意度
无序充电策略	车辆进入停车场后,以额定功率提供即插即充式的充电服务,直至充满或到达预计离开时间
基于 GA 的电动汽车充电调度策略	采用 GA 算法进行求解,且适应度函数与本节所提目标相同
基于 GAPSO 的电动汽车充电调度策略	采用 GAPSO 算法进行求解,且适应度函数与本节所提目标相同

3. 实验结果分析

1) 基于 NHTS 的仿真实验结果分析

(1) 与单目标策略对比。为了验证本节以兼顾停车场运营商和电动汽车车主双方利益为优化目标的意义,将本节所提策略与单目标优化策略进行对比。结果如图 4-39～图 4-42 所示。

由图 4-39 可以看出:相较于 GA 与 GAPSO 算法,本节采用 GASA 算法,在单独优化运营商利润方面表现较好,更有利于获得较高的运营利润;图 4-40 则表明了在单独优化车主充电满意度时,本节所提算法可有效提高车主的充电满意度。进而说明了本节通过引入 SA 算法的 Metropolitan 准则改进 GA 算法的变异操作,能够实现算法收敛精度的提升。

由图 4-41 与图 4-42 可以看出:本节策略下的所得利润低于仅考虑运营商利润的优化策略但高于最大化充电满意度的单目标策略;同时,本节策略下的充电满意度高于以利润最大化为目标的优化策略但低于仅考虑充电满意度的单目标优化策略。从而说明:无论在何种车辆规模下,本节策略均可以在利润和充电满意度间找到一个较为均衡的优解,实现了停车场运营商利润和车主充电满意度的联合优化,即有效兼顾运营商与车主的双方利益,有利于达成双方共赢局面。

(2) 解的质量对比。通过可完成充电需求的车辆数、运营商的利润、车主的充电满意

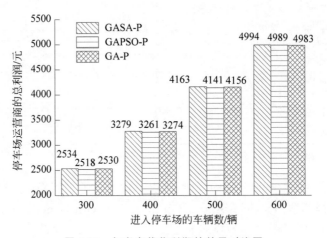

图 4-39　仅考虑优化利润的效果对比图

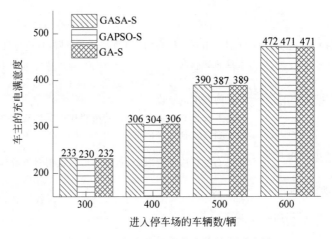

图 4-40　仅考虑优化满意度的效果对比图

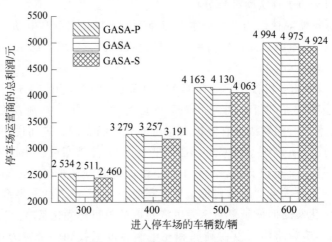

图 4-41　运营商的利润对比图

度、适应度函数值、削峰填谷能力和负荷波动等指标衡量解的质量,最优值以粗体标记。实验结果如表 4-13、图 4-43、表 4-14 所示。

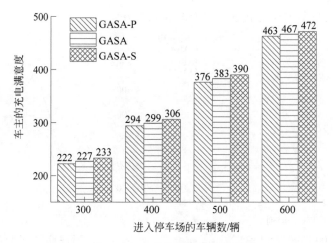

图 4-42　车主的满意度对比图

表 4-13　解的质量对比表

指　标	车　辆　数	无　序　充　电	GASA	GAPSO	GA
可完成充电需求的车辆数	300	**283**	**283**	**283**	**283**
	400	**377**	**377**	**377**	**377**
	500	438	473	473	473
	600	481	570	570	570
利润	300	**2820**	2511	2503	2510
	400	**3660**	3257	3249	3255
	500	**4184**	4130	4127	4128
	600	4425	**4975**	4968	4971
满意度	300	**274**	227	227	227
	400	**371**	300	300	299
	500	331	**383**	382	**383**
	600	223	467	**468**	467
适应度值	300	**0.5398**	0.513	0.5121	0.5127
	400	**0.5377**	0.5085	0.5082	0.5083
	500	0.4649	**0.5134**	0.5129	0.5131
	600	0.3821	**0.5168**	0.5166	0.5165

由表 4-13 可以看出：①在可完成充电需求的车辆数方面，使用启发式算法的策略均优于无序充电策略。当车辆数为 500 与 600 辆时，本节所提策略能够满足更多车辆的充电需求，其充电服务完成率分别增加了 8% 和 18.5%。②在运营商利润和车主充电满意度方面，使用启发式算法的策略表现均优于无序充电策略。无序充电策略在车辆数目较少时表现较好，但随着车辆数目的增加，其利润与充电满意度大幅度降低：当车辆数为 600 时，本节策略可提高 12.3% 的运营商利润；当车辆数为 500 与 600 辆时，本节策略下的充电满意度分别增加了 15.6%、109.7%。③在适应度函数值方面，本节策略表现较为稳定，且随着车数的增加将远远高于无序充电策略。当车辆数为 500 与 600 辆时，该策略使得适应度函数值分别提高了 10.4%、35.2%。④三种基于启发式算法的策略中，适应度函数的最优值均来自本节提出的基于 GASA 算法的电动汽车充电调度策略，说明本节所提策略与方法在综

合优化运营商利润与车主充电满意度方面的性能最好。

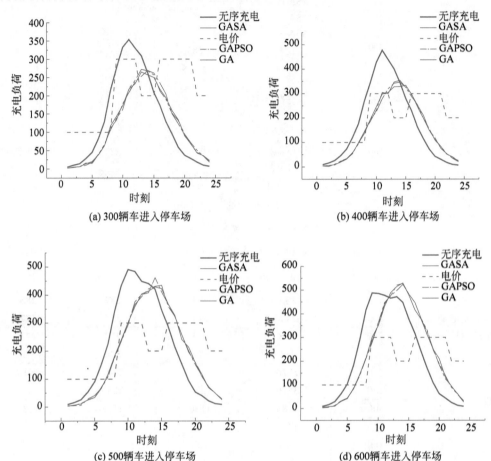

图 4-43　不同规模下 24h 内的充电负荷分布

　　由图 4-43 可以看出：①在车辆数目分别为 300、400、500 辆时，无序充电策略下的负荷高峰均出现在电价的峰时段，而本节策略的负荷高峰较低且出现在电价的平时段，其充电负荷曲线较为平缓，起到了"避峰"的作用。②当待充电车辆的数目较大（600 辆）时，本节策略能够为更多车辆提供充电服务，故曲线峰值有所增加。然而，此时的负荷高峰仍在电价的平时段，表明本节所提策略能在满足更多车主充电需求的前提下，尽可能将充电负荷转移到电价的平时段，实现平稳的负荷分布。同时，可进一步降低电价峰时段向电网的购电量与车主的充电费用。③相较于无序充电策略，三种基于启发式算法的策略均可实现充电负荷从高峰期向低谷期的转移。

　　为此，通过比较电网的负荷波动以说明三种基于启发式算法的策略在削峰填谷方面的效果，结果如表 4-14 所示。

表 4-14　电网的负荷波动对比表

车　辆　数	无　序　充　电	GASA	GAPSO	GA
300	14 492	**8179**	8549	8435
400	24 748	**14 106**	14 491	14 194

续表

车　辆　数	无序充电	GASA	GAPSO	GA
500	30 794	**22 713**	23 218	22 910
600	34 218	**32 161**	33 243	32 313

从表 4-14 可以看出,相较于 GA 和 GAPSO 算法,本节采用 GASA 算法的策略能够更有效地降低负荷波动(负荷波动越小则削峰填谷作用越强),有利于电网的稳定运行。

(3) 算法的收敛精度与速度对比。分别使用 GASA、GAPSO 和 GA 算法模拟 400 辆电动汽车进入停车场的情况进行实验,迭代收敛曲线如表 4-15 和图 4-44 所示。从中可知:GAPSO 与 GA 算法分别在 388 次迭代与 121 次迭代陷入局部最优,且经过 990 和 636 次迭代才得以收敛至最优值;而 GASA 算法经过 450 次迭代即可收敛于更高的适应度函数值。因此,相较于另外两种启发式算法,GASA 算法的收敛精度和收敛速度更高。

表 4-15　三种启发式算法的迭代情况对比表

迭 代 次 数	GASA	GAPSO	GA
0	0.507 68	0.507 89	0.508 06
200	0.509 02	0.508 73	0.508 13
400	0.509 03	0.508 77	0.508 13
600	0.509 04	0.508 77	0.508 13
800	0.509 04	0.508 77	0.508 14
1000	0.509 04	0.508 78	0.508 14

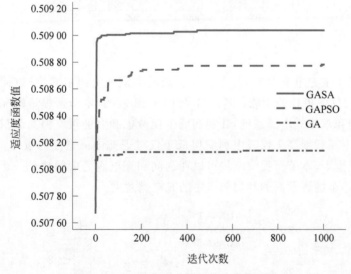

图 4-44　三种启发式算法的迭代曲线图

2) 基于真实车辆信息的仿真实验结果分析

(1) 与单目标策略对比。为了验证本节以兼顾停车场运营商和电动汽车车主双方利益为优化目标的意义,将本节策略与单目标优化策略进行对比。结果如图 4-45～图 4-48 所示。

图 4-45 与图 4-46 表明,相较于 GA 与 GAPSO 算法,本节采用的 GASA 算法在单独优

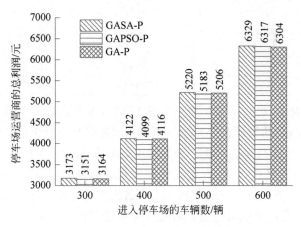

图 4-45　仅考虑优化利润的效果对比图

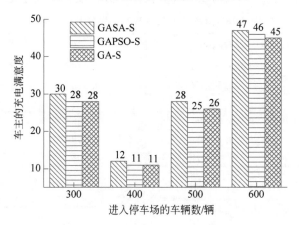

图 4-46　仅考虑优化满意度的效果对比图

化运营商利润或车主充电满意度时,可获得更高的利润或充电满意度,进而说明本节所采用的 GASA 算法具备更佳的性能;图 4-47 与图 4-48 表明,本节所提策略能够综合优化停车场运营商利润和车主充电满意度,其利润低于仅考虑利润的策略但高于仅考虑充电满意度的策略,其充电满意度高于仅考虑利润但低于仅考虑充电满意度的策略。从而说明:无论在何种车辆规模下,本节所提策略均可以在利润和充电满意度间找到一个较为均衡的优解,即有效平衡停车场运营商的利润和车主的充电满意度。

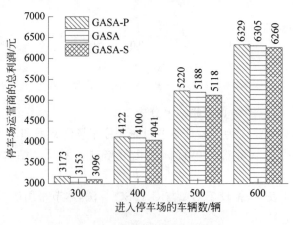

图 4-47　运营商的利润对比图

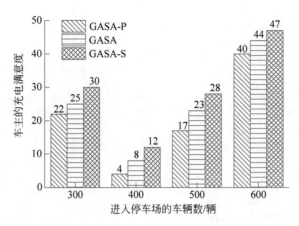

图 4-48　车主的满意度对比图

（2）实验结果分析。首先通过可完成充电需求的车辆数、运营商的利润、车主的充电满意度、适应度函数值、削峰填谷能力与负荷波动等指标衡量解的质量，最优值以粗体标记。实验结果如表 4-16、图 4-49 和表 4-17 所示。同时，分析本节所采用算法在收敛精度与速度上的优异性，结果如表 4-18 和图 4-50 所示。

表 4-16　解的质量对比表

指　标	车　辆　数	无　序　充　电	GASA	GAPSO	GA
可完成充电需求的车辆数	300	**228**	222	222	222
	400	**296**	290	290	290
	500	335	**365**	**365**	**365**
	600	349	**442**	**442**	**442**
利润	300	**4613**	3153	3144	3134
	400	**6277**	4100	4093	4079
	500	**6965**	5188	5176	5161
	600	**7147**	6305	6300	6287
满意度	300	**66.1**	25.3	25.5	25.6
	400	**25.8**	8.4	8.07	8.11
	500	−82.5	22.6	22.6	**22.9**
	600	−313.2	43.56	43.58	**43.61**
适应度值	300	0.3136	**0.3273**	0.3266	0.3257
	400	0.2758	**0.3121**	0.3113	0.3103
	500	0.2195	**0.3179**	0.3172	0.3164
	600	0.1230	**0.3256**	0.3253	0.3247

由表 4-16 可以看出：①在充电需求完成度方面，使用启发式算法的策略优于无序充电策略。当车辆数较多（500、600 辆）时，本节所提策略可显著提高完成充电任务的车辆数，其充电服务完成率相较于无序充电策略分别增加了 8.96％和 26.6％。②在运营商利润方面，结合图 4-49 所示的充电负荷分布分析可知，无序充电策略使得较多车辆集中于电价的峰时段进行充电，故其运营商利润高于本节策略。③在充电满意度方面，在车辆数较少（300、400 辆）时，无序充电策略能够获得较高的充电满意度。然而，随着车辆数的增加（500、600辆），无序充电策略使得较多车辆无法完成充电任务，进而导致其满意度的大幅度下降并低

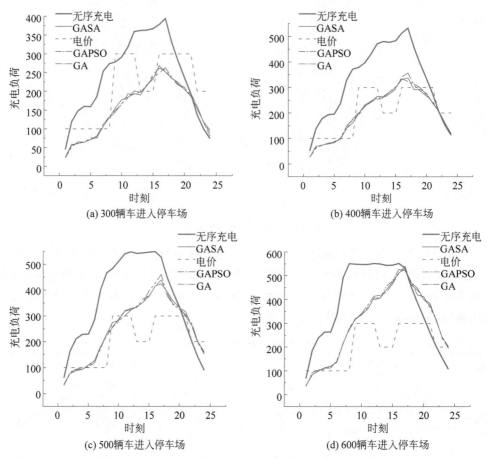

(a) 300辆车进入停车场

(b) 400辆车进入停车场

(c) 500辆车进入停车场

(d) 600辆车进入停车场

图 4-49　不同规模下 24h 内的充电负荷分布

于本节策略。相较于无序充电,本节策略的充电满意度分别增加了 33.1％与 411％。④相较于无序充电策略,本节策略下的适应度函数值较为稳定,且随着车辆数目的增加,分别增加了 4.37％、13.2％、44.8％、165％。⑤三种基于启发式算法的策略中,适应度函数的最优值均来自本节提出的基于 GASA 算法的电动汽车充电调度策略,说明其综合优化运营商利润与车主充电满意度的性能最好。

由图 4-49 可以看出:①在车辆数目为 300、400、500 时,本节所提策略的充电负荷峰值远低于无序充电车辆,起到了"削峰"的作用。同时,有效避免了充电负荷在电价峰时段与其他用电设备的负荷叠加,有利于维护电网的稳定运行。②随着进入车辆的数目增长,本节策略可容纳更大规模的充电车辆,故曲线峰值有所增加,但仍低于无序充电策略。进而说明:本节所提策略能在尽可能满足较多车主需求的前提下,降低电价峰时段向电网的购电量,将充电负荷转移到电价的平时段,实现"削峰"的同时进一步降低车主所支付的充电费用。③相较于无序充电策略,三种基于启发式算法的策略均可实现充电负荷从高峰期向低谷期的转移,且本节策略下的负荷高峰略低于其他两种使用启发式算法的策略。

随后,进一步比较电网的负荷波动以说明本节策略在削峰填谷上的优异性。结果如表 4-17 所示。从表 4-17 可以看出,不同车辆规模下,负荷波动的最优值均来自本节策略。

从而说明相较于 GA 和 GAPSO 算法,本节策略能够更有效地降低负荷波动,实现削峰填谷。

表 4-17　电网的负荷波动对比表

车　辆　数	无 序 充 电	GASA	GAPSO	GA
300	10 895	**4806**	4831	4886
400	19 983	**8429**	8513	8676
500	26 646	**13 483**	13 842	13 951
600	27 308	**21 464**	21 528	21 491

最后,使用 GASA、GAPSO 和 GA 算法分别对 500 辆电动汽车进入停车场的情况进行模拟实验。迭代收敛情况如表 4-18 和图 4-50 所示。从中可以看出:GA 算法、GAPSO 算法和 GASA 算法分别经过 380、710、668 次迭代收敛于最优值 0.317 718、0.317 960、0.318 443。因此,相较于另外两种启发式算法,GASA 算法的收敛精度和收敛速度更高。

表 4-18　三种启发式算法的迭代情况对比表

迭 代 次 数	GASA	GAPSO	GA
0	0.317 634	0.316 894	0.317 321
200	0.318 438	0.317 927	0.317 705
400	0.318 438	0.317 927	0.317 718
600	0.318 438	0.317 93	0.317 718
800	0.318 443	0.317 960	0.317 718
1000	0.318 443	0.317 960	0.317 718

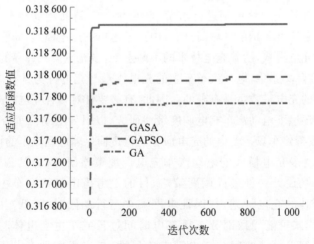

图 4-50　三种启发式算法的迭代曲线图

4.4.7　总结

针对单一充电模式下的大规模停车场充电调度问题,本节提出了一种基于 GASA 的电动汽车充电调度策略。首先,从停车场运营商和电动汽车车主两个角度进行需求分析,确定本节的优化目标。其次,提出了一种车辆准入机制并进一步定义车主的充电满意度函数,为构建完善的问题模型奠定基础。最后,采用遗传模拟退火算法对问题进行求解,实现了利润和充电满意度的联合优化。在仿真实验中,基于 NHTS 的出行统计结果与真实车辆信息,并模拟 4 种不同车辆规模下的停车场充电场景。实验结果表明:基于 GASA 的电动汽车充电调度策略可有效提高适应度函数值。因此,本节所提出的策略在综合优化停车场运营商的利润和车主的充电满意度方面表现较好,且随着电动汽车规模的增加,优化效果更加显著。与此同时,4 种车辆规模下的实验结果均可实现负荷转移,平缓负荷曲线的同时降低负荷波动,有利于满足停车场环境下大规模电动汽车的充电需求。

4.5　多种充电模式的电动汽车充电调度策略

针对多充电模式场景下的电动汽车充电调度问题。首先,综合考虑电动汽车群体可容忍等待时间和充电需求的差异性,提出了一种充电优先级确定机制,旨在合理分配充电模式从而提高电动汽车群体的充电效率。其次,引入自适应交叉与变异算子对传统非支配排序遗传算法(NSGA-Ⅱ)的更新策略进行改进,从而提出了一种基于改进的 NSGA-Ⅱ算法的电动汽车充电调度策略,目的是联合优化充电过程中的充电时间、充电费用与负荷波动,以降低车主的充电成本和维护电网安全。最后,采用模糊隶属度函数在该策略得到的Pareto 解集中选取最优折中解,并作为最终的充电调度方案。实验结果表明,相较于其他对比算法,所提算法性能最佳。此外,与极端情况(车辆数为 600 的无序充电)相比,所提策略在人均充电费用和电网负荷波动方面分别降低了 14% 和 19%。

4.5.1　引言

构建以平衡停车场运营商和电动汽车车主双方利益为优化目标的电动汽车充电调度模型,并采用 GASA 算法对该模型进行求解,联合优化运营商利润和车主充电满意度的同时提高了算法的收敛速度与精度。然而,该节中仅考虑单一充电模式,即假设停车场内所有充电设备均采用慢速充电模式,随着充电技术的不断发展,多充电模式并存的充电场所得以推广使用。与此同时,实际场景中,电动汽车车主的充电需求与充电行为具有多样性,而停车场的供电能力及其配备的充电桩数量是有限的。因此,有必要针对多种充电模式并存的充电场景,进一步开展停车场环境下电动汽车充电调度策略研究,以引导电动汽车合理选择充电模式并进行充电,有利于改善停车场运营商的充电服务质量进而保障电动汽车的持续发展。

为此,本节开展多充电模式的电动汽车充电调度策略研究,为具备慢速充电与快速充电两种模式的停车场设计一种最优调度策略,目的是考虑电动汽车车主的需求差异性,合理调度电动汽车群体的充电计划,在保证电网安全运行的同时,降低车主的充电成本。首先,考虑慢速充电模式可能导致部分车辆充电时间过长或车主充电体验不佳等问题,基于电动汽车车主的可容忍等待时间与充电需求差异性,提出了一种充电优先级确定机制,合理为电动汽车群体分配充电模式,以提高电动汽车的充电效率。其次,构建了以减少人均充电费用、充电时间、电网负荷波动为优化目标的充电调度模型。最后,采用改进的 NSGA-Ⅱ算法对模型进行求解,并利用模糊隶属度函数在获得的 Pareto 解集中选取最优折中解,有效提高算法性能。

4.5.2 相关工作

现有工作的出发点大多仅从车主或充电服务提供者的片面角度对电动汽车的充电费用和充电方式等进行优化,较少从二者的合作角度来综合考虑电动汽车充电调度问题。这是由于最小化电动汽车群体的充电成本与提高充电服务提供者经济效益的优化目标在一定程度上是相悖的,因此有必要为这两个利益主体提供决策平衡方案。江明等将电动汽车充电调度过程描述为马尔可夫决策过程,以削峰填谷为优化目标并引入充电完成度指标改进代价函数,在满足用户充电需求的前提下,实现电网侧的削峰填谷。张公凯等以电网层负荷峰谷差最小和用户层充电费用最小为目标函数,采用改进鲸鱼算法合理安排车辆的充电时间,实现电网侧的削峰填谷且减少车主的充电费用。沈国辉等提出基于双目标分层优化的有序充电控制策略,优化车主充电费用的同时兼顾平抑电网的负荷波动。刘岩等从负荷变化和车主的经济效益出发,构建动态多目标优化模型,并采用动态粒子群算法对模型进行求解。Gupta 等提出一种基于模糊推理的电动汽车驾驶员响应指标,构建以运营商利润最大化和车主充电成本最小化为目标的电动汽车充电调度模型。尽管上述文献同时考虑了充电服务提供者和电动汽车车主二者的利益,但对影响车主充电体验的因素考虑得较为不全面,仅考虑最小化车主的充电费用,未讨论充电等待时间等因素的影响,缺少综合评价车主充电满意度的指标,因而仍存在一定局限性。

考虑多充电模式的停车场充电调度场景,针对现有研究较少顾及电动汽车车主需求差异的不足,本节研究综合考虑电动汽车在可容忍等待时间和充电需求方面的差异性,提出一种电动汽车充电优先级确定机制和多目标优化模型,实现充电模式与充电时间的合理分配。同时,引入自适应交叉、变异算子对 NSGA-Ⅱ算法进行改进,有效提高算法收敛性,使其在解决大规模电动汽车充电调度问题时具备更佳的适用性与有效性。

4.5.3 问题模型

本节针对多充电模式并存的停车场环境,其充电调度框架如图 4-51 所示,主要包括停车场运营商、待充电的电动汽车和充电调度中心。为了满足不同电动汽车车主的充电需求,停车场内安装有快速充电桩与慢速充电桩两种设备,故可将等待区域划分为快充区与慢充区,停车场调度中心基于充电优先级引导电动汽车选择不同的充电模式并协调其充电计划。

图 4-51 多充电模式的电动汽车充电调度框架

1. 问题定义

停车场环境下,考虑多充电模式的电动汽车充电调度问题可描述为:假设停车场内共有 h 个停车位,其中,h_s 个车位上配备慢速充电桩,h_f 个车位上配备快速充电桩,因此,将

停车场表示为 $\boldsymbol{B}=(h_s,h_f,m_s,m_f)$，其中，$m_s$ 与 m_f 可进一步表示为 $\boldsymbol{m}_s=(m_s^v,m_s^n,m_s^p)$，$\boldsymbol{m}_f=(m_f^v,m_f^n,m_f^p)$，分别表示谷平峰时期该停车场针对慢速充电与快速充电模式的收费情况；假设共有 n 辆电动汽车进入停车场，可将电动汽车群体表示为由 n 个元素组成的集合 $\boldsymbol{A}=\{a_1,a_2,\cdots,a_n\}$，并可将第 i 辆电动汽车表示为 $\boldsymbol{a}_i=(k_i^a,k_i^l,r_i,o_i)$，其中，$k_i^a$、$k_i^l$、$r_i$ 的计算公式与 4.4.5 节中一致，o_i 表示第 i 辆电动汽车使用的充电模式，取值为 0 或 1，0 代表第 i 辆电动汽车在慢速充电桩上进行充电，1 则表示该车在快速充电桩上充电；充电调度中心在满足充电桩数量约束的前提下，依据电动汽车的充电优先级，为电动汽车群体分配充电模式并制订充电计划，从而引导电动汽车进行充电，否则，车辆需要排队等待，直至出现空闲充电桩。由于停车场中充电桩的数量是有限的，充电调度中心在制订充电计划时需考虑电动汽车的充电模式分配情况，故定义 $\boldsymbol{X}_{i,o}=[\,x_{i,o}^1\quad x_{i,o}^2\quad\cdots\quad x_{i,o}^k\,]$ 表示第 i 辆电动汽车在可调度周期内的充电状态，进一步表示为：

$$x_{i,o}^k=\begin{cases}0, & \text{该车辆使用充电模式 }o\text{，且未在第 }k\text{ 个时间片内充电}\\1, & \text{该车辆使用充电模式 }o\text{，且在第 }k\text{ 个时间片内充电}\end{cases}\tag{4-119}$$

式中，$x_{i,o}^k$ 的值由调度算法基于充电模式分配和充电决策确定，若第 i 辆电动汽车在时间片 k 内使用充电模式 o 进行充电，则为 1，否则为 0。

值得注意的是，相较于快速充电桩，慢速充电桩的费用较低，但在同等电量需求下，其充电所需时间也较长。在本节中，假设充电费用与充电所需时间会影响车主的充电体验，并且，当充电等待时间过长时，可能导致电动汽车在其预计离开时间到达前无法完成充电任务，进而损害停车场运营商的充电服务质量。

2. 目标函数

本节考虑停车场运营商与电动汽车车主的双方利益，构建多目标优化模型。具体目标说明如下。

1）人均充电时间

充电过程中产生的时间成本包括车辆的实际充电时间与充电等待时间两部分，因此，电动汽车群体的人均充电时间为

$$t=\frac{\sum_{i=1}^{n}(k_i^s-k_i^a)+k_i^r}{n}\tag{4-120}$$

式中，k_i^s 表示该车开始充电的时间片，则计算式 $k_i^s-k_i^a$ 表示第 i 辆车的充电等待时间。

2）人均充电费用

针对不同充电模式，停车场运营商的收费情况存在差异，故应计算不同充电模式下车主各自的充电费用，具体表示为

$$c=\frac{\sum_{i}\begin{bmatrix}k_i^v & k_i^n & k_i^p\end{bmatrix}\begin{bmatrix}m_s^v\\m_s^n\\m_s^p\end{bmatrix}+\sum_{j}\begin{bmatrix}k_j^v & k_j^n & k_j^p\end{bmatrix}\begin{bmatrix}m_f^v\\m_f^n\\m_f^p\end{bmatrix}}{n}\tag{4-121}$$

式中，i 与 j 分别表示使用慢速充电模式与快速充电模式的电动汽车；k_i^p、k_i^n、k_i^v 表示第 i

辆车分别在峰平谷时期充电的时间片个数；m_s^p、m_s^n、m_s^v 分别表示峰平谷时期单个时间片内使用慢充模式所需支付的充电费用；m_f^p、m_f^n、m_f^v 分别表示峰平谷时期单个时间片内使用快充模式所需支付的充电费用。

3）负荷波动

为了促进停车场充电服务的稳健发展，需保证电网运行时的稳定性与安全性，即尽可能降低调度周期内的负荷波动。由于负荷变化的剧烈程度与其均方差呈正比例关系，故使用负荷均方差来反映停车场运营时的负荷波动情况，具体表示为

$$\varepsilon = \sum_{k=1}^{T} \left(\sum_{i=1}^{n} l_i - \frac{l_a}{T} \right)^2 \tag{4-122}$$

$$l_a = \sum_{k=1}^{T} \left(\sum_{i=1}^{n} l_i \right) \tag{4-123}$$

式中，l_a 表示日平均负荷。

3. 约束条件

（1）选择慢速充电模式的车辆不超过慢速充电桩数量上限。

$$\sum_{i=1}^{n} x_{i,0}^k \leqslant h_f \quad k = \{1, 2, \cdots, T\} \tag{4-124}$$

（2）选择快速充电模式的车辆不超过快速充电桩数量上限。

$$\sum_{i=1}^{n} x_{i,1}^k \leqslant h_f \quad k = \{1, 2, \cdots, T\} \tag{4-125}$$

式（4-124）和式（4-125）通过限制慢速充电桩与快速充电桩上同时充电的车辆数，使得各个时间片内的充电负荷不超过电网的供电容量。同时，充电调度过程需满足式（4-111）的充电量约束条件。

4.5.4　基于充电优先级的 NSGA-Ⅱ算法

1. 充电优先级

为进一步提高电动汽车的充电效率，并提升停车场的充电服务质量，应考虑电动汽车群体的充电需求差异性，优先为较紧急的车辆制订针对性的充电计划。因此，提出一种基于车辆可容忍等待时间和充电需求的充电优先级确定机制，在为进入停车场的电动汽车提供充电服务前，对其进行优先级判断。具体过程如下所示：

（1）将慢充模式下无法满足其充电需求的车辆视为优先级最高的车辆。

（2）对于慢充模式下可满足其充电需求的车辆，按照电动汽车的可容忍等待时间对其进行排序。若某车辆的可容忍等待时间较短，则为其设置较高的充电优先级。

（3）若两电动汽车的可容忍等待时间相同，则依据式（4-126）进行比较。

$$pi_i = k_i^t - k_i^r \tag{4-126}$$

式中，k_i^t 表示第 i 辆车的最大可容忍等待时间，由该车的预计离开时间与其到达时间的差值决定；k_i^r 表示该车的预计充电时间，该数值反映同等充电功率下，车辆间的充电需求关系。

车辆的预计充电时间越长意味着其充电需求相较越大，完成充电任务的急迫性越强，

故应为其赋予较高的充电优先级。

本节充电优先级确定机制的提出是为了在不违反充电桩数量约束的前提下,依据电动汽车群体的充电优先级,尽可能为优先级较高的车辆分配快速充电桩,并通过优先为其制定充电调度策略,使得可容忍等待时间较短或充电需求较大的车辆尽快完成充电任务,从而提高整体电动汽车的充电效率。值得注意的是,基于充电优先级的电动汽车充电调度策略针对进入停车场且未开始充电的电动汽车,不会对正在充电的车辆造成影响,即不会中断其充电过程。

2. NSGA-Ⅱ算法

NSGA-Ⅱ算法具有搜索能力强、鲁棒性好等优点,已被广泛应用于求解多目标优化问题。传统的 NSGA-Ⅱ算法主要包括以下过程。

1)非支配排序

非支配排序是指根据当前个体的支配关系,将种群中的所有个体划分为不同的非支配前沿,以判断个体的优劣性,从而筛选出种群中相对较优的个体。首先,分析个体 α_i 与个体 α_j 的支配关系:若 α_i 的所有适应度函数值均小于 α_j,则 α_i 支配 α_j;若 α_j 存在至少一个适应度函数值小于 α_i,则 α_i 非支配 α_j。同时,认定个体 α_i 的非支配性随着 α_i 所非支配个体数的增加而升高,进而为其设置较高的非支配前沿等级。

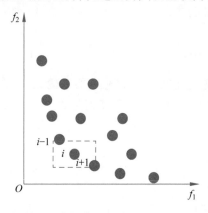

图 4-52　拥挤度距离示意图

2)拥挤度距离

Pareto 解集中,第 i 个解的拥挤度距离是指第 i 个解与其邻近两个解在 Pareto 前沿面上所构成矩形的周长,即图 4-52 中虚线矩形的周长。具体计算公式为

$$cr_i = \sum_{q=1}^{q} \mid f_q(i+1) - f_q(i-1) \mid \qquad (4\text{-}127)$$

式中,$f_q(i)$ 表示第 i 个个体的第 q 个目标函数值,本章中共有三个目标函数,因此 q 的取值为 $[1,3]$。

值得注意的是,如果第 i 个解周边不存在相邻的两个解,则将其拥挤距离设置为无穷大。

3)拥挤度比较算子

拥挤度比较算子基于非支配前沿等级与拥挤度距离选择参与下一代种群生成的个体。具体而言,非支配前沿等级较高、拥挤度较大的个体被选中的概率较高。

4)精英保留策略

首先将规模均为 δ 的父代种群与子代种群进行合并,从而形成规模为 2δ 的新种群。随后,基于非支配排序和拥挤度比较算子在该新种群选择 δ 个个体以组成新的父代种群。精英保留策略使得种群不断朝 Pareto 最优前沿方向进化,一定程度上可提高算法的收敛精度。

3. 改进的 NSGA-Ⅱ算法

然而,随着问题复杂性的增强,NSGA-Ⅱ算法易陷入局部最优的缺陷仍然存在,无法适应本节考虑大规模车辆的电动汽车充电调度问题。因此,本节在保留非支配排序、拥挤度比较算子和精英保留策略的基础上,提出了一种改进的 NSGA-Ⅱ算法,通过引入自适应交叉、变异算子对传统 NSGA-Ⅱ算法进行改进,有效提高了算法的收敛性。

1) 编码

本节构建了一种考虑多充电模式并存的电动汽车充电调度模型。若使用传统的二进制编码,随着待充电车辆数量的增加,算法的运算速度将大幅度降低。因此,本节使用实数编码法进行编码,种群中的一个个体对应电动汽车群体的一种充电时间分配方案,个体 α 在第 β 次迭代的位置为

$$Z_{\alpha}^{\beta} = [z_{\alpha_1}^{\beta}, z_{\alpha_2}^{\beta}, \cdots, z_{\alpha_n}^{\beta}] \tag{4-128}$$

$$z_{\alpha_i}^{\beta} = (o_i, \theta_{\alpha_i}^{\beta}) \tag{4-129}$$

式中,α 有 n 个分位,$i = 1, 2, \cdots, n$,二元组 $z_{\alpha_i}^{\beta}$ 中,o_i 和 $\theta_{\alpha_i}^{\beta}$ 分别表示 α 在第 β 次迭代时第 i 辆车的充电模式及其充电时间片编号的集合,o_i 的取值范围为 0 或 1,$\theta_{\alpha_i}^{\beta}$ 的取值范围为 $[k_i^a, k_i^l]$,长度为 k_i^r,同时需满足式(4-114)和式(4-115)的编码约束条件。

图 4-53 表示 4 辆电动汽车进入停车场后的编码个体。以第 3 辆电动汽车为例,该车辆使用慢速充电模式进行充电,且其充电时间片分别为 6、7、20。

车辆	0	1	2	3

个体	0 ┊ (0,4,7)	0 ┊ (4,5,19)	1 ┊ (5,78,79)	0 ┊ (6,7,20)

图 4-53　问题编码

2) 适应度函数

本节使用电动汽车车主的充电时间、充电费用和电网的负荷波动作为衡量充电调度策略优劣的指标,并且为最小优化问题。因此,将三个目标函数视为适应度函数,具体如式(4-120)、式(4-121)与式(4-122)。

3) 种群初始化

首先,随机生成规模为 δ 的初始种群,即根据电动汽车群体的充电优先级为各电动汽车分配充电模式,并依据车辆信息和约束条件随机为各电动汽车分配充电时间片。随后对初始种群进行非支配排序、选择、交叉和变异操作,以生成第一代子代种群。

4) 更新策略

个体的更新策略包括交叉与变异操作,交叉操作有利于保护当前种群中的优秀个体,变异操作可增加种群的多样性,其效果分别受交叉概率 P_c 和变异概率 P_m 的影响。其中,较大的 P_c 易使得子代生成速度过快,较小的 P_c 将导致进化过程减慢;过大的 P_m 容易降低算法效率,过小的 P_m 会导致算法早熟收敛。然而,传统 NSGA-Ⅱ中使用固定的交叉和变异概率难以满足大规模车辆驶入后的应用需求。因此,本节引入自适应交叉与变异算子,依据当前的进化状态,采用线性函数与余弦函数分别对交叉概率和变异概率进行自适应调整。具体过程如下:

$$P_c(\tau) = P_c^{\min} + (P_c^{\max} - P_c^{\min}) \cdot \frac{\tau}{\tau_{\max}} \tag{4-130}$$

$$P_m(\tau) = \frac{P_m^{\max} + P_m^{\min}}{2} + \frac{P_m^{\max} - P_m^{\min}}{\cos\left(\pi \cdot \frac{\tau}{\tau_{\max}}\right)} \tag{4-131}$$

式中，$P_\mathrm{c}^\mathrm{min}$、$P_\mathrm{c}^\mathrm{max}$、$P_\mathrm{m}^\mathrm{min}$ 与 $P_\mathrm{m}^\mathrm{max}$ 分别表示预先设置的交叉概率和变异概率的最小值与最大值；τ 与 τ_max 分别表示当前迭代次数与最大迭代次数。

（1）交叉操作。随机生成 $[0,1)$ 范围内的随机数，若小于此时的交叉概率 P_c，则随机选择 2 个分位，同时将个体 α_i 与个体 α_j 在该分位间的数值进行交叉。具体过程如图 4-54 所示。其中，v_1 与 v_2 为所选的交叉分位。

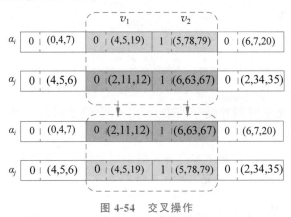

图 4-54　交叉操作

（2）变异操作。随机生成 $[0,1)$ 范围内的随机数，若小于此时的变异概率 P_m，则随机选择个体中的一个分位进行变异操作。具体过程如图 4-55 所示。其中，u 为所选的变异分位。

图 4-55　变异操作

值得注意的是，若当前变异个体为可行解，则随机选择一个分位进行变异，且变异后仍需满足充电桩数量约束；若该个体为不可行解，则优先选择含有最多不满足充电桩数量约束的时间片的分位进行变异操作。同时，由于各电动汽车的充电模式和充电需求在整个充电过程中不会发生改变，因此，应保证更新后的个体仍能在事先确定的充电模式下完成充电任务。

5）最优折中解的选择

本节以最小化车主的充电费用、充电时间和电网侧的负荷波动为优化目标，构建多充电模式的电动汽车充电调度模型，并采用改进的 NSGA-Ⅱ算法对模型进行求解，最终得到 Pareto 解集。然而，此时的 Pareto 解集中含有多个解，缺少评估选择的决策方法。为此，通过模糊隶属度函数进行最优折中解的选择，并将该最优折中解作为最终的电动汽车充电调度方案。首先，为 Pareto 解集中的各个解构建对应于每个优化目标的隶属度函数，随后，通过比较每个解的隶属度函数值，选取数值最大的解作为最优折中解。具体过程如下所示：

$$\eta_i^j = \frac{f_{\max}^j - f_i^j}{f_{\max}^j - f_{\min}^j} \tag{4-132}$$

式(4-132)表示第 j 个目标的隶属度函数,其中,$f_{\min}^j$ 与 $f_{\max}^j$ 分别表示该目标下的最小值与最大值;f_i^j 表示 Pareto 解集中,第 i 个解的第 j 个适应度函数值。

$$\eta_i = \frac{\displaystyle\sum_{q=1}^q \eta_i^j}{\displaystyle\sum_{I=1}^I \sum_{q=1}^q \eta_i^j} \tag{4-133}$$

式(4-133)表示标准化条件下,第 i 个解的标准化隶属函数值,I 表示 Pareto 解集中解的总个数,q 表示问题模型中的总目标个数。

6) 个体到车辆充电时间分配方案的映射

算法 4.8 为个体到充电时间分配方案的具体映射过程。其中,算法的输入包括电动汽车的充电信息和算法所使用的参数。

算法 4.8　个体到充电时间分配方案的映射

输入:种群规模 δ,最大迭代次数 $\tau_{\max}$,电动汽车集合 A

输出:电动汽车充电调度方案 Z_α^β

1:　初始化:δ、$P_c^{\min}$、$P_c^{\max}$、$P_m^{\min}$ 与 $P_m^{\max}$,令 $\tau = 1$

2:　根据算法 4.9 为电动汽车群体设置优先级并分配充电模式

3:　根据算法 4.7 为全体电动汽车分配充电时间表,从而生成规模为 δ 的初始化种群,并进行非支配排序和拥挤度距离计算

4:　**while** $\tau \leqslant \tau_{\max}$ **do**

5:　　　**for** j＝1 **to** j＝n

6:　　　　由式(4-120)、式(4-121)与式(4-122)计算充电费用、充电时间和负荷波动

7:　　　**end for**

8:　　　**for** k＝1 **to** k＝144

9:　　　　　**if** 当前时间片内充电车辆数大于充电桩数

10:　　　　　//该时间片不满足充电桩数量约束

11:　　　　　记录 k

12:　　　　**end if**

13:　　　**end for**

14:　　　对种群进行选择、交叉和变异操作,产生子代

15:　　　根据式(4-130)与式(4-131)分别计算新的交叉、变异概率

16:　　　合并种群

17:　　　对当前种群进行非支配排序和拥挤度计算

18:　　　通过精英保留策略生成新父代

19:　**end while**

20:　输出 Pareto 解集

21:　根据式(4-132)与式(4-133)选择最优折中解

22:　返回最优电动汽车充电调度方案 Z_α^β

首先,根据算法 4.9 为电动汽车群体制定充电优先级,随后在初始化种群过程中,按照优先级顺序为电动汽车分配充电模式,并依据算法 4.7 随机为其分配充电时间片,以生成

初始化种群。同时,计算此时的人均充电费用、充电时间和负荷波动,并判断是否违反充电桩数量约束。随后,依据更新策略对种群进行更新,重复以上操作直至满足算法的终止条件。最后,由模糊隶属度函数选择最优折中解,作为最终的充电时间分配方案,并输出此时的充电时间分配方案。

算法 4.9　电动汽车群体充电优先级确定机制

输入:电动汽车集合 A
输出:优先级集合 L

1：　**for** i＝1 **to** i＝n
2：　　记录当前车辆的 k_i^a、k_i^l 和 k_i^r
3：　　**if** $k_i^l - k_i^a < k_i^r$:
4：　　　　将 pi 设置为无穷大
5：　　**else**:
6：　　　　pi＝$k_i^l - k_i^a$
7：　　　　将 pi 存入集合 L
8：　　**end if**
9：　**end for**
10：　按照从小到大的顺序对 L 内元素进行排序
11：　**for** i＝1 **to** i＝n
12：　　　**if** L[i]＝L[i＋1]
13：　　　　**if** $k_i^t - k_i^r > k_{i+1}^{t+1} - k_{i+1}^r$
14：　　　　　交换 i 与 i＋1 的位置
15：　　　　**end if**
16：　　　**end if**
17：　**end for**
18：　返回充电优先级列表 L

---

7) 基于充电优先级的电动汽车充电调度策略流程

基于前面所述,本节提出的电动汽车充电调度策略流程如图 4-56 所示。具体解释如下：

(1) 为尽可能提高充电任务完成率,合理分配充电设备,根据优先级确定机制为各电动汽车制定充电优先级并引导其使用合适的充电模式。

(2) 初始化算法的相关参数,按照优先级顺序依次为待充电的电动汽车随机分配充电时间表,生成初始种群。

(3) 在迭代次数未达到 τ_{max} 前重复执行更新过程。

(4) 判断是否达到最大迭代次数,若是,则结束算法,并依据模糊隶属度函数选取最优折中解作为最终的充电时间分配方案,否则执行(3)。

4.5.5　仿真实验与结果分析

1. 仿真参数设置

为验证本节所提策略与方法在不同车辆规模下的实验效果,分别模拟 300、400、500 及 600 辆电动汽车进入停车场的情况进行实验。采用：①2009 年全美家庭出行调查(NHTS)的统计结果;②福建时代星云科技有限公司的真实车辆信息作为输入数据。分别开展：

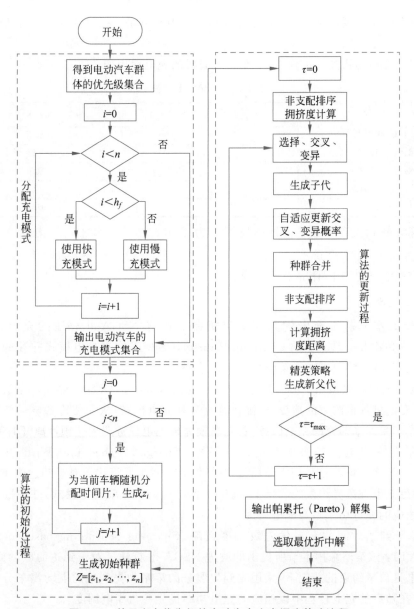

图 4-56　基于充电优先级的电动汽车充电调度策略流程

①基于 NHTS 的仿真实验；②基于真实车辆信息的仿真实验,实验①中电动汽车的 t_i^a、t_i^l 和 d_i 的概率密度表达式具体说明如下：

　　(1) t_i^a 服从正态分布,即 $t_i^a \sim N(8.92, 3.24)$。

　　(2) t_i^l 服从正态分布,即 $t_i^l \sim N(17.47, 3.41)$。

　　(3) d_i 服从对数正态分布,即 $d_i \sim LN(2.8, 1.14)$,最小值和最大值分别为 30km 和 220km。

　　其余参数设置如下所示：

　　(1) 每千米的单位耗电量为 0.16kW·h。

　　(2) 慢充与快充模式下,充电功率分别为 3kW 与 15kW。

（3）设置一个调度周期为 24h，调度间隔 Δt 为 10min，即将 1 天分为 144 个时间片来进行分析。

（4）慢速充电与快速充电模式下，车主各时段的充电费用如表 4-19 所示。

表 4-19　电价参数设置

时　段	m_f/[元/(kW·h)]	m_s/[元/(kW·h)]
00:00—08:00	0.4	0.3
08:00—12:00	2.4	1
12:00—17:00	1.2	0.6
17:00—21:00	2.4	1
21:00—24:00	1.2	0.6

（5）算法的相关参数设置：种群规模 δ 为 100，τ_{max} 为 1000，P_m^{min} 为 0.01，P_m^{max} 为 0.1，P_c^{min} 为 0.4，P_c^{max} 为 0.8。

（6）模拟实验使用 Python 3.8 实现。

2. 对比策略

为了验证本节基于充电优先级确定机制和改进 NSGA-Ⅱ算法的充电调度策略（Charging Scheduling Based on Charging Priority，CSBCP）在多充电模式并存的充电调度场景下的调度性能，将以下 4 个策略作为对比策略。

（1）无序充电调度策略（Disorderly Charging Scheduling，DCS）：电动汽车进入停车场后，在满足充电桩数量约束的前提下，随机为其分配充电模式，从而使得各电动汽车以相应的充电功率享受即来即充的充电服务，直至车辆完成充电任务或到达预计离开时间。

（2）不考虑充电优先级的充电调度策略（Charging Scheduling Without Charging Priority，CSWCP）：该策略采用本节所提出的改进 NSGA-Ⅱ算法。对于到达停车场的电动汽车，在满足充电桩数量约束的前提下，随机为各电动汽车分配充电模式，并在随后的充电过程中以相应的充电功率参与充电调度。

（3）基于到达时间的充电优先级调度策略（Charging Scheduling based on Arriving Time，CSAT）：该策略采用本节所提出的改进 NSGA-Ⅱ算法。对于到达的电动汽车群体，在满足充电桩数量约束的前提下，采用先到先服务的策略为先到达的电动汽车分配快速充电模式，并在随后的充电过程中以相应的充电功率优先参与充电调度。

（4）基于传统 NSGA-Ⅱ算法的电动汽车充电调度策略（Charging Scheduling based on NSGA-Ⅱ，CSNS）：该策略采用传统 NSGA-Ⅱ算法，即在更新策略中使用固定交叉概率与变异概率，充电优先级确定机制与本节设定相同。

3. 实验结果分析

1）基于 NHTS 的仿真实验结果分析

首先，为说明本节基于可容忍等待时间和充电需求差异性的充电优先级确定机制的有效性，将 CSBCP 与 CSWCP 进行对比。结果如图 4-57～图 4-60 所示。分析可得，相较于不考虑充电优先级确定机制的调度策略，引入优先级确定机制：

（1）可降低电动汽车群体的人均充电费用与充电时间，且随着车辆数目的增加，其降低效果更加显著。当车辆数为 600 时，CSBCP 可降低 7.8% 与 4.1% 的人均充电费用和充电时间。

（2）可大幅度降低电网负荷波动。当进入停车场的车辆数为 500 辆和 600 辆时，其负荷波动分别下降了 27% 与 15%。

（3）在 4 种不同车辆规模的实验中，其充电任务完成率均提高了 5% 左右。

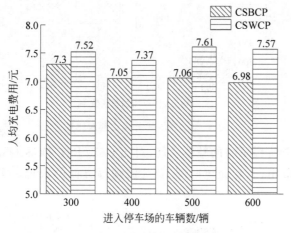

图 4-57　人均充电费用对比图

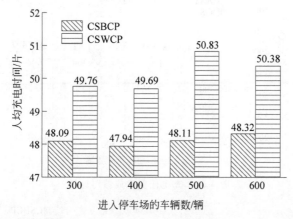

图 4-58　人均充电时间对比图

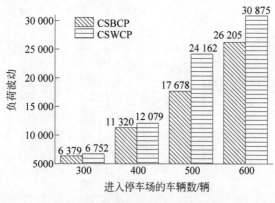

图 4-59　负荷波动对比图

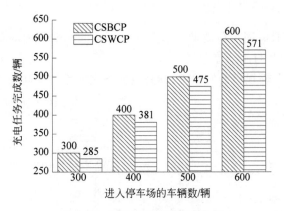

图 4-60　充电任务完成数对比图

其次,为说明本节所提策略的整体性能,对比 CSBCP 与 DCS、CSAT、CSNS 在充电任务完成数、人均充电费用、人均充电时间、负荷波动等方面的表现。实验结果如图 4-61～图 4-64 所示。

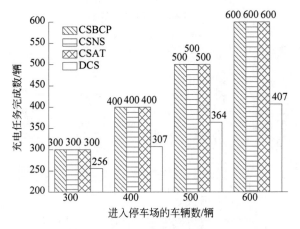

图 4-61　充电任务完成数对比图

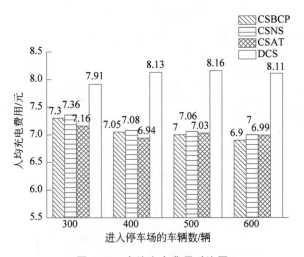

图 4-62　人均充电费用对比图

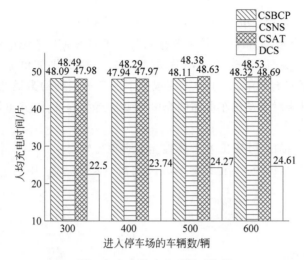

图 4-63　人均充电时间对比图

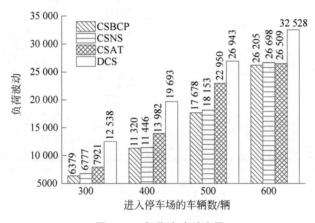

图 4-64　负荷波动对比图

分析可得到以下结论：

（1）在充电任务完成数方面，CSAT、CSNS、CSBCP 以一定的标准对使用快速充电模式的电动汽车进行筛选，实现了更为合理的充电模式分配，相较于无序充电策略，可有效提高电动汽车整体的充电效率，从而增加完成充电任务的车辆数。在本次实验选取的 4 种车辆规模下，其充电任务完成率分别提高了 15％、23％、27％、32％。

（2）在人均充电费用方面，由于 DCS 采用即来即充式的充电服务，不考虑峰平谷时期的电价差异，使得在充电任务完成率远低于其他对比策略的情况下，其充电费用仍远大于CSAT、CSNS、CSBCP；CSBCP 的人均充电费用均低于 CSNS，表明本节采用自适应交叉和变异算子对传统 NSGA-Ⅱ算法进行改进，能够有效提高算法的收敛性能；在进入停车场充电的车辆规模较小，如 300、400 辆时，CSBCP 的人均充电费用高于 CSAT，然而，当车辆数增至 500、600 辆时，其人均充电费用逐渐低于 CSAT，表明本节基于车辆可容忍等待时间和充电需求的优先级确定机制在大规模车辆充电调度问题中的适应性与有效性。

（3）在人均充电时间方面，DCS 通过为较少的电动汽车提供充电服务，从而减少了人均充电时间。然而，随着车辆规模的增大，该策略易使得较多车辆无法完成充电任务，损害停车场的充电服务质量，对停车场的长远发展是极其不利的。与此同时，CSBCP 在车辆数目不断增加的情况下,其人均充电时间始终低于 CSNS、CSAT。

(4)在电网的负荷波动方面,相较于其他对比策略,CSBCP 考虑电动汽车的可容忍等待时间和充电需求急迫性,优先为充电优先级高的车辆提供充电服务,并通过改进的 NSGA-Ⅱ算法对问题进行求解,其 4 种车辆规模下的负荷波动均为最低。其中,由于 DCS 随机分配充电模式且未对电动汽车群体的充电计划进行统筹安排,其电网的负荷波动远大于其他对比策略。

综上所述,本节所提的 CSBCP 在整体性能上表现更好。

最后,分析 CSBCP 与 CSNS 得到的 Pareto 前沿。具体结果如图 4-65 所示。

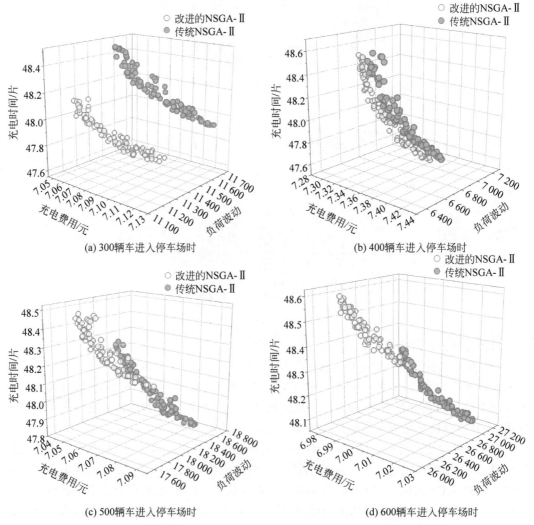

图 4-65　改进的 NSGA-Ⅱ与传统 NSGA-Ⅱ算法在不同电动汽车规模下的 Pareto 前沿

由图 4-65 可以看出,在 4 种规模的电动汽车充电调度过程中,本节采用改进的 NSGA-Ⅱ算法均能够得到更佳的 Pareto 前沿,即在充电费用、充电时间、负荷波动三个目标上,其获得的最优解集优于传统 NSGA-Ⅱ算法的所得解集。同时,改进的 NSGA-Ⅱ算法在解的分布上更加均匀,进一步验证了本节所提算法在性能上的优异性。

2）基于真实车辆信息的仿真实验结果分析

首先，为了说明本节所提充电优先级确定机制的有效性，将 CSBCP 与 CSWCP 对比。结果如图 4-66～图 4-69 所示。

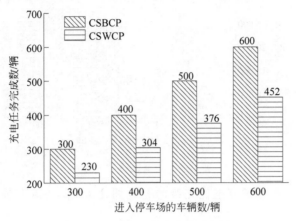

图 4-66　充电任务完成数对比图

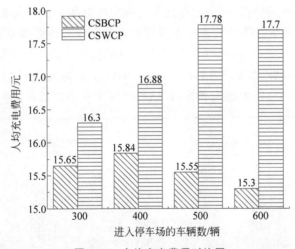

图 4-67　人均充电费用对比图

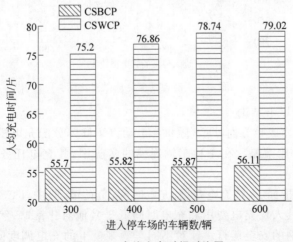

图 4-68　人均充电时间对比图

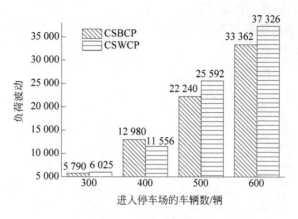

图 4-69　负荷波动对比图

可以看到,相较于不考虑充电优先级的充电调度策略,CSBCP 通过引入优先级确定机制。

(1) 可显著提高电动汽车的整体充电效率,进而增加充电任务完成数。在车辆规模分别为 300、400、500、600 的情况下,其充电任务完成率均提高了 25% 左右。

(2) 在降低电动汽车群体的人均充电费用和充电时间方面效果显著。当车辆数为 600 时,可分别降低 13.6% 与 29% 的充电费用与时间。同时,在一定程度上缓解了电网的负荷波动。当进入停车场的电动汽车规模增至 500 辆、600 辆时,其负荷波动分别下降了 13% 与 11%。

其次,为说明本节 CSBCP 的有效性,评估其与对比策略在目标值上的结果差异。具体如图 4-70～图 4-73 所示。

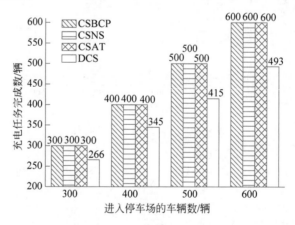

图 4-70　充电任务完成数对比图

通过分析可得到以下结论:

(1) 在充电任务完成数方面,DCS 随机为电动汽车群体分配充电模式致使其充电任务完成数均低于其他对比策略。在 4 种车辆规模的实验中,其充电任务完成率分别下降了 11%、14%、17%、18%。

(2) 在三项评估指标(人均充电费用、充电时间、负荷波动)中,DCS 通过向较少的车主提供充电服务,使得其人均充电费用和充电时间低于其他对比策略,然而其负荷波动极为剧烈,不利于保障电网的安全运行。针对不同车辆规模下的充电调度问题,相较于 CSNS,

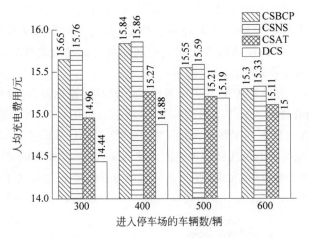

图 4-71　人均充电费用对比图

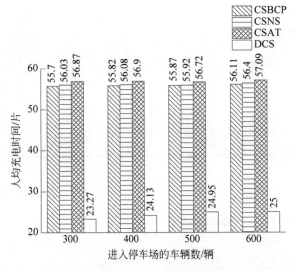

图 4-72　人均充电时间对比图

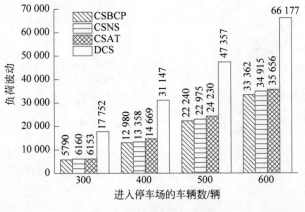

图 4-73　负荷波动对比图

CSBCP 的人均充电费用、充电时间和负荷波动均较低,进而表明了本节通过改进传统 NSGA-Ⅱ算法的更新策略能够有效提升算法性能,有利于获得适应性更强的充电调度决策;相较于 CSAT,CSBCP 在降低人均充电时间和负荷波动上表现较好。因此,本节所提策略在整体上的优化效果更好。

最后,为说明本节所提算法在不同车辆规模下的调度优化能力,分析 CSBCP 与 CSNS 所得到的 Pareto 前沿情况。具体结果如图 4-74 所示。由图 4-74 可以看出,本节采用改进的 NSGA-Ⅱ算法,在 4 种不同车辆规模的实验中均能获得较佳的 Pareto 前沿。同时,在调度优化过程中,该算法所得的最优解均可支配传统 NSGA-Ⅱ算法所得的 Pareto 最优解,进而表明了本节所提算法在充电费用、充电时间、负荷波动方面的降低效果优于传统 NSGA-Ⅱ算法。因此,相较于传统 NSGA-Ⅱ算法,本节所提出的改进的 NSGA-Ⅱ算法具备更佳性能。

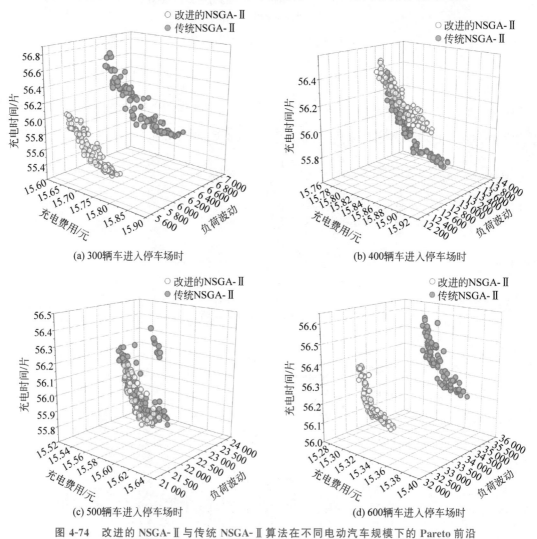

图 4-74　改进的 NSGA-Ⅱ 与传统 NSGA-Ⅱ 算法在不同电动汽车规模下的 Pareto 前沿

4.5.6　总结

针对提供多种充电模式的停车场,本节提出了一种基于充电优先级的电动汽车充电调度策略。首先,考虑电动汽车群体间可容忍等待时间与充电需求的差异性,提出了一种充电优先级确定机制;其次,将多充电模式下的电动汽车充电调度问题构建为多目标优化模型,旨在最小化电动汽车车主的充电费用、充电时间和电网的负荷波动;最后,采用改进的NSGA-Ⅱ算法对问题进行求解。在仿真实验中,基于 NHTS 的出行统计结果与真实车辆信息分别进行实验。实验结果表明了本节所提策略在降低人均充电时间、人均充电费用和电网负荷波动方面的有效性。同时,通过实验验证了本节基于车辆可容忍等待时间和充电需求的充电优先级确定机制的必要性,可获得更为合理的充电模式分配方案,有利于求解大规模电动汽车的充电调度问题。

4.6　基于联合模型的电池健康状态估计

锂离子电池是目前主流储能设备,被广泛应用于电动汽车、储能电网、航天航空等方面。但在使用过程中由于内部的副反应和环境影响使得健康状态(State Of Health,SOH)不断退化。当电池 SOH 极低时若不进行维护仍继续使用会产生极大的安全隐患。因此,准确的 SOH 估计能够排除故障,解决电量焦虑,在电池管理系统研究中具有重要的意义。

锂离子电池的内部化学反应复杂,由各种材料构成的电池存在显著差异,想要从电池机理出发构建准确的 SOH 模型存在困难,而锂离子电池的退化数据反应了电池的 SOH 的变化,可以对海量数据进行分析建立电池估计模型。通过分析能够避免研究锂离子电池内部的复杂机理,直接通过数据驱动方法建立模型。针对单一估计模型精度不高的问题,本节实验提出了一种支持向量回归(Support Vector Regression,SVR)和长短期记忆网络(Long Short-Term Memory,LSTM)联合的在线估计方法。将误差统计量与最小化准则相结合,对训练误差最小值进行计算,获得各模型对应的最优权重,通过模型融合来提高估计精度。实验结果表明,在循环次数一定的情况下,整体估计精度有一定的提升。

4.6.1　引言

全球不可再生资源的短缺和环境污染这一系列问题制约着经济的发展。新能源产品在不断的发展中缓解了环境与经济问题,已成为未来产品开发的重点。为了促进新能源产业合理顺利的发展,国务院、国家发改委等相关部门陆续出台了规范和发展新能源产业的文件。例如,《"十四五"新型储能发展实施方案》《2030 年前碳达峰行动方案》等都从不同角度要求大力发展新能源。在国家能源发展战略中也明确说明要着力推动数字化、大数据、人工智能技术与清洁能源高效开发利用的融合创新。因此,发展智慧型新能源技术已成为研究趋势。

在新能源技术高速发展的过程中,锂离子电池由于其卓越的特点被发掘。锂离子电池相比于其他储能产品具有更高的能量密度、更大的能量储存、更小的体积、较低的自放电率、较强的荷电保持能力、在充放电过程中副反应小、寿命长等一系列优良的特性。与其他电池相比,锂离子电池的一大优势是具有无记忆效应。这说明在使用时不会被之前充放电时的痕迹影响,具有较好的适应能力,即使电池没有完全放电,也可以进行充电而不会对电池容量产生负面影响,使得用户在使用过程中更加方便。由于这些优势,锂离子电池广泛应用于工商业和不同生活场景中,能有效缓解能源短缺问题,也被认为是最有希望解决交通运输业电气化和减少汽油消耗的储能方案。

　　然而随着电动汽车等设备需求不断增加,大规模电网储能技术的发展,这些新兴应用出现对安全性要求较高的情况,使得能源供给的安全成为研究重点。当电池成组或大规模串并联使用时,安全性是我们需要关注的首要问题,因电池健康问题导致的事故并不在少数。波音客机因锂离子电池过热而失火,特斯拉电动车的自燃,三星手机电池爆炸,北京储能站的爆炸等,这些频发的事故时刻提醒人们电池安全需要被高度关注。锂离子电池在充放电过程中,其 SOH 逐步退化。具体衰退过程由于各种因素相互作用得到,这严重影响电池的表现。电池受到高温、过充、过放等影响都会使得衰退加剧。在使用过程中,影响电池衰退的机制在老化过程中是耦合的,不能被孤立研究。因此,通过分析获取关键因素确保锂电产品更加可靠安全是我们需要深入研究的内容。锂离子电池在工作中大都以电池组的形式协同运行,每个电池之间由于生产差异导致不能保持良好的一致性。这就要求在运行过程中配备电池管理系统(Battery Manage System,BMS)来准确地获取每个电池的当前状况。BMS 能够监控电池的电流、电压、温度等相关参数进行动态计算和检测,根据得到的参数判断电池的状态,再进行对应操作及时控制电池使用时出现的不当情况。不仅如此,它还能够估计电池的 SOH。通过对电池 SOH 的估计来评价电池的退化程度并判断电池的剩余寿命。将电池的 SOH 等信息进行反馈可以排除安全故障并解决电量焦虑等问题。

　　在电池管理系统中,SOH 通常用来表示电池的退化情况,衡量电池的使用寿命和剩余可使用容量是反映电池优劣的一种方式。类比传统汽车中油箱的大小,SOH 就像是电动汽车油箱的容量,表示汽车能够行驶的里程和续航能力。由于锂离子电池的 SOH 真实值无法直接通过设备采样,因此如何准确的估计 SOH 是科研人员研究的重点问题。锂离子电池充放电过程曲线是非线性的,内部工作机理非常复杂,不同的电池材料之间都存在着巨大的差异。并且由于其内部设计的复杂电化学反应,没有一个物理量能够与其对应,也很难从机理方面建立精准的 SOH 模型。随着智能技术的进步,数据驱动的建模方法为锂离子电池的健康管理提供新思路。通过对海量数据的分析与发掘,建立了锂离子电池估计模型,避免了研究锂离子电池内部的复杂机理。本节着手于数据驱动方案,通过分析过往数据建立相关模型进行 SOH 的估计。这可以帮助使用者更加高效的使用锂离子电池,延长电池的寿命,提高整个系统的可靠性和经济性。

　　由于单一模型往往存在一定的局限性,导致估计精度不高。因此,为了提高估计精度,本节提出了一种联合估计的方法。本节使用误差统计量和最小准则相结合来对单个模型的训练结果进行不同权重的组合获得当前可观测的最优结果,是一种有效的在线估计方法。通过联合不同的估计方法不仅能够提高估计的准确性,还能够平衡不同算法出现的偏差,提高模型的稳健性。

4.6.2　相关工作

1. 基于传统经验的方案

　　根据已知 SOH 的锂离子电池进行推算,电池的设计者选择不同的适配参数来定义电池衰退曲线,以此来对电池的 SOH 进行估计。其中,经验模型主要有指数模型、多项式模型等。但基于传统经验方法需要统计电池的使用循环,不利于适配不同的电池个体。并且在电池充放电过程中,不同环境因素的影响也会导致电池的损伤,因此在后期无法进行纠偏导致适用性较差,其估计结果不够理想,只能对同一批次的电池 SOH 进行大致估计。

2. 基于电化学模型、等效电路模型和数学模型的方案

锂离子电池的充放电过程是由于内部复杂的电化学系统运行产生的,因此电池的 SOH 实际上是由内部电极材料等状态决定的。可以利用电化学模型研究锂离子电池的电化学特征并基于这些特性构建退化模型,从而实现 SOH 的估计。Virkar 等研究了锂离子电池中固体电解质膜(Solid Electrolyte Interphase,SEI)和化学势对电池容量衰减的影响,建立了退化模型。Moura 等通过推导单颗粒电解质模型利用边际稳定性、局部可逆性和锂守恒等特性提高了锂电池的状态估计精度。然而锂离子电池的退化机理复杂,模型精度的提升必定导致需要调整的参数大量增加,为模型的建立带来困难。同时各类电池的材料与性质不尽相同,这导致模型泛化能力较弱。对于不同的电池需要修正参数,甚至改变模型结构。因此若要使用这种方案需合理地平衡电化学模型的复杂度与估计性能。

还有一些数学模型可以利用系统模型和观测数据来消除噪声影响,提高精度和稳定性,并且可以根据不同的电池模型和测量条件等来调整参数,具有更高的灵活性和适应性,如卡尔曼滤波算法、无迹卡尔曼滤波等。但这些模型可能涉及复杂的数学推导和参数辨识,并且对参数调整的要求较高,会影响到 SOH 估计的收敛速度和稳定性。

3. 基于数据驱动的方案

与上述需要复杂领域知识的专家模型相比,数据驱动方法通过大量数据不断细化模型,使模型能够挖掘数据中的信息从而实现目标任务。对于锂离子电池 SOH 估计,可以不了解电池内部反应机理,也不用获取系统的先验知识来建立对象系统的精确模型。它能从历史数据中提取特征,并建立数据与电池 SOH 之间的关系。在数据信息充斥的时代,在保障隐私安全的情况下,电池充放电相关的海量数据能够被采集并上传,此时使用数据驱动的方案,便能够对 SOH 进行建模。并且随着数据量的上升,对锂离子电池 SOH 的估计精度也会不断提高。目前常用的数据驱动模型有 SVR 模型、高斯过程回归(Gaussian Process Regression,GPR)模型等。

SVR 通过核函数寻找最优拟合曲线,这使得它在小样本非线性问题上有出色表现,因此被广泛用于 SOH 估计。然而 SVR 的性能依赖于研究者的先验知识,因此常使用粒子群优化(Particle Swarm Optimization,PSO)算法、遗传算法(Genetic Algorithm,GA)等进行超参数优化,使模型性能能够进一步提升。在此基础上,研究者进行改进,使用最小二乘支持向量机(Least Squares Support Vector Machine,LS-SVM)不仅能够获得全局最优解,同时具有更快的计算速度和更好的稳定性,通过使用平方损失函数将原问题转化为线性方程组求解,极大提高了计算效率,因此也非常适合 SOH 估计。Shu 等引入 GA 算法搜索最佳充电电压范围和参数,再采用固定大小的 LS-SVM 以较小的计算量估计 SOH。Yang 等使用了 PSO 算法来优化 LS-SVM 模型中的核函数参数和正则化参数,从而提高了 SOH 估计的精度和泛化能力。

GPR 是一种使用高斯过程先验进行数据回归分析的模型,它能够调整模型的复杂度,不需要预先设定特征空间或基函数。与 ANN 和 SVR 相比,可以输出结果的不确定性度量,能够反映数据噪声和稀疏性,并且在训练过程中随着数据增加更加稳定,不易过拟合。对于 GPR 模型其核函数是影响估计性能的主要因素,Li 等将不同特征变量输入模型,利用核修正 GPR 建立短期退化模型。优化后的 GPR 模型在估计能力和鲁棒性上都有一定的提升。然而 GPR 模型的计算复杂度和空间复杂度较高,每次推断优化都需要对训练数据点进行矩阵求逆。并且对于非平稳数据和非高斯噪声等情况要引入更多条件,因此使得应用存在一定困难。

4. 算法融合

算法融合是目前锂离子电池 SOH 研究趋势。它并不是单纯的一种算法,而是将多种估计方法进行有目的的叠加。这弥补了单个模型可能存在的缺点,能够结合各模型的优势,从稳定性和准确性上提高模型性能。基于数据驱动与模型融合的 SOH 估计方法融合了锂离子电池的物理模型和数据驱动模型的特点。这种方法可以克服单一模型的局限性,具有优良的估计性能。Tang 等采用容量增量分析曲线结合卡尔曼滤波建立 SOH 估计模型,通过挖掘大量的实验数据和相应的区域容量,准确的估计了 SOH。Chang 等结合粒子滤波算法和相关向量机,实现了一种能够表达 SOH 准确性的估计方案。还有一些研究者使用模态分解的方法先对数据进行分解,再对分解后的数据使用不同估计方案。例如,Yun 等采用集成自适应噪声经验模态分解方法,分解数据后再输入支持向量机建立非线性估计模型。Peng 等使用集成经验模态分解处理数据后使用长短期记忆网络与高斯函数信赖域算法进行的融合估计。算法融合由于互补的特性,提高估计的完整性、准确性和模型的泛化能力。然而随着算法的不断融合需要更大的计算开销,也存在过拟合等风险,这些是在使用过程中需要解决的问题。

传统经验法是目前使用中最直接的方案,但因为锂离子电池的平台期和充放电场景与特点复杂之后没有办法很好的使用,因此基于领域知识的模型和数据驱动方案被提出来应对相关情况。本节主要针对数据驱动的方案进一步研究。通过使用不同数据驱动方案,对在线估计与离线估计方案进行了分析,使得到的模型能够有效、精确地估算锂离子电池的 SOH。

4.6.3 问题模型

1. SOH 的定义

随着可再生能源的重要性不断增强,SOH 估计方案得到研究者的不断探索。对于 SOH,其表达式多样,利用锂离子电池的容量、内阻等都可以定义 SOH。通常实验过程中使用锂电池实际容量与额定容量的比值来定义 SOH,具体的 SOH 定义为

$$\mathrm{SOH} = \frac{C_i}{C_0} \times 100\% \tag{4-134}$$

式中,i 为放电周期;C_i 为每个放电周期的容量;C_0 为额定容量。

然而由于生产制造过程中误差,电池初始的有效容量与额定容量有一定的差异。因此为了更合理地设定 SOH 值,将其定义为

$$\mathrm{SOH} = \frac{C_i}{C_{\mathrm{intial}}} \times 100\% \tag{4-135}$$

式中,C_{intial} 为电池的初始容量。

一般情况下,设置 SOH 失效阈值为 70%。

目前许多研究机构(如美国国家航空航天局、美国马里兰大学、英国牛津大学等研究中心)都对锂电池性能测试进行了深入的研究,并发展出多种电池 SOH 估计方案,主要有传统经验法、电化学模型、等效电路模型、数学模型、数据驱动,并将上述几种模型进行融合。

2. 联合模型方案概述

在估计的过程中,由于建模机制和出发点不同,同一问题可以有多种估计方法。然而,单一模型存在局限性,表现在训练过程中的拟合效果整体偏高或偏低,这导致估计并不是十分准确。因此,为了提高估计精度,实验提出了一种联合估计的模型。联合估计的基本思想是将不同的估计方法进行组合,在每次训练过程中有偏向性的对训练误差更小的算法施加较大权重,通过不同权重组合出整体训练误差最小的方案,有助于增加模型的精确度、鲁棒性和防止过拟合。

本节实验采用误差统计量和最小准则相结合的方式通过梯度下降法来获得最优权值,再将对应权重与估计值组合获取误差更小的估计值。具体应用中,采用 SVR 模型和 LSTM 模型共同进行估计。SVR 算法能够将记录的参数映射到估计的电池容量上,表征波动特性。加入 LSTM 能够更好地学习容量的长期演化趋势,有效地描述电池长期变化。因此,联合估计方法能够综合两种方法提供的有用信息,它不仅能够提高锂电池 SOH 估计的准确性,还能提供更多的信息和更全面的视角,增加系统的稳定性。具体流程如图 4-75 所示。将提取的数据使用两种算法分别进行训练,对于获得的训练误差,通过拟合误差的平方和最小计算最佳权值,再对不同模型添加对应的权值使估计误差更加准确。

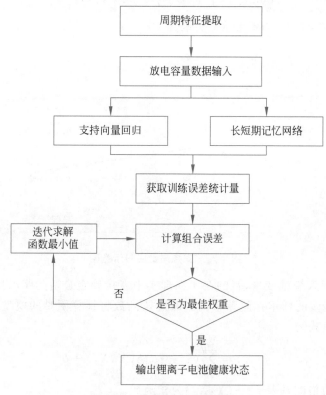

图 4-75　基于联合模型流程图

3. 支持向量机

支持向量机(Support Vector Machine,SVM)是机器学习的一种常用方法,该技术分为两类,包括支持向量分类(Support Vector Classification,SVC)和 SVR。SVC 是一种二分

类模型,它的基本模型是定义在特征空间上的间隔最大的线性分类器。在低维空间里,有时并不容易找到可以将数据区分的超平面,因此需要使用一个核函数将数据映射至高维空间,这样能够找到可以将它们分开的高维超平面。SVR 技术则是训练一个可以通过输入特征估计目标值的模型,它构造一条超曲线,使得尽可能多的点能够被包围在这条曲线附近。其本质是相同的,仅是在输出上分类问题输出有限个离散值,回归问题输出在某个限定范围内的值。对于 SVR,具体而言给定训练样本 $D=(X_1,y_1),(X_2,y_2),\cdots,(X_m,y_m)$,$y_i \in R$ 并且想要寻找一个超曲线求解式为 $f(X)=W^{\mathrm{T}}X+b$ 的模型,使得 $f(X)$ 与 y 尽可能接近,W 和 b 为待确定的权重系数和偏置向量。SVR 与普通回归模型的区别在于 SVR 模型在允许偏差内的误差不计入,当两者之间的相差大于设定值时计算损失。在此过程中需要保证所有样本点在允许偏差内且使得回归超曲线尽可能平整,也就是不让模型发生过拟合。由于允许偏差的宽度为 $\dfrac{2}{\|w\|}$,为了最大化间隙带的宽度即 $\min \dfrac{1}{2}\|w\|^2$,并且要满足

$$|f(X_i)-y_i| \leqslant \varepsilon \tag{4-136}$$

式中,ε 为规定的误差值。图 4-76 所示为线性 SVR 示意图。在优化过程中使用拉格朗日乘数法将优化问题转为

$$\min_{W,b} \frac{1}{2}\|w\|^2 + C\sum_{i=1}^{m} l_\in (f(X_i),y_i) \tag{4-137}$$

式中,C 为正则化常数;$l_\in$ 为不敏感损失函数。

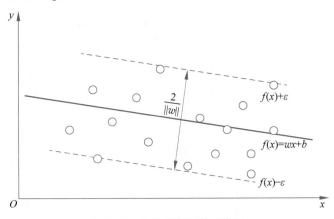

图 4-76　支持向量回归示意图

　　在此基础上引入松弛变量,目的在于在现实中直接确定合适的距离比较困难,因此放宽条件要求尽可能多的样本在间隙带内。通过核函数将计算困难的模型映射到高维度获得,最终 SVR 表达式为

$$f(X) = \sum_{i=1}^{m} (\hat{a}_i - \alpha_i)k(X,X_i) + b \tag{4-138}$$

式中,$\hat{a}_i$ 与 α_i 为拉格朗日乘子;$k(X,X_i)$ 为核函数。

　　对于 SVR 分析方法而言,方法较为成熟,估计精度较高,目前有很多相关文献对其进行研究,甚至是各类改进算法进一步提高其精度。

　　4. 长短期记忆网络

LSTM 是一种改进的循环神经网络(Recurrent Neural Network,RNN),它构建了一个

记忆存储单元,可以有效地处理长序列数据。在 LSTM 使用过程中通过记忆单元可以避免传统神经网络产生的梯度消失与梯度爆炸、长期记忆能力不足等问题,让网络能够有效学习数据的长期依赖关系。LSTM 由多个相同结构单元组成,并通过遗忘门、输入门和输出门来控制网络中信息的更新与使用。对于 $X=(X_1,X_2,\cdots,X_n)$ 应用一个标准的 RNN 模型,通过式(4-139)进行迭代:

$$h_t = f_a(W_{xh}X_t + W_{hh}h_{t-1} + b_n) \tag{4-139}$$

获取状态序列 $h=(h_1,h_2,\cdots,h_n)$,其中 W_{xh} 表示输入层到隐藏层的权重系数矩阵,b 为偏置向量,f_a 为激活函数,下标 t 表示时间步。对于 LSTM 模型而言,通过改进 RNN 单元结构可以获得 LSTM 单元。图 4-77 所示为 LSTM 结构单元。

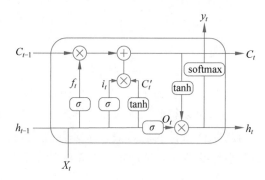

图 4-77 长短期记忆网络结构单元图

最终得到其前向计算方法为

$$i_t = \sigma(W_i \cdot [h_{t-1}, X_t] + b_i)$$
$$f_t = \sigma(W_f \cdot [h_{t-1}, X_t] + b_f)$$
$$C_t = f_t C_{t-1} + i_t \tanh(W_a \cdot [h_{t-1}, X_t] + b_c)$$
$$O_t = \sigma(W_o \cdot [h_{t-1}, X_t] + b_o)$$
$$h_t = O_t \tanh(C_t) \tag{4-140}$$

式中,i、f、C、O 分别为输入门、遗忘门、单元状态、输出门;W 和 b 分别为对应的权重系数矩阵和偏置项;σ 和 $\tanh$ 分别为 sigmoid 函数和双曲正切激活函数。

具体的计算原理为先用前向传播算法得到输出值,再用反向传播算法求出误差项,根据误差项计算每个权重的梯度,并用随机梯度下降等方法更新权重,从而得到最终的预测结果。

5. 联合优化模型

由于不同的估计模型具有不同的建模机制,因此对于相同问题,使用不同的估计方法得到的估计结果也不尽相同。如果简单地将估计误差较大的一些方法舍弃掉,根据算法自身形成的有用信息会丢失。那么,一种更为科学的做法是将不同的估计方法进行适当的组合,从而形成联合估计方法。对于 SVR 算法而言能够将记录的参数映射到估计的电池容量上,表征短期的波动特性,但当大量记录数据出现时没有办法很好地进行长期估计,特别是对于存在大量波动的电池容量,加入 LSTM 能够更好地学习容量的长期演化趋势。因此联合估计方法能够有利于综合各种方法提供的有用信息,提高估计的准确度。

此次实验中使用的是最优组合估计方法。这种方法的基本思想是根据过去一段时间内联合估计误差最小这一原则来求取各个单项估计方法的权系数向量,再通过测试在不同权重下总的误差最小值获得最终权重。采用联合估计的关键是确定单个估计方法的加权系数。先对误差进行定义,即

$$e_i t = y_t - f_i t \qquad (4\text{-}141)$$

上式表示为第 i 种方法在某一时刻的估计误差。对于该时刻的联合估计值为

$$f_t = \sum_{i=1}^{n} k_i f_{it} \qquad (4\text{-}142)$$

式中, k_i 为第 i 种方法的加权系数。

对于联合估计方法的估计误差为

$$e_t = y_t - f_t \qquad (4\text{-}143)$$

记误差平方和为

$$J = \sum_{i=1}^{m} e_t^2 \qquad (4\text{-}144)$$

联合估计方法的估计加权系数向量为 $K = [k_1, k_2, \cdots, k_n]$,第 i 种估计方法的训练误差向量为 $E_i = [e_{i1}, e_{i2}, \cdots, e_{im}]$,可以得到训练误差矩阵为 $e = [E_1, E_2, \cdots, E_n]$,那么误差平方和可以写成 $J = e^{\mathrm{T}} e$,因此联合估计问题可表示成非线性规划模型求解 $\min J$,目标函数的形式由误差统计量和极小化准则的类型确定。误差统计量有拟合误差、相对误差和对数误差等。在实验中采用训练数据的拟合误差平方和作为目标函数进行优化。首先设定权值向量的线性组合只能等于1。由于约束条件为线性等式约束,因此不需要使设置惩罚函数,通过[式(1-11)]使用梯度下降法进行迭代获取最优加权系数 K ,最终通过不同估计方案的加权使得训练误差最小。在估计过程中将得到的权值赋给对应算法得到优化后的组合模型。对于获取的电池特征数据,选择放电时电池容量作为输入特征,通过锂离子电池每次充放电循环后的容量衰减状况来估计 SOH 退化趋势。

实验中,将容量作为模型输入,取数据的数个时间步构成的容量时间序列作为特征,用来估计当前的 SOH 值。通过在线估计不断获取电池容量,使用当前估计容量与初始容量推算出当前的电池对应的 SOH 值。当锂离子电池的 SOH 低于额定的 70% 时表示到达截止寿命,需要进行处理或更换。

4.6.4　实验与分析

本节从各项特征中提取电池容量作为输入特征进行 SOH 估计,电池容量是反映电池 SOH 最直接的特征,因此获取电池容量时间序列来估计每次循环过程中的 SOH。通过数据驱动的方法使用统计和机器学习算法跟踪退化趋势,拟合老化曲线,得出估计结果。模型构建主要步骤如下:将数据分为训练数据和测试数据。选取电池前 80 个循环数据组成的时间序列进行训练,剩余数据作为测试数据。对 SVR 进行模型构建,将时间步长设定为4,设置不同时刻电池容量为 $C(t)$,建立如式(4-145)所示的映射关系:

$$\{C(t-4), C(t-3), C(t-2), C(t-1)\} \rightarrow C(t) \qquad (4\text{-}145)$$

式中左边的 4 个容量组成的序列作为模型的特征,右边的容量数据是需要进行估计的标签,以 sigmoid 作为激活函数,损失函数的值定为 0.1,构建估计模型。通过以上步骤得到估计模型,输出每一步容量的估计结果。对 LSTM 进行模型构建,设定数据输入的时间步 4,以

0.005 作为学习速率进行 LSTM 建模,训练次数为 300。将处理后的时间序列划分的训练集输入估计模型中计算出相应估计值。然后通过 SVR 和 LSTM 模型的训练得到的训练集分别进行误差计算得到误差值;再设定模型初始权重为 0.5:0.5,设定线性优化条件权重相加为 1,通过不断迭代多变量目标函数的解从而获得使误差最小的权重解,最终得出对应支持向量机与长短时间序列的权重。由于是在线训练,因此当获取下一个循环数据并重新训练后需要对权重值再次进行计算。最后输出通过 SVR 与 LSTM 联合的测试集估计结果,经过计算可得出大部分情况下通过联合模型获取的估计结果精度高于单独构建的算法模型。

为了分析所提方法的性能,先对 B0005 批次电池进行不同估计方法的比较分析,再选取另外三批次电池验证算法的合理性与适用性。为了评估估计效果,研究选取绝对平均误差(Mean Absolute Error,MAE)、均方误差(Mean Square Error,MSE)、均方根误差(Root Mean Square Error,RMSE)三个参数指标来评估模型性能,它们可以直观地反映估计值与真实值的差异程度。公式为

$$MAE = \frac{\sum_{i=1}^{m} |h(i) - y(i)|}{m} \tag{4-146}$$

$$MSE = \frac{\sum_{i=1}^{m} (h(i) - y(i))^2}{m} \tag{4-147}$$

$$RMSE = \sqrt{\frac{\sum_{i=1}^{m} (h(i) - y(i))^2}{m}} \tag{4-148}$$

式中,$h(i)$ 和 $y(i)$ 分别为 SOH 估计值与 SOH 真实值。

为了寻找 SVR 与 LSTM 联合模型中的最优权系数,通过拟合误差平方和确定每组数据的误差,随着每次训练的进行会得出不同的算法权重。对于 B0005 批次锂离子电池,基于 SVR 与 LSTM 结合的 SOH 估计,原始数据和估计数据曲线如图 4-78 所示,曲线具有明显的递减趋势并且在退化过程中受到影响出现波动,但实验所用模型能够较为合理地进行估计。数据误差图如图 4-79 所示,具体误差如表 4-20 所示。

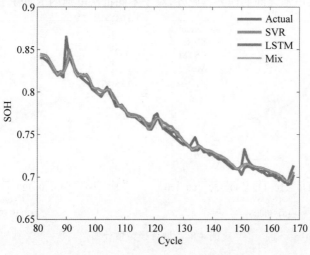

图 4-78 B0005 电池估计情况图

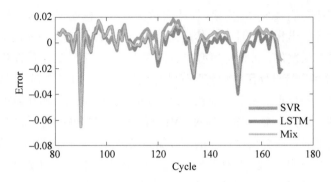

图 4-79　B0005 电池估计误差图

表 4-20　B0005 电池详细误差参数

估 计 方 法	MAE	MSE	RMSE
SVR	4.370E−3	3.617E−5	6.014E−3
LSTM	4.151E−3	4.061E−5	6.373E−3
联合估计	4.121E−3	3.606E−5	6.005E−3

　　SVR 根据其良好的学习能力能够看出对于估计的准确度较高,对局部的波动也较为敏感。LSTM 相比与其他神经网络能够解决梯度消失和梯度爆炸问题,也有较好的估计效果。但在估计的过程中可能由于不同的估计方式对每个节点的估计可靠性是不同的,因此通过训练过程的权重判断进一步提升了估计精度。但这种方式也存在一定的问题。在联合估计时,由于不同的模型具有不同的建模机制和出发点,因此它们在估计时所产生的误差也不同,有可能会出现某一模型的训练误差非常小,而估计误差较大,即存在过拟合的趋势。此时使用联合估计的方法依据训练数据的误差比较会给出不恰当的权重分配。因此,想要通过该方法对估计模型精度进行提升,对于模型超参数的选择有一定的要求。

　　通过 B0005 电池的估计模型进行对比的结果显示,联合估计算法能够有效提高性能,相较于单一的 SVR 算法和 LSTM 算法,在该样本上具有更优表现。为了验证模型的适用性,实验在 B0006、B0007、B0018 批次电池中进行联合模型估计实验。其具体估计效果和模型误差分析分别如图 4-80 与图 4-81 所示。通过图中分析可以了解到不同批次电池的估计结果,以及不同批次电池之间的误差。此外,对于不同批次电池的 RMSE 进行评估,如表 4-21

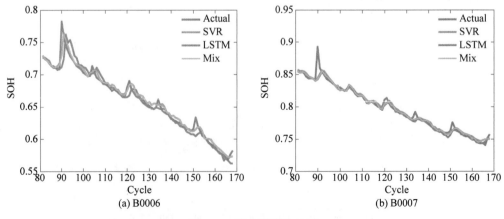

图 4-80　联合模型估计图

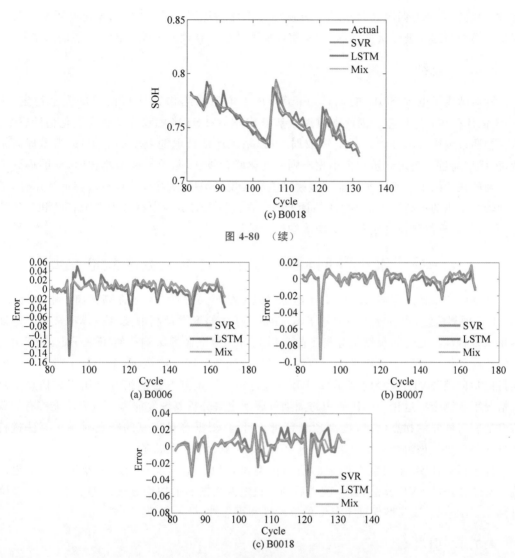

图 4-80　（续）

图 4-81　联合模型估计误差图

所示。可以看出估计较为准确,并且联合模型对整体精度有一定的提升,说明该方法应用于锂离子电池 SOH 估计是合适的。

表 4-21　联合模型均方根误差表

估 计 方 法	SVR	LSTM	联 合 估 计
B0006	8.032E−3	1.180E−2	7.979E−3
B0007	6.527E−3	6.559E−3	6.445E−3
B0018	7.440E−3	7.909E−3	6.910E−3

对于这三批次电池,联合估计方案在原有估计模型上也有一定的提升。通过分析不同电池的估计情况,可以看出联合估计方案首先需要基础算法进行准确的估计,其工作原理在于依据训练过程中反馈的误差值来评判各模型中如何分配权重能获得更准确的结果,最终根据误差权重判断得出最优权值。因此,当基础模型算法在估计过程中存在较大起伏

时,模型能够合理的偏向误差小的一方从而使整体估计误差减少,更加稳定与可靠。其次需要对模型的选择进行认真考虑,并且避免模型的过拟合现象才能有较为理想的效果。

4.6.5　总结

针对锂离子电池 SOH 的估计,由于锂离子电池的结构特性和化学反应不稳定,使 SOH 估计存在一定误差。因此本节提出基于 SVR 和 LSTM 的双模型联合优化估计方案。该模型通过训练一部分锂离子电池数据,可以精确地估计电池剩余的 SOH。为了提高精度,该模型通过误差统计量和极小化准则来优化联合算法,与单一模型相比时,能够得到更加精确的估计结果。通过实验证明该模型能够实现 SOH 的估计,并具有较好的适用性,是一种较为实用的锂离子电池 SOH 估计方法。在接下来的实验中将考虑电池特性和其他特征,通过更合理的建模方法获得更准确的估计结果。

4.7　基于聚类和时间间隔模型的电池健康状态估计

准确的剩余使用寿命(RUL)对于电池管理系统至关重要。为了提高锂离子电池(LIB)的 RUL 预测精度,本节提出一种基于 K-means 算法的聚类预测框架。该模型解决了电池容量恢复特性。在时间尺度上分析了静息时间对电池寿命的影响。使用 K-means 算法通过两个跨周期健康因子分析来区分数据。根据不同特征区分的数据,采用基于时间序列的支持向量回归(SVR)和径向基函数(RBF)进行预测。预测方法的组合可用于在信息不足的情况下预测全局退化。LIB 使用跨周期健康因素来分析其恢复能力。该方法能够有效获取电池容量恢复的拐点信息,提高预测精度。目前,根据容量恢复的特点对预测算法进行改进尚待解决。该组合算法显著提高了预测 LIBs 剩余寿命的准确性。

比较研究证实,使用聚类框架的预测模型比其他数据样本有限的机器学习模型更准确。与未改进的 SVR 算法相比,改进后的 4 组电池数据的平均均方根误差从 1.32E−2 降低到 1.19E−2。该模型保证了预测的准确性和可靠性。

4.7.1　引言

电动汽车(EV)前景广阔。发展电动汽车已成为汽车行业未来的重要方向之一。动力电池作为电动汽车唯一的储能部件,直接影响着电动汽车的性能。锂离子电池(LIB)是应用最广泛的动力电池。锂离子电池具有电压高、能量密度高、自放电率低、循环寿命长、安全性能高等明显优点。这些优势使锂离子电池成为电动汽车、飞机,甚至航空航天系统的主流能源。锂离子电池会随着充放电时间的增加而退化,甚至失效。如果在电池故障之前无法采取有效措施,设备将无法正常运行,严重时可能会造成人员伤亡。因此,有效的电池寿命预测方法可以有效地缓解这些问题。LIBs 的退化并不直接反映在容量衰减上,这使得人类很难开发出一个好的基于规则的算法来分析它。为保证锂离子电池的可预测运行,我们构建了基于表征参数的电池管理系统,以确保电池的健康,并提供一定的安全保障。最近,越来越多的研究者开始关注锂离子电池剩余使用寿命的前景。

随着故障诊断理论的发展,更复杂的算法被应用于锂离子电池寿命预测。从最初的模型方法、数据驱动方法,到复杂融合预测的经验方法,该方法已经改进得更加准确。一些研究试图通过分析锂离子电池的电化学性质来建立电化学模型。通过研究化学势能和固体电解质膜对锂离子电池容量衰减的影响,构建了电池剩余寿命模型。利用控制引导的单粒子模型,根据电池电压和电流数据估算 Li^+ 在正极中的内阻和扩散时间。一些研究使用布朗运动来模拟电池容量衰减,并扩展卡尔曼滤波来预测 RUL。一些人通过将充放电循环次数和影响电池衰减的因素以指数或幂函数的形式集成到电池衰减模型中来预测 RUL。其他研究人员已经简化了复杂的电路模型 LIB,以使用 RC 模式和戴维宁模型预测 RUL。

锂离子电池降解的机制很复杂。因此,更高的模型精度将导致更复杂的附加条件。不同电池的材料成分不同,导致模型鲁棒性差。因此,已经对与数据驱动方法相关的 RUL 预测进行了广泛的研究。数据驱动的方法涉及使用统计学习或机器学习处理大量数据。这些方法不是建立复杂的物理模型,而是试图找到电池充放电循环和 RUL 的电学测量函数。这些模型依赖于先前观察到的数据来预测系统的状态,或者从对电池容量衰减趋势的类似学习中推断出预测。

数据驱动的 RUL 预测方法主要可分为两大类:自回归容量衰落预测和基于特征的RUL 预测。自回归容量衰减预测用于根据收集的容量衰减曲线预测电池的循环寿命。这些研究基于先前的容量衰落状态方法预测容量,如 SVR、滤波算法、长短期记忆网络和高斯过程回归。有一些实验试图使用神经网络或回归算法,从电压、电流和温度的共性中获取电池的剩余寿命。目前,随着算法和神经网络的不断发展,更复杂的预测方法正在实际应用。因此,提出了一些组合算法来预测 RUL。该算法充分发挥了不同模型的优势,实现了较高的预测精度。采用经验模型分解算法组合不同的预测方法。结合支持向量和回归属性的分类来估计 LIBs 的 RUL。在这些方法中,考虑了组合算法以突出算法的优点。在本实验中,使用了聚类算法。目前,聚类应用于不同的预测领域,如能耗预测、公交负荷预测和风速预测。由于没有合适的指标来衡量锂离子电池的容量下降,因此聚类尚未应用于锂离子电池的剩余寿命预测。我们提出了一种基于健康因素区分不同周期的方法。在电池容量下降的过程中,容量波动不会继续下降。电池再生其容量,这受多种因素的影响。因此,通过区分不同数据的特征,可以使预测数据更符合真实值。

本节在分析电池健康因素的基础上,提出了一种动力电池预测框架。它通过获取电池运行的测试数据来预测电池的 RUL。每个周期都以电池休息时间来区分。在所有电池中,在电池寿命衰减期间,都会出现容量反弹和容量减慢。通过让电池休息,反应产物可以消散,从而增加下一个循环的可用容量。获得微分信息后,将微分数据传输到相应的模型进行预测。该算法充分利用了聚类的优点。它通过捕捉容量再生数据属性的关键波动值,从新的角度提高电池寿命预测的准确性,考虑了健康因素的有用信息。具体贡献和创新如下:①分析了基于健康因素的时间尺度,特别是休息时间对锂电池的影响;②得到充电间隔时间和充放电间隔次数,用于辅助预测;③提出了一种新的动力电池预测模型。

4.7.2　相关工作

电池的 SOH 实际上是由内部电极材料等状态决定的。因此 SOH 的估计可以从锂离子电池的电化学特性角度出发构造模型。Prasad 等提出了一种控制导向的单粒子模型,通过开发和简化电化学模型识别锂离子电池模型中的内阻和正极中锂离子固相扩散时间,使用这些参数验证老化假设,并为 SOH 估计提供基础。

除了从电池内部化学反应进行分析,还有许多学者通过等效电路模型来分析电池结构。等效电路模型可以不考虑电池内部的化学反应,但需要使用一系列电气元件构建电路模型来合理地描述电池的外部特征。当前较为常见的等效电路模型主要有电池阻容(Resistance Capacitance,RC)模型、戴维南模型、新一代汽车合作计划(The Partnership for a New Generation of Vehicles,PNGV)模型等。RC 电路模型由于简单易实现被广泛使用,He 等通过恒功率脉冲测试来辨识模型参数比较了不同阶次的 RC 电路模型对性能的影响,发现二阶 RC 电路模型具有最佳表现。Lyu1 等基于戴维南模型,将欧姆电阻的增量定义为电池老化特征来描述电池放电过程中的容量退化,考虑了电池老化、负载分布和电池温度等因素对于电阻的影响进而建立电池模型。PNGV 模型是美国汽车研究理事协会研究的实现电池模型构建的等效电路模型,其基于戴维南模型的研究基础上还考虑了负载电流对开路电压的影响。在没有显著增加复杂度的情况下保持了较高的精度。基于等效电路模型的 SOH 估计方法相比之下更简单,不需要考虑电池化学反应等机理问题。模型通过合理的简化能系统地反映锂离子电池的充放电特性。

数据驱动方法通过大量数据不断细化模型,可以不了解电池内部反应机理,也不用获取系统的先验知识来建立对象系统的精确模型。目前常用的数据驱动模型有自回归(Autoregressive model,AR)模型、人工神经网络(Artificial Neural Network,ANN)模型等。

AR 模型是一种处理时间序列的模型,具有计算速度快、参数少的优点。但单纯的 AR 模型在预测时依然不够准确。因此,Cui 等采用基于贝叶斯网络加权算法的耦合环非线性自回归外输入模型使得模型整体精度有一定的提升。Liu 等采用一种在线自动修正的方案结合 AR 模型解决电池一致性问题带来的误差实现了 SOH 估计误差的自动在线快速校正。AR 模型复杂度低、计算量小,但使用 AR 模型进行 SOH 估计的鲁棒性较低,因此常与其他算法进行结合获得较为理想的结果。

ANN 模型主要由输入层、隐藏层和输出层构成,通过数据在网络节点中不断正向传播与反向传播来训练模型,使得模型能够通过历史数据获取相关数据的规律并进行预测。锂离子电池的 SOH 和电压、电流等相关参数存在较强相关性,因此使用神经网络可以获得较为理想的估计值。目前在 SOH 估计中使用较多的有 LSTM、门控循环单元神经网络(Gated Recurrent Unit,GRU)、Elman 神经网络等。当锂离子电池有大量的充放电数据时,基于神经网络的电池 SOH 估计是非常合适的方案。然而 SOH 数据测试周期长,实际中很难获取大规模的电池退化数据,往往不能做到海量数据的互通。并且数据质量参差不齐,通常存在噪声和缺失值,这也是进行估计的难点。因此,现有的基于神经网络的 SOH 估计方法往往存在估计精度有限的问题。研究者们通过研究提出一些方法来解决该问题。迁移学习可以利用已有的数据来增加样本数量和多样性,从而提高估计精度。在 SOH 估计中,可以通过在其他电池数据集上进行预训练,然后将训练好的模型迁移到目标数据集上,从而利用其他电池数据集的信息来提高锂离子电池 SOH 估计精度。加入图结构是一种可以增强特征之间的关系从而更好地利用小样本数据的方法。在操作过程中,可以构建一张图,将电池的状态和性能指标作为节点,它们之间的关系作为边,从而利用图结构来挖掘电池状态和性能指标之间的关系。例如,Yao 等使用主成分分析法确定不同特征之间的关联度,构建关系图,更加准确的进行 SOH 估计。在实验过程中还可以使用降维方法减少数据的维度,从而提高模型的泛化能力和精度。除此之外,还存在数据增强、生成模型等方案。这些方法可以结合使用,以进一步提高小样本 SOH 估计精度。从不充分的训练数据中学习合理的估计方案仍是具有挑战性的,因此需要不断研究新的模型,以提高不同场景下锂离子电池 SOH 估计的精度和可靠性。

本节主要针对数据驱动的方案进一步研究。4.6 节讲到的基于算法联合的 SOH 估计方案,能够在一定程度上提升估计精度,但其本质上还是同一类型的估计模型组合,其视野受限并且没有考虑到锂离子电池更多的特征。根据锂离子电池特性,本节实验提出了一种基于聚类的时间间隔估计模型。由于在电池 SOH 退化过程中存在短暂的容量恢复效应,当电池容量恢复时,所要估计的 SOH 值处于训练数据的范围内,因此使用多特征方案获取的估计值能够更加准确。而时间序列估计网络虽然快速高效并且不会受到其他特征的干扰,但是当容量有所回升时无法很好估计,具有一定的迟滞性。因此使用聚类算法进行判定将不同的数据传输至对应的模型中进行估计。所提出的在线估计模型,能够利用聚类的优势,对不同数据采用不同的估计方案,有效地对估计模型进行改进,提高电池 SOH 估计的精度。

4.7.3　问题模型

1. 基于聚类的时间间隔方案概述

通过多种方案融合获得的估计模型对于锂离子电池 SOH 的估计有一定的性能提升,但这样的估计方案本质还是同种类型之间的模型组合。上一节中使用了两种时间序列估计方案无法考虑电池特性并且很难对运行中出现的现象进行解释,这难免在实际估计过程中出现不合理的估计。并且在模型调整的过程中为了防止过拟合,对训练和超参数要求较高。本节通过分析电池的充放电过程的特征和容量恢复效应,对电池不同的阶段进行区分,可以对不同阶段的充放电进行一定的解释。使用本节提出的估计手段能够提供更稳定和更可靠的估计结果。

锂离子电池生产工艺的偏差和不同的操作条件导致了不同的电池退化曲线。因此,目前还没有完全适用于每种电池的估计方法。为了使估计结果尽可能准确,实验基于电池健康因子的分析提出既考虑电池容量衰退又考虑电池容量恢复的 SOH 估计模型。在整个估计过程中,时间序列估计算法作为主要估计方案。但是,由于时间序列估计算法自身的特点,存在明显滞后性,因此通过充电过程中的数据特征进行 SOH 辅助估计,能有效减少基础模型的误差。聚类算法对获得的每个循环数据进行区分,将区分好的数据传输至对应的算法模型中进行估计。若模型属于正常数据或特征缺失数据均使用时间序列估计方案,当存在容量恢复效应并且数据完整,那么使用前馈神经网络络进行估计。所提出的算法模型,能够利用聚类的优势,充分考虑健康因子的信息,捕获数据的属性(如容量再生等关键波动值),从一个新的角度对传统的估计模型进行改进,有效提高电池 SOH 估计的精度。基于聚类框架的时间间隔模型状态估计方案的辨别与估计如图 4-82 所示。先对获取的数据筛选与处理后进行预训练,并通过充电时间间隔与充放电时间间隔进行聚类分析,再对基础数据和缺失数据采用时间序列神经网络进行估计,对于容量恢复数据采用前馈神经网络进行估计,通过聚类算法的区分对不同数据分别使用不同方法进行 SOH 估计,有效地提升模型性能。

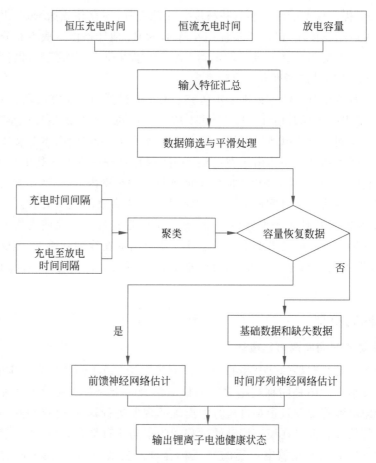

图 4-82　基于聚类的时间间隔模型流程图

2. 单周期健康因子分析

锂离子电池经过长期使用,电池性能不断衰退,衰退程度与本身制造工艺和外界因素有关。通过对健康因子(如内阻、电压、电流、温度等)的分析,能够掌握电池的退化趋势。这些特征需要选取与电池 SOH 密切相关并且测试周期短、独立性强的健康因子来表征。在每个循环中获得的充电数据总是在放电数据之前,说明若使用放电数据进行估计对于电池 SOH 的估计结果始终会存在较大的延时影响,相对于放电时期的数据,充电时期的数据更及时。并且对于电池而言,充电方式较为固定,一般采用恒流、恒压或恒流恒压共同作用的方式。实验数据采取先恒流再恒压的快充方式进行充电,因此以下分析基于这种模式进行。在整个测试过程中选择对整体估计有作用的健康因子,也就是仅选用充电过程中可获得的健康因子对 SOH 进行估计。通过数据分析,实验筛选出三个对于 SOH 估计可能有作用的特征进行分析:①充电温度达到最高的时间;②电流恒定 1.5A 的充电时间;③电压恒定 4.2V 的充电时间。锂电池在充电时存在电池极化和电化学反应,所以除了通电时内阻的热效应,还有极化热和电化学反应热。在整个反应过程中保证环境因素不变的情况下,电池的充电过程中达到最高温度的时间变化如图 4-83(a)所示,其中数据经过筛选与清理,个别异常和缺失数据被舍弃。在充电过程中由于先进行恒流充电,此时电压逐步从设定的最低电压上升直至达到 4.2V,在这个过程中经历所需的时间变化如图 4-83(b)所示。之后以恒定电压模式继续充电,在过程中经历的时间变化如图 4-83(c)所示。

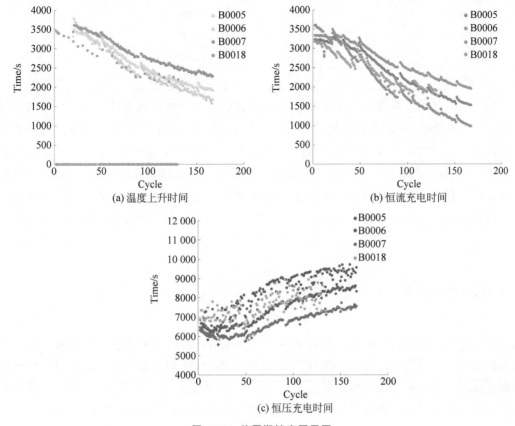

图 4-83　单周期健康因子图

以上特征是从电池充电过程中发掘的可以直观体现电池 SOH 变化的健康因素,能够反应 SOH 变化的整体趋势。实验中通过皮尔逊相关系数法进行分析,皮尔逊相关系数是用来计算向量相似度的方法。设两个向量分别为 x 与 y,则相关系数为

$$r_{xy} = \frac{n\sum x_i y_i - \sum x_i \sum y_i}{\sqrt{n\sum x_i^2 - \left(\sum x_i\right)^2}\sqrt{n\sum y_i^2 - \left(\sum y_i\right)^2}} \tag{4-149}$$

式中,n 为观测对象的数量;x_i 为 x 的第 i 个观测值;y_i 为 y 的第 i 个观测值。

皮尔逊相关系数取值在 -1 与 1 之间,两组数据间相关系数的绝对值越接近 1 说明相关性越强,当相关性为 0 时,则说明不存在相关关系。

在实验预处理时,可以通过皮尔逊相关系数分析法计算获取的不同特征与电池 SOH 之间联系紧密程度,从而排除那些对电池 SOH 估计没有帮助的特征。具体地,可以将所有特征与电池 SOH 之间的相关系数计算出来,然后根据相关系数的大小排序,选取相关性较强的几个特征作为估计模型的输入。其优势在于能够获取相关性强的特征,排除冗余项,从而提高模型的准确性与泛化能力。在实验中从充电过程中挖掘三种特征的相关系数如表 4-22 所示。

表 4-22　皮尔逊相关系数分析

电 池 编 号	温 度 时 间	恒流充电时间	恒压充电时间
B0005	$9.973E-1$	$9.978E-1$	$-9.792E-1$
B0006	$9.935E-1$	$9.936E-1$	$-8.903E-1$
B0007	$9.976E-1$	$9.979E-1$	$-9.799E-1$
B0018	$2.016E-1$	$9.827E-1$	$-6.889E-1$

通过皮尔逊相关系数分析可以得知,在三种健康因子中恒流充电时间和恒压充电时间的相关性与电池 SOH 的退化趋势具有更强的关系,其原因在于电池的电量直接影响了电池的内部电势差与电流流动情况,因此电池的电量直接反映出的 SOH 值可以通过充电过程中的恒流、恒压充电时间来判断。而温度上升时间虽然也可以反映出电池的特性,但在实际操作过程中无法保证初始温度相同,可能出现放电之后电池温度上升还未冷却直接进行充电的情况。根据数据分析,放电之后数据温度上升至三十多度,而充电的最高温为二十多度,因此出现图 4-83(a)中温升时间为 0 的现象,也说明了温升时间不适合作为估计特征。

3. 跨周期健康因子分析

对于健康因子的分析,大部分研究者都是研究在一次充电或放电过程中的健康因素,而在实验过程中提出的跨循环周期健康因子分析包括对两次充电过程的时间间隔和一次充电到放电时间间隔进行分析,能够很好地判断电池 SOH 的变化走向。通过对单次循环周期健康因子的分析可以获得所需的输入特征,但若要更加准确的反应衰退情况,还需要关注电池退化时的容量恢复现象。在容量衰退的过程中容量恢复的情况十分常见,对于任何电池而言,在放电过程中,反应产物聚集在电极周围,使得电池的容量降低,而电池通过较长时间的静置,其中的反应产物得以消散有助于增加电池在下一个循环的可用容量。因此,在对锂离子电池的 SOH 分析时考虑到静置时间对其影响使用两种新的健康因子来更好的分析电池衰退趋势。从上一次充电到本次充电的间隔时间和本次充电到本次放电时的间隔时间对于容量恢复有重要影响,发生容量恢复时的循环周期能够被及时捕捉。两次充电时间间隔如图 4-84(a)所示,一次充电到放电时间间隔如图 4-84(b)所示。因此若是在 SOH 估计时能考虑这两种健康因子,对电池的充电数据进行区分,就能更加准确的估计锂电池的 SOH。

基于对健康因子的分析,由于温度达到最高的时间,受外部环境和充放电时间间隔的影响较大,因此使用恒流充电时间和恒压充电时间作为特征输入前馈神经网络进行辅助估计,并通过充电间隔时间和充放电间隔时间进行判断选择合适的估计方法构成完整的锂离子电池 SOH 估计方案。

4. 聚类算法

锂离子电池在使用过程中会出现容量退化与容量恢复现象,这对于精确进行电池 SOH 估计增加了难度。并且由于电池化学反应的不可预知与不可测量,想要保证电池在使用过

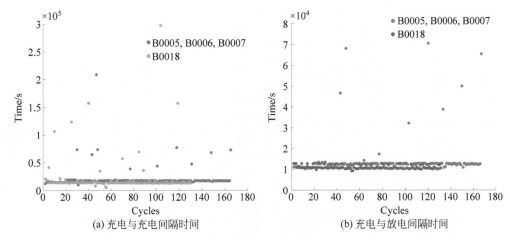

图 4-84　跨周期健康因子图

程中的安全需通过可获取的表征参数来对电池进行管理。针对以上问题,实验使用聚类模型将电池数据进行区分,聚类模型是将数据对象的集合分成由类似的对象组成的多个类的过程,属于一种无监督学习的方法。在此次实验中使用的是 K-means 聚类算法,它通过不断迭代实现聚类。其步骤是首先将给定的目标数据 $X=\{X_1,X_2,\cdots,X_n\}$ 分为 k 簇,并且随机选取这 k 个中心点,记做 $S=\{S_1,S_2,\cdots,S_k\}$,再通过计算每个对象到每个聚类中心的欧氏距离来定义损失,其损失函数为

$$J(c,s)=\min\sum_{i=1}^{n}\|x_i-s_{ci}\|^2 \tag{4-150}$$

式中,x_i 代表第 i 个样本;ci 是所属的簇;s_{ci} 代表簇对应的中心点;n 是样本总数。

设置迭代步骤终止条件为损失函数 J 收敛为定值,在迭代过程中将每个样本 x_i 分配到距离最近的中心,对于每个样本需找到最近的聚类中心所属的簇 ci,即

$$ci=\arg\min_{k}\|x_i-s_k^t\|^2 \tag{4-151}$$

对于每个类中心 ci,需重新计算该类的中心,即

$$c_k=\frac{\sum_{x_i\in s_k}\chi_i}{|s_k|} \tag{4-152}$$

式中,c_k 表示第 k 个聚类中心;$|s_k|$ 表示第 k 个类簇中对象的个数。

通过以上方法不断迭代,当损失函数小于某一阈值时迭代终止,得到最终聚类结果。在实验中具体操作如下:首先对获得的充电时间进行判断,若是充电时间高于该时刻前的所有充电时间的平均数值一定距离,那么设置标签为 1,否则设置标签为 0,再对充电与放电时间间隔进行同样操作,将两者获取的标签进行叠加后对该特征采用 K-means 聚类算法。首先随机选择两个对象作为初始的簇心,然后计算每个对象到这两个簇心的距离,把每个对象归入最近的簇心所在的簇。当所有对象都被归入后,重新计算每个簇的簇心,重复这个过程直到簇心不再变化。最后输出两个不同的簇,完成聚类过程。操作过程如图 4-85 所示。

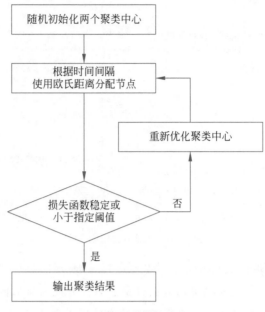

图 4-85　聚类算法流程图

5. 前馈神经网络

通过时间序列估计的方法能够较为准确地获取电池 SOH 估计值,但面对锂离子电池 SOH 衰退过程中的拐点其效果就大打折扣。由于时序估计需要判断训练过程的周期性和贴近上一周期的衰减趋势,所获得的估计值很大程度上会存在迟滞现象尤其在出现拐点时特别明显,因此,引入多种健康因子采用前馈神经网络进行局部估计提升精度。RBF 神经网络是性能优良的前馈神经网络,具有其他前馈神经网络所不具有的最佳逼近性能。网络输入空间的局部区域只有少部分连接权重能够影响网络输出,该网络模拟了人脑的部分调节,具有较快的学习速度。

设 N 维空间有输入向量 $X=\{X_1,X_2,\cdots,X_p\}$,那么对应着有输出目标值 $d=\{d_1,d_2,\cdots,d_p\}$。一般来说,径向基函数可以表示为 $\phi(\|X-X_p\|)$,其中 ϕ 为激活函数,X 为输入,X_p 为基函数的中心。基函数以输入空间的点 x 与中心 x_p 的距离作为函数的自变量。由于距离是径向同性的,故函数被称为径向基函数。RBF 神经网络模型公式为

$$F(X)=\sum_{i=1}^{p}\omega_i\phi_i(\|X-X_i\|) \tag{4-153}$$

设 $\phi_{ip}=\phi(\|X_i-X_p\|)$,那么上述方程可以写为

$$\begin{bmatrix}\phi_{11} & \phi_{12} & \cdots & \phi_{1p} \\ \phi_{21} & \phi_{22} & \cdots & \phi_{2p} \\ \vdots & \vdots & \ddots & \vdots \\ \phi_{i1} & \phi_{i2} & \cdots & \phi_{ip}\end{bmatrix}\begin{bmatrix}\omega_1 \\ \omega_2 \\ \vdots \\ \omega_p\end{bmatrix}=\begin{bmatrix}d_1 \\ d_2 \\ \vdots \\ d_p\end{bmatrix} \tag{4-154}$$

可写成 $\omega=\phi^{-1}d$,即可解出系数向量 ω,其中激活函数使用高斯核函数,于是便可通过输入已知特征进行估计获得估计值。

4.7.4　实验与分析

1. 锂离子电池数据集分析

实验使用了来自美国国家航空航天局（NASA）艾姆斯卓越预测中心锂离子电池实验平台测试获得的容量退化数据，电池测试使用的电池为 18650 锂离子电池，额定容量为 2A·h。以上可以获取的数据为充放电时的电流、电压、阻抗和对应容量等特征数据。这些特征对于锂离子电池 SOH 的推断估计尤为重要。电池的 SOH 随着使用时间的增加而逐渐退化，具体退化曲线如图 4-86 所示。借助于完整的电池 SOH 数据能够更好地了解电池的性能和退化情况。

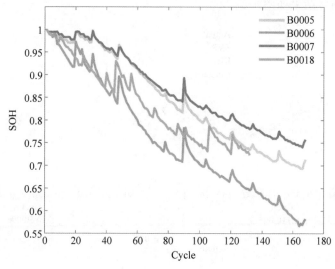

图 4-86　NASA 电池 SOH 退化图

锂离子电池在室温下经过三种操作模式，包括充电、放电和阻抗测试可以获取相关数据。充电时，先用 1.5A 恒流充电至 4.2V，再用恒压充电至电池电流降为 20mA，记录各项参数。放电时，用 2A 恒流至截止电压，记录电池终端电压、输出电流、电池温度、时间等各项参数。阻抗测量时，用 EIS 扫描 0.1Hz～5kHz 频率范围，记录传感器和电池的电流值与比值，并计算出内阻等指标。重复充放电周期观察老化情况，并进行阻抗测量。当电池的实际容量下降到额定容量 70% 时停止试验。在实验中主要使用 B0005、B0006、B0007、B0018 共四个批次电池的数据集。其区别在于每款电池的放电截止电压不同，分别为 2.7V、2.5V、2.2V、2.5V。

2. 实验结果

锂离子电池在生产过程中的偏差和不同的环境与操作条件导致不同的退化曲线使得没有一种方案能够完全适合每个电池。在实验过程中，针对复杂的退化过程使用聚类算法将容量退化和容量恢复部分进行了区分，使得训练数据更具有相似性。再将区分获得的类簇针对数据特性使用不同的算法，从而提高估计准确性。实验选取 B0005、B0006、B0007、B0018 四个批次电池进行测试，由于在测试采集过程中获取的数据存在缺失值与异常值或噪声等，因此需要对数据进行清洗，去除或修正这些数据。并设置估计起始循环周期为第

80 个循环周期,开始估计时先对训练数据进行类簇区分,判断当前数据分类情况,即属于容量恢复数据还是正常容量衰减的数据。当出现充电到充电异常间隔时间认为是异常点时进行一次标记。异常间隔判断标准:在当前时刻阶段之前的平均时间间隔作为标准值,当前时间间隔高出平均间隔时间 200s 的时间被认为是异常间隔。再对充电到放电时间间隔进行同样操作,异常标记进行叠加,将这些数据通过聚类算法区分为两类。当出现容量恢复时,由于时间序列估计无法及时获取变化拐点,因此使用多特征估计方法,并且被估计的数据出现在训练数据的范围内,因此可以有一个较为准确的估计结果。若是描述特征属于基本数据特征或出现数据缺失无法使用聚类算法进行处理,那么使用基于时间序列的模型进行电池 SOH 估计。其优点在于输入特征简单并且能够保证每个时刻都能够获取数据。最终获得 SOH 估计结果如图 4-87 所示。

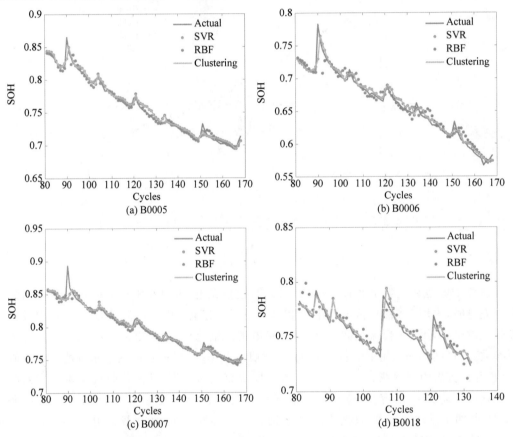

图 4-87　基于聚类的时间间隔模型估计图

　　这里使用 MAE、MSE、RMSE 三个指标对估计数据进行误差分析,对于 SOH 估计误差如图 4-88 所示,详细误差如表 4-23 所示。SOH 估计不单独使用前馈神经网络的原因在于,在很多情况下电池获取的特征数据是不完整的,正如出现突然断电或在使用的数据中有一些不属于正常值的范围,因此进行剔除,导致无法完整地描述电池 SOH 退化轨迹。由图中可以看出,SVR 算法已经能相当准确的进行在线估计,在此基础上加入健康因子的辅助分析,根据需求在特殊位置使用 RBF 神经网络提高在几个拐点处的估计准确度,更加贴合实际电池 SOH 退化的走向。

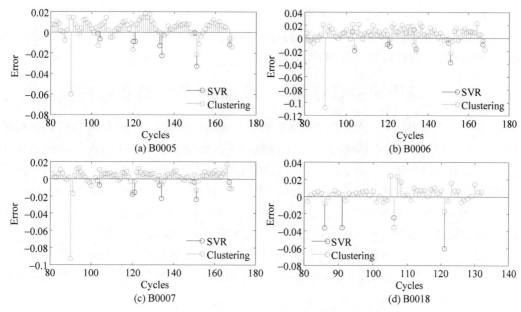

图 4-88　基于聚类的时间间隔模型估计误差图

表 4-23　联合模型均方根误差表

估 计 方 法	电　　池	MAE	MSE	RMSE
SVR	B0005	4.370E−3	3.617E−5	6.014E−3
	B0006	5.288E−3	6.451E−5	8.032E−3
	B0007	3.599E−3	4.260E−5	6.527E−3
	B0018	4.685E−3	5.535E−5	7.440E−3
聚类时间间隔模型	B0005	4.168E−3	3.272E−5	5.720E−3
	B0006	5.212E−3	6.444E−5	8.027E−3
	B0007	3.401E−3	3.934E−5	6.272E−3
	B0018	3.712E−3	2.631E−5	5.130E−3

通过表 4-23 中相关数据可以看出,聚类算法来辅助 SOH 估计的方案提高了估计的性能指标和精度,相比于单一的 SVR 算法有较大提升。并且与 4.6 节使用的联合模型相比,本节使用的基于聚类的时间间隔模型获取了更加丰富的信息,充分挖掘电池数据中的相关信息。对于使用同一类型模型的联合估计模型,通过聚类区分后完成估计的方法更加合理,精度更高,更能满足电池管理需求。

4.7.5　总结

本节使用了基于聚类的时间间隔方案对锂离子电池进行 SOH 估计,对时间尺度的健康因子进行分析,分析了静置时间间隔对锂离子电池容量的影响。获取的数据映射为特征节点,选取部分健康因子进行 K-means 聚类分析,将需要估计的 SOH 分为两部分。对于基本数据构建一个 SVR 模型进行估计,对于容量恢复数据使用前馈神经网络进行多特征估计,极大地提高了整体估计模型的特征捕获能力和精确度。这种模型能够添加多个聚类特征使得模型细化,通过聚类对不同类型数据采用最适合的估计算法。最后,在经典的数据集上进行实验,以统一的参数调整来保证估计结果的有效性。实验结果表明,从多个评判指标进行比较,该方法在精度上具有明显提升,所建立的模型能够准确估计锂离子电池的容量和 SOH,是一种有效的电池 SOH 估计方法。

4.8　基于深度迁移学习的跨域电池健康状态估计

深度学习在 SOH 估计领域中的成功依赖于大量的电池数据,以及所有数据拥有相同的概率分布,而在现实情况中,基于一个工况数据集的模型对于另一个工况下的数据集可能由于分布差异而无效。因此,本节提出了一种以柔性动态时间规划(Soft-DTW)作为特征变换迁移方法中的统计特征的迁移学习方法,称为 Soft-DTW Domain Adaptation Network(SDDAN)。在模型训练过程中将预测误差与时间序列差距相结合,从而更加准确的提升预测精度。通过特征变换可以使得获得的预测结果与源域结果更加近似,这有助于我们在目标域获得更好的预测效果,在训练的过程中,可以捕获数据之间的共性和目标域的私有属性。实验结果表明,SDDAN 能够有效预测锂离子电池的 SOH,并显著提高特征学习和知识转移的性能。

4.8.1　引言

尽管深度学习在锂离子电池 SOH 估计领域表现出了强大的能力,但它仍然存在两个问题。第一,需要自身大量的数据进行训练,若要在 SOH 退化早期进行估计,则会由于数据量较少而导致估计性能不佳。在进行估计过程中由于小样本导致估计不准确是非常典型的问题。第二,若使用其他电池的全生命周期数据进行训练,由于锂电池受到外部环境、操作条件和化学性质变化的影响,训练数据和测试数据在真实情况下衰减趋势不同,那么训练数据学习到的估计模型泛化误差会很大。因此训练过的估计模型不适合直接应用于另一个电池数据。从不充分的训练数据中学习特定的估计方案是具有挑战性的。本节描述的前两种方案使用前 80 组数据进行训练,通过在线估计的方案获得了较为准确的估计,但是由于需要大量的训练数据使得估计不能在早期开展。并且在电池管理系统算力有限的情况下如何提供准确的估计来对电池进行维护也是需要考虑的。针对上述问题,迁移学习提供了一种解决问题的思路,使得可以在电池使用早期通过离线估计的方案来进行 SOH 的准确估计。

迁移学习与传统机器学习的不同之处在于,它将源域学到的知识用来辅助不同但相关的目标域中的学习过程。迁移学习可以有效地解决数据量不足和数据依赖的问题,从源域和目标域提取共同特征,减少它们之间的差异,提高网络的泛化能力。迁移学习已被应用于许多领域,如图像识别和故障诊断等问题。在 SOH 估计中引入深度迁移学习,使网络可以学习不同电池数据的相同特征,实现 SOH 的跨域估计。然而,在时间序列的迁移学习中,并没有一个真正的策略来平衡估计误差在源域和目标域之间的差异。为了解决这个问题,本节提出了一种迁移学习方法,将 Soft-DTW 作为迁移方法中的统计特征,生成一种基于柔性动态时间规整的领域适应网络(SDDAN),将模型训练过程中的估计误差与时间序列之间的距离结合,以提高估计精度。在训练过程中,特征变换可以捕捉到源域数据与目标域属性之间的共性,使估计结果更接近源域,在目标域中获得更好的估计结果。

　　该模型框架由三部分组成：特征学习预训练、领域自适应和跨域估计，如图 4-89 所示。在特征学习中，采用了基于 GRU 构建的估计器对源域数据进行估计并学习特征。在实验过程中不再单独考虑时间特性和多特征的空间特性，而是汇总时间与空间特性共同作为估计特征。通过融合多尺度的特征，只需要使用一个网络进行估计，尽管会存在迟滞现象，但极大降低了模型的复杂性，并且能够将估计精度保持在合理的范围内。在领域自适应中，将计算得到的分布误差反向传播为优化目标，对预训练模型的网络参数进行优化，使用非参数距离度量源域和目标域之间的特征分布差异，令其最小化。最终在需要进行估计的样本上实现准确的跨域估计。

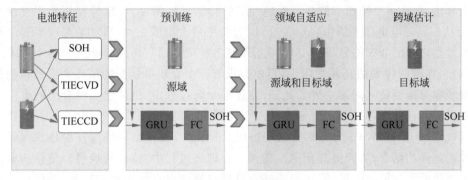

图 4-89　SDDAN 估计模型图

4.8.2　相关工作

　　数据驱动的方法不需要特定领域的电池操作机制知识和专门的数学知识，与其他方法相比，它通过提取历史数据的特征来建立数据与电池健康状态之间的关系。随着硬件的发展和计算成本的降低，深度学习被越来越广泛地应用，包括在锂电池 SOH 估计应用中的使用。长短期记忆神经网络（LSTM）和门控循环单元（GRU）网络作为循环神经网络（RNN）的变体，可以充分学习历史数据并解决梯度爆炸和梯度消失的问题，在 SOH 预测领域有许多应用。Zhao 等结合广义学习系统（BLS）算法和长短期记忆神经网络，开发了一个融合神经网络模型，在这项工作中，该模型出色地预测了锂电池容量和剩余使用寿命（RUL）。Kong 等提出了深度卷积神经网络（DCNN）和双层 LSTM 的组合，用于在线电池健康预测。Pan 等提出了基于迁移学习的 LSTM 网络模型与粒子滤波器（PF）模型的融合，用于 LIBs 容量的长期预测。

　　尽管深度学习在锂电池 SOH 预测领域展现出了强大的能力，但它仍然存在两个问题：首先，由于锂电池会受到外部环境变化、工作条件变化和化学性质变化的影响，因此训练数据和测试数据的衰变趋势在实际情况下是不同的。因此，在受限条件下利用训练数据学习的深度估计器的泛化误差可能会很大，所以训练出来的估计器不适合直接估计具有一定差异的电池数据。其次，深度学习的成功取决于各种大量的锂电池数据，从中学习电池容量的衰减模式，但在现实场景中，特别是在电池传感器和数据传输能力有限的运行条件下，收集足够的电池数据是很困难的，因此，从不足的训练数据中学习特定的预测方案具有挑战性。

　　为了解决上述问题，迁移学习提供了一种解决方案。与传统机器学习不同，迁移学习将在源领域学习到的知识应用于不同但相关的目标领域。深度迁移学习可以通过从源领域和目标领域提取共同特征并减少它们之间的差异来有效解决数据量不足和数据依赖性的问题，以提高网络的泛化能力。深度迁移学习已在许多领域得到应用，如图像识别和故障诊断问题。通过引入深度迁移学习到 SOH 估计中，网络可以学习不同电池数据的相同特征，实现跨领域的 SOH 预测。已经进行了许多基于迁移学习的 SOH 估计研究。Li 等提出了基于半监督迁移分量分析的 SOH 估计框架，并使用互信息分析验证了该方法。Han 等考虑了端电压、电流和电池容量之间的映射关系，并在 LSTM 中插入了一个域自适应层，以解决不同领域的分布差异。为了解决不同领域之间的分布差异，Ye 等提出了一种多源域自适应算法，将从多个操作条件学习到的知识转移到目标条件。Ma 等使用卷积神经网络（CNN）从原始充电电压迹线中提取特征，同时使用最大均值距离（MMD）来减少训练和测试电池数据之间的分布差异，将 MMD 从分类任务扩展到回归任务，并用于 SOH 估计。

然而，在时间序列的迁移学习中，目前并没有一个真正可接受的策略来平衡预测误差与源领域和目标领域之间的差异。此外，在迁移学习过程中，也缺乏一种合适的策略来平衡预测误差和迁移学习误差。为解决这两个问题，我们提出了一种迁移学习方法，将软动态时间规划（Soft-DTW）作为转移方法中的统计特征，以在模型训练过程中将预测误差与时间序列差异相结合，从而提高预测准确性。在训练过程中，特征转换可以使得获取的预测结果更接近源领域的结果，使我们能够在目标领域获得更好的预测结果，并捕捉数据之间的共性和目标领域的私有特性。

4.8.3　方法

1. 迁移学习

迁移学习能够把一个领域中学习到的信息应用于相关领域的任务中。它的优势在于，可以使用更少的训练数据。因为模型已经在其他任务上学习了一定的知识，这对于一些数据量较小、收集困难的任务有显著效果。此外，迁移学习还可以减少训练时间，模型不必从头开始学习，可以从先前学到的知识开始。迁移学习在各领域得到了广泛应用。在计算机视觉中，可以利用一个模型在图像识别任务上学到的知识来解决图像分类任务。在自然语言处理中，可以利用一个模型在语言模型任务上学到的知识来解决文本识别任务。

针对 SOH 的迁移学习方法主要目的是将在一个领域学到的知识转移到另一个领域，现有的知识称为源域，需要学习的新知识定义为目标域。领域自适应是迁移学习的一个重要分支，它通过核函数将源域特征和目标域特征映射到高纬度空间，并缩短它们在该空间中的距离。经典的计算距离的方法如最大平均差异（Maximum Mean Discrepancy，MMD）其公式为

$$\text{MMD}(x_s, x_t) = \left\| \frac{1}{|N_s|} \sum \phi(x_s) - \frac{1}{|N_t|} \sum \phi(x_t) \right\| \tag{4-155}$$

式中，x_s、x_t 分别表示源域数据和目标域数据；N_s 和 N_t 为 x_s 和 x_t 特征表示的长度。

整个公式表示再生核希尔伯特空间中两个数据域之间的最大距离。

与传统的 SOH 估计不同的是，使用领域自适应的 SOH 估计数据在源域的基础上加入目标域的数据。源域是已知的知识，目标域是想要学习新知识的领域，两者具有相似但不相同的分布，即在电池域中不同的材料、容量大小和使用场景略有不同。在迁移学习中，模

型在源域上进行预训练,得到预训练模型,缩短了模型域适应阶段获得最佳性能的时间。在此阶段,将使用来自目标域的数据在已通过源域学习的模型上进行训练。如果只使用目标域的数据训练模型而不考虑数据分布的差异,那便是迁移学习的传统微调方法。此外,将研究源域和目标域之间的差异,并将它们用作域适应的目标函数之一。式(4-156)表示使用经典差异计算方案时的迁移学习总损失函数:

$$L_{\text{total}} = \sqrt{\frac{1}{N_t} \sum_{t=0}^{N_t} (\text{SOH}_t - \text{SOH}_t') + \lambda \text{MMD}(x_s, x_t)} \tag{4-156}$$

式中,SOH_t 和 SOH_t' 为时间步 t 下的估计和真实 SOH;N 为观测数据的总长度;λ 为超参数,需要提前计算距离与估计误差的重要性来确定 λ,以此来获得估计的最佳效果。

2. 门控循环神经网络

GRU 是一种 RNN 的变体,它可以很好地解决长序列数据的建模问题。GRU 模型引入了门控机制,控制信息的流动,并且减轻了梯度消失的问题。它引入了重置门和更新门的概念,得到了不同于 RNN 中隐藏状态的计算方法。具体结构如图 4-90 所示。

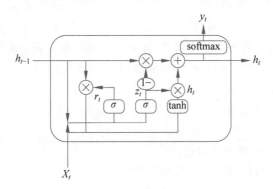

图 4-90　门控循环单元图

GRU 单元中的输入均为当前时间步的输入 X_t 与上一时间步的隐藏状态 h_{t-1}。给定当前时刻 t 的序列输入为 X_t 和上一个时刻隐藏状态 h_{t-1},那么重置门 r_t 以及更新门 z_t 的计算公式为

$$z_t = \sigma(W_z \cdot [h_{t-1}, x_t] + b_z) \tag{4-157}$$

$$r_t = \sigma(W_R \cdot [h_{t-1}, x_t] + b_r) \tag{4-158}$$

$$\tilde{h}_t = \tanh(W_h \cdot [r_t \times h_{t-1}, x_t] + b_{\tilde{h}}) \tag{4-159}$$

$$h_t = (1 - z_t) \times h_{t-1} + z_t \times \tilde{h}_t \tag{4-160}$$

与 LSTM 类似,GRU 也具有门控机制。但是,GRU 只有两个门控单元而 LSTM 有三个门控单元。z_t 控制上一个单元的记忆信息有多少能够保留到当前时刻的单元里进行传递,GRU 的另一个门被称为重置门的 r_t,控制要遗忘多少过去的信息。h_t 表示隐藏状态的传递,不仅为下一个时间步的估计提供信息,还与激活函数共同作用得到 t 时间步的估计结果。GRU 利用重置门和更新门来调节隐藏状态的信息流动。重置门决定了前一时刻的隐藏状态对当前时刻的输入有多大的影响,更新门决定了前一时刻的隐藏状态在多大程度上保留到当前时刻的新隐藏状态中。相比之下,LSTM 的遗忘门控制的是前一时刻的记忆单

元中哪些信息需要保留,而 GRU 通过更新门控制了相同的信息保留机制。相较于 LSTM 而言,GRU 的结构更加简单,在结构上 GRU 少了一门函数,因此 GRU 具有更快的训练速度,并且在估计结果上有与 LSTM 相当的准确性,已被广泛用于各种估计问题。

3. 柔性动态时间归整

目前,在迁移学习中已存在许多衡量数据间差异的方法,如 MMD 将两个分布映射到一个特征空间,然后比较在该特征空间中的均值差异。相关性排列(Correlation Alignment,CORAL)在源域和目标域之间匹配它们的协方差矩阵,以减少域之间的差异。但针对时间序列数据,动态时间规整(Dynamic Time Warping,DTW)相比与以上提出的两种方法是计算时间序列相似度的更好选择。作为迁移学习中时间序列的估计,这种距离计算方法更合理。因此用该方法进行迁移学习能够更快、更准确地获取结果。DTW 算法广泛应用于语音识别、在线签名匹配、手势识别、数据挖掘、时间序列聚类、音乐和信号处理等领域。当时间序列中存在一定的偏移或时间序列的长度不相等时,当欧氏距离不是两个时间序列差异的可靠指标时,DTW 可以确定两个时间序列的相似程度。通过对时间序列进行弹性修改,以寻找具有不同阶段的比较方式,DTW 算法减少了时间偏移和扭曲的影响。具体过程如下,给定两个时间序列 $X=(x_1,x_2,\cdots,x_n)$ 与 $Y=(y_1,y_2,\cdots,y_m)$,创建一个距离矩阵 $\delta(x_i,y_j)$,用于对齐两个序列 X 与 Y 的局部代价矩阵,称为距离矩阵。将定义整体匹配代价的最佳正则化路径的累积距离相加,得到 DTW 距离。

在传统 DTW 中,每一步求解最短距离的过程是不可微的,求解过程中利用动态规划的思想来寻找最小匹配代价的递归公式为

$$r_{i,j}=\delta_{i,j}+\min\{r_{i,j-1},r_{i-1,j},r_{i-1,j-1}\} \tag{4-161}$$

式中,i 和 j 表示 x 与 y 中的某个数据。

两个序列之间的相似程度计算为最小匹配代价。

然而,DTW 计算的不可微性导致其不能作为损失函数扩展到神经网络,因此需要一种方案能够将这种方法进行应用。基于 DTW 的思想,Soft-DTW 被使用来解决这个问题。Soft-DTW 是一个可微损失函数,因此可以计算其值和梯度。其动态规划公式与式(4-161)类似,主要区别在于使用了一种柔性的方案来近似最小值,具体公式为

$$r_{i,j}=\delta_{i,j}+\min^{\gamma}\{r_{i,j-1},r_{i-1,j},r_{i-1,j-1}\} \tag{4-162}$$

$$\min^{\gamma}\{r_1,r_2,\cdots,r_n\}=\begin{cases}\min\limits_{t\leqslant n}r_t, & \gamma=0 \\ -\gamma\log\sum\limits_{t=1}^{n}e^{-\frac{r_t}{\gamma}}, & \gamma>0\end{cases} \tag{4-163}$$

寻找最小值的过程是离散的,因此需要进行平滑处理才能够将其作为损失函数扩展到神经网络。因此,使用泰勒分解的方法进行平滑处理改进底层动态规划。当 $\gamma=0$ 时是传统的 DTW,当 $\gamma>0$ 时 Soft-DTW 的目标函数为

$$dtw(x,y)=\min^{\gamma}\{\langle \boldsymbol{A},\delta\rangle,\boldsymbol{A}\in A_{n,m}\}=-\gamma\log\left(\sum_{A\in A_{n,m}}e^{-\frac{\langle A,\delta\rangle}{\gamma}}\right) \tag{4-164}$$

式中,元素 $\boldsymbol{A}$ 表示两个时间序列的对齐矩阵。

对于一个特定的对齐矩阵,只有路径上的数据(i,j)为 1,其余为 0。因此内积$\langle \boldsymbol{A},\delta\rangle$表示该路径下的成本和。

　　在神经网络的反向传播过程中,目的是计算时间序列 X 和时间序列 Y 的动态扭曲距离,若 Y 是目标序列,那么对时间序列 X 计算梯度 $\nabla_X dtw(X,Y)$ 通过链式法则可以获得反向传播结果,进而更新神经网络的各参数。通过以上方法,实验将 Soft-DTW 用于迁移学习中获得了较为理想的效果。整体工作原理如图 4-91 所示。通过源域数据的训练获得预训练模型,再将每层网络的参数转移至目标域网络内,采取动态均衡的方法赋予迁移损失和估计损失不同的权重。取目标域少部分数据进行领域自适应,最终获得可以准确估计目标域电池 SOH 的模型。

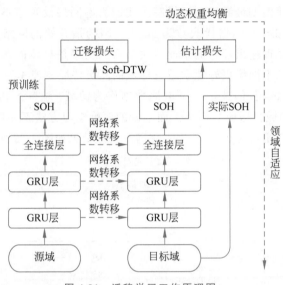

图 4-91　迁移学习工作原理图

4. 动态权重平均

　　在迁移学习模型训练过程中,需要平衡多个任务损失,针对不同的任务调整适当的损失权重。由于迁移学习过程中的损失并不是只有数据的误差损失,还存在源域与目标域之间的距离误差,因此在实验中使用 DWA 来动态地改变每个训练周期中不同任务的损失权重。确保所有任务都能在损失聚合的过程中被赋予合理的权重,提高多个任务需求的融合效果,即

$$w_k(t-1) = \frac{L_k(t-1)}{L_k(t-2)} \tag{4-165}$$

　　使用前两轮训练中该项的比值来定义 t 轮训练中第 k 个任务的相对下降率。$w_k(t-1)$ 表示计算损失相对衰减率,其值越小表示该项的学习速率越快,那么应该减少其重要度。可以降低该活动的重要度来提高其余任务的学习能力。第 k 个任务的权重计算公式为

$$\lambda_\kappa(t) = \frac{K \exp(w_k(t-1)/T)}{\sum_i \exp(w_i(t-1)/T)} \tag{4-166}$$

式中,T 决定了权重分布的平整度,需要根据实际情况进行调整;K 为系数因子,保证权重求和为 K,相当于对权重在同一标准下进行缩放。对于开始的两个训练周期,我们将 w_k 初始化为 1。

　　通过以上描述,权重更新方案可以在 SOH 估计过程中一定程度上有侧重的更新网络权重。

4.8.4 实验

本节实验同样使用 NASA 的 B0005、B0006、B0007 批次的容量退化数据进行测试。模型所含信息包括恒流充电时间和恒压充电时间的相关时间序列。对于源域的预训练,迭代次数为 500 次。过小的迭代次数无法拟合锂离子电池 SOH 曲线,也无法捕捉锂离子电池衰退过程的共同特征,过大的迭代次数又会导致源域和目标域存在过拟合问题对目标域的性能产生不利影响。在领域自适应中,预训练的模型已经在目标域中表现良好,因此我们将学习率设置较小,使模型最终找到最优解。我们为不同层设置了不同的学习率,GRU 层的学习率是全连接层的 1/10,迭代次数为 50 次。因为最开始的网络层学习的更多是一般的和泛化的特征,而靠近输出部分的全连接层学习的更多是具体的和独立的特征。全连接层的学习率较大,有利于网络更好地学习目标域的高级特征。表 4-24 列出了实验所对应的数据集。对于三组测试,我们选择一个电池数据作为源域,另一个作为目标域。目标域的前 25% 数据被用于领域自适应的训练。而基础的深度学习方法不使用来自源域的数据,从头开始训练模型,只使用目标域前 25% 的数据。估计结果如图 4-92 所示。

表 4-24　实验设计表

实 验 编 号	源 域 数 据	目标域数据
1	B0006	B0005
2	B0007	B0006
3	B0005	B0007

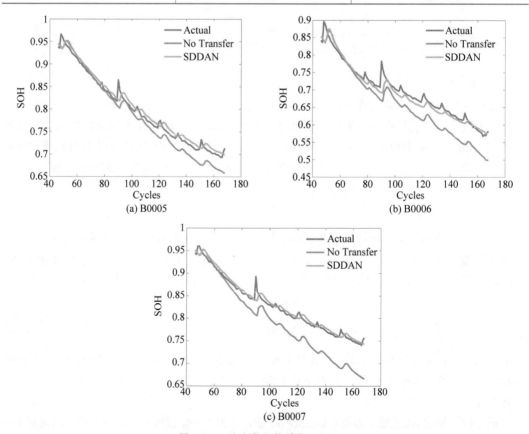

(a) B0005

(b) B0006

(c) B0007

图 4-92　迁移学习估计图(NASA)

结果表明，SDDAN 估计的 SOH 退化趋势始终接近实际 SOH 值。由于电池数据分布的变化，SDDAN 能够从源域和目标域学习相同特征。表 4-25 进一步对比了使用两种方案的具体误差。从中可以看出，使用 SDDAN 方案后性能有显著提高。

表 4-25　迁移学习误差表（NASA）

估计方法	电池	MAE	MSE	RMSE
未使用迁移学习	B0005	1.682E−2	4.487E−4	2.118E−2
	B0006	4.054E−2	2.182E−3	4.671E−2
	B0007	3.693E−2	1.910E−3	4.370E−2
SDDAN	B0005	9.218E−3	1.140E−4	1.068E−2
	B0006	1.200E−2	3.030E−4	1.741E−2
	B0007	6.817E−3	7.734E−5	8.794E−3

为了验证提出的 SDDAN 模型是否能够更好地应用于时间序列的估计，将实验所提出模型与其他迁移学习方法进行了比较。实验先通过预训练模型进行训练，再对目标域的数据进行微调或不同方式的迁移训练。传统的域自适应方法是基于概率密度函数测量源域与目标域之间的距离，并使用固定的权重来平衡估计误差和域之间的距离。MMD 的方法需要将数据映射到不同的空间，其中来自不同分布样本的最大化平均差异被当作判定标准，使得两者尽可能接近。通过图 4-93 可以看出，在不同训练方案进行比较时，SDDAN 可以更准确地估计电池 SOH，在同样的迭代次数下估计误差更小。详细误差数据如表 4-26

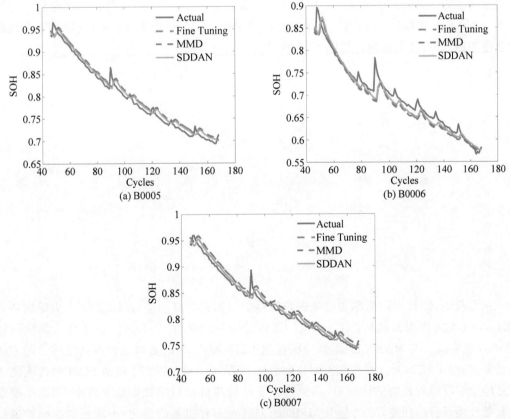

图 4-93　不同迁移学习方案对比图

所示,与其他迁移学习方法相比,SDDAN 算法在不同电池测试下,各项误差都有较为理想的表现,表明 SDDAN 是一种合理的迁移学习方案。同时也说明使用 Soft-DTW 方案作为时间序列间差异表示的方法是有效的。它可以精确地最小化时间序列的分布差异,使其成为一个在实际工程应用中能够提高电池 SOH 估计性能的策略。

表 4-26　不同迁移学习方案误差表

估 计 方 法	电　　　　池	MAE	MSE	RMSE
微调	B0005	1.210E−2	1.697E−4	1.303E−2
	B0006	1.342E−2	3.613E−4	1.901E−2
	B0007	1.173E−2	1.618E−5	1.272E−2
MMD	B0005	1.172E−2	1.608E−4	1.268E−2
	B0006	1.507E−2	4.275E−4	2.068E−2
	B0007	1.135E−2	1.530E−4	1.237E−2
SDDAN	B0005	9.218E−3	1.140E−4	1.068E−2
	B0006	1.200E−2	3.030E−4	1.741E−2
	B0007	6.817E−3	7.734E−5	8.794E−3

为了验证 SOH 估计模型的鲁棒性与适应性,实验还使用马里兰大学先进生命周期工程中心(Center for Advanced Life Cycle Engineering,CALCE)的电池数据进行测试,进一步确认模型的合理性。在实验中,选择 CX33、CX38、CS33 和 CS38 四个批次电池。CX 代表容量为 1350mA·h 的钴酸锂电池,而 CS 代表容量为 1100mA·h 的钴酸锂电池。分别在 0.5C 倍率下对 CX33 和 CS33 电池进行放电实验,在 1C 倍率下对 CX38 和 CS38 电池进行放电实验。SOH 退化曲线如图 4-94 所示。

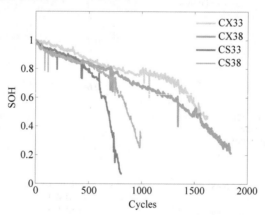

图 4-94　CALCE 电池 SOH 退化图

在实验中,针对不同倍率的电池进行迁移学习测试。分别进行以 CX38 作为源域估计 CX33,以 CX33 作为源域估计 CX38,以 CS38 作为源域估计 CS33,以 CS33 作为源域估计 CS38 四组实验。与 NASA 数据集一样,仅使用目标域 25% 的数据比较不同迁移学习方法的结果,如图 4-95 所示。详细误差对比如表 4-27 所示。对于锂离子电池 SOH 估计问题微调已经能够取得较好的估计结果,其原因在于源域和目标域的数据差异较小,预训练模型的参数较接近目标任务,因此基于 MMD 的方案并未有明显的变化,不能更加准确的进行估计。但实验所用的 Soft-DTW 方案更加合理的进行动态时间序列特征对齐,在微调的基础上能够有进一步的准确度提升。结果表明，在迁移学习方法中，SDDAN 可以获取时间序列特征与 SOH 间的复杂关系，并且大大减少了在各种操作情况下的数据差异获得较为准确的 SOH 估计。在各种运行情况下，SDDAN 是估算电池 SOH 的一种合理方法。

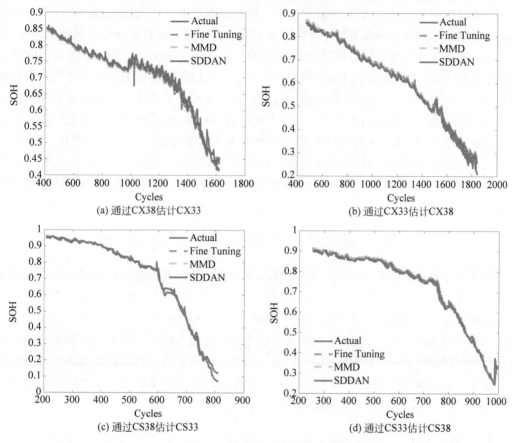

(a) 通过 CX38 估计 CX33　　　　　　(b) 通过 CX33 估计 CX38

(c) 通过 CS38 估计 CS33　　　　　　(d) 通过 CS33 估计 CS38

图 4-95　迁移学习估计图（CALCE）

表 4-27　迁移学习误差表（CALCE）

估 计 方 法	电　　池	MAE	MSE	RMSE
微调	CX38-CX33	$8.955\text{E}-3$	$1.415\text{E}-4$	$1.190\text{E}-2$
	CX33-CX38	$1.053\text{E}-2$	$1.715\text{E}-4$	$1.310\text{E}-2$
	CS38-CS33	$1.026\text{E}-2$	$2.341\text{E}-4$	$1.530\text{E}-2$
	CS33-CS38	$1.094\text{E}-2$	$2.003\text{E}-4$	$1.415\text{E}-2$
MMD	CX38-CX33	$8.977\text{E}-3$	$1.419\text{E}-4$	$1.191\text{E}-2$
	CX33-CX38	$9.622\text{E}-3$	$1.531\text{E}-4$	$1.237\text{E}-2$
	CS38-CS33	$1.026\text{E}-2$	$2.341\text{E}-4$	$1.530\text{E}-2$
	CS33-CS38	$9.175\text{E}-3$	$1.603\text{E}-4$	$1.266\text{E}-2$
SDDAN	CX38-CX33	$7.219\text{E}-3$	$1.086\text{E}-4$	$1.042\text{E}-2$
	CX33-CX38	$6.563\text{E}-3$	$9.968\text{E}-5$	$9.984\text{E}-3$
	CS38-CS33	$1.016\text{E}-2$	$2.329\text{E}-4$	$1.526\text{E}-2$
	CS33-CS38	$7.428\text{E}-3$	$1.283\text{E}-4$	$1.133\text{E}-2$

4.8.5 总结

由于使用传统深度学习进行电池 SOH 估计过程中存在小样本估计不准确和不同数据样本分布之间存在差异的问题,本节提出了一种迁移学习的方案,解决电池 SOH 估计中存在的小样本问题和样本分布差异问题。针对不同时间序列域间数据分布不一致的问题,提出基于 Soft-DTW 的领域自适应网络模型 SDDAN。Soft-DTW 是一种用于测量时间序列之间距离的方法,在该模型中时间序列的距离作为一个损失函数来衡量时间序列之间的相似性,并与误差损失一起进行反向传播。这种方法的优势在于能够更好地处理不同时间序列之间数据分布不一致的问题。为了平衡不同任务的权重,本模型采用了动态权重平均方法。实验结果表明,该方法的估计结果比微调方案和其他迁移学习方案更准确。SDDAN能够更有效地进行知识迁移,并更好地捕捉和学习时间序列之间的共同特征。这种方法为在数据不足的情况下进行 SOH 估计和电池容量预测提供了新的思路,并在实际应用中具有更广泛的应用前景。

4.9 基于源域选择的跨域电池荷电状态估计

在锂离子电池荷电状态(SOC)估计领域,深度神经网络模型通常假定训练数据和测试数据的分布一致。然而,由于环境温度、老化程度和操作条件的变化,这一假设在现实世界中往往被证明是不充分的。为了应对这一挑战,本节针对跨域 SOC 估计任务提出了一种以深度迁移网络为中心的新方法,其中包含源域选择和注意力机制。这种方法利用迁移网络提取双向时间特征,突出序列中的突出信息。选择合适的源域进行预训练取决于建立源域和目标域之间的域相似性。实验结果表明,所提出的方法擅长从锂电池序列数据中提取特征,即使在数据有限的情况下也能提高性能。

4.9.1 引言

随着石油消耗和温室气体对环境影响的不断增加,各国越来越重视电动汽车(EV)的发展。过去几十年来,锂离子电池经历了重大的技术进步和快速发展。锂离子电池具有能量密度高、使用寿命长、维护成本低等优点,因此广泛应用于电动汽车和储能解决方案等多个领域。在电池管理系统中,最重要的功能之一是估计锂电池的 SOC,因为这反映了锂电池的性能。准确的 SOC 估计对于保护锂电池免受过度充电或放电、延长其使用寿命以及在车辆上应用智能控制策略至关重要。因此,开发精确的 SOC 估计方法对于电动汽车的广泛采用至关重要。

近几十年来,SOC 的估计已成为一个被广泛研究的课题,并由此发展出许多精确的SOC 估计方法。这些方法主要分为四类:开路电压法、库仑计数法、基于模型的方法和数据驱动法。

数据驱动方法使用电池电流、电压和其他数据作为特征,并学习这些特征与电池 SOC之间的非线性关系,而无须电池领域和数学建模知识。深度学习近年来的迅猛发展使人们对其在 SOC 估计中的应用产生了浓厚的兴趣。人们对使用深度学习技术进行 SOC 估计的兴趣日益浓厚,提出了几种基于神经网络、卷积神经网络(CNN)、门控递归单元(GRU)和长短期记忆(LSTM)网络的方法。

虽然深度学习方法在 SOC 估计方面已显示出前景,但由于获取锂电池数据的难度和真实世界锂电池使用环境的多变性,其泛化能力受到了限制。为了解决这些问题,有人提出了迁移学习作为解决方案。迁移学习涉及利用一个或多个相关源域的知识和经验来提高目标域的性能和泛化能力。与从零开始学习目标任务的传统机器学习方法不同,迁移学习利用现有知识来加速学习过程并提高准确性。

迁移学习主要有三个问题:何时迁移、迁移到哪里、如何迁移。目前基于迁移学习的 SOC 估计研究往往忽视了选择合适的源域和对预训练数据的过滤/分类,这会导致预训练模型不理想,模型训练过程中的域适应时间较长。

针对上述挑战,本节引入了一种新方法,涉及源域选择和注意力机制,以增强锂电池的 SOC 估计。所提出的方法包括三个关键部分。首先,我们建立了一个由双向长短期存储器(BiLSTM)和注意力机制组成的集成网络架构。该架构用于从不同工作条件下记录的锂电池数据中提取双向时变特征。通过加入注意力机制,该模型能够在过滤无关数据的同时辨别关键信息,从而增强捕捉锂电池基本行为的能力。其次,我们选择一个与目标域高度相似的源域作为预训练源域。这一选择过程的驱动力是将不同的工作条件视为源域,每个源域都有自己的概率分布。通过识别和利用与目标域最相似的工作条件,我们可以利用固有的相似性并优化迁移过程。为了解决源域和目标域在不同尺度上的分布差异,我们采用了最大均值差异法(MMD)来校准域共享特征。

4.9.2 相关工作

在传统的 SOC 估计方法中,开路电压法利用开路电压与锂电池 SOC 之间的关系来估计锂电池的 SOC。为了实现各种环境温度下的 SOC 估算,Xing 等建立了离线 OCV-SOC 温度表来推断电池 SOC。Chen 等提出了一种重构 OCV 用于 SOC 估计的新方法,其中采用扩展卡尔曼滤波器(EKF)作为状态观察器。库仑计数法通过对锂电池的充放电电流进行积分来计算 SOC。基于模型的方法根据锂电池的物理和化学特性建立数学模型,并根据测量数据估计锂电池的状态。这些方法通常需要深入了解锂电池的物理和化学特性,模型复杂度高,精度低。

目前已经有几项研究涉及迁移学习在 SOC 估计中的应用。例如,Tian 等将深度神经网络(DNN)纳入卡尔曼滤波器,并对预训练网络的不同层进行微调(FT)。Bhattacharjee 等利用迁移学习提出了一种基于一维 CNN 的 SOC 估计算法。Wang 等提出了一种基于 GRUs 的 SOC 估计迁移学习改进方法,该方法专为小型目标集而设计。Qin 等开发了一种新型 SOC 估计方法,该方法利用测量的时间动态性,在不同温度下迁移一致的估计能力。

域适应是迁移学习的一个分支,旨在通过学习源域和目标域之间的差异,提高模型在目标域中泛化到目标域的能力。Oyewole 等提出了一种可控深度迁移学习(CDTL)网络,利用可控多域自适应(MDA)在退化早期阶段进行短期和长期 SOC 估计。Bian 等提出了一种具有多尺度分布自适应功能的深度迁移神经网络(DTNN),用于跨域 SOC 估计。Shen 等提出了一种温度自适应迁移网络(TATN),利用双向长短期记忆和二维卷积神经网络提取时间特征,并使用对抗自适应和最大均值差异来减少域分歧。

4.9.3 方法

为了提高锂电池跨域 SOC 估计的学习能力并降低负迁移的可能性,本节提出了一种基于源域选择和注意机制的迁移网络,如图 4-96 所示。该网络结构由 BiLSTM 层、注意力(Attention)层和全连接(FC)层组成,这些层在选定的源域数据上进行了预训练。在迁移阶段,我们计算源域和目标域之间的分布差异,并进行域自适应,以实现特征对齐并优化 SOC 估计器的网络参数。

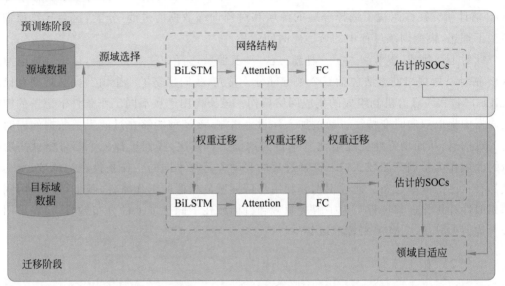

图 4-96 提出的方法的结构(包括预训练阶段和迁移阶段)

为了对锂电池数据进行预处理,我们使用滑动窗口法将原始二维数据转换为三维序列。数据序列的长度为 T,时间窗口的长度为 W,用于训练网络的数据为 $(x_1, y_1), (x_2, y_2), \cdots, (x_N, y_N)$,其中 $N = T - W + 1$;$x_i = \Phi_{(i,1)}, \Phi_{(i,2)}, \cdots, \Phi_{(i,w)}$ 表示第 i 个样本的输入序列,其中 $\Phi_{(i,t)} = (V_t, I_t)$ 表示在时间 t 测得的锂电池电压和电流。如图 4-97 所示,使用滑动窗口算法有助于网络从过去学习并捕捉锂电池的时间动态。

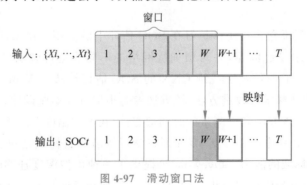

图 4-97 滑动窗口法

1. 网络结构

在源域的预训练阶段,过程主要分为三个连续步骤。首先,锂电池的特征时间序列通过输入层被输入到 BiLSTM 层,以提取非线性特征。然后,提取的特征通过注意层,使网络能够关注重要信息,同时忽略时间序列中的无关信息。最后,重要特征通过 FC 层映射到 SOC 值。网络结构如图 4-98 所示。

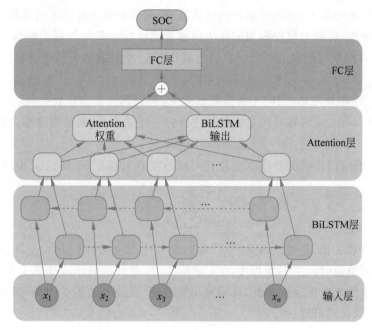

图 4-98　网络结构图

1) BiLSTM 层

LSTM 结构是递归神经网络(RNN)的一种变体,旨在解决处理长序列数据时经常遇到的梯度消失或爆炸问题。双向 LSTM(BiLSTM)是 LSTM 的一种扩展,它结合了两个单向 LSTM,一个从开始到结束,另一个从结束到开始。两个 LSTM 层的输出在每个时间步合并,形成最终输出。由于 BiLSTM 能够同时考虑过去和未来的信息,因此在处理顺序数据时,它往往比单向 LSTM 更有效。

$$h_t^f = \mathrm{LSTM}^f(x_t, h_{t-1}^f, c_{t-1}^f) \tag{4-167}$$

$$h_t^b = \mathrm{LSTM}^b(x_t, h_{t+1}^b, c_{t+1}^b) \tag{4-168}$$

$$h_t = [h_t^f, h_t^b] \tag{4-169}$$

式中,h_t^f 和 h_t^b 分别表示在前向和后向传播到时间 t 的隐藏状态;x_t 表示输入序列中的第 t 个元素;LSTM^f 和 LSTM^b 表示前向和后向 LSTM 的映射关系;c_{t-1}^f 和 c_{t+1}^b 分别代表前向 LSTM 和后向 LSTM 的单元状态;h_t 表示最终的隐藏状态,它是由前向和后向传播的状态串联得到的。

在本节中,每个 BiLSTM 层由 50 个隐藏单元组成。

2) Attention 层

注意力机制是机器学习领域的一个基本组成部分,尤其是在处理连续数据时。其原理深深根植于模仿人类认知过程的概念。其核心是让模型在每个时间步骤中都能专注于最突出的特征,就像人类在优先处理周围环境中的某些元素时的注意力一样。

注意力机制的关键在于它能为输入数据中的不同特征或元素分配重要性权重。这些权重表示每个特征在特定时间步长内的相关性。通过这种有选择性的关注,该模型可以以更有意义的方式显著提高处理信息的能力,同时忽略无关或冗余的信息。这种适应性使它成为执行各种任务的强大工具,包括自然语言处理、图像识别和时间序列分析。

在预训练阶段,注意力层根据当前输入信息和之前的状态计算每个时间步的注意力分数。从 BiLSTM 层获得的第 i 个时间步长隐藏状态 h_i 的注意力分数的计算公式为

$$u_i = W_a h_i + b_a \tag{4-170}$$

式中,W_a 和 b_a 是可学习参数,用于将隐藏状态 h_i 映射到注意力分数空间。

接着,使用 softmax 函数对注意力分数进行归一化处理,从而获得注意力权重,即

$$a_i = \text{softmax}(u_i) \tag{4-171}$$

最后,将所有时间步长的隐藏状态及其对应的注意力权重 a_i 加权求和,得到注意力层的最终输出为

$$c = \sum_{i=1}^{T} a_i h_i \tag{4-172}$$

在锂电池管理方面,注意力机制可以在监控和预测电池性能方面发挥举足轻重的作用。通过关注锂电池时间序列数据中的关键特征,如突发性电压波动或温度变化,该机制可在预测过程中优先考虑这些特征,从而做出更准确、更及时的维护决策,进而延长电池系统的使用寿命,确保其可靠运行。

3) FC 层

最后,一个时间窗口内长度为 W 的锂电池数据序列通过 BiLSTM 和注意力层进行处理,以提取特征。然后,生成的特征被传输到 FC 层,该层输出长度为 1 的估计的锂电池 SOC 值。

在预训练网络时,输入数据是一个大小为 $(T-W+1) \times W \times 2$ 的特征矩阵,相应的输出 SOC 大小是一个大小为 $(T-W+1) \times 1$ 的列向量。网络在时间步长为 i 时的输入/输出公式如式(4-173)所示。其中,SOC_i 表示时间步长 i 时的估计 SOC 值,f 表示 FC 层,X_i 表示时间 i 时的输入序列,$\Phi_{i,1}$ 表示时间 i 时输入序列的第一组特征。

$$\text{SOC}_i = f(X_i) = (\Phi_{i,1}, \Phi_{i,2}, \cdots, \Phi_{i,w}) \tag{4-173}$$

在预训练阶段,网络参数被随机初始化。由于 SOC 估计是一个回归问题,因此使用平均平方误差(MSE)作为损失函数,如式(4-174)所示。soc_i 和 $\widehat{\text{soc}_i}$ 分别代表时间 i 时的真实 SOC 值和预测 SOC 值,n 表示样本数。

$$\text{Loss}_{\text{mse}} = \frac{1}{n} \sum_{i=1}^{n} (\text{soc}_i - \widehat{\text{soc}_i})^2 \tag{4-174}$$

2. 用于 SOC 估计的迁移学习

迁移学习旨在将从一项任务中学到的知识应用到另一项任务中,尤其是当这两项任务之间存在相似性或相关性时。经过训练和优化的模型或数据集被称为源域,而需要应用该模型或数据集的新任务被称为目标域。域适应是迁移学习的一种形式,旨在通过转换源域和目标域的特征,使其在特定空间中的分布尽可能相似,从而找到源域和目标域之间的共同或相似特征,从而提高模型性能。最大均值差异(MMD)是域适应中常用的一种统计量度,用于评估两个概率分布之间的差异。具体来说,它是通过对齐源域和目标域的特征分

布来最小化源域和目标域之间的分布差异。MMD 技术在式(4-175)中进行了描述。

$$\text{MMD}(X_s, X_T) = \left| \frac{1}{n} \sum_{i=1}^{n} k(x_{si}) - \frac{1}{m} \sum_{j=1}^{m} k(x_{tj}) \right|^2 \qquad (4\text{-}175)$$

式中, $k(\cdot)$ 是核函数,通常是高斯核或线性核; X_S 和 X_T 分别代表源域和目标域的概率分布; x_s 和 x_t 分别代表来自 X_S 和 X_T 的样本; n 和 m 代表样本数。

MMD 将特征空间中源域和目标域的样本映射到重现核希尔伯特空间(RKHS),并计算它们在该空间中均值的平方差。

通过在域适应中引入注意力机制,网络模型可以有效地适应目标域的特征,同时减少源域和目标域之间的差异。注意力机制不仅能帮助网络在特征提取过程中更好地识别锂电池时间序列数据中的关键特征,还能帮助网络在源域和目标域之间学习特定域的权重调整。这有助于在目标域中更好地利用源域知识。

在 SOC 估计领域,不同的锂电池类型、充放电策略或不同使用环境下的锂电池放电数据被定义为源域和目标域,即

$$X_s = \{x_i, y_i\}, i = 1, 2, \cdots, n \qquad (4\text{-}176)$$

$$X_t = \{x_i, y_i\}, i = 1, 2, \cdots, m \qquad (4\text{-}177)$$

式中, x_i 为锂电池的特征向量,在本工作中为电流和电压; y_i 为 x_i 对应的标签,即 SOC 值; n 和 m 分别代表源域和目标域的样本总数。

与传统的基于神经网络的 SOC 估计不同,本节提出的方法在神经网络的损失函数中加入了源域与目标域之间的距离。该方法的损失函数为

$$\text{Loss} = \text{Loss}_{\text{mse}} + \lambda \cdot \text{MMD}(X_S, X_T) \qquad (4\text{-}178)$$

式中, λ 是权衡参数,决定了两个损失函数在总损失中的相对权重; Loss_{mse} 是均方误差损失函数,常用于神经网络回归任务。

将预先训练好的网络权重从源域迁移到目标域,并在目标域上进行域适应训练是迁移学习中常用的方法。除了上述的 MMD 方法,还有微调(FT)和 CORAL 方法。FT 通过在目标域数据上进行监督学习来调整预训练模型的参数,而不考虑源域和目标域之间的分布差异。CORAL 通过最小化源域和目标域协方差矩阵之间的差异来实现域适应。

3. 源域选择

在迁移学习的背景下,确定向何处迁移知识是一个重大的研究挑战。虽然迁移学习已经获得了相当多的关注,但关于迁移源域的最佳选择,还缺乏全面的讨论。在本节中,我们提出了一种创新的领域选择方法,利用电流和电压序列的相似性作为不同领域之间的衡量标准。我们利用基于时间序列的聚类技术,有效地将所有源域和目标域数据分为不同的组别。与目标域数据属于同一类别的运行条件显示出更高的相似性和更接近的分布特征,使其成为预训练模型的合适候选对象。

用于量化相似性的指标是动态时间扭曲(DTW),这是一种著名的测量两个时间序列之间相似性的方法。DTW 算法的优势在于它能够处理具有不同长度或时间偏移的时间序列。它通过采用动态编程来确定两个序列之间的最佳配准路径,使该路径上相应点之间的累积距离最小化,从而实现这一目标。DTW 算法最初是为语音识别而设计的,后来被广泛应用于时间序列分析、语音识别和手写字符识别等多个领域。

对于两个特定领域的电池特征序列,分别表示为 $x=(x_0,x_1,\cdots,x_{n-1})$ 和 $y=(y_0,y_1,\cdots,y_{m-1})$,它们之间的 DTW 距离被认为是两个领域之间相似性的度量。DTW 距离的定义为

$$\mathrm{DTW}(x,y)=\min_{\pi}\sqrt{\sum_{(i,j)\in\pi}d(x_i,y_j)^2} \tag{4-179}$$

式中,π 是一条路径,可以看作是时间序列的时间排列,使得排列后的时间序列之间的欧氏距离最小;$d(\cdot)$ 是欧氏距离。

为了将 K-means 聚类方法应用于时间序列数据,我们对经典算法进行了改进,以更好地适应表现出相似模式或趋势的时间序列的分组。这种调整包括将时间序列划分为 K 个不同的簇,每个簇内的数据表现出最大的相似性,而不同簇之间的数据则刻意保持不同。具体程序步骤概述如下。

1)中心点初始化

随机选择 K 个初始中心点,每个中心点代表一个特定聚类的时间序列。

2)距离计算

利用 DTW 作为距离度量,计算每个时间序列和每个中心点之间的距离。

3)分配簇

根据 DTW 距离,将每个时间序列分配到中心点最接近的聚类中。

4)中心点重新计算

根据簇中包含的时间序列重新计算每个簇的中心点。通常,这种重新校准采用平均值或中值作为聚合函数。

5)迭代和收敛

重复上述步骤,直到中心点停止变化或达到预定的最大迭代次数。

在案例中,我们发现两个聚类足以区分与目标域有显著相似性的源域和明显不同的源域。选择两个聚类使我们能够有效地突出数据中的关键分离。它提供了一种直截了当、可解释的方式,来表达以迁移学习为目的的源域选择概念。

这种创新方法确保只有相关和类似的运行条件才会被纳入模型的预训练阶段。这种战略性选择降低了因数据过多而导致的过拟合风险,或因源域和目标域之间的明显差异而导致的不利迁移。因此,我们提出的方法为解决迁移学习场景中与领域适应相关的复杂挑战提供了一种稳健的解决方案。

4.9.4　实验

1. 数据集描述

为了评估所提出的方法在跨域 SOC 估计中的性能,实验使用了两个公开的锂电池数据集,即松下 18650PF 电池数据集和 CALCE 电池团队的动态测试剖面图。

松下 18650PF 电池数据集由镍钴铝氧化锂($LiNiCoAlO_2$ 或 NCA)化学组成。收集的数据来自在 $-20℃$ 至 $25℃$ 不同环境温度下进行的测试。在每次测试中,电池单元首先充满电,然后进行功率驱动循环。这些驱动循环与福特 F150 卡车的驱动循环相对应,并与单个 18650PF 电池相匹配,在放电过程中提取能量,直到电池电压达到 2.5V 的截止值。用于测试电池的四个标准驱动循环是城市测功机驾驶时间表(UDDS)、高速公路燃油经济性驾驶

时间表(HWFET)、洛杉矶 92(LA92)和补充联邦测试程序驾驶时间表(US06)。为了获得额外的动力,还手动创建了一些额外的驾驶循环,即循环 1、循环 2、循环 3、循环 4 和神经网络(NN)。这些循环由 UDDS、HWFET、US06 和 LA92 随机组合组成。图 4-99(a)所示为 25℃ 环境温度下 US06 测试的电流和电压测量值。

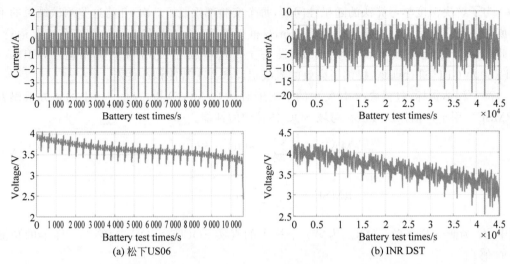

图 4-99　25℃ 下不同驱动周期的电流和电压测量值

CALCE 电池团队的动态测试数据集包括 INR18650-20R 电池的镍钴锰酸锂/石墨电芯化学成分,并包括各种动态电流曲线,如动态应力测试(DST)、联邦城市驾驶时间表(FUDS)、US06 高速公路驾驶时间表和北京动态应力测试(BJDST)。所有测试都是在 0℃、25℃ 和 45℃,80% 和 50% 锂电池 SOC 条件下进行的。图 4-99(b)所示是在 25℃ 环境温度下进行的 DST 测试,其中显示了测得的电流和电压。

2. 实验细节

我们从三个方面进行了实验评估,以评估 BiLSTM 框架、迁移学习方法和源域选择方法在跨域 SOC 估计中的有效性。

实验 1:选择松下锂电池数据集作为模型的训练集和测试集,其中 US06 和 HWFET 作为测试集,其余运行周期数据作为训练集。网络结构包括一个层大小为 1 的 BiLSTM 层、50 个隐藏单元和一个有 50 个神经元的全连接层。将提出的 BiLSTM-Attention 结构与 LSTM、BiLSTM 和 LSTM-Attention 模型进行了比较。

实验 2:松下锂电池的所有数据集都被用作网络预训练的源域,包括 9 个驾驶周期。INR LiB 数据集被用作目标域,其中 DST 和 FUDS 被用来对模型进行微调或使其适应该域。对网络参数进行了调整,以减少源域和目标域之间的分布差异。通过使用 US06 和 BJDST 比较微调、MMD 和 CORAL 方法,验证了迁移学习的有效性。

实验 3:通过使用 DTW 测量不同驱动周期之间的距离来进行源域选择,并使用时间序列聚类将源域数据分为两个聚类。使用所有数据、聚类 1 和聚类 2 作为预训练数据,比较了 SOC 估计结果。采用 MMD 作为迁移方法,目标域的训练集和测试集的分布与实验 2 一致。

在源域的预训练阶段,epoch 设置为 300,学习率设置为 $1e^{-2}$。在目标域的训练阶段,

epoch 设置为 200,学习率设置为 $1e^{-3}$。该阶段使用了较低的学习率,以保留预训练模型的底层特征,只调整顶层特征。此外,使用试错法测试了平衡两个损失函数的超参数 λ,从 0.1、0.5、1、5 中寻找最佳 λ 值。当 λ 设为 0.5 时,迁移学习法表现最佳。两个阶段都使用了基于梯度下降的 Adam 优化器来更新权重,并使用反向传播来执行权重更新。

为了解决深度学习算法的随机性问题,每个实验都重复了 5 次,并将这些测试结果的平均值作为评估指标。这些模型使用 PyTorch 框架实现,服务器在 Linux 操作系统上运行,因此可以轻松地将模型部署到 BMS 设备上。这些模型使用两个英伟达(NVIDIA) RTX6000 GPU 进行训练,提供了高效的光线追踪和人工智能训练性能。

两个评估指标,包括式(4-180)中的平均绝对误差(MAE)和式(4-181)中的均方根误差 (RMSE),用于评估拟议方法在跨域 SOC 估计中的性能。

$$\text{MAE} = \frac{1}{N} \sum_{i=1}^{N} | \text{SOC}_i - \widehat{\text{SOC}}_i | \tag{4-180}$$

$$\text{RMSE} = \sqrt{\frac{1}{N} \sum_{i=1}^{N} (\text{soc}_i - \widehat{\text{soc}}_i)^2} \tag{4-181}$$

式中,N 为测试样本数;SOC_i 为第 i 个样本的真实 SOC 值,$\widehat{\text{SOC}}_i$ 为第 i 个样本的预测 SOC 值。

根据实验得出的 RMSE 和 MAE 值确定了所提方法的有效性。RMSE 和 MAE 值越低,表明跨域 SOC 估计的性能越好。

4.9.5 结果与讨论

1. 不同网络结构下的 SOC 估计结果

为了验证 BiLSTM-Attention 模型在 SOC 估计中的有效性,选择了松下锂电池数据集作为训练集和测试集。该数据集包括 9 个驱动循环,其中 US06 和 HWFET 用作测试集,其余运行循环数据用于训练。LSTM 被用作基线模型,因为它通常比 RNN 和 GRU 网络表现更好。BiLSTM-Attention 模型与其他网络结构的比较结果如表 4-28 所示。BiLSTM-Attention 模型优于其他网络结构,在 US06 驾驶循环中的平均 MAE 和 RMSE 分别为 2.36% 和 3.08%,在 HWFET 驾驶循环中的平均 MAE 和 RMSE 分别为 1.82% 和 2.42%。

表 4-28 不同网络结构下的估计结果

网络结构	US06		HWFET	
	MAE(%)	RMSE(%)	MAE(%)	RMSE(%)
LSTM	3.69	5.35	2.93	3.40
BiLSTM	2.82	3.74	2.75	3.21
LSTM-Attention	3.13	4.22	2.76	3.25
BiLSTM-Attention	2.36	3.08	1.82	2.42

与仅考虑单向时间特征的基于 LSTM 的基准 SOC 估计器相比,所提出的 BiLSTM-Attention 网络可以从两个方向捕捉锂电池数据序列的时间依赖性,并提取时间序列中的重要信息。通过同时考虑序列中的过去和未来信息,BiLSTM-Attention 能够更好地模拟锂电池的复杂动态行为,并提供更准确的 SOC 估计。此外,网络中的注意力机制可以对输入

序列进行动态加权,突出与 SOC 估计最相关的特征,从而进一步提高预测的准确性。BiLSTM 和 LSTM-Attention 分别只考虑双向时间特征或重要信息,与 LSTM 相比,它们的性能有了显著提高。图 4-100 显示了 US06 和 HWFET 在 25℃时的估计结果和误差结果。与其他三种网络结构相比,BiLSTM-Attention 估计的 SOC 值更接近真实值,误差也明显更小。

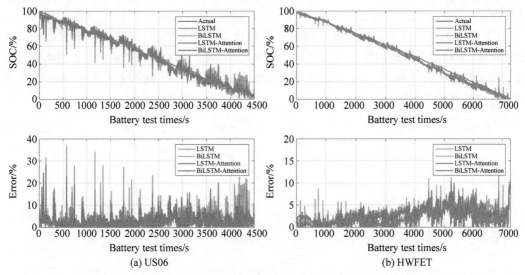

(a) US06　　　　　　　　　　(b) HWFET

图 4-100　在 25℃环境温度下使用不同网络结构测试的 SOC 估计值和误差

BiLSTM-Attention 和其他网络结构在预训练过程中的损耗降低趋势如图 4-101 所示。在训练初期,所有迁移损失都迅速降低,然后缓慢降低。与其他网络结构相比,BiLSTM-Attention 的收敛速度更快,损失更小。这一分析表明,BiLSTM-Attention 可以加快网络收敛速度,提高 SOC 估计的精度。

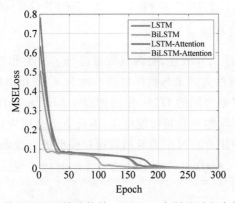

图 4-101　使用不同网络结构的 MSELoss 在训练过程中的变化趋势

2. 不同迁移学习方法的 SOC 估计结果

以松下锂电池为源域,INR 锂电池数据集为目标域,对所有数据集进行了预训练。通过域自适应,对 DST 和 FUDS 驾驶循环数据进行了网络参数优化。为了评估不同的迁移学习方法,将 FT、MMD 和 CORAL 方法应用于 US06 和 BJDST 数据集。表 4-29 显示了估计误差结果。MMD 的迁移学习效果最好,平均 MAE 和 RMSE 分别为 1.32% 和 1.75%。

表 4-29　　不同迁移学习方法的估计结果

迁移方法	US06		BJDST	
	MAE(%)	RMSE(%)	MAE(%)	RMSE(%)
FT	1.80	2.24	1.76	2.07
MMD	1.35	1.91	1.28	1.58
CORAL	2.73	3.48	2.84	3.46

　　FT 方法不考虑源域和目标域之间的分布差异,而 CORAL 只能对齐两个域之间的协方差矩阵,更适用于线性问题。与这两种方法相比,MMD 通过使用核函数将数据映射到高维空间进行非线性变换,可以更好地处理非线性问题。图 4-102 显示了 US06 和 BJDST 在 25℃时的估计和误差图。

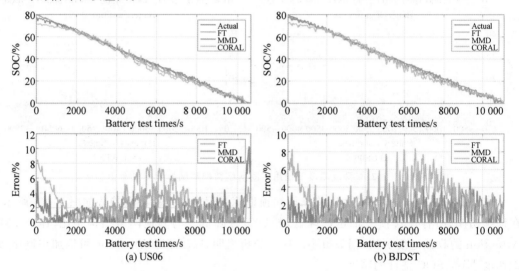

图 4-102　　使用不同迁移学习方法在 25℃ 环境温度下测试的 SOC 估计值和误差

3. 源域选择的 SOC 估计结果

　　为了验证源域选择方法的有效性,对源域数据进行了聚类和选择。测量了源域和目标域之间的距离,并根据源域聚类结果与目标域锂电池 SOC 的相似度将其分为 CL0 和 CL1。CL0、CL1 和目标域特征序列之间的 DTW 距离如表 4-30 所示。DTW 值越小,表示相似度越高。所选的 CL1 与目标域的分布相似度更高,因此更适合适应目标域并提高模型的泛化性能。ALL 数据集表示使用所有可用的源域数据对模型进行预训练。

表 4-30　　不同源域和目标域之间的相似性

簇	相 似 性		
	ALL	CL0	CL1
0℃	18.235	20.548	15.344
25℃	10.994	11.805	9.979

　　表 4-31 比较了三个源域训练集(ALL、CL0 和 CL1)的结果。可以看出,由于低温条件下电化学反应减速、锂电池容量降低,SOC 的估计精度受到影响。这导致 0℃ 时 SOC 的估计误差增大。

表 4-31　源域选择的估计结果

簇	0℃		25℃	
	MAE(%)	RMSE(%)	MAE(%)	RMSE(%)
ALL	2.47	2.93	1.39	1.70
CL0	2.81	3.30	1.30	1.67
CL1	2.21	2.72	0.96	1.39

与源域选择法相比,使用所有数据作为源域会带来两倍的数据量,但并没有带来更好的估计结果。这表明,过多的数据会导致预训练模型过度拟合源域数据,学习到过多独特的源域特征,从而在学习目标域特征时无法遗忘这些特征。与 CL0 相比,CL1 与目标域的相似度更高,具有更多的共同特征。CL1 中学习到的信息与目标域更相关,因此估计结果最好。三种源域训练方法的结果如图 4-103 所示,使用 CL1 预先训练的 SOC 估计器在 0℃和 25℃温度条件下都获得了普遍较高的精度和较低的误差。

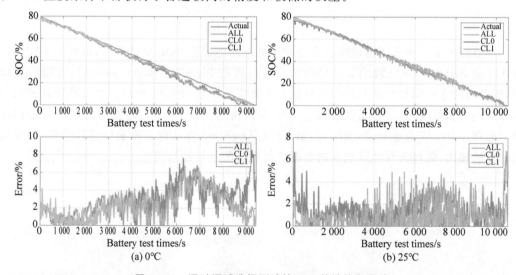

图 4-103　通过源域选择测试的 SOC 估计值和误差

4. 不同温度下源域选择的 SOC 估计结果

在现实世界中,锂电池经常在不同的环境温度条件下工作。电池的训练温度不一定与其实际工作温度相符。因此,进行从一个温度到另一个温度的迁移实验势在必行。我们进行了不同温度和不同电池材料的迁移实验,结合源域选择,同时保持其他实验设置与实验 3一致。

表 4-32 列出了不同源域与目标域的相似性比较,表 4-33 总结了估计误差。可以看出,在经过源域选择过程后,所选源域在三种温度设置下的误差都是最小的,结果也是最佳的。

值得注意的是,在从 25℃到 0℃的迁移实验中,与实验 3 相比,在相同温度范围内的迁移取得了更好的结果。这表明,不同领域之间的分布差异受到多种因素的影响,而不仅仅局限于温度。此外,就不同材料之间的迁移学习而言,在相同温度之间进行迁移显然不一定是最佳选择。

表 4-32　不同源域和目标域之间的相似性

簇	相 似 性		
	ALL	CL0	CL1
25℃ ->0℃	10.530	11.317	9.548
0℃ ->25℃	20.554	23.118	17.349
25℃ ->45℃	10.275	10.667	9.785

表 4-33　不同温度下源域选择的估计结果

簇	25℃ ->0℃		0℃ ->25℃		25℃ ->45℃	
	MAE(%)	RMSE(%)	MAE(%)	RMSE(%)	MAE(%)	RMSE(%)
ALL	2.05	2.51	1.33	1.60	2.28	2.65
CL0	2.14	2.67	1.47	1.77	2.09	2.45
CL1	1.58	2.12	1.32	1.61	1.61	1.91

4.9.6　总结

本节提出了一种基于源域选择和注意力机制的锂电池 SOC 估计方法,以解决不同运行条件下显著分布差异导致的负迁移问题。通过使用 BiLSTM 和 Attention 作为特征提取器,所提出的方法能有效地从域时间特征和重要特征中学习 Libs 特征。通过测量源域和目标域之间的相似性,选择合适的源域进行网络预训练,为迁移学习问题中的向何处迁移提供了思路。对比实验证明,所提出的 BiLSTM-Attention 方法能获得最佳估计结果,与使用所有源域相比,源域选择能以更少的数据获得更好的估计结果。

参 考 文 献

请扫描下方二维码获取本书参考文献。